KB275456

붓다의 호흡법

아나빠나삿띠

붓다다사 지음

김열권·이승훈 옮김

붓다의 호흡법
아나빠나삿띠

아나빠나삿띠 바와나(Ānāpānasati-bhāvanā, 入出息念 修行)에 대한 안내서인 본 책자의 영문판을 발간하기까지, 담마다나 재단(Dhammadāna Foundation)을 후원하는 여러분이 힘써 협력해 주었다. 이 모든 분들께 개인적으로, 그리고 재단을 대표하여 진심 어린 감사(Anumodanā)의 뜻을 표한다.

아나빠나삿띠(Ānāpānasati)라는 용어는 일반적으로 알고 있는 것처럼 단순히 '날숨과 들숨에 대해 확립된 마음챙김'을 뜻하지 않는다. 실제로, 아나빠나삿띠는 '숨을 내쉬고 숨을 들이쉬는 모든 순간순간마다 하나의 대상에 확립된 마음챙김'을 뜻한다. 우리는 처음에 호흡 그 자체에 대한 마음챙김을 확립한다. 그리고 나서 여러 종류의 느낌들, 여러 가지 마음상태들에 대한 마음챙김을 확립한다. 그리고 마침내 수행의 궁극적 목표인 놓아버림(放下着)에 대한 마음챙김을 확립한다.

아나빠나삿띠(Ānāpānasati) 수행법은 맛지마 니까야(Majjhima Nikāya, 中部經)에서 설해진 내용 그 자체로 완전하다. 이 수행방법은 경전들에서 찾아볼 수 있는 다른 수행방법들보다 비교적 더 쉽게 이해하고 실천할 수 있다. 다른 수행법과 비교해 볼 때, 이 수행법은 4념처(四念處, Satipaṭṭhāna)와 일치되는 방식으로 구성되어 있지만, 확실히 더욱 미묘하고 완벽하게 설해져 있다. 아나빠나삿띠(Ānāpānasati)의 16단계 수행 모두를 완전히 수행했을 때, 4념처는 저절로 실현된다. 16단계 수행을 모두 실행할 때, 7각지(七覺支)는 의식적인 노력 없이 자동으로 완성된다. 그래서 분명한 견해와 해탈(解脫)이 저절로, 자연적으로 성취된다.

독자들께서는 이 아나빠나삿띠(Ānāpānasati) 수행법을 정밀하게 공부하고, 철저히 그리고 주의 깊게 수행하여 만족스러운 결과를 성취하기 바란다.

붓다다사 선사(Buddhadāsa Indapañño)

담마를 수행해서 포교하려는 벗들에게

은둔에서 벗어나 담마를 전파하라!

그리하여 확신이 강물처럼 흐르게 하라.

뭇 삶들에게 장엄한 담마를 방사하라.

그러면 영원한 기쁨이 불꽃처럼 타오르리라.

위없는 담마는 스스로 진리를 드러내나니,

만년설산이 흘려보내는 맑은 물처럼 평화는 도도히 흐르리라!

담마는 영겁의 세월이 흐르고 흘러도 아름답게 피어나리.

사람이 사는 마을마다 진리의 문을 열어

겸허하게 합장하며 담마를 맞이하라!

위없는 담마를 가슴에 심으면 법열이 넘쳐나리니,

머지않아 슬픔과 아픔은 한줌 바람결에 흩날리리.

온 누리 방방곡곡에 자비의 법음이 채워지리니,

태어나 늙고 병들어 죽는 뭇 삶들에게 위없는 자비를 방사하라!

담마를 수행하는 벗이여,

그대에게 축복을!

담마를 전파하는 도반이여,

그대는 세상에 진실한 기쁨을 선물하는 이.

불법에 의지하는 법의 형제들이여,

그대들에 의해 보리수의 영광은 영원하리라!

모든 법열을 붓다께 회향하라!

그때 형제들의 공덕이 온 세상을 장엄하리니.

신심이 돈독한 그대들, 청정한 법의 눈으로 세상을 깨우라!

그리하면 성스런 담마의 빛이

지상 위에 놓인 뭇 생명들의 가슴에서 영원한 빛을 발하리라.

불기 2530년(서기 1987년) 11월 2일

붓다다사

아나빠나삿띠(Ānāpānasati), 즉 호흡에 대한 마음챙김의 수행이라는 불교수행법의 종합적인 안내서가 영문판으로는 처음으로 출간되었다.

이 수행안내서는 주로 스님들을 위한 것이지만, 스승의 도움을 받지 못한 채 수행을 시작해야 하는 일반인들에게도 큰 도움을 줄 것이다.

본래 태국어로 출간되었던 이 수행안내서는 붓다다사 스님의 주요 저서들 중 하나인데, 1959년에 서간체 형식으로 태국 차이야에 있는 수완목 선원의 스님들에게 보내졌던 것이다.

붓다다사 스님은 불교계의 거목이자 불교수행의 대선지식으로 존경받고 있다. 구체화된 언어로 체계적으로 쓰여진 이 수행안내서는 수행자를 아나빠나삿띠(Ānāpānasati)의 16단계 수행으로 안내한다. 이 책은 수행자가 만나게 될 여러 법열과 공덕뿐만 아니라, 그가 직면할 수 있는 어려운 장애들에 대해서도 상세하게 기술하고 있다.

이제 성스러운 도(道)와 과(果)를 성취하려는 사람들이 해야 할 일은 부지런히 수행을 실천해 나아가는 것뿐이다.

방콕에 있는 마하마쿳 대학의 저명한 불교학 교수인 고 사티안 보디난다는 이 수행안내서를 붓다다사 스님이 쓴 수백 권의 책자들 중에서 최고의 걸작으로 손꼽았다.

태국어의 언어적 구조(基底構造)는 따뜻한 느낌을 주는 표현에 기초하고 있어, 이를 영문구조의 문장으로 번역하는 데는 상당한 어려움이 있었다. 정확성을 기하기 위해 번역본을 여러 차례 검토하였으며, 역자로서 애매하고 모호한 문장을 정확히 번역하고자 최선을 기울였다.

수행을 처음 시작하는 사람이 본 수행서의 서두 부분을 읽고 다소 당황하거나 위축될 수 있으나, 붓다다사 스님이 설명한 수행 체계를 정확히 따르도록 노력해야 한다.

태국어의 고유한 운율이 번역 과정에서, 말하자면 컬러 영화판을 흑백영화판으로 옮긴 것처럼 다소 상실된 감이 있어 안타깝지만 이는 불가피한 부분으로 접어두고자 한다.

이 책은 실제적인 수행을 위해 쓰여진 것이므로, 독자들께서는 특히 수행의 실천을 위해 이 책을 적극 활용해 주길 부탁한다.

마지막으로, 이 책의 출판을 맡아준 썹라임 라이프 포교회(Sublime Life Mission)의 우빠사카 비로트 씨리엇(Upasaka Virote Siriat)에게 깊은 감사를 표한다.

비구 나가세나(Bhikkhu Nagasena)

나가세나 스님은 내게 이 귀중한 책의 영문판에 수록할 간략한 서문을 요청했다.

호흡에 대한 마음챙김인 아나빠나삿띠(Ānāpānasati) 수행이 불교 명상수행법의 하나라는 사실을 제쳐 두고서라도, 나는 이 수행법이 오늘날의 혼탁한 세상에서 야기되는 삶의 여러 문제를 해결하는 데 절대적으로 필요한 수단인 동시에 마음과 몸의 건강과 활력을 위해 매우 유익한 수단이라고 생각한다.

나는 이 수행법을 수년 동안 수행해 왔으며, 이 수행법이 진실로 모든 노력을 경주하여 수행할 만한 가치가 있다고 생각한다. 간략하게 말하면, 아나빠나삿띠(Ānāpānasati)의 수행은 내가 맡은 일을 잘 해 나가는 데 도움이 되었고, 내가 직면한 모든 문제들을 해결하는 데에도 도움이 되었다. 이 수행법은 진정으로 일반인들을 위한, 그리고 모든 계층의 사람들을 위한 것이다.

이 책의 저자는 내가 스승으로 받들어 존경하는 동양의 위대한 선지식이자 사상가인 붓다다사 큰스님, 바로 그분이다.

이 책의 영문판 역자는 저명한 학자로서 찬탄할 만한 일을 해냈다. 나는 이 책이 전 세계에서 널리 읽혀지며, 알려지고, 실천되기를 바란다. 이와 같은 방식으로 이 책은 세계의 평화에도 이바지할 것이다.

산야 달마사크티(Sanya Dharmasakti) 교수

깨달은 후에도 호흡관찰〔四念處〕

호흡 수행은 성자의 세계,

신들의 세계, 청정의 세계,

배움의 세계, 더 이상 배울 것이 없는 세계,

삶 이 자체가 최상인 세계, 여래의 세계이다.

『잡아함경』 807

"수행승들이여, 이교도의 수행자들이 그대들에게 '벗들이여, 수행승 고따마는 무엇을 닦고 무엇을 익히며 우안거를 지냈는가?' 라고 질문한다고 하자. 이와 같은 질문을 받으면, 수행승들이여, 그대들은 이교도의 수행승들에게 '벗들이여, 세존께서는 우안거에 호흡에 대한 알아차림의 수행을 하고 호흡에 대한 알아차림의 집중을 익힌다.' 라고 대답하라.

수행승들이여, 호흡에 대한 알아차림의 집중을 수행할 때 다음과 같이 분명하고 확고하게 알아차려야 한다. 길게 숨을 내쉴 때 '길게 숨을 내쉰다.' 라고 알아차리고, 길게 숨을 들이쉴 때 '길게 숨을 들이쉰다.' 라고 알아차린다. 짧게 숨을 내쉴 때 '짧게 숨을 내쉰다.' 라고 알아차리고, 짧게 숨을 들이쉴 때 '짧게 숨을 들이쉰다.' 라고 알아차린다.

'온몸을 체험하면서, 숨을 내쉰다.' 라고 자신을 다잡아 수행하고, '온몸을 체험하면서, 숨을 들이쉰다.' 라고 자신을 다잡아 수행한다. '몸의 형성을 고요하게 하면서 숨을 내쉰다.' 라고 자신을 다잡아 수행하고, '몸의 형성을 고요하게 하면서 숨을 들이쉰다.' 라고 자신을 다잡아 수행한다.

'희열(기쁨)을 체험하면서, 숨을 내쉰다.' 라고 자신을 다잡아 수행하고, '희열을 체험하면서, 숨을 들이쉰다.' 라고 자신을 다잡아 수행한다. '행복을 체험하면서, 숨을 내쉰다.' 라고 자신을 다잡아 수행하고, '행복을 체험하면서, 숨을 들이쉰다.' 라고 자신을 다잡아 수행한다.

'마음의 형성을 체험하면서, 숨을 내쉰다.' 라고 자신을 다잡아 수행하고, '마음의 형성을 체험하면서, 숨을 들이쉰다., 라고 자신을 다잡아 수행한다. '마음의 형성을 고요히 하면서, 숨을 내쉰다.' 라고 자신을 다잡아 수행하고, '마음의 형성을 고요히 하면서, 숨을 들이쉰다.' 라고 자신을 다잡아 수행한다.

'마음을 체험하면서, 숨을 내쉰다.' 라고 자신을 다잡아 수행하고, '마음을 체험하면서, 숨을 들이쉰다.' 라고 자신을 다잡아 수행한다. '마음을 기쁘게 하면서, 숨을 내쉰다.' 라고 자신을 다잡아 수행하고, '마음을 기쁘게 하면서, 숨을 들이쉰다.' 라고 자신을 다잡아 수행한다.

'마음을 집중하면서, 숨을 내쉰다.' 라고 자신을 다잡아 수행하고,

'마음을 집중하면서, 숨을 들이쉰다.' 라고 자신을 다잡아 수행한다. '마음을 자유롭게 하면서, 숨을 내쉰다.' 라고 자신을 다잡아 수행하고, '마음을 자유롭게 하면서, 숨을 들이쉰다.' 라고 자신을 다잡아 수행한다.

'무상(無常)을 관찰하면서, 숨을 내쉰다.' 라고 자신을 다잡아 수행하고, '무상(無常)을 관찰하면서, 숨을 들이쉰다.' 라고 자신을 다잡아 수행한다. '사라짐〔離貪〕을 관찰하면서, 숨을 내쉰다.' 라고 자신을 다잡아 수행하고, '사라짐을 관찰하면서, 숨을 들이쉰다.' 라고 자신을 다잡아 수행한다.

'소멸〔滅〕을 관찰하면서, 숨을 내쉰다.' 라고 자신을 다잡아 수행하고, '소멸을 관찰하면서, 숨을 들이쉰다.' 라고 자신을 다잡아 수행한다. '보내버림〔出離〕을 관찰하면서, 숨을 내쉰다.' 라고 자신을 다잡아 수행하고, '보내버림을 관찰하면서, 숨을 들이쉰다.' 라고 자신을 다잡아 수행한다.

수행승들이여, 거룩한 삶, 청정한 삶, 여래의 삶에 대하여 말한다면 거룩한 삶, 청정한 삶, 여래의 삶이라고 하는 것은, 곧 호흡에 대한 마음챙김의 수행에 집중하는 삶이라고 올바르게 말해야 한다.

수행승들이여, 만약 그들 수행승들이 아직 학승으로서 깨달음에 도달하지 못했더라도, 속박에서 벗어난 위없는 안온을 소망하면서 호흡에 대한 마음챙김을 닦고 익히면 그것은 그들을 번뇌의 부숨으로 이끈다. 또, 수행승들이여, 만약 그들이 거룩한 이로서 번뇌를 부수고, 청정한 삶을 영위하고, 해야 할 일을 해 마치고, 짐을 내려놓고, 깨달음을 구현했으며, 윤회의 속박을 끊고, 올바른 지혜로써 해탈을 얻은 거룩한 이라고 하더라도, 그들이 호흡에 대한 마음챙김을 닦고 익힌다면, 그들은 현세에서 지복한 삶을 누리게 되고 올바른 마음챙김과 올바른 앎이 있는 여래의 삶을 산다고 말할 수 있다.”

이상은 쌍윳따 니까야 11권에 나오는 내용입니다. 맛지마 니까야(중부경) 제1권의 주석서에 보면 부처님께서 보리수나무 아래서 사선정에 들어 전생과 내생을 관(觀)한 후 12연기로 궁극의 깨달음을 얻으실 때 아나빠나삿띠(入出息念)로 수행하셨다고 되어 있습니다. 그리고 부처님의 아들인 라훌라도 깨달음을 얻을 때 아나빠나삿띠로 수행했다고 중부경에 기록되어 있습니다. 뿐만 아니라 석가모니 부처님 당시 부처님을 비롯한 거의 모든 불법 수행자들이 깨달은 이후에도 주로 아나빠나삿띠로 수행했음을 초기의 경전에서는 쉽게 찾아 볼 수 있습니다.

부처님 당시뿐만 아니라 현재 남방에서도 아나빠나삿띠 수행은 사념처 위빠싸나 수행의 핵심이고 주류입니다. 이번에 번역된 태국 출신 붓다다사 선사의 『붓다의 호흡법, 아나빠나삿띠』는 전 세계에 분포된 아나빠나삿띠 관련 수행서 중에서 가장 상세하고 체계적인 안내서입니다.

현재 우리나라에서는 1988년 남방의 미얀마로부터 마하시 선사가 체계화한 위빠싸나를 주로 받아들여 수행하고 있습니다. 마하시 선사의 위빠싸나 수행 방식도 훌륭하지만 경전에 수록된 보다 체계적이고 다양한 위빠싸나 수행방법을 받아들인다면 많은 수행자들이 수행에서 일취월장하는 발판이 되리라 믿어 의심치 않습니다. 또한 우리나라 전통적 수행방식인 화두선과 염불선에 위빠싸나 수행의 장점을 상호 보완해 수행법을 체계화한다면 향후 한국불교의 수행법은 괄목상대하리

만큼 발전하게 되리라 확신합니다. 부처님께서는 깨달음을 얻으신 후에도 아나빠나삿띠로 수행을 하셨습니다. 우리나라의 불교계도 화두타파 이후에 보림법으로서 부처님과 같이 아나빠나삿띠를 수행하면 될 것입니다. 이 책은 불교의 위빠싸나 수행자는 물론이고 부처님께서 깨달음을 얻은 수행법과 호흡 수행에 관심이 많은 분들께 영적 도움과 영감을 주리라 확신합니다.

역자가 이 책을 처음 만나게 된 것은 1991년 말레이시아 MBMC 위빠싸나 선원에서였습니다. 평소 부처님 호흡법과 부처님 원형 수행법에 관심이 많았던 역자로서는 이 책에서 많은 감동과 함께 부처님이 깨치신 방법에 대한 상세하고도 생생한 정보를 얻을 수 있었습니다. 가장 중요한 것은 부처님 수행법의 핵심인 오온과 12연기를 관찰하는 법이 이 책에 상세하게 소개되어 누구든지 정견을 갖고 정진해 나간다면 부처님의 수행법을 체득하여 종국에는 깨달음의 문으로 나아갈 수 있다는 것입니다. 개인적으로 저는 이 책을 통해 불교핵심인 사념처 위빠싸나와 그 중에서도 네 번째 단계인 법의 관찰법을 효과적으로 터득할 수 있었습니다.

필자는 이 책의 원문을 틈틈이 보면서 수행을 해 오는 한편 붓다다사 선사의 제자인 산티카로(santikaro) 법사의 도움을 받으면서 수행하기도 했습니다. 그러면서 빼어난 수행서인 이 책을 번역해서 불자들께 도움을 주어야겠다는 생각을 늘 놓지 못하고 있었습니다. 그러던 중 이승훈 선생과 인연이 닿아 이 책을 공동 번역하게 되었고 영문번역본에 생략된 법의 관찰 대부분을 산티카로 법사의 도움을 받아 보완 번역할 수 있는 불은(佛恩)을 얻게 되었습니다. 또한 그의 도움으로 이 책의 번역권을 담마다나 재단(Dhammadāna foundation)으로부터 허락받을 수 있었습니다. 진리를 갈망하는 수행자들에게 귀중한 불서를 너무 늦게 번역 출판하게 되어 독자들께 죄송합니다. 지금부터라도 열심히 이 책대로 수행하여 훌륭한 결실을 거두시길 기원합니다.

윤문과 교정은 김미숙 보살, 김은정 보살, 신성진 선생이 도와주었고 원고 정리는 강숙희 보살이 바쁜 가운데 도와주었습니다. 빠알리어는 친구인 전재성 박사가 일부 교정해 주었습니다. 항상 노고를 아끼지 않는 불광 편집인들과 전경지, 채명수, 이회자 보살과 그 외에 도움을 준 많은 분들께 진심으로 감사드립니다.

아나빠나삿띠는 일반인들에게도 수행의 정도에 따라 건강에 도움이 될 뿐만 아니라, 수행자의 정진력 정도에 따라 성자의 세계, 신들의 세계, 청정의 세계, 배움의 세계, 더 이상 배울 것이 없는 세계, 삶이 자체가 최상인 세계, 그리고 여래의 세계로 나아갈 수 있는 지름길이라고 부처님께서는 공언하셨습니다. 어느 세계로 갈 것인지는 오직 독자들의 몫일 뿐입니다.

모두 고(苦)의 끝을 보기 바라면서
불원(不遠) 김열권 합장

제1장 수행의 준비단계

제2장　수행 환경

제4장 아나빠나삿띠 : 첫 번째(몸의 관찰) 네 단계

제5장 선정과 닙바나에 이르는 여덟 과정

제6장 선정을 방해하는 오염원

제7장 5장애와 선정의 요소들

제8장 선정의 계발

제9장 선정(본 삼매)의 성취

제10장 네 가지 선정

제11장 다섯 종류의 자유자재(vasītā, 自由自在)

제16장 법의 관찰 네 단계(제13단계~제16단계)

1
Ānapanasati

수행의 준비단계

1. 계(戒)의 청정(淸淨)

부처님의 명상수행에서 수행자는 먼저 네 가지 윤리적인 계율을 지켜 계의 청정(戒淸淨:sīla visuddhi)을 이루어야 한다.

첫째, 계(戒)를 지킨다.

– 계목(戒目, pātimokkha) 및 부가적인 소소한 규칙들을 잘 알고 준수해야 한다.

둘째, 감각기관을 조절하고 제어한다.

– 여섯 감각〔눈(眼), 귀(耳), 코(鼻), 혀(舌), 몸(身), 마음(意)〕과 그 여섯 대상〔모양(色), 소리(聲), 향기(香), 맛(味), 촉감(觸), 마음대상(法)〕 사이에 접촉이 있을 때, 좋아하거나 싫어하는 등의 반응을 하거나 거기에 집착해서는 안 된다.

셋째, 올바른 방식으로 생계를 유지한다.

– 남에게 비난받지 않는 방식으로 생계를 유지해야 한다.

넷째, 의(衣)·식(食)·주(住)·약(藥)에 대한 윤리를 지켜야 한다.

– 의·식·주·약은 생명을 유지하는 필수요소로서 사려 깊게 잘 살펴 사용해야 한다.

계청정(戒淸淨)이라 불리는 이 네 가지 계율은 부처님 생존 이후에 만들어진 것이다. 하지만 계율은 부처님 당시의 가르침에 직접적인 뿌리를 두고 있으므로 수행자는 수행에 있어 계(戒)의 청정을 하나의 기둥으로 삼아야 한다. 세부적인 계의 항목(pātimokkha)을 일일이 모두 암기할 수 없더라도 수행자가 청정한 수행의 정신을 이해하고 여법하게 계목을 실행해 나간다면, 그는 계율을 매우 잘 준수한다고 할 수 있다. 이는 수행의 준비단계에서 이해되어져야 할 중요한 부분 중 하나이다.

윤리적인 계율을 지킨다는 것은 금욕적 수행을 한다는 것과 비슷한 의미이기도 하다. 이러한 수행의 본질은 수행자에게 있어서 삶을 유지시키는 수단들, 즉 생명유지의 4대 필수요소인 의(衣)·식(食)·주(住)·약(藥)에 대해 만족하고, 그와 동시에 수행에 있어서는 금욕적 수행생활을 통해 무한히 인내하는 삶에 가치를 두고 있는 것이다.

이 윤리적 계율의 세부 항목들은 다음과 같다.

가. 음식(飮食)에 대한 자족

음식은 단순한 방식으로 얻어져야 한다. 비구는 탁발을 해야 한다는 뜻이다. 탁발을 할 때 비구는 보다 좋은 음식이 기대되는 집을 골라 가서는 안 되며, 한 집도 건너뛰지 말고 탁발해야 한다. 또 비구는 하루에 한 끼만 먹어야 하고, 한 개의 발우로 식사해야 한다. 그리고 먹기 시작한 후에 보시 받은 음식은 먹어서는 안 된다. 그러나 비구는 세부적으로 규정된 계율에 너무 집착한 나머지 수행을 그르쳐서도 안 된다. 즉 불필요한 수고와 성가신 일들을 줄이고 수행의 진보를 돕는 행동방식들을 지혜롭게 선택해야 하는 것이다.

나. 의(衣)생활에 대한 자족

수행자는 다른 사람들이 필요로 하지 않는 여분의 조각 천으로 옷을 만드는 것이 바람직하다. 그것은 버려진 천을 모아서, 이른바 넝마 옷을 만들어 입는다는 뜻이다. 수행자는 세 벌의 옷 이외에, 우기에 사용할 목욕용 옷 한 벌을 더 가질 수 있다. 목욕용 옷이 없다면 이 옷 없이 목욕을 해야 한다. 이는 옷에 대한 자족적 수행생활을 돕는 세부적 계율이다.

다. 주거(住居)에 대한 금욕적 생활방식

수행자는 숲, 사방이 트인 곳, 나무 밑, 무덤 가 그리고 우기 철에는 상황에 따라 제공되는 장소에 머물러야 한다. 이러한 계율은 수행자가 어떤 거주지도 소유하지 않고, 이용될 수 있는 어느 장소에나 만족하는 자족적 의미와 더불어, 어떠한 기후든 참고 견디는 금욕적 생활방식의 세부적 계율이다. 수행자가 먹고 입는 것도 이러한 근본정신에 합당하게 채택되고 이행되어야 한다. 즉 수행자는 수행을 성공으로 이끄는 것이라면, 계목으로 규정되었건 규정되지 않았건 어떤 어려운 생활방식도 받아들여야 한다.

라. 약(藥)에 대한 자족

이것에 관해서 특정한 행동 규범이 정해져 있지는 않다. 과거에는 약(藥)에 대해서 수행자가 어떤 탐욕이나 욕심을 일으키지 않았기 때문이다. 그러나 현대에 와서는 필요 없는 약(藥)을 사용하는 사람들이 늘어나고 있으며, 질병을 치료하기 위한 약품들이 과다하게 복용되는가 하면 멋을 부리기 위한 화장품 등의 매우 불필요한 약품들이 쉽게 구입되고 남용되기도 한다. 수행자는 꼭 필요한 종류의 약품만을 사용하도록 주의하고 거기에 만족해야 한다.

이외에도 수행자의 인내력을 강화시켜 불퇴전의 정진자로 만들기 위해 고안된 특별한 금욕적 계율이 있는데, 13가지 두타행* 중 하나인 '눕지 않고 지내기(長坐不臥)'가 그 중 하나이다. 이것의 당면 목표는 잠에 대한 유혹을 이기는 것이다. 좌선 상태에서 전혀 잠을 자지 않는 수행법인 장좌불와(長坐不臥)는 몸과 감각에서 일어나는 욕망에 대한 철저한 절제를 의미한다.

정리해보면, 윤리적 계율에 이러한 금욕적 두타행이 추가된 것은 일반적이고 단순한 사회적 윤리규범의 범주를 초월한 것으로, 수행자의 마음과 몸을 모두 강화시키기 위한 것에 그 목적이 있으며, 명상 수행의 토대로서 금욕적 두타행과 윤리적 계율이 함께 병행되어야 하는

---

* 13가지 두타행: ①누더기 가사만 입기 ②세 벌 가사만 입기 ③걸식한 것만 먹기 ④집집마다 차례로 걸식하기 ⑤한 번 앉은 곳에서만 먹기 ⑥한 발우 안의 음식만 먹기 ⑦먹고 난 뒤에 다시 들어온 음식은 안 먹기 ⑧숲 속 절에서 지내기 ⑨나무 아래에서 지내기 ⑩막히지 않은 곳(노천)에서 지내기 ⑪공동묘지에서 지내기 ⑫책임자가 정해준 곳에서 지내기 ⑬눕지 않고 지내기(長坐不臥)

필연성을 엿볼 수 있는 대목이기도 하다. 수행에 임하는 수행자에게 윤리적 계율과 금욕적 계율의 실천을 통한 계(戒)의 청정(清淨)은 가장 보편적이고도 주요한 수행의 일부로 간주되어져야 하고, 바른 생활(正命)의 척도로서 항상 준수해야 한다. 이것으로 간략하나마 계율에 관한 설명을 마무리한다.

2. 수행 상의 올바른 의식행위

이제 명상수행의 준비단계(pubba-bhāga)로서, 선원에서 접할 수 있는 수행상의 여러 가지 관습들과 이 의식행위가 갖는 의미와 목적에 관해 설명해 보겠다. 다음 설명되는 내용은 선정수행(禪定修行, samādhi-bhāva-nā)의 진보를 위해 필요하며 수행방법과 연관된 내용이기도 하다. 비록 부처님 시대를 지나 후대에 와서 추가된 것들이긴 하지만, 이 단계들은 폭넓고 충실한 수행의 전통을 대표하며 매우 중요한 것으로 간주되고 있다. 수행자는 준비단계에서 행해지는 의식들을 수행의 일부로서 받아들여 수행을 시작하기 전에 행해야 한다.

그런데 일부 수행선원에서 준비단계의 어떤 수행관습은 너무나 엄격하게 지키게 함으로써 여러 가지 수행 상의 문제들을 초래하기도 하는데, 그 같은 문제가 발생되는 이유는 행위 자체에만 지나치게 집착한 나머지 의식행위가 지닌 본래의 뜻과 목적을 상실했기 때문이다. 이런 상황을 염두에 두고 이제부터 준비단계에 포함되는 수행 상의 의식행위들에 대해 하나씩 순서대로 살펴보기로 하자.

40

가. 선원장 스님에 대한 예경(禮敬)

부처님 당시 새내기 수행자는 자신의 지도자인 스승 곁에서 머물렀다. 따라서 현대적인 의미의 선원과 선원을 책임지는 선원장 스님은 없었다. 오늘날 행해지고 있는 의식은 수행자와 선원을 책임지는 선원장 스님 상호간의 이해를 도모하고, 수행자의 수행을 돕기 위한 것이다. 이러한 의식을 통해 선원장 스님은 수행자가 어떤 성격과 유형의 사람인지, 그가 특별히 어떤 결함을 가지고 있는지, 수행동기는 무엇인지에 대해 알게 될 것이다. 그리하여 그는 수행자의 수행을 돕기 위해서 어떤 방법이 필요한지를 알게 될 것이며, 순수한 수행동기를 가진 수행자를 돕기 위해 최선을 다할 것이다.

선원장 스님에 대한 예경은 담마의 수행이 그 목적이지, 외적이며 관습적인 것에 있지 않다. 만약 수행자와 선원장 스님 사이에 서로 이해하지 못하는 문제가 있다면, 그 수행자는 다른 선원을 찾아가는 것도 좋다.

수행자는 새로운 선원에 도착했을 때 가장 먼저 선원장 스님에게 예경해야 하며, 한 번만 예경하면 된다. 그 이후 선원장 스님과 수행자는 자비심을 바탕으로 서로 돕고 이해하며 함께 생활해야 한다.

나. 수행 지도자에 대한 예경(禮敬)

수행자는 수련기간 동안 자신의 수행지도자에게 정기적으로 예경해야 한다. 부처님 당시 이러한 의식은 스승에 대한 지극한 존경을 나타내는 동시에 스승에 대한 귀의로 이끌어 주는 고귀한 의식으로서 이행되었다.

　그런데 사람들은 각기 다른 기질을 가지고 있으므로, 지도자에게 절을 하는 이러한 의식이 가치 없는 행위라고 생각하는 수행자도 있을 것이다. 그런 경우라면 그 수행자는 절을 하지 말아야 한다. 왜냐하면, 마음을 수행하는 사람은 형식적인 의식 차원보다 내적인 정신적 차원에 중점을 두어야 하는데, 이렇게 생각하지 않는 수행자에게는 시간 낭비일 뿐 아무런 의미가 없는 행위이기 때문이다. 만약 정신적인 차원보다 형식적인 차원을 더 중요시하는 수행자라면 그는, 무상·고·무아를 통한 성스러운 깨달음을 목표로 수행할 만큼 성숙하지 못한 것이다.

　마음 수행을 위해 필요한 의식절차들은 시대적 환경과 관습의 변화에 따라 계속 수정되어 왔으며, 오늘날에 와서는 많은 사람들이 이런 의식절차에 필요 이상으로 얽매여 있는 것이 현실이다. 그 중 다수의 수행자는 스승에게 예경하고 보시 올리는 것을 의례적이고 필수적인 절차들로 간주하고 있다. 뿐만 아니라 일부 현대적인 선원은 형식적인 의식을 제공하고자 하는 사람들을 상대로 사업을 할 만큼 타락하기도 했다. 이는 그러한 예비적인 형식들이 인기를 더해가고 있기 때문이다. 이는 수행이 아닌 오직 맹신적 신앙심만을 가진 사람들에게서 찾아볼 수 있는 현상이기도 하다.

　지혜로운 사람이라면 그러한 겉치레를 지양하면서 자신을 정신적 행복으로 가장 잘 인도해주는 의식절차를 채택하여 행하는 동시에, 관습이나 의식주의를 초월하지 못한 다른 사람들에 대해서도 결코 경멸하거나 무시해서는 안 된다.

또한, 수행자는 지도를 받는 동안에 자신의 수행을 지도하는 스승을 존경하고 신뢰해야 하며 스승의 지도에 주의를 온전히 귀를 기울여야 한다. 수행자가 그런 마음자세가 되어있지 않다면 스승의 말을 숙고하지 않고 건성으로만 듣고 수행에 임하게 될 것이다. 이는 수행의 출발점에서 실패의 근본 인자를 안고 출발하게 되는 것이다. 그러므로 스승에 대한 수행자의 확신과 믿음은 매우 중요하다. 단지 세 번 절하여 예경을 올리는 것만으로는 충분하지 않다.

스승은 환자를 검진하는 의사처럼 철저하게 수행자를 살펴보아야한다. 스승과 제자 사이가 존경과 신뢰로 어우러진 진지한 분위기 속에서 수행자는 자신의 특정한 질병, 즉 번뇌와 같은 정신적 불완전함을 솔직히 말할 수 있게 되고, 스승은 이에 대한 적절한 처방을 내릴 수 있게되는 것이다. 지도 스승과 수행자간의 유대가 마치 신뢰가 돈독한 부자지간과 같다면 수행은 순조롭게 잘 진행될 것이다.

그러므로 스승에게 공경의 표시로 보시하는 것은 단순히 초와 향같은 외적인 것이 아닌, 신뢰와 성실을 바탕으로 한 '열린 마음' 이어야한다. 즉 마음으로부터 우러나오는 공경을 올려야 하는 것이다. 그렇게함으로써 스승과 제자 사이는 더욱 친밀한 관계가 형성될 것이고, 이로인해 수행자는 올바른 수행의 길로 나아갈 수 있다.

다음에 소개되는 선(禪)에 관한 일화를 보자.

옛날 중국에서 있었던 일이다. 위대한 달마 대사에게 불법(佛法)을 배우기를 너무나도 열망한 한 승려가 있었는데, 십여 차례나 법을 청했으나 달마 대사가 입도 열지 않고 벽만 보고 앉아 있자, 승려는 자신의굳은 신심을 드러내 보이기 위해 자기 팔을 칼로 베어버렸다고 한다. 이렇게 신심을 나타내 보이자 그때서야 달마 대사는 그 승려를 제자로 받아들였다고 전해진다. 이분이 바로 중국 선종의 2대조사인 혜가 선사다. 이 선(禪)의 일화는 천년도 넘게 불교인들 사이에서 회자되는 것인데, 이와 유사한 사례는 매우 많이 찾아볼 수 있다.

오늘날의 선원에서도 그 선원 특유의 다양한 방식으로 가르침을 청하는 사람들의 신심과 열의를 시험한다고 한다. 가령 어떤 선원에서는 지도 받기를 원하는 사람이 이틀, 사흘 혹은 일주일 밤낮을 계단 위에서 미동도 하지 않고 한 자세를 유지하며 앉아있어야 한다. 가르침을 청하는 자신에게 어떤 응답이 있기 전까지는 계속 그러한 헌신적인 자세를 유지해야 한다.

수행자가 법을 구하기 위하여 인내력을 시험받는 이런 행위가 가지는 궁극적 의미를, 단순히 정형화된 의식절차인 꽃이나 초, 향을 올림으로써 예경을 다했다는 의례적인 행위가 갖는 의미와 한번 비교해 보라.

진리를 구하는 자(求道者)는 이러한 관습과 의식이 가지는 진정한 의미를 충분히 이해한 후, 지고의 평화인 안심입명(安心立命)으로 이끌 수 있는 최선의 방식을 지혜롭게 선택해서 행동할 수 있어야 한다.

다. 불법승(佛法僧) 삼보(三寶)에 대한 예경(禮敬)

수행주제를 공식적으로 받아들일 때나 수행을 시작하기 전에, 삼보에 예를 올리기 위해 법당에 초를 켜고 향을 피우는 것은 또 다른 종류의 보시이다. 일부 사람들은 이러한 의식 없이는 절대 안 되는 것처럼 열성적으로 행동하기도 한다. 그런 행동의 이면에는 의식주의에 집착하는 만성적 애착이 숨겨져 있다. 고귀한 지혜, 초세간적인 지혜를 목표로 하는 수행이 어찌 초나 향과 관계가 있겠는가? 그 해답은 앞서 '가'와 '나'의 항목에서 설명한 바와 같다.

삼보에 형식적으로 예를 올리는 관행은 그 동기가 집착에서 이루어지는 경우가 많다. 자신의 마음을 진심으로 삼보에 바친 사람은 촛불을 켜든 안 켜든, 향을 피우든 안 피우든 아무런 문제가 되지 않는다. 촛불을 켜고 향을 피우는 행위는 사회적 관행과 관련이 있으며, 이 행위로 지나치게 법석을 부리며 시간을 낭비하는 것은 명상수행에 이롭지 않다.

부처님 당시의 수행자들, 특히 부처님의 제자들은 초와 향에는 아무런 관심을 갖지 않았으며, 수행을 시작하기 전에 초와 향을 수고스럽게 숲으로 가져가는 일도 하지 않았다. 수행을 시작할 때마다 초와 향을 사서 피우며 지나친 법석을 부리는 것은 그 자체가 초보적 수행의 전형이며, 수행이라는 것을 일시적 변덕으로 행하고 있음을 보여준다. 어디에 있든지, 낮이든 밤이든, 깨어 있든 잠들었든 계속적으로 수행하는 진정한 수행자라면, 매일 초를 켜고 향을 피우는 준비로 허비할 시간이 없을 것이다.

그런데 만약 많은 사람들에 의해 이러한 관습이 전체적으로 준수되어지는 경우라면, 수행자는 자신의 편의를 도모하고 주의가 산만해지는 것을 피하는 동시에 사회적 관습과도 마찰이 없도록 사리판단을 잘해서 어떻게 할 것인지를 결정해야 한다.

무엇보다 중요한 것은, 수행자가 자신의 마음속에 촛불을 켜서 밤

이든 낮이든, 깨어있든 잠들었든 항상 그의 마음이 가장 환한 빛을 발하
게 해야 한다는 것이다. 수행에 참으로 열의가 있는 수행자라면 초를 사
서 모으는 불필요한 수고를 하지 않도록 해야 한다.

라. 수행을 시작하기 전 참회와 법문 듣기

수행을 시작하기 전 행해지는 참회 의식은 마치 비구가 계목(戒目,
pātimokkha)에 대해 참회해야 할 죄로 항상 가득 찬 것처럼 규칙적으로
행해진다. 또한 계(戒)를 어긴 것이 없는데도 참회 의식을 모두가 함께
진행하는 것은 단순한 의식주의에서 기인한 것이다.

생각해 보자. 어떤 비구가 과거에 매우 심각한 과오를 범해 대가를
치루었을 경우 현재 일괄적으로 행해진 참회의식이 과연 어떤 의미가
있겠는가?

모든 비구는 수행을 시작하기 전에 이미 잘못이나 죄를 범하지 않
은 상태이며 고백할 것이 없다. 참회할 것이 없는데도 참회 의식을 행하
는 것은 단지 전시주의, 즉 부처님 시대에는 없었던 형식주의를 보여주
는 것과 다름없다. 그것은 아무런 의미가 없는 의식행위라 할 수밖에 없
다. 설사 그것이 참을 수 있는 행위일지라도 마음을 산만하게 만드는 행
위이며 시간 낭비이다.

수행 전에 재가신도들이 계(戒)를 받는 것도 같은 식으로 해석되어
야 한다. 이런 의식은 부처님 시대는 말할 것도 없고, 『청정도론
(Visuddhi-Magga)』과 같은 부처님 입멸 후기의 논서에서도 발견되지 않

는다.

참회를 하고 계(戒)를 받는 것의 참 뜻은, 마음 수행을 하려는 수행자가 말과 행동에 있어 순수하여 양심에 걸림이 없도록 해야 한다는 것이다. 만약 수행자가 죄의식을 가지고 있다면, 그의 마음은 불안해서 집중을 할 수 없다. 먼저 마음이 안정되고 편안하도록 자신의 마음상태를 조절해야 한다. 만일 잘못을 범해서 마음이 죄의식으로 인해 괴롭다면, 그는 자신의 잘못을 지혜롭게 인정해야 한다. 수행을 시작하기 전에 참회와 계(戒)를 받는 겉치레적인 의식은 우스꽝스러운 일이다. 수행자는 수행에 앞서 깨달음을 얻겠다는 단호한 결심을 통해 수행하는 동안 그 문제가 수행자의 마음을 어지럽히지 않도록 하는 것이 중요하다.

아마도 기질적으로 신앙심이 강한 사람들, 즉 유신론적 종교를 추종하는 사람들은 성직자에게 자신의 죄를 고백하면 신의 대리인인 그 성직자가 죄의 짐을 대신 받아 준다고 생각한다. 그들은 그렇게 정화된 마음으로 명상 수행을 시작할 수 있다고 생각한다. 그러나 단지 고백하는 것으로 죄가 없어진다면 우리는 명상 수행을 해야 할 아무런 이유가 없다. 그렇지 않은가?

불교의 명상 수행은 통찰지혜에 뿌리를 두고 있다. 불건전한 악을 극복할 수 있는 유일한 방법은 명상 수행에 의해 통찰지혜를 계발하는 것이다. 단순히 신앙이나 의식주의에 의지하는 것은 수행에 도움이 되지 않는다. 악에 대한 우리의 인식은 통찰력을 가진 인식이어야 한다. 우리는 악의 뿌리가 무엇인지 어떻게 그 원인을 근절할 것인지를 알아야 한다. 이것을 알 때 수행자의 마음은 정화되고 명상 수행을 할 수 있을 만큼 고요해질 것이다.

우리는 자신의 죄를 항상 참회해야 하고, 자신의 결점을 있는 그대로 보는 동시에 자신의 결점이 내포한 위험 또한 보아야 한다. 우리는 통찰력으로써 우리 자신을 개선시키려는 결심을 더욱 단호히 해야 한다는 것을 명심해야 한다. 이런 결실을 거두는 수행의 시간이 올 때 우리 마음은 힘차고, 열정적이고, 수행에 적합해지며, 회한의 감정이 일어나지 않을 것이다. 그러한 마음은 후퇴하거나 불안해하거나 산만하지 않을 것이다. 이와 같이 하였을 때 수행자는 집중에 성공하고, 통찰력과 함께 점차 선정을 발전시켜 나가게 될 것이다.

이런 점에서 볼 때 잘못을 서둘러 고백하는 의식과 수행 전에 계(戒)를 받는 것은 이치에 전혀 맞지 않고 합리적이지 못한 가식적 행위이다. 이런 의식에 집착하는 사람은 수행을 취미로 하는 아마추어의 범주에 속한다. 반면에, 수행자가 다른 사람들과의 부조화를 피하기 위해서 이런 의식을 행한다면 그것은 무방하다. 실제로 수행자는 자신의 결점을 항상 자각하고 있어야 하며 그 결점을 극복하기 위해 밤낮으로 오로지 수행에 전력을 기울여야 한다.

마. 삼보에 대한 귀의

현재 행해지는 또 하나의 의례는 부처님 또는 삼보에 귀의하는 것이다. 이러한 의식에는 빠알리어가 사용된다. "Imāham bhagavā attabhāvam pariccajāmi."

이것은 "저는 세존께 이 몸을 바칩니다."라는 뜻인데, 이런 종류의 의식은 단지 이기적인 감정을 증진시키는 역할을 할 뿐이다. 이는 결코 부처님의 시대에는 없었던 것이다.

물론 삼보에 귀의하는 의식을 올리는 사람의 심정을 다른 사람이 모두 다 알 수는 없으므로, 이러한 의식의 의미는 신중히 생각해야 한다. 그러나 그러한 의식이 단지 다른 사람들을 흉내내기 위한 것이거나 자신, 나, 나의 것에 대한 집착에서 나온 것이거나, 무언가를 보답으로 받으려는 바람에 근거한 단순한 아첨의 형식이라면, 그것은 그의 맹목적 신앙심을 강화시킬 뿐만 아니라, 초세간적인 지혜로 나아가는 데 큰 장애가 된다. 자신의 삶과 모든 것을 바쳐 깨달음을 구하는 유일하고 합리적인 방법은, 담마의 위대함을 진정으로 각성하고 담마보다 수승한 것은 없다는 것을 알고 수행에 참으로 온전히 몰두하는 것이다. 이것이 바로 진정한 귀의이다. 그것은 어떤 종류의 의식주의나 형식주의와 무관한 것이다.

삼보에 대한 귀의도 참회와 함께 항상 행해져야 한다. 그것은 수행자가 수행하려고 할 때만 행하는 단순한 행위여서는 안 된다. 삼보에 대한 귀의의 참뜻을 이해하지 못하고, 단지 대중들과 영합하기 위해 이러한 예경 의식을 즉석에서 급하게 행하려는 사람들이 있다. 이들은 삼보에 대한 진실한 예경보다 군중심리에 이끌리는 사람들이다. 그러한 사람들은 모든 것을 전도(顚倒)시킬 위험을 안고 있다. 그들은 명상 수행을 위한 준비가 되어 있지 않다고 할 수 있는데, 숭고하고 미묘한 지혜를 세우기 위한 기초가 부족한 것이다. 수행자는 이미 삼보에 귀의했어야 하고 확신을 갖고 있어야 한다. 그렇게 해야만 그의 마음이 수행을 끝까지 지속하기 위해 필요한 간절한 열의로 가득 차게 된다.

바. 지도 스승에 대한 귀의

어떤 선원에서는 지도 스승에 귀의하는 의례를 엄격히 준수하고 있어서, 사적으로나 공적으로 그러한 의식이 행해진다. 여기서도 빠알리어 문구들이 주로 사용된다. 한 가지 자주 쓰이는 문구는 "Imāham ācari-ya attabhāvam tumhākam pariccajāmi." 즉, "스승이시여, 저는 이 몸을 당신께 바칩니다."이다. 자신의 진실성을 이런 식으로 귀의하는 것은 적어도 믿음(saddhā), 의존, 순종심이 있다는 것이며, 그것은 헌신적 성향이 있는 사람에게는 어느 정도의 가치가 있다.

지도 스승은 귀의하는 의례에 따른 모든 것에 대해 실제적으로 대처한다. 그는 제자의 말을 단순히 믿기보다는 제자의 행동, 태도, 정신, 성향 등을 관찰한다. 일부 선원에서는 이러한 의식이 물질적 이해관계를 만들어 내기 위한 수단으로 악용되기도 하였다. 부처님 당시에 없었던 이 의식이 여러 가지로 제자들을 이용하기 위해서 만들어지고 유지되고 있다고 실제로 주장되어 왔다.

옛날에는 이러한 의식이 없었기 때문에 다행히도 지도 스승들이 이와 같은 비난을 받지 않았을 뿐만 아니라, 옛 스승들은 부처님에 의해 설해진 가르침에 따라 닙바나 즉, 열반으로의 인도는 대가 없이 아낌없이 베풀어져야 한다고 생각했다. 그들은 열반이 누구의 소유물이 아니라 진리 그 자체이므로 이런 종류의 의례를 강요하지 않았다. 그 자체로서는 아무런 의미가 없는 스승에 대한 형식적인 귀의 의례는 열반에 장애가 될 뿐이다.

수행하려는 사람이 수행 지도자에 대한 믿음이 없거나, 자신이 관찰한 것을 스승에게 질문한 후에도 그 지도자가 자신에게 도움이 되지 않는다고 생각한다면, 수행자에게 이런 귀의 의식은 시간 낭비일 뿐이다. 수행 지도자와 제자간의 신뢰는 매우 중요하다. 그들이 서로를 잘 이해하게 된다면, 어떤 행동 또는 의식도 중요하지 않다. 수행 지도자에 대해 귀의하는 의식을 올리기를 원하면 그렇게 해도 좋다. 그러나 원치 않는다면 귀의 의식에 얽매일 필요는 없다.

이 점을 숙고해 보면, 불교에 관심을 가졌던 타종교인들이 결국 고개를 저으며 불교에 흥미를 잃어버리게 되는 원인이 바로 이러한 의례적인 의식들 때문이라는 것을 알 수 있다. 그들은 그러한 의식을 고지식하고 미신적이며 석기시대에나 어울리는 것으로 간주하여 멸시한다. 그러한 의식은 부처님의 가르침, 통찰지혜에 토대를 두고 '나' 또는 '나의 것'에 집착하는 무명을 타파하는 데 목표를 둔 가르침이 아닌 유신론적 종교의 신앙에 토대를 둔 교리를 따르는 것이다.

만약 수행자가 이러한 의식을 고수하는 다른 사람들과의 마찰을 피하기 위해서 귀의 의례를 올린다면 그것은 있을 수 있는 일이다. 하지만 그런 의례는 단순한 의식주의로 모든 비이성적인 복종에 반대하는 불교의 정신과는 아무런 관련이 없음을 확고히 인식해야 한다.

수행을 위해 꼭 필요한 것은 지도 스승과 제자 사이의 긴밀한 유대감이다. 지도 스승은 지도 중에 필요하다면 준엄한 꾸중도 할 수 있고, 수행 중의 제자에게 요망되는 어떤 일을 강요할 수도 있다. 수행의 고급 단계에서 이러한 긴밀한 유대는 이성과 통찰과 공감에 근거한 자애로운 유대가 된다. 스승과 제자는 서로에게 지나치게 집착해서는 안 되며 그들은 또한 서로에 대한 믿음이 없어서도 안 된다. 그렇지 않으면 수행

전반에 걸쳐 부작용이 나타날 수 있다.

여기서 논의된 의식은 불교를 처음 접한 사람들을 위한 초보 수준의 것임을 일러둔다. 부처님의 시대에는 그러한 의식이 행해졌다는 기록이나 흔적이 없다. 그것은 훗날의 지도자들이 수행과정상 모든 단계들의 공식화가 필요했을 때나 공식화시키기를 원했을 때 생겨난 부산물일 뿐이다.

사. 수행주제의 요청

마음 수행을 위한 명상주제를 요청하는 방식은 정형화되어 있다.

예를 들면, "Nibbānassa me bhante sacchikaraṇatthāya kammaṭṭhānam dehi" 라고 하는데, 그것은 '존귀한 분이시여, 닙바나(열반)를 실현할 수행주제를 저에게 주십시오.' 라는 뜻이다.

이것은 형식적으로 계를 받는 의식과 유사한데 좀 더 깊이 생각해 보면, 우리가 계 받기를 청하는 것과 마찬가지로 수행주제(kammaṭṭhāna)를 요청하는 이 의식은 수행주제의 위상과 계의 위상을 동격으로 취급하고 있음을 말해 준다. 이런 점을 비추어볼 때, 이 의식은 헌신적 기질을 가진 사람에게 적합하고 믿음을 고양시키는 데 효과가 있는 하나의 방편에 지나지 않는다. 지혜로운 사람이라면 그런 의식을 반복해서 행하는 것이 도를 구하는 수행에 적합하지 않다는 사실을 알게 될 것이다.

수행주제를 청하는 형식은 수행주제에 대한 필요한 질문과 답변에 도움이 되기도 하지만, 필요 이상으로 그것에 집착하는 것은 껍데기와 같은 의식을 붙들고 있는 것에 지나지 않는, 지혜롭지 못한 행위이다. 형식에 너무 얽매이는 것은 사람을 피곤하게 만든다. 교파가 여러 개로 분열된 주된 이유는 어떤 사람들이 중요하게 생각하여 행하는 것들을 또 다른 사람들은 우스꽝스럽게 생각했기 때문이다.

그런 관점에서 볼 때, 어떤 종류의 의식들이 어떠한 상황에서, 어떠한 종류의 사람들에 의해 행해져야 하는가에 대한 재평가는 중요한 일이다. 남에게 비웃음을 사고 스스로 아무것도 이루지 못한 채 겉치레에 집착하는 행위나 비지성적이고 미신적인 차원에서 행해지는 의식 같은 것은 과감히 버려져야 한다.

여기에서 의식과 의례에 대한 미신적인 집착(silabbatta-parāmāsa)을 타파하는 것이 마음 수행의 주된 목적들 중 하나라는 것을 주목하고 또한 명심해야 한다.

수행주제를 청하는 빠알리어 공식 문구는 현재 스리랑카에서 인기를 끌고 있다. 하지만 본래 '닙바나(열반)를 이루기 위하여 저를 서임해 주십시오.' 라는 성직서임을 청하는 이 절차상의 문구는 부처님 당시에는 없었던 것임을 생각해 보라.

이러한 공식 문구는 명상수행의 정신을 준수할 때에 한해 가치가 있는 것이다. 그것은 수행자로 하여금 수행의 목적은 오로지 닙바나를 성취하기 위한 것이라는 사실을 상기시켜 줌으로써, 명상주제를 청할 때 그릇된 동기를 막기 위한 보호수단으로 사용된다. 부처님께서 세속적인 삶을 포기하신 이유는 오로지 고통에서 벗어나고 닙바나를 실현하기 위한 것이지, 이것 이외에 다른 어떤 저속한 신통 따위를 얻으려 한 것이 절대 아니었음을 거듭 강조하셨다.

그러나 간혹 사람들은 포기의 삶을 세속적 윤리의 완성이나 선정의 성취 또는 여러 가지 신통력의 획득으로 착각하기도 한다. 이와 같은 그릇된 동기를 가진 수행자는 에고를 확대시키기 위해 수행하기도 하는데, 천상에 태어나거나 특별한 지위를 성취하거나, 초인이 되거나 개인적 성취를 과시하거나, 명예를 얻거나, 다른 사람들에게 고귀한 인상을 주기 위해서 수행을 한다.

수행자가 천이통(天耳通)이나 천안통(天眼通) 같은 신통력을 얻고 에고를 확대시키기 위해 수행하는 것은 잘못이다. 부처님께서 말씀하시길, 그런 모든 것은 왕겨나 다름없는 하찮은 것이라고 하셨다. 또한, 세속적인 모든 것을 포기하는 삶의 궁극적 목표는 닙바나라고 말씀하셨으며, 이 닙바나가 수행의 핵심, 즉 본질이라고 설파하셨다. 수행자가 부처님의 이러한 말씀을 진지하게 받아들이면 그 어떤 욕망도 일어나지 않는다.

수행하기를 원하는 모든 사람은 수행에 앞서 닙바나를 이론상으로나마 어느 정도 이해하고 있어야 한다. 그러한 이해는 수행자가 오로지 닙바나를 실현하는 목적에만 집중할 수 있도록 직접적인 도움이 되어 준다. 가장 중요한 것은 수행자가 어느 정도 고통에 대한 통찰의 지혜를 얻고 나서 어떻게 해서든지 그 고통에서 벗어나고자 크게 발심하는 것이 최선의 길이다. 물에 빠진 사람이 숨을 쉬기 위해 어떻게 해서든지 머리를 물 밖으로 내밀기를 원하는 것과 같이 간절히 고통에서 벗어나고자 한다면, 이는 그가 올바른 의도를 가지고 수행을 하게 될 것이라는 확실한 보장이 된다.

수행자가 "…닙바나싸(Nibbānassa, 열반을 위하여)…"라고 말하면서 수행주제를 청하고자 한다면, 그는 수행의 참 목적을 분명히 알고 있어야 한다. 그러할 때 비로소 그가 행하는 의식적 행위는 무의미하지 않게 될 것이며, 그 수행자가 행하는 의식은 수행의 의도가 오로지 닙바나의 성취에 있음을 계속 상기시켜 주는 역할을 해주게 될 것이다.

아. 수행의 주제를 '명호로 부르기'

어떤 사람들, 심지어 일부 선원에서조차 생명이 없는 많은 것들을 의인화한다. 이런 행위는 의식절차에 지나치게 집착한 결과의 산물이며 매우 비상식적인 행위이다. 이런 수행주제들은 수행자들로 하여금 있지도 않은 것들을 신성한 존재, 또는 신으로 믿게 만든다. 뿐만 아니라 심지어 그들은 수행 중에 일어나는 여러 가지 경계들을 의인화하거나 명호를 붙여 신성화하려고 한다.

이를테면, 여러 가지 종류의 희열(pīti)들을 '존귀하고 높은 기쁨(phra ubbeṅgā-pīti)', '존귀한 스며드는 기쁨(phra pharaṇā pīti)' 등의 명호로 부르고, 또한 '존귀한 호흡의 마음챙김(phra anāpāna-sati)' 등의 명호로도 부른다. 그들은 그들이 선택한 이런 저런 '존귀한 분이시여'와 같은 문구의 명호를 붙이기도 한다. 그 결과 여러 가지 장황한 명호를 부르는 엉뚱한 수행풍토들이 생겨나서, 종국에는 의인화된 신성한 존재들에게 아부하듯이 그들의 이름을 반복적으로 외며, 급기야 열광적으로 기도에 몰두하기도 한다.

이 모든 관행들은 영혼과 혼령 사상에 관련이 있는 애니미즘

(animism)적이고 탄트라(tantra)적인 것이다. 여러 종파로 분열되는 원인은 바로 이런 종류의 관행들이다. 이런 현상은 불교가 순수하게 번성했다고 주장되는 상좌부 불교가 지배적인 나라들에서도 흔히 볼 수 있다. 대승불교의 어떤 종파들에서는 인격화가 더욱 심한데다가 다른 종교적 요소들과도 혼합되어 불교의 종파로 보기 어려울 정도이다.

이 같은 상황을 숙고해볼 때, 이런 모든 관행들은 일고의 가치도 없으며, 탐욕과 집착의 번뇌에 속한다는 것을 알 수 있다. 그런 관행들이 만족감을 준다면, 그것은 그런 관행들이 맹목적 신앙심으로 이끌기 때문이다. 따라서 의인화시키는 관행은 단지 또 다른 형태의 의식에 불과하다.

이는 또한 부처님 시대에 있었던 관행과는 반대되는 것이다. 부처님은 오로지 지혜에만 기반을 두셨고, 갈애 등의 번뇌로부터 완전히 벗어나 계셨다. 만약 명호를 불러야만 한다면, 수행자는 자기 자신을 단호하고, 열정적이고, 힘 있게 불러일으켜야 한다. 수행자는 항상 깨어 있어야 하고, 특히 자신의 마음속에 닙바나의 성취를 위한 네 가지 성취수단〔四如意足, iddhipāda〕, 즉 열의 · 정진 · 선정 · 지혜를 계발하기 위해 자기 자신을 부르고 자신의 의식을 각성시켜야 한다. 이와 같이 자신을 일깨우는 수행을 해 나갈 때 그는 좋은 결실을 얻을 것이다.

옛날에 수행자가 담마를 의인화시켰던 것은 모든 것에 주술적인 힘이 있다고 맹목적으로 믿었던 특정한 사람들에게 담마를 가르치기 위한 단순한 수단에 불과했었던 것으로 보인다. 그런 믿음은 이제 낡은 것이다.

자. 자비(mettā) 방사

　본 수행을 하기 전, 모든 생명들에게 자비의 마음을 방사하는 관습이 우리에게 여러 가지 경로로 전해져 왔다. 어떤 것은 이성과 통찰에 근거한 것이지만, 또 어떤 것은 신앙과 미신에 근거한 것이라고 할 수 있다.

　그러나 자비를 발하는 방법과 염송되어지는 말은 변하지 않았다. 가장 흔하게 사용되는 공식은 "모든 생명들, 모든 살아 있는 것들, 모든 존재들이 증오와 고난과 괴로움에서 벗어나 행복하게 살기를!' 이다.

　'미신이나 두려움으로 인해 자비를 발하는' 사람은 잘못된 동기를 가지고 있을 뿐만 아니라 수행의 목적에서 완전히 벗어나 있는 것이다. 그 자신이 자비를 발하지 않았을 때, 영혼들이 말썽을 일으키고 아귀들이 공덕을 뺏으려 하고 천신들이 도와주지 않는다는 말들을 들어왔기에 '자비를 방사하는' 것이며, 도와줄 능력이 있다고 판단되는 존재들에게 도움을 얻기 위해 자비로 인한 공덕을 빌어 비위를 맞추려 하는 것이다. 이런 형태의 수행이 생겨나고 수행의 원래 목적이 사라지게 된 데에는 바로 그런 미신으로 인해 생겨난 두려움 때문이다.

　'자비를 발하는' 또 다른 형식으로는 다음과 같은 것이 있다. "내가 행복하고, 내가 증오와 고난과 괴로움에서 벗어나고, 내가 행복하게 살 수 있기를!' 이것은 그렇게 말하고 있는 그 자신이 두려움과 이기심을 가지고 있음을 드러낸다. 그렇게 약한 마음을 가진 사람이 어떻게 무상·고·무아를 통한 깨달음을 얻기 위해 불퇴전의 노력을 경주할 용기를 낼 수 있겠는가? 형식적으로 얽매인 자비 방사는 수행자의 마음에 혼란을 가중시킬 뿐이다. 엄격한 명상수행을 하는 사람들 중 일부가 무서운 환영을 보고 정신적으로 혼란스러워하거나 완전히 미쳐버리게 되는 것은 바로 이런 종류의 두려움에서 온 것이다. 또 어떤 사람들은 그릇된 생각에 지나치게 빠져든 나머지 견해가 오도되어 비이성적인 두려움에 떨기도 한다. 수행자가 두려움을 갖고 수행에 임한다면 반드시 수행상의 갈등과 정신적 혼란을 초래하게 될 것이다.

수행자는 '자비 방사'를 행하기 전에 먼저 본래의 참뜻부터 이해해야 한다. 그렇게 하고난 연후에야 비로소 수행자는 자비관으로 인한 이익을 얻어 갈등과 문제를 피할 수 있게 된다. 수행자가 적을 포함한 모든 존재에게 '자비'를 방사할 때, 그는 마땅히 이렇게 생각해야 한다. "이제 나는 누구에게도 적개심을 품지 않겠다. 나는 모든 적개심을 놓아 버리겠다. 누가 나에게 해를 끼치고 심지어 죽이려고 할지라도 나는 원한을 품지 않겠다."라고. 이런 식으로 자비를 방사하는 수행자는 외롭고 보호받지 않는 곳에서 수행할 지라도 두려움에서 항상 벗어날 수 있게 된다.

수행자는 자신이 모두의 친구이거나 혹은 모두가 마음수행의 동반자라고 느껴야 한다. 즉, 자신을 둘러싼 모든 존재들을 수행이 완성되도록 도와주는 친구들이라고 생각해야 한다. 왜냐하면 그의 수행은 자신뿐 아니라 모든 존재의 고통을 종식시키는 것이 목적이기 때문이다.

차. 삼보에 대한 공덕 예찬

어떤 선원에서는 수행자가 수행을 시작하기 전에 불법승 삼보의 위신력을 암송하도록 요구한다. 공덕 예찬 형식으로 잘 알려진 세 가지 공식은 '이띠삐소(Itipiso, 이와 같이 존경하는 부처님께)…', '사와깟또(Svākkhāto, 잘 설해진)…' 그리고 '수빠띠빤노(Supatipanno, 훌륭하게 수행한 성자)…'로 시작되는데, 일반적으로 그 의미를 생각하지 않고 암송한다. 어떤 사람들은 그 의미조차 모른 채 암송하기도 하는데, 그런 암송은 단지 또 하나의 의식행위가 될 뿐이다. 수행 중 자신을 보호하기 위해 삼보의 공덕을 불러낸다면 그것은 심지어 미신으로 전락되기도 한다. 그런 사람들은 삼보가 어떤 신기한 힘을 가지고 있다고 실제로 믿으며, 빠알리어 문구가 신성하고 마술적인 공식이라고 생각한다.

그러나 만약 어떤 사람이 삼보의 공덕을 단순히 암송하거나 읊조리는 것이 아니라, 수행의 기쁨과 즐거움을 계발하기 위해 성실하고 충실하게 몰입하여 암송한다면 그것은 이치에 맞다.

이러한 관습을 준수하기를 바라는 수행자에게는, 삼보의 공덕을 암송하는 것이 어떤 힘 있는 신이나 영혼에게 호소하는 것이 되지 않도록 충분한 주의와 분별력이 요구된다. 부처님을 어떤 초자연적이며 미신적인 존재로 만드는 잘못을 범해서는 안 되기 때문이다.

수행자는 이렇게 생각해야 한다. '내가 지금까지 올바른 삶을 살아왔고 숭고한 성취를 위한 수행의 기회를 방해받지 않고 누려온 것은, 삼보의 위신력(威神力)에 의한 것이다. 이제부터 나는 삼보에 의지하여 살아갈 것이고 나의 모든 것을 삼보에 귀의함으로써 삶의 궁극적 목표를 성취할 것이다.' 라고. 이런 식으로 불법승의 공덕을 회상한다면 수행자는 진지하게 수행하기 위한 기쁨, 즐거움, 열의, 활기를 자신의 내부에서 발견하게 될 것이다.

카. 수행 결정심

이 관행은 수행자의 의지력을 강화하여 마음을 더욱 굳건하고 단호하게 만들도록 의도된 것이다. 수행자는 부처님을 포함한 모든 성인들 즉 '고귀한 분들' 이 걸어가신 바로 그 길을 자신도 이제 따라가려 한다는 것을 상기함으로써 스스로를 편안하게 만들어야 한다.

그는 마음속으로 이렇게 말해야 한다. '부처님과 그분의 제자들이 성취하신 열반은 마음 챙김에 의한 것이었다. 그것은 오직 유일한 길이며, 모든 이가 스스로의 힘으로 따라가야 할 길이다.' 라고. 이렇게 수행자는 마음 챙김, 즉 삿띠빠따나(satipaṭṭhāna, 四念處)가 단 하나의 올바른 길임을 스스로 다짐하고, 자신의 수행을 불퇴전의 인내심으로 이루겠다는 단호한 결심을 해야 한다. 이것이 이 관행의 유일한 목적이다.

그러나 마술적인 힘에 집착하는 사람들은 이러한 관행을 왜곡한다. 그들은 그것을 복종으로 여기는데 그것은 분명 잘못된 것이다. 좋은 관습의 의미를 변질시키고 왜곡시키려는 것은 소심한 욕망을 채우고자 미신을 따르는 사람들에 의해 유발된 것이다. 그렇게 맹신을 추종하는 수행자는 결코 가장 높은 통찰의 길로 갈 수 없음을 분명히 알아야 한다.

수행자가 대결정심을 다짐하는 것은 자신의 의지를 강화하여 수행의 준비를 확고히 하기 위함이다. 그는 자신에게 주어진 명상주제에 대해 철저히 지도 받고, 그것이 자신의 정신적 불완전함과 고통을 치료하기 위해 적합하며 자신의 여러 문제들을 효과적으로 해결할 수 있다고 믿어야 한다. 그러한 이해와 확신을 가지고 나서야 비로소 그의 수행 결의는 의미가 있는 것이다.

이런 방식으로 의지를 강화시키는 것은 마음 수행에 있어서뿐만 아니라 다른 어떤 일을 하더라도 필요한 것이다. 마음 수행의 준비과정으로서 이루어지는 수행의 결의는 정확하고 명확한 원리에 기반을 두고 있다. 수행자가 공부를 하면 할수록, 특히 그가 수행에 박차를 가할수록 그의 의지력은 더욱 강화되고, 그 자신의 결의에 따라 살아가는 데 어려움이 없다.

수행자가 수행 결의를 계속 유지하기 위해 부처님 또는 다른 어떤 이에게 기대는 것은 단순한 미신적 의식주의일 뿐이다. 수행자는 계속 앞으로 나아가야 하며, 무지의 심연 속으로 빠져들거나 주술적 세계에서 살아서는 결코 안 된다. 수행의 모든 단계는 자신이 제어할 수 있는 이성과 지성과 통찰에 의해 이루어져야 한다.

타. 수행 공덕을 부처님께 회향

이것은 수행을 시작하기 전 준비단계가 아닌, 매일 수행이 끝날 때마다 지켜지는 관행이다. 말하자면 수행자가 자신의 수행 공덕을 부처님 또는 삼보에 회향하는 것이다. 이것은 빠띠빳띠-뿌자(paṭipatti-pūjā),

즉 수행에 의한 공덕을 불공하는 것이다. 이것은 가장 높은 종류의 공덕 보시로서 아미사-뿌자(āmisa-pūjā), 즉 물질적 보시에 의한 불공과는 대조된다.

수행이 끝날 때마다 수행자는 다음과 같이 세 번 암송한다.

"Imāya-dhammānudhamma-paṭipattiyā buddham dhammam saṅgham pūjemi"

- 나는 담마에 따라 담마를 수행함으로써 부처님, 담마, 승가에 예를 올립니다. -

분명 이러한 관습은 물질적 보시를 하는 사람보다 자신의 수행에 의한 공덕을 회향하는 사람을 칭찬하신다는 부처님의 말씀에 따라 행해진 것이다. 명상수행은 가장 높은 형태의 수행이다. 그래서 수행자가 이런 관습을 준수하는 것은 칭찬받을 만하고 이성적인 것이다. 여기서도 물론 수행자가 그것을 맹목적으로 따르거나 단지 전통을 고수하기 위해 무비판적으로 따라서는 안 된다. 이렇게 삐띠빳띠-뿌자(paṭipatti-pūjā)는 매일 수행이 끝날 때 마지막으로 행해져야 할 것이다.

지금까지 설명한 여러 가지 관습과 의식들 중 어떤 것들은 스승과 제자들의 불완전함과 욕구에 의해 생겨난 것으로 볼 수 있다. 그들은 그들만의 새로운 의식을 만들어 도입하거나 기존의 의식들을 자신들의 믿음과 바람에 맞추어 수정해 왔다.

수행자가 성공적인 수행의 완성을 위해 명상수행의 진정한 목적을 명심하여 신중하게 판단할 때에야 비로소 이러한 다양한 의식을 실행함에 있어 맹목적인 신앙이나 미신을 피할 수 있으며 수행을 향상시킬 수 있다.

수행자가 이러한 전통적인 수행의 문제에 대하여 신중하게 살피지 않으면, 이러한 의식들이 오히려 통찰의 계발에 장애요소가 되어 그로 하여금 불필요한 문제에 직면하게 만들고, 사람들에게 웃음꺼리가 될 수 있으며, 극단적인 경우에 그를 광인으로 만들 수도 있다. 이는 수행자 자신뿐만 아니라 불교전반에 걸쳐 악영향을 초래할 수 있으므로 반드시 명심해야 한다.

요약하면, 올바른 명상수행의 준비단계에서 요구되어지는 사항들의 의미를 바르게 이해하여 결코 단순한 의식주의로 전락시키는 일이 있어서는 안 된다. 그 중에는 수행자에게 부과된 의무 사항들도 있고, 마음을 강화시켜 순일하게 수행이 진보할 수 있도록 해주는 방법들도 있음을 살펴보았다.

이외에도 수행자는 지금까지 언급되지 않은 여러 의식과 기준들 역시 잘 이해하고 이용할 줄 알아야 한다. 이를테면 수행자에게 부과된 의무적인 의식행위, 타인들을 위해 열심히 수행해야 할 의무와 담마를 전파해야 할 의무에 대한 원력, 또는 모범을 보여서 다른 사람들이 해탈의 길로 갈 수 있도록 안내해야 할 의무에 대한 서원 등을 들 수 있겠다.

또한, 수행자의 마음을 강화시키는 방법으로 죽음에 대한 시체관이나 인간이 성취할 수 있는 최선의 것을 성취하기 위한 다짐, 또는 부모님 같은 은인에 대한 감사를 명상에 이용할 수 있어야 한다. 이러한 각각의 수련은 고유한 장점과 목적을 가지고 있기 때문에 수행자는 그 본래의 진정한 의미를 주의 깊게 헤아려 수행해야 한다. 또한, 정진력을 강화시키려고 만들어진 이 특별한 수행법들을 성공적으로 활용하려면 자신의 마음 상태와 기질을 제대로 파악해야 할 필요성이 있다. 그러나 이러한 기법이나 의식들을 행하는 것보다 더 중요한 것은, 수행자 스스로 '해야 할 일을 하고 있으며 올바른 의식과 행위를 실천하고 있다.' 라는 확신을 하고 있어야 한다는 점이다.

명상수행을 준비하는 사람들은 이 모든 준비사항들을 깊이 숙고하길 바란다.

2

Ānapānasati

수행 환경

1. 수행의 개요

아나빠나삿띠를 수행하는 사람은 수행 전반에 대해 명확히 알고 있어야 한다. 옛 스승들은 비유적인 표현으로 말하기를 매우 좋아했는데, 이를 통해 수행자는 수행에 관한 도움을 받을 수 있다. 예를 들면, 『청정도론(Visuddhi-Magga)』의 저자는 서문에서 수행에 대해 다음과 같이 비유하고 있다.

현명한 사람은 땅 위에 굳게 서서 두 손으로 날이 있는 무기를 잡고 그것을 숫돌에 날카롭게 갈아 부지런히 노력하며 울창한 밀림을 헤쳐 나가는 데 성공한다.

'현명한 사람' 이란 타고난 통찰력(sahajāta-paññā), 혹은 오늘날 지성인이라고 지칭되는 사람을 말한다. 이들이 가진 통찰력은 참다운 통찰지혜(vipassanā-paññā)로 발전될 수 있는 미숙한 형태의 통찰력이라 할 수 있다. 마음수행을 시작하려는 사람은 직관적 통찰력을 더욱 계발할 수 있도록 예리한 관찰력을 가지고 있어야 한다. 비록 지성을 가졌다 할지라도 둔한 사람은 여기에서 다루어진 방식으로 수행을 시작하기 힘들며, 일반적으로 그러한 사람은 먼저 신앙에 기초한 방식을 따라가거나 또는 여러 종류의 의식과 관례들에 의지해야 한다.

수행자는 '땅 위에 굳게 서야' 한다. 즉 계(sīla)를 지켜야 한다. 거친 종류의 번뇌들로부터 자유로워지려면, 그리고 자기의 주변 환경에서 비롯된 고통으로부터 자유로워지려면 그는 윤리적 계율을 잘 확립해야 한다. 계율은, 그 위에 안전하게 설 수 있을 만큼 굳건하고 단단한 땅에 비유될 수 있다. 이것은 진흙탕의 땅이나 불안정한 습지의 땅과 반대된다. 마음수행에 입문하겠다는 간절하고 진지한 마음으로 발심한 사람은 승려이건 일반인이건 상관없이 깨끗한 윤리의 토대를 확고하게 만들어야 한다.

'날이 있는 무기'는 세상의 지식을 뜻한다. 즉 연구를 통해 얻을 수 있는 여러 종류의 이해, 특히 마음 계발과 관련 있는 이해를 말한다. 이 세속적인 지식은 '날카롭게 가는' 과정에 의해 초세간적인 지혜로 발전하게 되고, 이 지혜는 족쇄(saṃyojana)*와 잠재성향(anusaya)**을 종식시킬 정도로 본질을 꿰뚫어 보게 해준다.

'두 손'은 빠리하리 카빤야(parihāri-ka-paññā), 즉 '작용하는 통찰력'이며, 윤회 속에서 무엇을 해야 할지 몰라서 방황하는 사람에게 무엇을 해야 하는가를 바로 보여주는 통찰의 유형이다. 그것은 자연스러운 통찰력을 의미하며, 매우 잘 계발되면 정확히 무엇을 해야 하고 어떻게 해야 할지를 깨닫게 해준다.

'숫돌'은 선정을 뜻한다. 선정은 통찰 이전에 이루어져야 한다. 선

---

* 족쇄(samyojana):결박의 번뇌라고도 하며 여기에는 열 가지가 있다.
　①의심 ②잘못된 관습, 미신 ③오온(몸과 마음)을 '나'로 보는 유신견(有身見) ④감각적 욕망 ⑤성냄 ⑥색계(色界) 천상에 대한 욕망 ⑦무색계(無色界) 천상에 대한 욕망 ⑧자만〔我執〕 ⑨불안정 ⑩근본무명. 수다원과에서 ①~③, 아나함과에서 ①~⑤, 아라한과에서 ①~⑩ 모두가 소멸된다.
** 잠재성향(anusaya):잠재된 번뇌로 여기에도 아비담마에 의하면 일곱 가지가 있다.
　감각적 욕망, 존재에 대한 욕망, 성냄, 의심, 자만, 사견(邪見, 有身見), 근본무명.

정은 지혜와 통찰(vipassanā)의 기초이다. 선정은, 자연스러운 것이든 의식적으로 계발된 것이든 상관없이, 무기를 날카롭게 갈 수 있는 숫돌과 같은 것이다.

'부지런함'은 네 가지 성취수단(iddhi-pāda, 사여의족)을 의미한다. 즉 닙바나를 성취하고자 하는 의욕과 열의, 수행에 정진하겠다는 결심, 처음부터 끝까지 마음을 흐트러뜨리지 않는 집중, 수행 중에 발생할 수 있는 어떤 장애라도 지혜롭고 시의적절하게 해결할 수 있는 분명한 앎〔明知〕이 수반되는 지혜 작용 등이다. 이 네 가지 성취수단, 즉 열의(chanda), 정진(viriya), 마음집중(citta), 지혜의 작용(vimaṃsā) 등은 성공적인 수행에 필수적인 것들이다.

'울창한 밀림'은 마음에 얽힌 번뇌를 뜻한다. 이 번뇌들은 울창한 밀림의 가시덤불과 같이 우리의 마음을 찌른다. 울창한 밀림을 제거한다는 것은 뒤얽힌 큰 가시나무들을 쳐내는 것처럼 어지럽게 흩어져 있는 마음 속 번뇌의 덤불을 제거한다는 뜻이다.

이 비유들은 수행 방법의 개요를 설명해 줄 뿐만 아니라, 여러 가지 건전한 특성들(윤리 등) 사이의 상호관계를 명확하게 설명해 주고 있다. 그것들은 오해를 없애 주는 역할을 하고, 수행에 용기를 북돋아 준다.

"현명한 사람은 땅 위에 굳게 서서/두 손으로 날이 있는 무기를 잡고/그것을 숫돌에 날카롭게 갈아/부지런히 노력하며/울창한 밀림을 헤쳐 나가는 데 성공한다."

이 공식은 수행하는 모든 사람이 마음의 눈을 떠, 항상 그것이 명확하게 현전(現前)하고 있어야 함을 뜻한다.

2. 열 가지 환경적 장애

마음수행을 시작하기로 결심한 사람은 먼저 장애를 없애야 한다. 여기서의 장애(palibodha)란 수행자를 여러 가지 방식으로 얽어맬 수 있는 것으로 크고 작은 물질적인 것들을 포함한다. 다음은 잘 알려진 열 가지 장애들이다.

가. 주거에 관한 장애(āvāsa-palibodha)

수행자가 자신의 주거에 대해 즉, 어디서 살 것인지에 대해 걱정하거나, 편안한 선원과 숙소를 포기하고 숲이나 그 밖의 장소에서 수행해야 하는 것에 대해 걱정하는 장애이다. 심지어 그가 수행하는 작은 집에서 흰개미를 쫓아내야 하고, 비가 새는 지붕을 수리해야 하고, 그밖에 그가 돌보아야 하는 사소한 걱정꺼리들까지도 주거에 관한 장애에 포함된다. 이 모든 것들이 수행에 있어서 장애이고 방해물이다. 수행자는 이런 문제들을 처음부터 완전히 해결하여, 수행을 시작할 시점에 이르러서는 걱정할 것이 전혀 없도록 해야 한다. 그래서 수행을 처음 시작하는 사람의 경우에는 자기에게 속한 것이 전혀 없는 완전히 새로운 환경

으로 가서 수행하는 것이 분명 더 좋다. 오두막집보다는 나무 밑에서 수
행하는 것이 더 좋은데, 이 때 수행자가 선택한 나무 밑은 호기심 많은
구경꾼들에 의해 방해받지 않는 외딴 곳에 있어야 한다. 만약 그러한 나
무를 찾을 수 없다면 수행자는 누가 와서 쳐다보더라도 신경 쓰지 말고
무심하게 있어야 한다. 나무 밑에서 사는 것은 주거의 장애를 완전히 제
거해 준다.

나. 가족에 관한 장애(kula-palibodha)

이 장애는 수행자가 자신을 부양하고 도와주는 사람들에 대해 관심
을 갖고 걱정하는 것을 말한다. 그들은 수행자가 아플 때 걱정해 주고,
매일 보지 못하면 그리워한다. 이러한 지원자들에 대한 애정과 집착은
수행자에게는 근심의 원인이 된다. 수행자는 당분간 그의 지원자들인
가족이 더 이상 살아 있지 않은 것처럼 생각하는 마음과 태도를 가져야
한다.

다. 세속적인 소득에 관한 장애(lābha-palibodha)

이는 수행자가 수행을 시작하기 전에 누렸던 이익을 잃는 것에 대
해 두려워하는 장애를 말한다. 수행자가 수행을 완성하고 난 뒤에 더 많
은 소득과 이름과 명성 등을 기대하는 마음도 이러한 장애에 포함된다.

한마디로 말하자면, 상실에 대한 두려움이라고 할 수 있다. 수행자는 이러한 소득, 이름, 명성 등이 닙바나의 성취를 위한 수행에 방해가 됨을 자각하고 이러한 것들을 칼날 위의 꿀처럼 위험한 것으로 분명히 보아야 한다. 수행 중에 수행자는 모든 소유물과 더불어 과거, 현재 그리고 심지어 미래까지도 모두 포기할 수 있어야 하며 가난한 삶을 받아들여야 한다. 수행 중에 필요한 어떤 것이 생기더라도 그 순간 수행자는 그러한 것들에 대해 생각하거나 말해서는 안 되며, 나중에 처리할 수 있도록 내버려 두어야 한다.

라. 사회적 참여에 관한 장애(gaṇa-palibodha)

이 장애는 자신이 관여하여 돌보고 책임지는 사람들에 대한 관심과 걱정을 갖는 것을 말한다. 이러한 수행자의 사회적 참여는 완전히 포기되어야 하며, 진정으로 홀로 살 결심을 단호히 해야 한다. 비록 수행이 끝난 후에는 사회로 돌아갈 지라도, 그 전까지는 그런 문제들에 대한 모든 걱정들로부터 자유로워야 한다.

마. 일에 관한 장애(kamma-palibodha)

수행자가 어떤 일에 대한 책임을 떠맡고 있거나, 혹은 매우 좋아하는 일을 하거나, 그 일에 습관이 되어 있을지라도, 모든 완료되지 않은 일은 수행자에게 장애로 간주된다. 수행자는 현재의 마음 수행보다 더 중요한 일은 없다는 것을 지혜롭게 반추하고 직시해야 한다. 수행은 모든 일들 중에서 최고의 가치가 있으므로 다른 사소한 일들보다 우선권을 두어야 한다. 이를테면 사소한 일을 다른 적임자에게 넘겨주어 해결하는 것이 가능하다면 수행을 시작하기 전에 그렇게 해야 한다.

바. 여행에 관한 장애(addhāna-palibodha)

여행에 관한 장애에는 두 가지로 나눠 생각해볼 수 있다.

첫째, 수행자가 여행을 하면서 그 여행과 관련된 걱정을 하는 것이다. 예를 들면, 내일 어디에 머물 것인가 등의 문제에 대하여 걱정하는 경우가 이 장애에 해당된다. 이러한 장애를 없애는 방법은 자신이 단지 짧은 거리를 여행하고 있는 것처럼 느끼는 것이다.

둘째, 한 곳에 머물며 수행을 하고 있긴 하지만 평소에 먼 곳으로 여행하는 것을 좋아하던 수행자에게는 여행에 대한 생각 자체가 장애가 된다. 그러한 사람은 여행에 집착하는 자신의 감정을 극복해야 한다. 예를 들면, 그는 계절이나 날씨에 대해 무관심해야 하고, 어떠한 곳이 볼 가치가 있고 살기에 좋다는 식의 생각을 하지 말아야 한다. 뿐만 아니라, 매우 즐거웠던 과거의 여행에 대해서도 생각하지 말아야 한다. 우안거 기간 동안에도 수행자는 안거가 끝난 후에 어디로 갈 것인지에 대해 계획을 세우지 말아야 한다.

사. 친지에 관한 장애(ñāti-palibodha)

부모에서 먼 친척에 이르기까지 일가친척에 대한 걱정은 장애가 될 수 있다. 수행자는 가까운 친지든 먼 친지든 그들에 대한 걱정이 수행의 장애가 되게 해서는 안 된다. 만약 진지하게 수행할 의도가 있는 수행자라면, 그러한 걱정에 의해서 어떤 식으로든 영향을 받아서는 안 된다. 그는 '수도승이라면 속세를 포기해야 한다. 그것이 수도승의 길이다' 라고 마음에 새겨야 한다. 수도승이기에 일가친척을 완전히 포기하는 것은 누구에게나 이해된다. 이렇게 그는 수행기간 중에 주위의 모든 사람과 모든 것들을 완전히 놓아 버리는 자유로운 마음을 길러야 함을 반추해야 한다.

만약 재가수행자라면, 자신과 친지들을 위해 그가 최선의 선택을 추구하고 있음을 반추해야 한다. 뿐만 아니라 그 어떤 친지도, 윤회의 악순환을 끊고 자유를 성취하려 하는 수도승이나 재가자 모두에게 도움이 될 수 없다는 점을 반추해야 한다. 가장 가까운 혈족인 부모와 자식도 전혀 도움이 될 수 없다. 모든 사람은 스스로를 도와야 하며, 따라서 그렇게 할 수 있는 모든 기회가 주어져야 한다. 윤회로부터 스스로를 해방시킨 사람만이 윤회 속을 끝없이 헤매는 친지들을 도울 수 있다. 자신이 먼저 스스로를 해방시키지 않고서는 그 누구의 해방도 도울 수 없음을 명심해야 한다.

아. 질병으로 인한 장애(ādādha-palibodha)

수행자는 익숙하지 않은 수행방식과 그가 택한 생활방식의 결과로 병이 날 가능성에 대해 두려워해서는 안 된다. 그리고 수행하는 중에 병이 들어서 병을 치료할 가능성이 없더라도, 목숨을 건 인내심으로 수행해야만 한다. 중요한 점은 병이 날 가능성에 대해 걱정하지 않는 것이다. 수행자는 자신이 치료를 받을 수 있든 없든, 약을 구할 수 있든 구하지 못하든 간에 건강에 대해 근심걱정을 해서는 안 된다. 그는 이러한 문제들을 중요하게 여겨서는 안 된다.

마음을 수행하는 것은 불멸의 약을 먹는 것이며, 그것은 가장 위험한 질병, 즉 번뇌와 고통이라는 질병을 치료하는 것이다. 담마의 약은 이러한 질병의 고통에서 영원한 해방을 보장하며, 모든 수행자는 이러한 해방을 자신 안에서 실현할 수 있다.

또한, 이미 건강이 안 좋은 사람은 시간을 허비하지 말고 수행 전에 치료를 받아서, 수행 중에는 치료에 대한 걱정을 하지 않도록 해야 한다. 만약 이미 모든 수단과 방법을 다해서 치료에 임했으나 질병을 치료하지 못한 수행자라면 치료를 포기하고, 치료에 대한 걱정 또한 멈추는 것이 현명하다. 그러한 수행자는 오로지 결단력과 인내심으로 마음수행을 하여 죽음과 맞서 싸워야 한다. 그는 목숨이 붙어 있는 한 용맹스럽고 강한 정신력으로, 수행의 고삐를 늦추어서는 안 된다. 요컨대, 수행자는 질병과 죽음에 대한 걱정에 마음을 써서는 안 된다.

자. 이론공부에 관한 장애(gantha-palibodha)

마음 수행과 연구를 동시에 하는 것은 실행 불가능하다. 마음 계발을 위한 수행을 시작하기로 결심했다면, 그리고 수행의 완전한 결실을 성취하기를 바란다면 수행자는 이론 공부를 중지해야 한다. (여기서 공부란 학문적 공부를 의미하고 있음에 주의해야 한다. 도반이나 수행 지도자에게 수행에 필요한 질문을 하는 것과 같은 형태의 공부는 포함되지 않는다.)

책을 읽는 등의 공부에 빠져 있는 사람은 이론공부에 대한 집착을 단호히 포기해야 한다. 지도자 역시 자신의 수행의 결실을 완전히 성취하길 원한다면, 지도자로서 남을 가르치는 일에 대한 집착을 포기해야 한다.

차. 신통력에 관한 장애(iddhi-palibodha)

어떤 사람들은 기적적이거나 마술적인 힘에 집착하여 거기에 빠져든다. 신통력을 얻기 위한 목적으로 명상수행을 하는 사람은 정신착란을 일으키기 쉽다. 수행자는 신통력을 얻으려는 그 망상을 반드시 제거해야만 한다. 그래야 비로소 그의 수행이 고귀한 도와 과, 그리고 닙바나로 곧장 나아갈 수 있게 된다. 이 점이 바로, 아직 수행을 시작하지 않은 사람들이 신통력의 장애를 제거하기 위하여 이해되어야 할 선결 과제이다.

열심히 수행한 결과로서, 그의 마음이 어떤 초능력을 행할 수 있는 단계에 도달한 사람은 초능력에 대하여 강한 흥미를 느끼게 된다. 그러나 그것은 그가 수행의 방향을 모든 종류의 신통력 성취 쪽으로 돌리고 싶은 욕망을 품기 시작했다는 것을 의미한다. 이것은 보다 높은 수행, 즉 무상·고·무아라는 삼법인으로 나아가는 길을 막는 매우 크나큰 방해물이다. 수행자가 닙바나를 성취하기 위해서는 이러한 장애에 대하여 사전에 충분히 숙고해야만 한다.

그리고 일부 사람들이 바라는 것처럼, 닙바나와 신통력을 동시에 수행하여 성취하기란 불가능하다. 수행을 통해 최고의 진리를 성취한 사람은 신통력을 그 부산물로 얻을 수는 있다. 그러나 이것은 흔한 일이 아니며, 어떤 특별한 유형의 사람들에 한해, 어떤 특수한 조건하에서만 가능한 일이다.

신통력을 성취하도록 이끄는 수행의 길은 닙바나로 이끄는 수행의 길과 구별되고 분명 다르다. 결코 이 둘을 혼동해서는 안 된다. 수행자는 진정으로 닙바나를 추구해야지, 신통력을 추구해서는 안 된다. 신통력의 성취는 이름과 명성과 부를 얻을 수 있는 길이다. 그러나 그것은 마음의 번뇌를 없애는 데에는 아무런 쓸모가 없다.

지금까지 논의된 열 가지 장애는 마음수행의 길에 놓여 있는 방해물들이다. 이 장애들을 제거하지 못하면 통찰의 날을 날카롭게 갈 수 있는 숫돌(선정)을 찾지 못한다. 그리고 날카로운 칼날이 없다면 어떻게 마음의 번뇌라는 밀림을 헤쳐 나아가겠는가? 그러므로 이러한 장애들을 제거하는 것은 수행상 매우 중요한 준비 작업이다.

3. 수행에 적합한 환경조건

가. 기질의 분류에 따른 조건

수행이 자유의 성취를 목표로 하는 것이기에, 환경의 호불호(好不好)나 취향에 영향을 받지 않아야 하지만, 그럼에도 불구하고 수행을 시작하는 사람은 자신에게 가장 유리한 장소와 환경을 선택할 수 있는 방법을 찾아내어 환경을 주의 깊게 결정해야 한다.

그러기 위해서는 먼저 수행자 자신의 성격을 알아야 하고, 자신의 수행을 돕는 최적의 환경이 어떤 환경인지를 알아야 한다. 수행자는 환경과 자신의 성격 또는 기질이 상호 작용하는 원리와 방식을 명확히 이해해야 한다. 또한 그 두 가지가 잘 어울리는지 어울리지 않는지도 파악해야 한다. 그리고 그 두 가지가 매우 잘 어울리는 경우라면, 정확히 얼마나 그리고 어느 정도나 어울리는지를 알 수 있어야 한다. 이처럼 수행자는 자신의 기질을 알고 적합한 환경을 선택하고 부적합한 환경을 피해야 한다.

성격과 기질(氣質)은 전문용어로 짜리따(carita)라고 한다. 짜리따의 어원은 '행동'이며, 이는 반복적인 행동 또는 환경적 자극에 대한 반응이 오랜 기간 동안 축적되어 나타나는 특정한 습관 양식을 의미한다. 성격 또는 기질의 유형은 다음 여섯 가지로 분류될 수 있다. 즉 욕망형 기질(rāga-carita), 분노형 기질(dosa-carita), 무지형 기질(moha-carita), 맹신형 기질(saddhā-carita), 지성형 기질(buddhi-carita), 사변형 기질(vitakka-carita) 등이다. 지금부터 이들 유형에 대해 자세히 알아보고 그 각각의 유형에 적합한 환경들을 설명하고자 한다.

1) 욕망형 기질을 가진 사람

욕망이나 갈망에 의해 마음이 지배되는 유형이다. 이러한 유형의 사람은 아름답고 매력적인 것을 보고 즐기기를 좋아한다. 그는 깔끔하고 질서정연한 것에 매우 강하게 이끌린다. 또한 음식 맛에 지나치게 민감하며, 생활 방식과 장소에 대해 예민하게 반응하며 까다롭다.

이런 유형의 사람은 깔끔하지 않고, 더럽고, 보기 흉한 환경을 선택하도록 권장한다. 그의 옷은 여기 저기 꿰맨 누더기 옷으로, 해지고 낡은 천을 소재로 만들어야 한다. 그가 쓰는 발우는 낮은 품질의 철로 만든 것으로, 일그러지고, 못과 땜질 자국 등으로 투박하게 수선된 것이어야 한다.

이 수행자가 비구라면, 그는 불쾌하고 보기에도 흉한 길로 탁발을 나가고, 그의 눈에 어떠한 즐거움도 주지 않으며 맛이 없는 음식을 보시받을 수 있는 가난한 곳으로 탁발을 나가야 한다. 그는 '무례하고 불유쾌한 방식으로 음식을 보시하는' 사람들이 사는 마을로 탁발을 나가야 한다.

몸의 자세는 가능한 한 걷거나 서 있는 자세를 유지해야 하고, 앉거나 눕는 자세는 가급적 피해야 한다. 그는 그 밖의 다른 것들에 있어서도 이와 같은 원칙에 의해 용의주도하게 환경을 조성해야 하고, 욕망이 나 강한 집착을 불러일으킬 수 있는 어떤 상황도 선택해서는 안 된다.

그가 사용하는 물건은 푸른색이나 그와 유사한 어두운 색상이어야 한다. 만약 그가 집중의 대상으로 까시나(kasina, disk, 원반)의 색상을 이 용하고자 한다면, 그는 파란색 까시나를 선택해야 한다.

요약하면, 욕망형의 기질을 가진 수행자가 선택해야 하는 여러 가지 것들은 불유쾌하고, 더럽고, 추하고, 거친 것이어야 한다. 왜냐하면, 그 러한 특성들이 그의 수행에 적합하고 유리하기 때문이다. 그가 이러한 수행 환경 조성의 중요성을 깨닫지 못한다면, 그의 기질과 관련한 어려 운 문제들이 생겨날 것이고, 그것은 그의 수행에 있어 장애요인으로 작 용할 것이다.

2) 분노형 기질을 가진 사람

이 유형의 사람은 쉽게 화를 내고, 조급하고, 이유 없이 짜증을 부리 기도 한다. 분노형 기질을 가진 사람은 욕망형 기질과는 정반대인 환경 을 선택해야 한다.

그는 모든 것이 깔끔하고, 질서정연하고, 아름답고, 눈에 즐거움을 주는 환경에서 사는 것이 수행에 도움이 된다. 그의 주거지는 완벽할 만 큼 단정하고, 깨끗하고, 신선하여 짜증나게 하는 것이 없어야 한다. 그 의 옷은 우수한 품질과 보기 좋은 색상에 나쁜 냄새가 나지 않는 매끄럽 고 훌륭한 재질의 옷이어야 한다. 만약 비구라면, 교양 있고 예절바른 사람들이 사는 곳으로 탁발을 가야 한다.

그가 살아야 할 환경은 절대 우울한 곳이어서는 안 된다. 그는 서 있거나 걷기보다는 앉거나 누워서 많은 시간을 보내는 것이 적합하다. 다른 세세한 것들도 이와 같은 원칙에 따라 준비해야 한다. 색상에 있어서는 자극적이지 않은 어두운 녹색을 택해야 한다.

3) 무지형 기질을 가진 사람

이 유형의 사람은 게으르고, 항상 잠이 많고, 비활동적이다. 천성적으로 그는 생기라곤 없으며 깨어 있지 못하다. 이러한 유형의 사람은 맑고 밝으며 넓고 탁 트인 개방적인 곳이 적합한 환경으로 권장된다. 예를 들면, 그의 숙소는 가려진 곳보다 전망이 트인 곳이 좋으며, 밝고 환한 곳이어야 한다. 옷은 분노형 기질의 사람과 같이 우수한 품질의 옷이어야 하고, 음식 또한 분노형 기질의 사람과 같아야 한다.

그리고 용구 및 기타 물건들은 크기가 큰 것이어야 한다. 심지어 그가 사용하는 까시나도 그가 만들 수 있는 가장 큰 것이어야 한다. 행주좌와(行住坐臥)의 네 가지 자세들 중에서 서 있거나 걷는 자세를 유지하는 것이 그의 수행에 도움이 된다.

4) 맹신형 기질을 가진 사람

이 유형의 사람은 의문시 되는 것들을 제대로 이해하지 않은 채, 쉽게 믿고 섣불리 신뢰하여 신앙의 대상으로 받아들인다. 이런 유형의 사람들에게는 분노형에 해당되는 모든 사항들이 적용된다. 맹신형의 사람은 사고력과 지성을 자극하는 환경에서 지내는 것이 유익하다. 그리고 올바른 방식으로 그에게 조언하고 그의 상상력을 자극하는 사람들 곁에서 살거나 어울려야 한다.

5) 지성형 기질을 가진 사람

이 유형의 사람은 지식을 늘리기 위해 항상 알고 싶어 하고, 연구하고 생각하기를 원한다. 이런 유형의 사람은 환경에 관한 한 아무런 문제가 없다. 어떤 환경에도 적응할 수 있는 기질이므로, 다른 기질을 가진 사람들에게 해당되는 모든 사항들이 그에게는 다 적합하다. 즉, 그에게는 환경에 대해 어떤 특별한 것도 말할 필요가 없다.

6) 사변형 기질을 가진 사람

이 유형의 사람은 마음이 끊임없이 움직이지만 지성적이지는 않다. 그의 생각은 원칙 없이 들떠 이리저리 방황하며 어떤 것도 확신하지 못한다. 이런 유형의 사람에게 적합한 환경은 사변을 자극해 혼란을 야기하지 않으며 더 많은 문제를 일으키지 않는 환경이다. 그의 주거지는 작지만, 단정하고 깨끗하고 충분히 밝은 곳이어야 한다. 그는 몇 개의 간단한 필수품만을 지녀야 하고 무의미한 담론에 몰두하는 사람들과 어울려서는 안 된다.

요약하면, 욕망형은 욕망에 의해 지배되므로 그 해독제로서 불유쾌한 것들을 이용해야 한다. 분노형은 쉽게 화를 내므로 그 해독제로 깨끗하고 깔끔한 것들을 이용해야 한다. 무지형은 미혹되기 쉬우므로 그 해독제로서 넓고 개방된 밝은 숙소가 필요하다. 맹신형은 너무 쉽게 믿으므로 그를 위한 해독제로 명확하고 질서정연한 원칙을 따라 생활해야 한다. 지성형은 이해를 중시하므로 자신의 지성을 이용하여 스스로 사유해야 한다. 사변형은 올바른 사유를 자극하는 환경을 해독제로 사용해야 한다.

수행자가 자신을 성찰하고 자신의 성격이나 기질을 올바로 알아 적합한 환경을 선택할 때, 그는 수행자로서 자립적인 수행의 길을 갈 수 있을 것이다. 뿐만 아니라 그는 자신의 성격과 기질에 가장 적합한, 집중을 위한 수행주제를 선택할 수 있다.

만약 그가 욕망형이라면, 그는 열 가지 혐오의 명상주제(asubha-kammaṭṭhāna, 不淨觀)들 중 하나를 사용해야 한다. 분노형이라면, 네 가지 거룩한 마음가짐(bhahma-vihāra) 즉 자·비·희·사의 사무량(appamaññā, 四無量) 중 하나를 사용해야 한다. 무지형은 지·수·화·풍의 사대 요소 관찰(catudhātu-varvaṭṭhāna)을 택해야 한다. 맹신형은 열 가지 수념(隨念 annussati) 중 하나를, 이를테면 담마에 대한 수념을 택해야 한다. 지성형에게는 특정한 것을 정해줄 필요가 없다. 사변형은 호흡에 대한 마음챙김이나, 까시나 원반을 이용한 집중처럼 마음을 고요하게 만드는 명상주제를 선택해야 한다. 그러나 부처님께서는 호흡에 대한 마음챙김(ānāpānasati)이 모든 유형에 적합하다고 강조하여 말씀하셨다.

만약 여러 가지 다양한 기질을 가진 사람이라면, 그는 명상주제를 선택할 때 자신의 가장 강한 기질을 고려한 다음, 두 번째로 강한 기질을 고려해야 한다.

나. 수행 상 고려해야 할 일반적 환경조건

지금까지 '내적인' 조건, 즉 여러 성격 유형들을 다루었으며, 이제 '외적인' 조건을 이야기할 차례이다. 적합한 환경을 선택하는 안내지침으로 이른바 삽빠야 담마(sappāya-dhammā), 즉 수행에 유익한 것들을 설명하겠다. 그것들은 일곱 가지로, 적합한 주거지, 적합한 의지처, 적합한 말, 적합한 사람, 적합한 음식, 적합한 기후, 적합한 자세 등이다.

1) 적합한 주거지

이것은 살기에 편리한 곳을 뜻한다. 앞서 다루었던 성격별 유형에 적합한 것 이외에 주거의 선택은 다음과 같이 해야 한다. 관리에 신경이 쓰이는 너무 큰 곳은 피해야 한다. 또 바로 신축한 것이 아니어야 한다. 그것을 유지하기 위해 할 일이 많아지기 때문이다. 너무 낡은 곳도 좋지 않다. 낡은 건물은 그 자체로도 위험하며 해충 등이 많이 서식하기 때문이다. 길가의 주거지는 차량이나 방문자들로 인해 수행에 방해가 되기 때문에 피해야 한다.

공동 우물이나 물탱크 근처는 물을 마시거나 물을 길러 오는 사람들, 특히 이성의 유혹을 받을 수 있기 때문에 적합하지 않다. 유용한 꽃과 과실이 있는 곳 또한 사람들과 이성에 의해 방해 받을 수 있기 때문에 안 된다. 순례자의 오고감이 빈번한 유명한 성지 또한 안 되며, 온갖 방해 요소와 불편함이 있는 도시와 인접한 곳도 안 된다. 또 소음이나 사람들로 인해 방해가 예상되는, 땔감용 나무를 얻거나 경작할 수 있는 땅 근처도 피해야 한다.

성질이 사나운 사람들이나 이성 등은 멀리해야 하며 가급적이면 어떤 식으로든 부적합한 것들이나 사람들이 있는 근처는 안 된다. 사람들의 오고감이 계속 이어지는 부두 근처는 안 된다. 인가와 너무 멀리 떨어진 곳은 사람들이 보시하기 힘들고 오해로 인한 문제를 일으킬 소지가 있으므로 안 된다. 국경선 지역 또한 안 된다. 그 지역은 검문이 심하고 국경분쟁이 발생할 경우 수행자가 위험에 처할 수 있기 때문이다. 마지막으로, 수행에 도움을 주는 일곱 가지 환경 조건을 이용할 수 없거나, 좋은 도반과 수행 지도자와 접촉할 수 없는 곳을 주거지로 정해서는 안 된다.

위의 예는 비구승이 주거지를 결정할 때 주요한 지침이 된다. 수행자는 위와 같은 결함이 없는 장소를 선택했을 때, 비로소 적합한 주거지를 가졌다고 말할 수 있다. '적합한 주거지' 라는 용어는 마을 전체, 숲 전체, 선원 전체를 의미할 수도 있고, 그 부분을 의미할 수도 있으며, 단지 하나의 헛간, 오두막, 동굴, 나무 밑, 계곡 또는 수행자의 방을 의미할 수도 있다. 한 마디로 말하면, 수행자는 방해되는 것이 없고, 마음 수행에 유리한 장소에서 지내야 한다.

2) 적합한 의지처

수행자가 생활에 꼭 필요한 것들, 즉 먹을 음식물이나 수행과 관련한 의사소통 시설과 같은 것을 편리하게 얻을 수 있는 장소를 뜻한다. '의지처' 에서 중요한 것은 음식물을 너무 힘들지 않게 얻을 수 있어야 하고, 유익하지 못한 것들이 없어야 한다는 것이다. 특히 피해야 할 것은 마음에 독이 되는 대상들, 즉 마음을 우울하게 만들거나 과거의 일을 기억나게 해서 결국 세속적인 삶으로 돌아가게 만드는 마음의 대상들이다. 그래서 흔히 주석서에선 적합한 의지처를 찾는 수행자를 적합한 목초지를 찾는 젖소에 비유하기도 한다.

3) 적합한 말

수행자는 선하고 유익한 말, 의심을 없애 주고 수행을 고무시켜 주는 말, 그의 마음을 기쁘게 하는 말을 사용해야 하는데, 이는 수행을 성공으로 이끈다. 인간의 말은 말할 것도 없고, 동물의 소리 또한 들어서 기쁠 수도 기쁘지 않을 수도 있다. 그래서 소음이나 시끄러운 소리뿐만 아니라, 마음을 유혹하는 소리 또한 부적합한 것으로 간주해야 한다. 이와 대조적으로 선하고 유익한 말은 수행자의 수행력을 강화시키고 수행동기를 고취시켜 주며, 그의 의무에 대한 이해력을 높여 지혜를 증장케 하므로 적합한 말로 간주된다. 수행자에게 유익한 말은 곧 훌륭한 도반의 적합한 말이다.

4) 적합한 사람

남녀를 막론하고 수행자 주변의 사람들, 즉 스승, 친구들, 동료 수련생들, 그리고 후원자들이 서로 조화롭게 지낼 수 있다면 그들은 모두 적합한 사람들에 해당한다. 스승의 역할은 수행자의 정신을 고양시켜 주는 것이다. 그의 동료, 즉 도반들의 역할은 그의 동행자가 되어 주고 그를 안심시키는 것이다. 평신도와 후원자들의 역할은 꾸준히 수행자를 도와 그가 빠르고 순탄하게 수행의 진보를 이룰 수 있도록 돕는 것이다.

5) 적합한 음식

앞서 언급한 성격 유형별 방식대로 수행자의 기질에 적합한 음식을 말한다. 적합한 음식이란 몸에 영양을 공급해 주고 병들지 않게 보호해 주는 음식이다. 수행자는 그러한 음식을 먹는 진정한 목적을 이해하고 있어야 한다. 음식이 식물성인지 아닌지, 과일 또는 전분을 포함한 것인지 아닌지 등은 시간, 장소, 개인적 취향이나 생각에 따라 달라지는 것이므로, 모든 사람들에게 적용되는 일반적 규칙이란 없다. 수행자가 먹는 음식이 그의 몸과 마음이 요구하는 것이라면, 그것은 명확하게 적합한 음식으로 간주된다.

6) 적합한 기후

여기에서 적합한 기후란 수행하기에 유리한 계절, 즉 좋은 환경이나 좋은 경관 그리고 좋은 날씨 등을 주는 연중시기를 의미한다. 기후의 선택은 두 조건 중 하나에 따라 정해진다. 만일 수행자가 제한된 기간에 수행하고자 하거나 처음 수행하는 경우라면 시간과 장소를 선택할 충분한 기회가 있을 것이므로 가능한 한 가장 적합한 계절을 고르는 것이 좋다.

반면 수행자가 계속적으로 수행하는 중이라면 그에게는 아주 작은 선택권밖에 없다. 그럴 때 그는 수행에 적합하지 않은 기간을, 평소보다 더 엄격하게 수행해야 하는 특별한 시간으로 받아들여야 한다. 만약 사정이 허락된다면 수행 여건에 적합한 기후의 지역으로 가야 한다. 예를 들면, 여름에는 어디서 생활하고, 겨울에는 어디서 생활하며, 우기 때는 어디서 생활할지 미리 결정해야 한다. 다른 곳으로 이동할 입장이 못 될 경우, 그는 원하는 결과를 성취할 수 있는 방식으로 자신의 주거를 조정해야 한다.

7) 적합한 자세

이것은 수행에 유익한 네 가지 자세, 즉 앉기, 눕기, 서기, 걷기를 말한다. 어떤 자세가 더 좋은가는 개인적 체험으로 알아내야 한다. 어떤 자세에서 가장 잘 집중이 되어 선정에 들어가는지, 또한 어떤 자세에서 선정이 지속되는지를 찾아내야 한다. 자신에게 적합한 자세를 발견한 후에는 그 자세를 지속시켜야 한다. 일단 선정에 숙달되면, 그는 나머지 세 가지 자세들도 이용할 수 있을 것이고, 결국은 자세에 상관없이 선정에 들 수 있는 힘을 계발할 수 있을 것이다.

요약하면, 수행에 적합한 이들 일곱 가지 조건은 수행자에게 유리한 것이며, 수행자의 수행과 직접적인 관련이 있다. 수행자는 그것들을 결코 무시해서는 안 된다. 그 일곱 가지를 다시 한번 말하자면, 거주지, 의지처, 말, 사람, 음식, 기후 그리고 자세이다. 이 조건들을 잘 선택하면 할수록 수행자는 더욱 즐겁고 상쾌해 질 것이며, 수행의 피곤함과 지루함을 효과적으로 덜어낼 수 있다. 그러므로 수행자는 이 환경조건들을 신중하게 숙고하고 깊이 유의해야 한다.

3
Ānapanasati

이론적 배경

1. 선정 수행의 이론적 이해

명상수행인 마음 계발(bhāvanā)을 위해서는 두 가지가 필요하다. 먼저 수행자는 기술적인 노하우라 할 수 있는 수행에 관한 이론을 이해해야 한다. 이론적 이해가 충분할 때 수행자는 시간을 허비하지 않으며 올바른 길로 수행해 나갈 수 있다. 수행에 앞서 어떤 종류의 준비가 필요한지 얼마나 많은 준비가 필요한지를 판단할 수 있기 때문이다. 그리고 나서, 그는 그것을 실행에 옮겨야 한다. 수행자가 알아야 할 이론의 요점은 다음과 같이 여덟 가지 소제목으로 열거할 수 있다.

가. 선정에 대한 이해

수행자가 수행 실천, 수행 과정, 수행 결과 중 어느 것에 비중을 두는가에 따라 선정을 여러 가지 방식으로 정의할 수 있다. 이 세 가지 모두 각각 선정(samādhi)이라고 할 수 있으며, 그에 따라 다음과 같이 선정에 대한 정의를 내릴 수 있다.

선정 수행의 결과적 측면에서 선정을 정의한다면, '하나의 대상에 견고하게 고정된 바른(善) 마음'이다. 그러나 선정이라는 용어는, 집중

대상에 견고하게 고정된 바른 마음을 일으키는 '실제적 수행의 행위' 까지도 포함한다. 여기서 '바른' 이라는 용어는 '하나의 대상에 견고하게 고정된' 이라는 어구보다 훨씬 더 중요하다. 왜냐하면, 마음이 바르지 않으면 그 마음이 비록 하나의 대상에 견고하게 고정되어도, 그 결과는 잘못된 선정이기 때문이다. 이런 이유 때문에 선정 수행을 위해 사용되는 대상은 바른 마음을 위한 기초로 쓰일 수 있는 것이어야 한다. 게다가, 선정을 수행하는 동기는 처음 시작할 때부터 순수해야 하고, 앞서 언급했듯이 통찰과 정견에 토대를 두어야 한다.

나. 수행용어로 쓰이는 '선정' 의 의미에 대한 이해

수행의 전문용어로 쓰이는 선정은 마음(citta, 心)과 마음 부수(cetasika, 心所)의 굳건한 확립을 말한다. 마음은 마음 요소들이 건전할 때 비로소 굳게 확립된다. '굳게 확립된다' 는 것은 마음이 하나의 대상에 고정되어 어떤 장애나 번뇌가 끼어들지 못한다는 뜻이다.

다. 선정의 특징, 역할, 발현(나타남), 근인(近因)에 대한 이해

선정의 특징(lakkhana)은 주의력이 흩어지지 않는 집중된 마음이다. 선정의 역할(rasa)은 주의 산만함을 제압하여 고요함을 성취하는 것이다. 선정의 발현(결과로서 나타나는 것, paccupatthāna)은 흔들리지 않음이

92

다. 선정의 근인(近因, padatthāna)은 행복이다. 선정에는 항상 만족감, 편안함, 기쁨, 즐거움 등이 있는데, 한마디로 말하면 행복이 있다는 것을 기억해야 한다.

라. 선정의 종류에 대한 이해

다음은 언어 관습과 관련된 이론적인 문제이므로 지나치게 관심을 기울일 필요는 없다. 그러므로 간략히 설명하겠다. 선정은 '굳건하게 확립된 마음의 상태' 라는 점에서 '한 가지' 이다. '두 가지' 로 나누어 볼 때에는 '세간적인 선정' 과 '초세간적인 선정' 으로 분류할 수 있고 또, 선정을 이루는 구성요소의 굳건함에 따라 '근접 삼매(upacāra-samādhi)' 와 '본 삼매(appanā-samādhi)' 로 분류하는 방법도 있다. 또한 선정을 '세 가지' 로 나눌 때는, '열등한 것' 과 '보통의 것' , '수승한 것' 으로 분류한다. 선정을 '네 가지' 로도 나누는데, 여기서 이들 각각은 사여의족(iddhipāda, 네 가지 성취수단) 중 한 가지에 의해 수반된다. 또한, 선정은 자나(jhāna, 禪) 요소들에 근거하여 초선정부터 5선정까지 '다섯 가지' 로 분류할 수도 있다.

마. 선정에서 일어나는 번뇌에 대한 이해

경전에 따르면 선정에서의 번뇌란, 감각적인 욕망과 불건전한 상태

로 되돌아가는 마음의 상태를 말한다. 이것은 세속적 수준의 선정으로
서 주의하지 않으면 퇴보와 악화의 길로 갈 수 있다.

바. 선정의 정화에 대한 이해

이것은 위에 언급된 번뇌와는 정 반대되는 마음 상태이다. 즉 번뇌
와 근심이 없는 마음이며, 통찰 지혜의 범주에 속하는 마음 부수
(cetasika)가 수반되기 때문에 항상 밝게 빛난다.

사. 어떻게 선정을 계발할 것인가에 대한 이해

이것은 순전히 수행에 의해 스스로 철견해야 한다. 자세한 것은 뒤
에 가서 다루도록 하고 여기서는 간단히 다음과 같이 요약할 수 있다.
행위를 정화하고, 여러 가지 장애들을 제거하고, 스승을 올바로 찾아,
여법하게 공부하며, 수행주제를 받아, 수행에 적합한 곳에서 생활하고,
작은 장애들까지 제거하여 하나의 대상에 대한 선정을 계발한다.

아. 선정의 이익에 대한 이해

수행자는 먼저, 그가 하려고 하는 것으로부터 얻을 수 있는 이익과

결실이 무엇인지 알아야 한다. 그러한 앎은, 계속적인 영감의 원천인 것은 차치하고서라도, 목표로 가는 길을 준비하는 데 도움이 되는 필수적인 토대이다. 선정의 종류는 여러 가지이기에 그것에서 나오는 이익 또한 여러 가지이다. 경전에는 우리가 찾을 수 있는 '다섯 가지 이익'이 열거되어 있다.

1) '지금 여기에서의 행복(diṭṭhadhammika-sukha)'에 대한 이해

이것은 마음이 집중된 사람이라면 누구나 경험할 수 있다. 특히 정화된 아라한들에 의해 완전하게 경험되며, 그들은 휴식을 취하고자 선정에 든다.

2) '통찰(vipassanā)'에 대한 이해

각각의 선정 단계들은 모두 통찰 지혜를 얻기 위한 토대이다. 즉 무상·고·무아를 완전히 꿰뚫어 보아 집착에서 해방된다.

3) '초능력'에 대한 이해

이것은 통찰 지혜와는 다르다. 통찰 지혜를 얻은 사람이 반드시 초능력을 얻는 것은 아니다. 특정한 종류의 준비와 선정 수행을 더 해야 초능력이 일어날 수 있다. 다양한 초능력(iddhi-vidhi)은 사선정(四禪定)에서 나온다.

4) '천상 세계의 실현'에 대한 이해

천상세계는 일반적으로 범천(梵天)의 세계(Brahma-loka)를 말한다. 모

든 단계의 선정은 마음을 욕계보다 위에 있는 더 높은 존재의 세계로 올려 준다. 그러나 단순히 범천의 세계인 천상계를 목표로 수행하는 것은 부처님의 가르침과 일치하지 않는다. 불법은 존재를 초월하는 것, 즉 거듭 태어나는 윤회를 완전하게 끊는 것을 목표로 한다. 불행히도 부처님 시대 이전의 명상수행이나 비 불교도들의 명상수행은, 부처님 법의 진정한 궁극적 목표를 명확히 알지 못한 채 항상 혼동 속에 있다. 수행자는 이러한 점을 이해하고 마음에 새겨야 한다. 왜냐하면, 수행자가 그것을 깨닫지 못할 때, 천상계의 삶을 갈망하고 집착하게 될 위험이 있기 때문이다. 이러한 집착의 위험은 3)항의 경우보다 훨씬 더 크다.

5) 멸진정의 성취(nirodha-samāpatti, 滅盡定)에 대한 이해

멸진정은 '비범한 성취들' 중에서도 가장 수승한 것이다. 이것은 해탈의 행복(vimutti-sukha)이라는 한 형태로 기술될 수 있다. 이것의 성취는 아나함(不還, anāgāmi)과 완전히 해탈한 존재인 아라한(arahant)만이 가능하다. 이것은 일반적인 사람들이 접근할 수 없으므로 무리해서 성취하려 해서는 안 된다. 그러므로 지금 이것을 상세하게 고찰할 필요는 없다.

비록 이러한 다섯 가지 선정의 이익에 대한 목록은 부처님 시대보다 훨씬 후대의 지도자들에 의해 만들어졌으나, 수행자가 어떤 종류의 선정을 수행하려 하는가를 결정하는 데 많은 도움이 된다. 이 중 몇 가지 규칙들은 색계 선정의 수행 준비를 위해 서술된 것들로, 이는 성자(ariya)가 아닌 일반 수행자들을 위한 것이다.

2. 실 수행의 준비과정

이제 실 수행을 위한 준비 과정을 다룰 차례이다.

가. 계 청정

계 청정은 망설임과 자기 비난으로 이끄는 모든 종류의 행위를 포기함을 뜻한다. 이것은 1장 '계의 청정(戒淸淨:sīla visuddhi)' 편에서 이미 다루었기 때문에 여기서는 생략한다.

나. 여러 가지 장애들의 제거

이것도 역시 2장 '수행환경' 편에서 자세히 설명되었다.

다. 선지식(kalyāṇa-mitta) 또는 수행 지도자 만나기

경전에 이것에 대한 설명이 길게 나와 있다. 그러나 그 모든 설명들은 특정한 장소와 시대, 문화에 따라, 즉 수행에 관한 다양한 안내서들이 쓰인 그 나라의 문화에 따라 달리 적용된다. 그러므로 경전 상의 모든 설명을 글자 그대로 적용시킬 수는 없다. 꼭 그렇게 해야 한다고 고집한다면, 처음에 언급했듯이 그것은 참된 믿음이 아니며 우스꽝스러운 일이다.

결국, 이 항목의 요점은 다음과 같다. 수행자가 존경심과 신뢰를 갖추어 그가 원하는 것을 지도자가 알 수 있도록 하려면, 지도자를 만날 시간과 장소를 법도에 맞게 선택해야 한다는 것이다. 그러려면 인내가 필요하다. 스승과 제자 모두를 위한 여러 가지 사항들이 신중하고 섬세하게 준비되는 데에 소요되는 시간은 몇 달이 될 수도 있다. 요즈음 일반적으로 행해지는 성급한 방식으로 해서는 안 된다. 법도에 맞게 과정을 밟으려면 여러 가지 사항들이 충분한 시간을 두고 고려되어야 하는 것은 자명한 이치이다. 예를 들면, 스승이 제자의 기질을 알려면 오랜 시간이 걸린다. 제자가 스승을 일정 기간 섬기고 시중들고 난 후에야 비로소 이것이 가능해질 수 있는 것이다.

고려해야 할 또 한 가지 일은 스승을 만날 기회가 얼마나 되는지 알고 있도록 해야 한다는 것이다. 제자가 스승이 계신 곳에서 수행한다면, 의문이 생길 때마다 물어보면 되므로 문제가 없다. 그러나 제자가 멀리 떨어진 곳에 머물러야 한다면 지도받아야 할 내용, 시간, 횟수 등을 정해야 한다. 이 모든 것을 스승은 의무적으로 결정해 주어야 한다.

이렇게 전통적인 수행생활에 기초한 많은 상세한 조언들이 수행자에게 주어지면, 제자는 이틀이나 사흘 또는 칠일에 한 번씩 탁발을 한 후에 찾아뵙고, 스승이 계신 곳에서 공양을 마친 후 거주지로 돌아가야 한다. 이것은 옛날에 하던 방식으로, 그 당시의 생활방식에 따른 것이었다. 그러한 관습은 오늘날에도 여전히 고려되어야 하고 오늘날의 사정에 맞도록 최대한 잘 적용시켜야 한다. 수행자가 멀리 떨어진 시골에 산다면, 그는 명상수행 주제(kammaṭṭhāna)를 받기 위한 준비를 먼저 하고 난 후, 법도에 맞게 스승을 만나는 것이 바람직하다.

이런 모든 전통적 관행들을 지금의 사정에 맞게 적용하는 것이 우리가 해야 할 몫이다. 만약 이러한 모든 것이 올바로 준비되지 않으면 혼란이 일어나 다루기 어려워질 것이다.

이제, 고대의 수행관련 경전에 나와 있는 제자와 스승 사이의 토론 자세에 관한 조언들을 살펴보자. 그 경전에 따르면, 스승과 제자는 서로에게 말할 때 나무 밑에서, 그 나무를 사이에 두고 서로 등진 상태로 눈을 감은 채 앉도록 권장되었다. 그들은 신중하고, 정확하고, 솔직하고, 적절하게 말해야 하고, 필요한 만큼의 말만 해야 한다. 그러고 나서 그들은 서로 얼굴을 전혀 쳐다보지 않고 일어나 떠나야 한다. 이렇게 하는 목적은 순전히 수행에 방해되는 요소들을 최대한 제거하기 위함이다.

이와 같은 전통적 관행의 목적을 잘 이해할 때, 우리는 스승을 만나기 위한 준비가 되었다고 말할 수 있다. 이것은 제자가 스승을 처음 만나는 순간부터 좋은 관계를 맺을 수 있게 해주고, 지도와 조언을 받는 단계 내내 그 관계를 유지시켜 주며, 계속적인 진보를 가능케 한다.

라. 명상수행 주제(kammaṭṭhāna) 공부하기

명상수행 주제는 일반적인 주제와 구체적인 주제의 두 가지가 있다. 일반적 주제는 계속해서 이용하기 위한 것이고 변경될 수 없는 것이다. 반면에, 구체적인 주제는 바라는 결과를 가능한 한 빨리 성취하고자 이용하는 것이다. 전자는 매일 수행되고 수행자의 기질에 맞게끔 선택된다.

예를 들면, '겁이 많은 사람(또는 분노형)'은 자애수행(mettā bhāvanā)을 매일 닦아야 한다. '욕망형'의 수행자는 부정관(asubha-kammaṭṭhāna)을 매일 수행해야 한다. 주의력 없고 둔한 '무지형' 수행자는 죽음에 대한 마음챙김(maraṇānussati)을 매일 수행해야 한다.

이 모든 일반적인 명상주제는 자신의 구체적인 명상주제를 갖기 전에 매일 수행해야 한다. 구체적인 명상주제(주된 명상주제)와는 별개로 스승은 제자에게 개인적으로 적합한 일반적 명상주제를 정해주어야 한다. 모든 수행자들은 이러한 두 가지 명상수행 주제를 스승이 권해준 대로 받아 실행해야 한다.

마. 적합한 거주지

명상 수행자에게 적합한 거주지에 대해서는 이미 상세히 논의했으므로 생략하기로 한다.

바. 작은 장애들의 제거

나중에 걱정거리가 생기지 않도록 수행자가 미리 유의해야 할 사소한 일들이 있다. 그것은 여러 개인에게 필요한 이발, 면도, 발우 세척, 의복 세탁과 염색, 청소 등이다. 수행자는 가능한 한 이런 모든 일들에 대한 근심과 걱정이 없도록 해야 한다.

사. 실제적인 명상수행

수행자는 주어진 방법에 따라 수행을 시작하여 목표에 이를 때까지 그것을 계속 수행해 나가야 한다. 상세한 것은 나중에 다루기로 한다.

3. 최고의 명상주제, 호흡에 대한 마음챙김

호흡을 통한 마음챙김의 수행을 논하기 전에, 호흡이 주요한 명상 수행의 주제로 선택된 이유를 알아야 할 필요가 있다. 이 점을 잘 이해하는 것은 실제 수행을 더욱 쉽게 만들어 줄 것이다.

호흡에 대한 마음챙김(ānāpānasati)은 40가지의 전통적인 명상의 수행 주제들 중 한 가지이다. 40가지 명상 주제는 다음과 같다.

가. 40가지 명상 주제

1) 열 가지 까시나(kasiṇa:문자적으로 '전체'를 뜻함. 두루 채움, 원반 등으로 번역됨)

(1) 땅 까시나

(2) 물 까시나

(3) 불 까시나

(4) 공기 까시나

(5) 청색 까시나

(6) 황색 까시나

(7) 적색 까시나

(8) 백색 까시나

(9) 빛 까시나

(10) 공간 까시나

2) 열 가지 혐오스런 주제(asubha-kammaṭṭhāna, 不淨觀)

(11) 부풀어 오른 시체

(12) 검푸른 시체

(13) 곪은 시체

(14) 찢어 헤쳐진 시체

(15) 부식된 시체

(16) 흩어진 시체

(17) 마구 잘려 흩어진 시체

(18) 피가 흐르는 시체

(19) 구더기가 바글대는 시체

(20) 해골

3) 열 가지 수념(anussati, 隨念)

(21) 부처님에 대한 새김(佛隨念)

(22) 담마에 대한 새김(法隨念)

(23) 승가에 대한 새김(僧隨念)

(24) 공덕에 대한 새김

(25) 관대함에 대한 새김

(26) 신성한 존재들에 대한 새김(즉 그들의 특성에 대한 새김)

(27) 죽음에 대한 새김

(28) 몸에 대한 새김 또는 마음챙김

(29) 호흡에 대한 새김 또는 마음챙김

(30) 평화에 대한 새김(즉 닙바나에 대한 기억)

4) 네 가지 거룩한 마음가짐(brahma-vihāra)

(31) 자애〔慈〕

(32) 연민〔悲〕

(33) 함께 기뻐함〔喜〕

(34) 평등심〔捨〕

5) 네 가지 무색계(arūpāyatana)

(35) 공무변처(空無邊處)

(36) 식무변처(識無邊處)

(37) 무소유처(無所有處)

(38) 비상비비상처(非想非非想處)

6) (39) 음식에 대한 혐오(āhāre-paṭikūla-saññā)

7) (40) 4대 요소(지 · 수 · 화 · 풍)의 관찰(catudhātu-vavaṭṭhāna)

열 가지의 까시나는 표상에 집중한다. 즉 그것은 처음부터 정신력을 계발시키고자 마음을 수련하는 방법이다. 혐오스런 명상주제들은 주로 감각적 욕망을 극복하려고 수련한다. 무색계에 속하는 네 가지 명상주제는 이른바 무색계의 선정(arūpa-jhāna)으로 이끄는데, 그것은 높은 수준이긴 하지만 통찰 지혜로 가는 길은 아니다. 이처럼 모두 40가지의 명상주제들이 있다.

나. 스물아홉 번째인 '호흡에 대한 마음챙김' 을 명상주제로 선택하는 이유

이 40가지 중에서 스물아홉 번째인 '호흡에 대한 마음챙김' 을 명상주제로 선택하는 이유는 다음과 같다.

1) 호흡에 대한 마음챙김은 네 가지의 마음수행 중에서 세 가지를 포함한다.

여기서, 네 가지란 다음과 같다.

가) 지금 여기에서 행복으로 이끄는 수행

나) 천이통(dibba-sota)과 천안통(dibba-cakkhu)으로 불리는 지혜와 봄(ñāṇa-dassana)으로 이끄는 수행

다) 주시(sati)와 분명한 앎(sampajaññā)으로 이끄는 수행

라) 번뇌의 소멸(āsava-khaya)로 직접 이끄는 수행

호흡을 통한 마음챙김은 위의 마음수행들 중 첫 번째, 세 번째, 네 번

째를 완전히 포함하지만, 두 번째는 포함되지 않는다. 두 번째는 어떤 경우이건 고통의 극복과는 전혀 관계가 없다. 어떻게 호흡에 대한 마음챙김, 즉 아나빠나삿띠가 위의 세 가지 유형의 마음수행을 포함하는가에 대해서는 이후에 정확하고 자세히 다루게 될 것이다. 수행자는 실제로 아나빠나삿띠 수행을 한 결과 그 스스로 깨우칠 수도 있다. 다른 어떤 수행도 호흡에 대한 마음챙김만큼 넓은 범위의 이익을 주지는 못한다.

2) 호흡에 대한 마음챙김은 명상 주제인 대상에 지극히 고요하고 섬세하게 집중되어 고요하고 오묘하게 번뇌를 소멸시킨다.

몸에 대한 마음챙김(kāyagatāsati)을 비롯한 다른 명상주제들은 호흡에 대한 마음챙김과 유사하기는 하지만 이런 특성들이 부족하다. 즉 '몸에 대한 마음챙김' 은 고요하고 오묘하게 번뇌를 부수게 할 수는 있으나, 고요하고 오묘하게 대상에 집중하게 해주지는 못한다. 또한, 그 대상이 두려움을 일으키거나 불쾌감을 주기도 한다. 혐오스런 대상들이라면 더욱 그러하다.

이와는 대조적으로 '호흡에 대한 마음챙김' 은 그 대상이 고요하고, 시원하고, 편안하고, 두렵지 않고, 불쾌감을 주지 않고, 수행하기에 어렵지 않다. 그뿐만 아니라, 번뇌를 완전히 소멸시킬 수 있다. 이러한 것들이 호흡을 통한 관찰 수행을 특별하게 만들어 주는 특징들이다. '호흡에 대한 마음챙김' 에는 이와 같은 장점들이 있기 때문에 부처님께서도 모두에게 적합한 것이라고 몸소 권장하셨다. 부처님께서는 호흡에 대한 마음챙김이 당신을 포함한 모든 성자들이 이용하여 성공한, 그리고 규칙적으로 수행한 명상 주제라고 격찬하셨다.

3) 호흡에 대한 마음챙김은 수행의 전 과정을 통해서 사용될 수 있다.

이는 오직 호흡을 통한 마음챙김의 수행 한 가지만으로도 수행자가 '모든 선정'과 '직관적 통찰을 수반하는 선정'과 '번뇌(āsava)를 근절하는 최고의 직관적 통찰', 이 세 가지를 계발할 수 있다는 뜻이다. 수행자는 호흡에 대한 마음챙김의 관찰에서 다른 대상으로 명상 주제를 바꿀 필요가 없다. 다른 명상 주제들, 특히 까시나는 선정에만 한시적으로 머물게 한다. 이 경우 수행자는 통찰 지혜를 계속 계발하기 위해 또 다른 대상을 찾아 명상 주제를 계속 바꾸어야 한다. 그러나 호흡에 대한 마음챙김 수행은 다음에 기술되는 16단계를 완전히 계발했을 경우 선정의 수행과 통찰지혜의 수행을 모두 다 완성하게 한다.

앞서 언급한 것처럼, 호흡에 대한 마음챙김만으로도 한 번에 세 가지의 선상에 이를 수 있는 이익을 얻을 수 있다. 다른 어떤 명상 주제도 이처럼 쉽고 편안하며 격찬받는 방법은 없다. 연구하고 수행해야 할 주된 수행주제로 아나빠나삿띠를 선택한 것은 바로 이런 이유 때문이다.

다. '누가' 호흡에의 마음챙김을 계발해야 하는가?

그렇다면, 다음과 같은 질문을 할 수 있다. 즉 '누가' 호흡에 대한 마음챙김을 계발해야 하는가? 이러한 주제에 대해서 부처님께서는 다음과 같은 말씀을 하셨다.

"비구들이여, 이러한 가르침과 계율(Dhamma-Vinaya) 안에서만이 첫 번째 수행자, 두 번째 수행자, 세 번째 수행자, 네 번째 수행자가 발견된다(맛지마니까야 11)."

　부처님께서는 그 당시, "비구들이여, 이러한 가르침과 계율(Dham-ma-Vinaya) 안에서…"라고 하시며 이 가르침〔法〕을 공부하는 사람들, 즉 세상을 바르게 보아 고통을 명확하게 알고 그 고통을 끝내기를 바라는 사람들을 대상으로 말씀하고 계신 것이었다. 더불어, 고통에서 벗어나 자유로 가는 네 단계, 즉 입류(入流, 수다원), 일래(一來, 사다함), 불환(不還, 아나함), 응공(應供, 아라한)의 4과(四果) 성자들은 오직 이러한 가르침과 계율 속에서만 발견된다고 말씀하시고 계신다. 다른 가르침과 계율, 그리고 다른 수행체제에서는 이러한 4과에 있는 사람들이 발견되지 않는다. 이러한 구절은, '호흡을 통한 마음챙김' 을 계발하려는 사람이 이러한 가르침과 계율에 의해서 고통을 끝내려 하는 사람이라는 것을 알려준다. 그러한 사람은 앞으로 더 자세하게 소개될 수행법에 따라 자신을 가다듬고, 수행을 하기 위한 만반의 준비를 해야 한다.

라. 경전을 통한 네 가지 마음챙김의 확립(四念處, satipaṭṭhāna)의 고찰

　이제 호흡에 대한 마음챙김을 계발하는 것을 경전에 근거하여 계속 고찰해보자. 이 주제에 대해 우리는 바로 부처님의 말씀을 근거로 삼을 수 있다. 기본 경전은 『입출식념경(入出息念經, Ānāpānasati-Sutta)』, 즉 맛지마 니까야 3권 118에 나오는 '호흡을 통한 마음챙김에 관한 가르침' 이다.

이 주제는 이외에도 경·율·논 삼장(Tripiṭaka)의 여러 곳에서도 발견된다. 세세한 부분에서는 상황에 따라 다소 차이가 있으나, 본질적으로 부처님 말씀의 핵심은 모든 곳에서 똑같다. 여기서 우리는 『입출식념경』을 수행의 소의경전*으로 삼을 것이다. 이 경은 호흡에 대한 마음챙김의 수행법을 구체적으로 다루고 있으며, 궁극적인 수행의 결실까지 포함하고 있기 때문이다.

부처님의 말씀은 이렇게 시작한다. "이제, 비구들이여, 이러한 담마와 계율 안에 있는 비구는 숲으로 가서, 나무 밑으로 가서, 또는 빈집으로 가서, 몸을 바로 세우고 가부좌하여 앉는다. 그리고 굳게 마음챙김을 확립한다. 마음챙김하며 그는 숨을 내쉬고, 마음챙김하며 그는 숨을 들이쉰다." 부처님은 계속하여 날숨과 들숨을 어떻게 깊이 관찰하는지를 설명하신다. 부처님은 열여섯 단계를 네 개씩으로 나누어 모두 설명하신다.

그리고 나서 부처님은 이러한 수행에서 생겨나는 이익을 주제로 계속 설명하신다. 부처님께서는 이 수행이 어떻게 '네 가지 마음챙김의 확립(四念處, satipaṭṭhāna)'과 '일곱 가지 깨달음의 구성요소(七覺支, bojjhaṅga)'를 가져오는지 전체적으로, 그리고 개별적으로 설명하시고, 마지막으로 이 수행이 어떻게 궁극의 지혜와 자유인 '명지(明智)에 의한 해탈(vijjāvimutti)'을 가져오는지 설명하신다. 이해를 돕고자, 위의 말씀들을 항목별로 차례대로 고찰하고, 각 단계에 대해 보충 설명하고자 한다.

---

* 소의(所依)는 의지할 바 대상을 의미하며, 소의경전은 개인이나 종파에서 신행(信行), 교의(教義)에 입각해서 의지하는 주된 경전을 말한다.

1) 서두에 대한 고찰

"이제, 비구들이여, 이러한 담마와 계율 안에 있는…." 이 말씀은 '누가 호흡에 대한 마음챙김을 계발해야 하는가? 에 대한 답에서 이미 설명한 바 있다. 즉 이 말씀은 부처님의 가르침에 따라 진지하게 수행하려는 모든 수행자를 두고 말씀하시는 것이다.

2) '…숲으로 가서…'

이 말씀은 상세한 설명이 필요하다. 수행자는 그에게 친숙한 환경으로부터 벗어나도록 숲으로 가야 한다. 여기 하나의 적절한 비유가 있다. 어떤 농부가 훈련시켜도 될 만큼 충분히 자란 송아지를 어미로부터 떼어내어 다른 곳으로 이끌고 간다. 그곳에서 농부는 어린 송아지를 어미 소와 이전의 습관을 잊을 때까지 말뚝에 단단히 묶어둔다. 그러고 나서 농부는 그 송아지를 훈련시키고 마음대로 부리게 된다. 어미 소로부터 떼어져 묶여 질 때, 송아지는 울고 몸부림친다.

그러나 시간이 지나면서 송아지는 어찌할 수 없으므로 몸부림치는 일을 멈추고 말뚝 옆에서 잠이 든다. 마음은 이 송아지와 같다. 즉 마음은 이러한 방법 등으로 훈련될 수 있다. 세속적인 것들에 대해 집착하는 습성은 어미 소에 대한 송아지의 애착과 일치한다. 달리 말하자면, 매력적이고 유혹적인 것들로 가득 찬 환경은 어미 소와 같은 것이고, 수행을 시작하려는 수행자는 송아지와 같은 것이다. 숲으로 가는 것은 송아지를 어미 소로부터 떼어 놓는 것과 일치한다.

여기 부처님께서 말씀하신 또 하나의 비유가 있다. "호랑이처럼 나아가서 몸을 숨기고 먹이를 잡도록 기다려라. 그래야만 비로소 호랑이는 먹이를 잡기 쉬울 것이다." 여기서 먹이는 도(道)와 과(果)이고, 호랑이는 마음을 계발하고자 진지하게 용맹정진하는 수행자이다. 우리는 이런 결심으로 애착과 유혹에 단호하게 대처해야 하며, 이를 위해 수행에 적합한 장소를 잘 선택해야 한다.

그런 의미에서 볼 때 부처님께서는 우리가 수행할 장소를 조사하여 간택해주시는 분이라고 생각할 수 있다. 부처님은 마음 계발을 시작하려는 모든 사람들에게 적합한 곳으로 숲을 권장하셨다. 율장(Vinaya-Piṭaka)에 따르면 '숲'이라는 단어는 마을 부근에서 적어도 500자(bow-length) 이상 떨어진 곳을 뜻한다. 일부 수행자는 '숲'이라는 단어의 뜻을 유혹적인 환경으로부터 떨어져 있는 곳으로 생각할 수도 있다. 여기서 권장되는 500자 이상 떨어진 거리는 어떤 경우에도 적용될 수 있는 좋은 안내 지침이다.

경전에서 말씀하는 '숲'이란 밀림의 빈터 또는 거주할 수 있는 작은 숲을 말한다. 후대의 스승들은 수행자가 여름에는 숲이나 탁 트여서 바람이 잘 통하는 곳으로 가야 하며, 겨울에는 나무 밑이나 무성한 숲으로 가야 하고, 우기에는 동굴이나 비를 막아 주는 바위 밑으로 가야 한다고 말했다.

빠알리어 문헌에 따르면, 여름에는 숲 속에서 낮을 보내고 빈터에서 밤을 보내는 것이 적합하지만, 겨울에는 빈터에서 낮을 보내고 숲 속에서 밤을 보내는 것이 더 적합하다고 부연 설명한다. 그러나 부처님은 일반적으로 오직 세 종류의 장소들 숲, 나무 밑, 빈집만을 언급하셨다. 후대의 스승들은 이 세 종류의 장소에 대한 목록을 참조하여 각 계절에 맞게끔 수행 장소를 규정한 것으로 보인다.

수행자는 '숲' 이라는 말의 의미가 세속적 대상들에 의해 방해가 없는 육체적으로 격리된 고독한 장소임을 명심하고서, 어떤 종류의 장소가 적합한지 고려해야 한다.

3) '…가부좌하여 앉는다.…'

여기서 우리는 왜 가부좌하여 수행해야 하고, 또 무슨 목적으로 가부좌하여 앉는 것이 필요한가를 생각해 보아야 한다.

앉은 자세는 수행자가 모든 주의를 기울여 수행에 집중하게 해 주는 수행에 가장 적합한 자세이다. 앉은 자세는 서 있는 자세에서 생기기 쉬운 비틀거림의 위험이 없고, 누워 있는 자세에서 생기기 쉬운 졸음 등의 상태로 빠질 위험이 적다. 이런 이유로 앉은 자세가 옛적부터 이용되어 왔다. 앞서 성격 유형과 관련해 앉은 자세가 수행에 유익함은 이미 설명한 바 있다. 물론 수행자는 자세를 바꿀 수 있고, 다른 수행의 자세에서도 선정을 계발할 수 있다.

'가부좌' 라는 용어는 적절한 혈액순환과 공기순환이 가능한 상태에서, 몸을 편하게 지탱해줄 수 있도록 견고하게 균형 잡힌 자세를 가리킨다. 가부좌의 바른 자세는 다음과 같다. 앉은 자세를 취하고 두 다리를 앞으로 뻗는다. 왼쪽 무릎을 구부려 왼쪽 발바닥이 오른쪽 허벅지의 밑에 오게 한다. 그리고 오른쪽 다리를 들어서 구부리고 오른쪽 발을 왼쪽 허벅지 위에 놓는다. 두 손은 포개어 놓는다. 이것이 반가부좌다. 만약 여기서 왼쪽 발을 들어 올려 오른쪽 허벅지 위에 놓는다면, 이는 더욱 안정된 자세로 연화좌라 불리는 결가부좌(padmāsana)다. 태국에서는 이 자세를 낭캇사마디팻, 즉 '금강 삼매 자세' 라고 부른다. 경전은 이러한 가부좌 자세를 말하고 있다.

수행자가 이러한 자세로 앉는데 어려움을 겪든지 겪지 않든지 하는 것은 그가 태어나고 자란 지역의 문화에 따라 다르지만, 수행자는 어떠한 경우에도 가부좌 자세에 숙달하도록 노력해야 한다. 다른 자세들은 동일한 결과를 가져다 주지 못한다. 수행자는 병이나 신체적 장애와 같은 불가피한 경우에만 다른 자세로 앉을 수 있다. 정상인이라면 비록 가부좌 자세를 익히는데 고된 훈련과 오랜 시간이 필요하더라도 제대로 익히는 것이 매우 바람직하다.

중국에서는 주로 의자를 사용하기 때문에 이렇게 앉는 자세를 '인도식 좌정'이라 부르기도 한다. 그러나 천년 이상의 역사를 가진 중국 불경에도 명시되었듯이 명상수행에서 인도식 가부좌 자세는 필수적이다. 어느 누구도 명상수행의 자세에 대해 수정을 가해서는 안 된다. 누구든 올바른 자세로 앉아서 수행할 수 있다는 것이 오랜 시간을 통해 증명되었기 때문이다.

4) '…몸을 바르게 세우고…'

이것은 단순히 '몸을 바르게 세우고 앉음'을 뜻한다. '바르게 세운'이라는 말은 척추가 마치 직선의 철근으로 보강된 것처럼 똑바로 세워져야 함을 뜻한다. 척추의 모든 등골뼈들이 완벽하게 서로 맞게 연결되어, 혈액순환과 공기순환이 자연스럽게 되도록 해야 바람직하다. 혈액순환과 공기순환에 장애가 생길 때 발생하는 불유쾌한 감정들을 이와 같은 바른 자세로 예방할 수 있다. 이러한 자세는 육체적으로 유익하므로 마땅히 견지해야 한다. 정신적 측면에서도, 마음을 바르게 세워 주어 마음이 이리저리 움직이는 것을 막아 주고, 감각적 욕망이나 자기 분노에 빠지는 것도 막아 준다. 이런 자세가 숙달된 사람은 눈을 뜨고 있을 때나 감고 있을 때나, 심지어 마음이 깊은 명상에 잠겨 있어서 몸을 의식적으로 통제하지 못할 때에도 스스로 자신의 몸을 바르게 유지할 수 있다.

5) ‘…전면에 마음챙김을 확립한다(…satiṃ parimukhaṃ paṭṭhapetvā.)’

보통 ‘전면에 마음챙김을 확립하고’로 번역한다. 여기서는 호흡이라는 수행주제에 대해 견고하게 확립된 마음챙김을 말한다. 이것은 ‘마음이 호흡에 일념으로 집중되도록’이라고 바꾸어 말할 수 있는데, 이는 마음이 오로지 호흡만을 알아차리고 호흡에 집중된 상태를 말한다. 마음은 오직 호흡이라는 하나의 대상에만 고정된다. 그러나 아직 지혜(ñāṇa)는 없고, 단지 마음이 선정의 시작 단계에 있다. 그렇다면, 인용된 말은 본질적으로 다음과 같이 바꿔 말할 수 있다. ‘수행자는 자신의 모든 주의와 알아차림을 호흡에 기울인다.’

수행자가 반드시 눈을 감을 필요는 없다. 그는 눈을 뜬 상태로 코끝에 시선을 고정하여 그 외에는 아무것도 보이지 않게 한 채 호흡에 집중하는 방식으로 수행할 수도 있다. 강한 의지력을 가지고 있다면 수행자는 이런 식의 수행을 하는 데 어려움이 없을 것이다. 눈을 뜬 상태로 시선을 코끝에 고정하더라도, 마음은 호흡에 고정되어 있고 호흡만을 따라가므로, 코끝에 초점을 맞추게 되지는 않는다.

눈을 뜨고 수행하는 것은 눈을 감고 수행하기보다 더 어렵다. 눈을 뜨고 하는 것은 처음에는 많은 노력을 요구하지만, 졸음에 빠질 가능성이 적고, 끝에 가서 더 강한 의지력을 갖게 되며, 마음챙김을 더 굳게 확립할 수 있는 능력을 갖추게 된다는 점에서 더 훌륭한 수행방법이 될 수 있다. 수행을 굳건하게 하여 완벽한 수행자가 될 결심을 한 사람이라면 눈을 뜬 상태로 수행을 시작할 것을 권장한다.

6) '마음챙김하며 그는 숨을 들이쉬고…'

여기서 핵심어는 '마음챙김하며' 이다. 수행자는 숨을 들이쉴 때나 내쉴 때 마음챙김해야 한다. 수행자가 숨의 들이쉼과 내쉼에 마음의 초점을 맞출 수 있다면, 그는 이른바 사또까리(satokāri)*, 즉 '마음챙김을 수행하는 사람' 이다.

---

* 어원적으로 아나(āna)가 들숨, 아빠나(āpāna)가 날숨이다. 이 두 단어가 음운규칙에 따라 결합하여 합성어인 '아나빠나(ānāpāna)' 가 되며, 그 뜻은 '들숨과 날숨' 이다. 들숨과 날숨에 집중된 마음챙김을 '아나빠나삿띠(ānāpānasati)' 라고 한다. 그리고 이러한 마음챙김을 수련하는 사람을 '사또까리 (satokāri)' 라고 한다.

4

아나빠나삿띠

첫 번째 (몸의 관찰) 네 단계

부처님께서는 마음챙김을 계발하려는 사람에게 필요한 자격요건을 상세히 말씀하신 후에, 호흡에 대한 마음챙김의 연속적인 단계들을 다음과 같이 계속 설하셨다.

⑴길게 숨을 내쉴 때 '길게 숨을 내쉰다.' 라고 알아차리고,

길게 숨을 들이쉴 때 '길게 숨을 들이쉰다.' 라고 알아차린다.

⑵짧게 숨을 내쉴 때 '짧게 숨을 내쉰다.' 라고 알아차리고,

짧게 숨을 들이쉴 때 '짧게 숨을 들이쉰다.' 라고 알아차린다.

⑶ '온몸을 체험하면서 숨을 내쉰다.' 라고 자신을 다잡아 수행하고, '온몸을 체험하면서 숨을 들이쉰다.' 라고 자신을 다잡아 수행한다.

⑷ '몸의 형성을 고요하게 하면서 숨을 내쉰다.' 라고 자신을 다잡아 수행하고, '몸의 형성을 고요하게 하면서 숨을 들이쉰다.' 라고 자신을 다잡아 수행한다.

이들 네 가지 단계들을 묶어서 호흡에 대한 마음챙김의 '첫 번째 네 단계' 라고 부른다. 여기서 수행의 요점들을 자세히 살펴본 뒤 이어서 '두 번째의 네 단계' 를 다루겠다. 어찌 보면 '첫 번째 네 단계' 의 수행은 그 자체로서 완전하다. 여기에서 명상 수행자는 '두 번째 네 단계' 와 '세 번째 네 단계' 를 거치지 않고 곧바로 통찰수행(vipassanā-bhāvanā)으로 나아갈 수도 있다. 따라서 이 '첫 번째 네 단계' 는 매우 비중있게 다루어져야 하며 세밀하게 고찰되어야 한다.

1. 제1단계 : 긴 호흡 알아차림

가. 길고 짧은 호흡에 대한 이해

길게 숨을 내쉴 때 '길게 숨을 내쉰다.' 라고 알아차리고,
길게 숨을 들이쉴 때 '길게 숨을 들이쉰다.' 라고 알아차린다.

이 단계는 주로 길게 숨을 내쉬고 들이쉬는 것을 다룬다. 이해해야 할 것은 '숨쉬기' 라는 단어 자체이다. 긴 호흡을 이해하도록 수행자는 그가 할 수 있는 한, 그리고 관찰할 수 있는 한 가장 길게 숨을 내쉬고 들이쉬는 수련을 해야 한다. 또한, 이것을 정상보다 짧은 호흡, 이를테면 피곤할 때의 호흡 길이와 비교해야 한다. 그렇게 해야 수행자는 그의 숨이 얼마나 짧고 얼마나 긴지를 알아차릴 수 있다. 그런 다음 마지막으로 수행자는 호흡을 더 깊이 비교하려고 의도적으로 자신이 할 수 있는 한 '가장 짧게 숨쉬기' 를 실험해 보아야 한다. 이런 과정을 통하여 마침내 수행자는 어떤 방식으로 긴 숨이 짧은 숨과 다르고, 그것들이 실제로 어떤 것인지를 알아차리게 된다. 그렇게 될 때 그는 길게 그리고 짧게 숨쉬는 것에 올바르게 집중할 수 있게 될 것이다.
길게 숨쉬는 수련을 할 때, 나가는 숨과 들어오는 숨은 각각 30초에서 40초까지 길어질 수 있다. 이 수련은 수행자가 완전히 이완된 상태로 숨을 쉬고 완전히 바른 자세로 앉아 있을 때 가능해진다. 가능한 한 가장 길게 숨을 들이쉴 때, 수행자는 복부가 최대한 수축되고 가슴이 최대한 팽창함을 알아차릴 것이다. 반대로, 가능한 한 가장 길게 숨을 내쉴 때는, 배가 최대한 팽창하고 가슴이 최대한 수축한다.* 이와 같은 호흡이 길이와 시간적인 의미에서 진정 '가장 긴 호흡' 이라고 불릴 수 있을 것이다. 이것을 정확히 보려면 수행자가 짧은 호흡을 관찰하면서 긴 호흡과 비교해 보아야 한다. 짧은 호흡과 긴 호흡은 정반대이다. 짧은 호흡은 숨을 들이쉴 때 배가 팽창하고, 숨을 내쉴 때 배가 수축한다. 이렇게 되는 이유는 너무 적은 숨이 들어와서 가슴 윗부분이 팽창과 수축을 거의 하지 않기 때문이다. 그래서 배에 일어나는 현상은 긴 호흡 상태와 정반대로 된다. 이에 대해 수행자는 긴 호흡과 짧은 호흡에 대해 관찰하는 법을 정확히 알아야 한다. 그렇지 않으면 그는 오해를 하거나 완전히 혼란에 빠질 수 있다.

수행자는 다음과 같은 원칙에 따라 비교해 나갈 수도 있다. '들이쉬는' 숨이 가슴을 약간만 팽창하게 하고 배를 전혀 수축하지 않게 할 때는 '짧은' 것으로, 만약 배를 수축하게 하면 '긴' 것으로 간주하는 것이다. 반대로, '내쉬는' 숨이 가슴을 약간 수축하게 하고 배를 그다지 팽창하게 하지 않는 것은 '짧은' 것으로, 만약 배를 팽창하게 하면 그 숨은 '긴' 것으로 간주하여야 한다. 기준은 가슴의 수축 정도이다. 배의 움직임은 '긴 호흡의 경우' 에 있어서 항상 가슴의 움직임과는 정반대이다. 호흡의 원리를 신중하게 연구한 사람은 이러한 설명을 쉽게 이해할 것이다.

---

* 이것은 지극히 일상적으로 가슴호흡을 하는 사람을 기준으로 한 것이다. 단전호흡을 오래한 사람이나 선정에 자유롭게 드나드는 사람은 배의 움직임이 주가 되어 위의 설명과는 다르게 나타난다.

주석서에는 '긴 호흡' 에 대해 두 종류의 동물들을 비교해보라고 권장한다. 코끼리 같은 동물은 쥐나 토끼 같은 동물보다 호흡의 길이가 더 길다. 시간의 관점에서 호흡 시간이 느리거나 빠르다고 하는 것은 호흡이 길거나 또는 짧다고 말하는 것과 결국 같은 것이다.

지금까지 말한 내용은 수행자가 관찰하는 것에만 적용되는 것이며, 들어오거나 나가는 공기의 실제량과는 별개의 문제이다.

제1단계 관찰에서 또 하나의 요점은 호흡이 무거운지 가벼운지, 거친지 섬세한지 등에 대한 알아차림이다. 공기가 콧구멍에 강하게 부딪친다면, 그 호흡은 무겁거나 거친 것이다. 공기가 콧구멍에 강하게 부딪치지 않아 접촉이 느껴지지 않는다면, 그 호흡은 가볍거나 섬세하다고 할 수 있다. 호흡의 이 두 가지 특징들은 다음 단계와 관련이 있으므로 충분히 이해해야 한다.

나. 호흡, 마음, 마음챙김 및 호흡집중의 과정에 대한 이해

이제 호흡에 집중하는 여러 가지 방법들을 살펴보자. 먼저 수행자는 호흡에 관련된 모든 신체기관들 즉 콧구멍, 입천장, 기관(氣管), 폐 등을 검사하여 기관들이 정상적이고 적절한 상태에 있는지 확인하고, 호흡이 자연스러운 방식으로 일어나도록 하며, 때로는 호흡의 길이를 정상보다 길거나 짧게 조절하기도 한다. 이러한 호흡 집중의 준비 단계는 수행자가 평소 자신의 호흡 속도에 대해 잘 알게 하려는 의도에서 마련된 것이다. 이것을 끝낸 후 수행자는 매순간 자신의 호흡이 얼마나 긴지, 또는 짧은지를 조사해야 한다.

호흡이 짧은지 긴지 하는 것은 마음의 상태와 몸의 상태에 따라 달라진다. 사실, 우리가 호흡에 관심을 두자마자 그 즉시 호흡은 평상시보다 더 길어지거나 짧아진다. 그래서 먼저 수행자는 호흡의 길이가 상황에 따라 어떻게 변하는가를 관찰해야 한다.

예를 들면, 마음상태가 정상적이면 호흡은 길어진다. 반면에 마음상태가 화가 났거나 불쾌할 때는 호흡이 짧거나 급해진다. 그리고 피곤함 등으로 말미암아 몸이 비정상적인 상태일 때보다, 몸이 이완되어 편안해질 때 호흡이 더 길어진다. 호흡이 어떤 상태에서 일어나건, 수행자가 호흡에 집중하자마자 그 호흡은 자연스럽게 길어진다. 수행자는 이런 측면에서 호흡의 변화를 잘 알아차려야 한다. 그렇게 할 때 수행자는 호흡에 집중할 수 있으며 자신의 호흡이 얼마나 길고 짧은지를 관찰할 수 있다. 상당한 시간을 호흡에 집중했을 때, 수행자는 호흡의 길이를 더욱 예리하게 관찰할 수 있다.

처음에 수행자가 호흡 그 자체가 어떠한지를 관찰하려면, 즉 숨을 들이쉴 때 그 숨이 콧구멍에 어떻게 부딪치는지, 그 숨이 어디서 끝나는 것으로 보이는지, 숨이 반대 방향으로 바뀌기 전에 어디서 얼마 동안 멈추는지 등을 관찰하려면, 가능한 한 거칠고 느리게 호흡을 해야 한다. 만약 수행자가 처음부터 가볍고 섬세하게 호흡한다면 그는 이러한 것들을 관찰할 수 없고 호흡에 집중하는 것이 어려워질 것이다. 아마도 너무 어려워서 그의 관찰은 완전히 실패할지도 모른다.

그러므로 처음 관찰을 하는 수행자는 아주 거칠고 무겁게 호흡하여 그 호흡소리가 수행자 자신에게 들리게 되도록 수련하는 것이 바람직하다. 호흡소리를 귀로 듣는 것은 호흡 집중에 도움이 된다.

실제로 '호흡에 마음챙김을 확립하는 것' 은 공기 그 자체에 집중하는 것이 아니라 공기가 부딪치는 피부의 접촉지점에 집중하는 것이다. 공기는 너무나도 섬세하고 형태로 드러나는 게 없어서 관찰하기가 매우 어렵다. 그러나 공기가 피부의 표면, 즉 예민한 지점에 부딪힐 때, 공기의 존재를 주시하고 그 접촉되는 지점과 기간을 관찰하기가 쉽다. 그리고 또한 그 소리가 들릴 때, 호흡이 얼마나 긴지 또는 짧은지를 관찰하기 쉬워진다. 이것이 호흡관찰을 시작할 때 호흡을 거칠게 하는 이점이다.

수행의 나중 단계에서도 수행자는 호흡에 익숙해지고 그것이 습관이 될 때까지 깊고 무겁게 호흡하는 것이 이롭다는 것을 알게 될 것이다. 이것은 신체 건강에 좋은 것은 말할 것도 없고 이어지는 다음 단계의 수행에서도 항상 유익하다. 그러므로 기회가 생길 때마다 자연스런 방법으로 깊고 무겁게 호흡하는 법을 스스로 수련하는 것이 효과적일 때도 있다.

이제 우리는 호흡에 주의력을 기울인 결과, 어디에서 호흡이 자연스럽게 길어지게 되는 원인에 대해 살펴볼 때가 되었다. 이러한 집중은 단순히 '저절로 들어오고 저절로 나가는 호흡에 주의력을 고정하는 행위' 이다. 그것은 '특정한 상태와 특정한 시간 속에서 호흡을 관찰하는 것' 이라고 말할 수도 있다.

그러나 그동안 출간된 명상수행 안내책자와 아비담마에서 발견할 수 있는 '호흡관찰' 을 분명하고 생생하게 정의 내리는 것은 더욱 중요하다. 즉, '전심전력으로 마음챙김하여 마음을 호흡에 묶어 두는 것'이라고 정의할 수 있다.

그러므로 이제 우리는 적어도 세 가지, 즉 호흡, 마음, 마음챙김을 공부해야 한다. 또한, 이렇게 마음을 호흡에 둠으로써 나타나는 여러 가지 결과들을 공부해야 한다. 이 세 가지 중 첫 번째인 호흡은 이미 다루었다.

이제 두 번째 연구과제인 마음을 다룰 차례이다. 이전에는 마음이 세속적인 모든 대상들에 몰두하고 있었다. 그러나 지금은 그러한 대상들을 놓아버리고 전심전력의 마음챙김으로 호흡에 단단히 집중되어 있다. 마음은 지금까지 그러했던 것처럼 세속적인 대상들과 섞이는 것을 더 이상 허락하지 않을 것이다.

세 번째 연구과제인 마음챙김은 건전한 정신적 요소, 즉 마음 부수(cetacika, 心所) 중 하나이다. 마음챙김은 마음을 일으키거나 끌어내는 일을 하고, 마음을 호흡(순수하게 물질적이지만 불건전한 상태의 토대인 것은 아닌)에 묶어 두는 일을 한다. 그래서 이러한 마음챙김 요소의 힘을 통하여 마음은 불건전함으로부터 자유로워지고 건전함을 성취할 수 있다. 이 과정에서도 여전히 오직 집중만이 있으며, 지혜, 즉 냐나(ñāṇa)는 아직 생겨나지 않은 상태이다. 그래서 그것을 '준비작업(parikamma)'이라고 말한다. 이러한 준비작업은 우리가 위따까(vitakka, 일으킨 생각)라고 부르게 될 선정의 한 구성요소(jhānaṅga)로 분류되는 마음활동의 한 요소이다. (여기서 vitakka라는 말은 흔히 알려진 '생각과 사유'라는 뜻이 아니다.)

위에서 설명한 집중의 방식은 호흡의 장단, 길이 등에 대한 지혜와 앎 등이 저절로 일어나도록 준비하는 역할을 해준다. 호흡이 들어오고 나갈 때 마음챙김으로 마음이 호흡에 묶여 있을 때, 마음은 호흡을 따라서 들어오고 나간다. 그때 지혜가 저절로 일어난다. 그러나 이 지혜가 직관지, 통찰의 지혜(ñāṇa)는 아니다. 그것은 단지 분명한 앎(sampajañña) 인데, 호흡의 현재 상태를 완전히 아는 것이다. (어떤 책에서는 이러한 종류 의 지혜에 대해서도 ñāṇa라는 단어를 사용한다. 혼란을 피하려면 이것 또한 알아 두어야 한다.) 냐나(ñāṇa)라는 단어는 넓은 범위의 의미를 지니고 있다. 그 것은 모든 종류의 지혜를 의미하지만, 엄격히 말하면 직관적인 지혜에 적용되는 것이다. 냐나(ñāṇa)라는 단어가 대중적으로 쓰이거나, 간혹 더 가벼운 단어를 써야 할 곳에서 잘못 쓰이는 경우가 있다. 어떤 스승들은 심지어 '나는 길게 숨을 들이쉬고 있다.' 를 알아차리는 것도 일종의 냐 나(ñāṇa)라고 분류하는데, 이것은 불필요한 혼란을 일으킬 수 있다. 아나 빠나삿띠(ānāpānasati)를 수행할 때 처음부터 분명한 앎의 지혜(sampa- jañña)가 생겨난다. 길게 호흡하는 것에 집중하자마자, 수행자는 '나는 길게 호흡한다.' 라는 것을 알아차리게 되는 것이다.

마지막으로 살펴볼 연구과제는, 마음을 호흡에 둠으로써 나타나는 여러 가지 결과들에 대한 공부이다. 호흡에 대한 이러한 마음집중은 다 음과 같은 순서로 그 결과가 나타난다.

1) 집중에 성공한다

오랫동안 호흡집중을 수련한 후에 수행자는 마침내 성공적으로 집 중하게 된다. 그 결과 그의 마음속에서 처음으로 건전한 마음의 부수[心 所]인 열의가 생겨난다.

2) 열의(chanda)가 일어난다

수행자에게 간절한 열의가 있을 때, 호흡은 전보다 더 길어지는 것처럼 느껴지며 더 섬세해진다. 열의가 일어난 후 첫 단계에 그렇게 되지 않더라도, 나중 단계에서 호흡은 더 섬세해진다. 그리고 수행자가 이러한 열의의 힘 덕분에 더 길고 더 섬세한 호흡에 한동안 마음챙김을 확립할 때, 다음과 같은 것을 경험한다.

3) 환희(pāmujja)가 일어난다

'환희' 라는 용어는 삐띠(pīti, 喜, 희열, 기쁨)의 가벼운 형태를 의미한다. 삐띠는 초선정(First Absorption)의 다섯 구성요소 중 하나로, 나중에 다루게 될 하나의 건전한 마음부수(心所)이다. 이 환희의 힘으로 호흡은 더욱더 길어지고 섬세해지며, 수행자의 마음챙김은 아주 굳게 확립되어 집중대상을 떠나지 않게 된다. 그리고 다음과 같이 진행된다.

4) 공기 중심으로 시작된다

'공기 중심으로 시작된 마음' 이라는 용어의 사용은 마음이 호흡과 호흡에 대한 집중에 의해 전적으로 조건지어지기 때문이다. 그것은 단지 마음이 호흡에 의해 이제 막 하나로 모인, 즉 하나의 대상에 집중된 상태를 이루었음을 뜻한다. 그러고 나서 다음과 같은 현상이 일어난다.

5) 세속적인 대상들에 대한 평등심(upekkhā)이 일어난다

여러 가지 장애(Nīvaraṇa)들이 이제는 마음을 방해하지 못한다. 평등심이 분명하게 드러난다. 그러는 동안 다음과 같이 진행된다.

6) 호흡은 '익힌 표상(uggaha-nimitta)' 이라는 마음의 표상으로 대체된다

이 표상은 여러 가지 모양으로 마음의 눈에 아주 분명하게 나타난다. 그 모양은 사람마다 다르며, 이러한 마음의 표상이 잘 계발되었을 때 다음과 같이 말할 수 있다.

7) 마음챙김이 저절로 된다

마음챙김이 집중이라는 그 기능을 충족시킬 뿐 아니라 하나의 마음부수로서 명백해진다. 마음챙김이 끊어지지 않고 이루어지므로 삼빠쟌냐(sampajañña), 즉 분명한 앎(明知)이 일어난다. 그러나 이 시점에서 새로운 이름을 부여하여 다음과 같이 말한다.

8) 지혜가 분명해진다

이 지혜가 정확히 무엇을 의미하는지는 그 지혜가 생겨나는 수행상 특정한 단계에 따라 다르다. 지금 수행의 첫 단계에서 생겨나는 지혜란 단지 분명한 앎을 말하며, 그것은 단지 '길게 숨을 내쉬고 있다.' 또는 '길게 숨을 들이쉬고 있다.' 라는 사실을 알게 되는 지혜이다.

9) 몸(kāya) 또한 분명해진다

호흡은 물질적 몸(rūpa-kāya)의 한 부분이므로 '몸(kāya)' 이라고 부른다. 엄격히 말해 호흡은, 물질의 구성성분임이 분명하지만, 정신적 몸(nāma-kāya)이기도 하다. 호흡에는 우리가 정신적 몸(nāma-kāya)이라고 부르는 의식〔心〕과 그 부수〔心所〕들인 열의, 환희 등이 모두 현전(現前)한다. 그러나 지금은 호흡수행의 시작 단계이므로 수행자가 오직 호흡, 즉

물질적 몸(rūpa-kāya)에 집중하는 것에 목표를 두고 있기 때문에, '몸(kāya)'은 물질적 몸을 가리키며 특히 호흡을 지칭한다. 몸, 즉 다시 말하면, 호흡을 알아차림할 때, 마음챙김이 확립되고 지혜가 생겨난다. 그래서 세 가지가 모두 현전(現前)한다. 이렇게 해서 수행자의 마음은 성공적으로 다음 단계로 나아간다.

10) 몸에 대한 마음챙김의 확립이 완전히 성공한다

단지 긴 호흡에 집중하는 이 첫 단계만으로 몸에 대한 마음챙김의 확립이 성공할 수 있다.

이 열 가지 과정 중 1) ~ 3)항에서는 호흡의 길이가 세 가지 형태로 나타난다.

① 호흡이 자연스럽게 길고 느리다.

② 간절함(열의)이 생겨남에 따라 호흡이 더 길어진다.

③ 간절함(열의) 다음에 생겨난 환희로 말미암아 호흡이 더욱더 길어진다.

호흡의 또 다른 형태들은 다음의 세 가지 경우로 포착될 수 있다.

① 날숨이 길거나,

② 들숨이 길거나,

③ 날숨과 들숨 모두가 길다.

이 세 가지는 앞서 열거한 호흡의 길이의 세 가지 형태와 결합할 때, 모두 아홉 가지가 되어, 호흡 길이의 아홉 가지 형태로 알려져 있다.

2. 제2단계 : 짧은 호흡 알아차림

짧게 숨을 내쉴 때, '짧게 숨을 내쉰다.' 라고 알아차리고,

짧게 숨을 들이쉴 때, '짧게 숨을 들이쉰다.' 라고 알아차린다.

이 단계는 긴 호흡이 아닌 짧은 호흡을 다룬다는 점에서 1단계와 다르다. 여기서 짧게 숨을 쉰다는 것은 짧게 이어지며 일어나는 호흡만을 말한다. 즉 수행자가 의도적으로 짧게 숨을 쉬며 수련하는 시간을 뜻한다.

수행자가 짧은 호흡이 무엇인지를 알자마자, 짧은 호흡을 그만둔다. '짧은' 그리고 '긴' 이라는 용어들은 각기 다른 개개인의 정상적인 호흡에 따라 다르게 적용된다. 만약 어떤 사람이 자신의 호흡이 보통사람의 호흡보다 짧다는 것을 알면, 그는 그것을 자신의 정상적인 호흡으로 알아차려야 한다. 그의 수행이 진보함에 따라 열의와 기쁨이 일어날 것이고, 점차 호흡의 길이가 늘어날 것이다. '긴 호흡' 에서 다루어졌던 여러 단계가 하나하나 성취되어 결국 1단계에서 거쳐 왔던 열 가지 과정 모두가 완성될 것이다.

피곤, 흥분, 질병, 두려움, 고통 또는 시작 단계에서의 혼란 때문에 수행 중에 호흡이 짧아지면, 그 짧은 호흡은 짧은 것으로 관찰하고 알아차려야 한다. 특별한 문제가 없다면 짧은 호흡이 곧 사라지고 다시 나타나지 않을 것이다. 일단 짧은 호흡이 사라지면 그것에 대해 다시 생각할 필요가 없다.

수행자가 실험적으로 호흡을 짧게 수련한다면 그 짧은 호흡의 관찰은 실험이 진행되는 동안만 행해질 것이다. 짧은 호흡을 연습하는 참 목적은 더욱더 어려운 상태를 다룰 때를 대비해 미리 경험하게 해서, 마음이 모든 종류의 호흡에서 집중력을 가질 수 있게 하기 위함이다.

요약하면, 제2단계에서의 짧은 호흡은 때때로 저절로 일어나게 될 짧은 호흡을 미리 대비시키고자 배우는 것이다. 그것은 또한 긴 호흡과 짧은 호흡의 특성들을 관찰하고 비교하기 위한 수단으로 사용된다. 수행자가 두 종류의 호흡을 모두 이해했을 때, 그는 호흡이 짧거나 긴 것에 상관없이 망설이지 않고 완전한 집중력을 갖추게 된다.

정상적인 호흡은 열의와 같은 여러 자연적인 요소들에 반응하며 변화한다. 극히 짧거나 긴 호흡이 중간에 때때로 끼어들지만 오래 계속되지는 않는다. 이것은 필요한 상황에 따라 그때그때 반드시 조정되어야 한다. 예를 들면, 호흡이 짧아짐을 알아차림으로써 불안감이 일어났음을 간파할 수 있다. 그러면 호흡은 기쁨을 계발함에 따라 조정될 수 있고, 다시 길어질 수 있다. 분명한 알아차림을 할 때 수행자는 짧은 호흡과 긴 호흡 모두에 집중할 수 있다. 호흡이 일어나는 방식이 아무리 복잡하더라도 그는 항상 집중력을 얻을 수 있을 것이다.

몸의 관찰인 첫 번째의 제1단계와 제2단계는 '흔들거리는 요람' 의 비유로 설명할 수 있다. 나무 따위에 매달린 요람은 아기를 돌보는 유모에 의해 계속 흔들거리게 된다. 아기는 처음에 요람에 놓일 때는 잠자기를 원하지 않는다. 아기는 요람 밖으로 나오려고 애쓴다. 그래서 언제라도 떨어져 버릴 위험이 있다. 유모는 매우 주의 깊게 아기에게 시선을 고정한다. 아기의 움직임 때문에, 그리고 유모 자신이 미는 힘의 불규칙함 때문에, 어느 쪽으로 흔들리든, 요람이 짧게 흔들리든 또는 길게 흔들리든, 빨리 흔들리든 천천히 흔들리든 그녀의 시선은 흔들리는 곳을 계속 따라가야 한다. 그녀는 언제 요람이 짧게 흔들리고 언제 길게 흔들리는지를 완전히 알고 있다.

아나빠나삿띠의 제1단계와 제2단계도 이와 유사하다. 마음챙김 즉, 호흡에 대한 마음 집중의 힘을 통해 호흡의 상태(길거나 짧은 또는 빠르거나 느린 상태)를 항상 알아차린다. 마음챙김이 호흡을 결코 떠나지 않고, 호흡이 규칙적이고 순일해질 때까지 마음챙김이 호흡에 고정되고 나면 수행자는 제3단계로 나아간다.

3. 제3단계 : 온 몸을 체험하기

'온몸을 체험하면서 숨을 내쉰다.' 라고 자신을 다잡아 수행하고,
'온몸을 체험하면서 숨을 들이쉰다.' 라고 자신을 다잡아 수행한다.
여기서 세심한 주의가 요구되는 몇 가지 중요사항들이 있다.

가. '자신을 다잡아 수행한다' 에 대한 이해

먼저 '자신을 다잡아 수행한다.' 라는 어구를 살펴보자. 아나빠나삿띠의 제3단계는 이제 완전한 통찰 지혜(ñāṇa)가 이루어지는 단계에 도달했다. '자신을 다잡아 수행한다.' 라는 어구는 수행자가 삼학을 실행함을 말한다. 즉 계(戒, sīla), 정(定, samādhi), 혜(慧, paññā-sikkhā)의 실행을 말한다. 이 삼학을 실제로 모두 수행하는 수행자는 호흡에 집중할 때 자신이 욕망 등에 대한 자제력을 갖고 있는지 숙고하고, 자제력을 행사할 때 윤리적으로 순수한지를 성찰해야 한다. 이것은 그 자체로서 완전한 윤리이다. 이렇게 수행해 나갈 때 수행자는 계율을 위반할 수 없게 되고 계(戒)를 실행하게 된다.

수행자의 마음챙김이 하나의 대상, 여기서는 호흡에 고정될 때, 그

는 완전한 집중(定, samādhi)을 가지게 된다. 그의 마음은 오직 하나의 대상을 가지고 있으며, 그 대상에 확립되어 있다. 그러한 상태에 있는 사람은 정(定)을 실행한다고 말해진다.

다음으로, 수행자가 여러 가지 대상들에 대하여 그 하나하나의 대상들이 각각의 특징들과 함께 존재하는 것을 관찰할 때, 그리고 그 대상들에 대해 그의 마음챙김이 명확해짐을 깨달을 때, 그는 지혜 또는 통찰력을 가진다고 말할 수 있다. 그러면 그 수행자는 혜(慧)를 실행하는 것이다. 이런 식으로 수행자는 삼학을 모두 실행한다. 흥미로운 것은 단지 '온몸을 체험하며'를 수련함으로써 계·정·혜 삼학이 모두 계발되고 길러진다는 점이다. 수행자는 이 단계의 수행만으로도 완벽한 계·정·혜를 실현할 수 있게 된다. 이것은 계·정·혜에 대한 경이로운 사실이다. 이러한 사실은 경전을 철저히 공부하지 못한 사람이 어떻게 삼학을 완벽하게 실행할 수 있는지에 대한 해답이 된다.

주목해야 할 또 한 가지 중요사항은 부처님께서 '자신을 다잡아 수행한다.'라는 어구를 이 3단계에서 시작하여 이후, 모든 단계들을 거쳐 마지막 제16단계까지 계속 사용하신다는 것이다.

이는 제3단계부터 진정한 수행, 올바른 수행의 시작단계에 놓여 있다고 말할 수 있다. 이 수행은 삼학에 대해 완전하다. 제1단계와 제2단계는 단지 준비단계이며, 한 가지 대상에 어떻게 집중하는가에 대한 수행의 시작일 뿐이며, 아직 계·정·혜는 없는 상태이다. 삼학은 제3단계에 와서야 비로소 처음으로 완성되기 시작하며, 따라서 진정한 지혜 또는 통찰이 처음 일어나는 단계도 바로 여기라고 말할 수 있다.

나. '체험하면서' 에 대한 이해

이 3단계에서 사용된 '체험하면서' 라는 말은 완전한 지혜를 의미하며, 이것은 1단계와 2단계의 단순하고 분명한 앎(sampajañña)보다 더 높은 차원의 것이다. '체험하면서' 라는 말은 모든 것을 완전하고 분명하며 세밀하게 알아차림함을 뜻한다. 빠띠-삼-베디(pati-sam-vedi)라는 합성어는 여러 가지 현상들을 그 자연적인 순서대로 분명하고 완전하게 알아차림함을 의미한다. 그것은 또한 몸, 즉 호흡 그 자체와 호흡의 특성, 상태, 원인, 결과 등을 알아차림함을 의미한다. 몸은 여기서 호흡을 말하므로, 완전히 알아차린다는 것은 호흡이 짧은지 또는 긴지를 알아차리는 것이고, 호흡의 움직임을 알아차리는 것이고, 호흡의 출처, 즉 생명의 힘을 알아차리는 것이며, 호흡의 결과, 즉 호흡의 기능과 몸의 필요조건, 그리고 생명의 모든 물질적인 측면을 알아차리는 것이다.

요약하면, 온몸을 '체험하면서' 라는 말은 호흡에 관련된 모든 것을 즉각적이고 세세하게 알아차리는 것을 의미한다. 이러한 지혜는 이 모든 상태들과 기능들의 무상·고·무아를 깨달으면서 완결된다. 이것은 더 높은 수행 단계에서 다루어질 중요사항들이다.

다. '온몸' 에 대한 이해

이제 '온몸' 의 말뜻을 살펴보자. 이것을 이해하려면 우리는 먼저 '몸(kāya)' 이라는 단어를 살펴보아야 한다. 까야(kāya)는 문자적으로 '덩어리' 를 의미한다. 앞에서 언급한 바와 같이 까야(kāya), 즉 몸에는 정신적 몸(nāma-kāya)과 육체적 몸(rūpa-kāya) 두 가지가 있다. 정신적 몸 또는 덩어리는 감각〔受, vedanā〕, 인식〔想, saññā〕, 형성〔行, saṅkhrā〕, 의식〔識, viññanā〕 등을 포함한다. 이처럼 정신적 몸은 넓은 범위를 포함한다. 그러나 지금 지칭되는 정신적 몸이란 호흡에 집중하는 동안 생겨나는 다양한 마음의 상태, 이를테면 열의, 기쁨, 마음챙김, 분명한 알아차림 등을 말하는 것이다. 이 모든 것들이 나마까야(nāma-kāya), 즉 정신적 몸에 속한다.

루빠까야(rūpa-kāya)는 4대 요소(mahā-dhūta) 즉 지·수·화·풍으로 구성된 육체적 몸을 지칭한다. 그러나 여기서 육체적 몸이란 특히 호흡을 지칭한다. 호흡은 4대 원소와 밀접히 관련되어 있으며, 정신적 몸의 존속을 위한 토대가 될 뿐만 아니라 4대 요소들을 유지하고 그 요소들에 가치와 목적을 부여해주는 것이다.

다시 말하면, 호흡은 까야 상카라(kāya-saṅkhrā), 즉 몸의 조건인자 역할을 한다. 호흡은 육체적 몸을 조건화하고 조절하여, 육체적 몸이 정신적 몸의 존속을 위한 기반이 되도록 유지하는 역할을 한다. 육체적 및 정신적 온몸의 성격을 인지하고, 그 두 측면이 어떻게 연결되어 있는지 알아차린 사려 깊은 사람이라면 호흡의 중요성을 스스로 발견할 수 있을 것이고, 호흡이 관찰할 만한 특별한 가치가 있다는 것을 알 것이다.

그래서 수행자는 '몸에서 몸을 주의 깊게 관찰한다.' 라고 말하는 것으로 충분하다. 즉 육체적 정신적 온몸에서 수행자는 하나의 특정한 몸인 호흡을 선택해서 관찰하는 것이다. 그래서 아나빠나삿띠(ānāpānasati)는 몸의 관찰에 의한 마음챙김을 확립(kāyanupassanā-satipaṭṭhāyana, 四念處

中 身念處)하는 것이라고 불린다. 이것의 본질은 몸에서 몸을 자연스럽고 중단 없이 관찰하는 것이며, 그것은 각각의 들숨과 날숨을 알아차리는 것을 의미한다.

이제 '온' 이라는 단어를 살펴보자. 이 단어는 모든 종류의 몸과 관련되어 사용되지만, 여기서는 단지 모든 호흡 또는 몸에 관련된 모든 것을 의미한다. '몸' 이라는 단어가 여기서 호흡을 나타내므로, 알아차려야 할 것은 호흡과 직접 관련된 모든 것들이다. 이것은 호흡의 특성들을 알아차리고, 호흡의 결과로 발생하는 현상들을 알아차림함을 의미한다. 다시 말하면, 이 3단계에서 아나빠나삿띠는 여전히 집중(定) 위주로 수행한다. 그래서 '온몸' 이라는 단어는 '호흡을 통해 계발된 집중' 과 주로 '호흡과 관련된 것' 에 의미가 있다. 따라서 온몸을 구체적으로 말한다면 '모든 호흡과정' 이라고 말할 수 있다. 온몸을 체험하려면 호흡을 모든 면에서 철저히 체험해야 한다.*

어떻게 '온몸을 체험' 하는가에 대하여 쉬운 방법론이 제시되어 왔다. 그것은 호흡을 세 단계, 즉 시작·중간·끝의 세 국면으로 감지하는 것이다. 수행자는 들숨과 날숨이 각각 어디서 시작되고, 어떻게 움직이고, 어디서 끝나는지를 알아차려야 한다. 들숨의 경우에, 호흡은 콧구멍이나 들어오는 공기의 접촉을 느끼는 어떤 지점에서 시작된다고 말할 수 있다. 보통 들어오는 공기는 코끝에 부딪치는 것으로 느껴진다. 하지만, 입술이 튀어나온 사람은 윗입술에서 공기의 접촉을 느끼므로, 그 지

---

* 남방의 선사들은 주로 호흡의 처음, 중간, 끝을 온몸이라고 보나, 『상적유경』에서는 사지, 5장 6부 등 온몸 전체를 의미한다. 실제 수행에서도 한 지점을 포착해서 관하면서 나머지 전체 몸을 관찰할 수도 있고 호흡도 피부 호흡까지 포함할 수 있다.

점을 시작 지점으로 여겨야 한다. 호흡의 '중간'은 호흡의 시작 지점과 끝 지점의 사이를 의미한다. 그 다음으로 호흡이 끝나는 지점을 주시해야 하는데, 정확히 어디서 호흡이 끝나고 새로 시작하는지를 너무 신경 쓸 필요는 없다. 다른 것들보다 더 분명하게 감지되는 느낌을 끝 지점으로 보아도 충분하고, 다른 곳보다 더 강하게 느껴지는 지점에 집중하는 것도 편리하다. 또, 최대한 숨을 들이쉴 때 수행자는 호흡의 고동치는 운동과 압력도 알아차려야 한다. 우리는 흔히 들숨은 배꼽에서 끝난다고 보통 생각한다.

우리는 여기서 명상수행의 수련에 관심을 두는 것이지, 해부학이나 생리학에 관심을 두는 것이 아니라는 것을 명심해야 한다. 호흡이 끝나는 정확한 지점이 어딘지 하는 것은 중요하지 않다. 중요한 것은 호흡에 마음챙김을 확립하고 그것을 체험하는 것이다. 그러므로 들숨의 끝 지점을 배꼽으로 여겨도 좋다. 그렇게 해도 우리의 목적달성을 위해 충분하다. 그렇다면, 우리는 들숨의 시작 지점은 코끝이고, 끝 지점은 배꼽이며, 중간 지점은 그 사이라고 말할 수 있다. 날숨에 대해서는 그 반대로 시작 지점이 배꼽이고 끝 지점이 코끝이 된다.

온몸을 체험한다는 것은 수행자가 들숨과 날숨의 시작과 중간과 끝을 모두 알아차릴 때 가능한 것이며, 그 과정에서 어떤 부분도 관찰되지 않은 채 지나가도록 내버려둬서는 안 된다. 그러나 사실 마음이란 매우 변덕스럽고 쉽게 산만해지는 특성을 갖고 있다. 마음챙김이 확고하지 않으면 심지어 숨을 들이쉬고 내쉬는 짧은 시간 동안에도 마음은 호흡이라는 대상에서 떠나 다른 대상들을 찾아 헤맨다. 예를 들면, 마음이 들숨의 시작 지점에서는 호흡에 고정되어 있다가, 호흡의 중간 지점에서 길을 잃고 헤매고 얼마 후에는 완전히 다른 대상에 머물고 있는 사실을 발견하게 된다.

이런 이유 때문에 수행자는 특히 호흡관찰의 중간 단계에서 매우 주의 깊고 세밀하게 집중하도록 각별한 주의를 기울여야 한다. 수행자는 마음이 계속 올바른 방향으로 유지되도록 다양한 방법을 시도해볼 필요가 있으며, 이를 위해 여러 방법을 적용하도록 권장된다. 초보자들에게 권해지는 한 가지 소박한 방법은 천천히 숫자를 세는 것이다. 즉 각각의 들숨 또는 날숨이 지속되는 동안 하나에서 다섯까지, 또는 하나에서 열까지 숫자를 세는 것이다.

수행자가 숨을 들이쉬고 내쉴 때마다 숫자를 세는 것에 몰두하면 그의 마음은 방황할 틈이 없을 것이다. 이 기법은 또한 수행자가 호흡의 길이를 조절하는 데 도움이 된다. 수행자는 숫자를 길게 세거나 짧게 셈으로써 자신의 호흡을 길거나 짧게 만들 수 있다. 숫자를 세는 방법의 세부적인 설명은 뒤에 이어질 제4단계에서 보다 상세하게 다룰 것이다.

어떻게 '온몸을 체험' 하는가에 대한 아주 미묘하고 섬세한 또 하나의 방법이 있다. 수행자는 자신의 마음이 실제로 호흡에 묶여 있다고 생각하는 것이다. 수행자는 호흡을 하는 동안 내내 공기가 마음을 날숨과 들숨 시에 끌고 다니는 것을 시각화해야 한다. 이렇게 하고자 하는 수행자는 공기의 움직임을 느낄 수 있을 만큼 충분히 강하게 호흡을 해야 한다. 또한, 그는 호흡할 때, 공기가 안과 밖으로 스치며 지나가면서 무언가 단단한 것이 문지르고 지나가는 것처럼 매우 예민하게 느껴야 한다. 이렇게 해서 수행자는 전체적인 호흡의 순환을 느낄 수 있고 그것에 집중할 수 있다. 그러면 그는 호흡이 어디서 시작하고, 어떻게 움직이고,

어디서 끝나고, 어디서 얼마나 오랫동안 머물다가 방향을 바꾸는지를 쉽게 간파할 수 있다. 그는 호흡이 길을 따라 쓸려가는 일종의 보석이라고 상상하고, 그것이 한순간도 주시에서 벗어나지 않도록 알아차림을 놓치지 않아야 한다.

요람의 비유로 말하면, 요람을 흔드는 사람은 아이가 떨어지지 않도록 매우 주의해야 한다. 아이가 아직 잠들지 않아서 요람 밖으로 나오려고 할 때 보모는 그것을 계속 지켜보아야 한다. 요람이 어느 한 쪽 끝으로 흔들리든, 그 중간의 어느 지점에 있든, 항상 아이가 요람 밖으로 기어나올 위험이 있다. 이런 이유 때문에 보모는 아이에게 계속 눈을 떼지 말아야 한다. 이렇게 할 때 보모는 아이를 완전히 지켜보고 있다고 말할 수 있다. 아이에게 일어나는 어떤 일도 보모는 모두 알 것이다.

마찬가지로 수행자는 호흡에 자신의 마음챙김을 확립하거나 고정해, 전체 과정을 마음으로 중단 없이 알아차린다. 이런 식으로 그는 호흡의 온몸을, 즉 호흡의 처음, 중간, 끝을 중단 없이 체험할 수 있다. 이 방법이 적용될 때, 호흡의 온몸이 분명히 보이고, 마음챙김이 분명히 보이고, 지혜(ñāṇa)도 또한 분명히 보인다. 이때 마음챙김은 마음챙김으로 보고, 지혜는 지혜로 보고, 호흡은 호흡으로 보아야 한다. 그것들을 '존재', '사람', '자아', '자신', '영혼', '나', '나의 것' 등 집착의 대상으로 보아서는 안 된다. 이런 단계에 이르렀을 때, 수행자는 호흡이라는 몸을 완전히 안다고 말할 수 있다. 그는 탐욕, 슬픔과 같은 어떠한 오염에도 물들지 않고, 계속적인 평정을 지닐 수 있고, 그것은 다음 단계에서 계발될 진정한 삼매(samādhi, 三昧)의 기초가 된다.

4. 제4단계 : 몸의 형성을 고요하게 하기

"몸의 형성을 고요하게 하면서 숨을 내쉰다."라고 자신을 다잡아 수행하고, "몸의 형성을 고요하게 하면서 숨을 들이쉰다."라고 자신을 다잡아 수행한다.

위 정형구에서 조사하고 이해해야 할 용어들은 '몸의 형성'과 '고요하게 하기'이다. 이에 대한 설명은 다음과 같다.

여기서 '몸의 형성'이라는 용어는 느낌〔受〕 등의 토대인 4대 요소〔色〕들을 유지 또는 보존하게 해주는 호흡을 뜻한다. 이것은 이미 설명되었으므로 다시 언급할 필요는 없다. 그러나 호흡이 체온, 움직임, 유연성 등과 같은 다양한 신체적 현상의 근원으로서 몸의 나머지 부분과 매우 밀접하게 연계되어 있다는 것을 이해해야 한다. 호흡과 몸은 서로 연계되어서 거침과 섬세함, 불안함과 고요함 등으로 상호 간에 영향을 미치고 있다.

알다시피, 몸이 뻣뻣하거나 불안할 때 호흡도 마찬가지로 거칠거나 초조해지는 경향이 있다. 반대로, 호흡이 섬세하고 고요할 때는 몸도 또한 부드럽고 유연해 지는 경향이 있다. 그래서 몸을 제어하는 것은 호흡을 제어하는 것이다. 이와 반대로 호흡을 제어하는 것은 몸을 제어하는 것이다. 호흡이 섬세할 때, 몸은 부드럽고 유연해진다. 몸은 그때 결코 뻣뻣하거나, 고통스럽거나, 불안하지 않다. 이처럼 관찰하면, 몸과 호흡 사이에 존재하는 밀접한 관계를 알아차릴 수 있고, 또한 몸과 호흡을 모두 관찰하고 몸과 호흡이 서로 고요하게 하도록 동시에 수행하는 것이 얼마나 가치 있는가를 알 수 있다.

4단계의 몸의 형성과 7단계의 마음의 형성에서 형성〔行〕은 원인을 나타내는 것도 포함된다. 대념처경 주석서와 쌍윳다 니까야 4권 존재의 다발 등에서 무명, 갈애 등도 원인에 포함되므로 12연기와 관련해서 관찰하면 수행이 여기서 완성될 수도 있다.

이와 관련해서 한 가지 주목해야 할 점이 있다. 수행을 시작하기 전을 기억해보자. 그때 우리는 몸의 상태와는 상관없이 정상적인 호흡이 거칠거나 섬세하며, 불안하거나 고요하다는 식으로 표현해왔다. 그러나 정상적인 또는 자연스러운 호흡이 얼마나 섬세하고 고요한가에 상관없이, 수행의 관점에서는 아직 모두 '거친 것' 으로 간주하여야 한다. 호흡은 명상수행을 통해서만이 진정으로 미묘하고 고요해진다. 이것은 제4단계를 구성하고 있는 정확한 과정이다.

'고요하게 하기' 라는 용어는 이러한 수행상 결과의 관점에서 이해되어야 한다. 위에서 언급했듯이, 정상적이거나 자연스러운 호흡은 설령 그렇게 보이지 않을지라도 거친 것으로 간주해야 한다. 집중하여 관찰하면 호흡은 분명하게 거칠고 투박한 것으로 관찰될 것이다. 그러나 점점 더 섬세해지기 시작할 것이다. 호흡을 더욱더 정밀하게 관찰할수록 호흡은 더욱더 미묘해지고 고요해질 것이다.

이 점에서 호흡은 종소리와 유사하다. 종을 치면 큰 소리가 난다. 그러나 그 소리가 가라앉을 때, 오직 고요한 반향과 진동만이 남는다. 처음에 일어나는 반향은 종을 쳤을 때 나는 소리만큼이나 크다. 그러나 시간이 지나면서 반향은 점점 가라앉아서 약해지고 약해지다가 마침내는 완전히 사라진다. 호흡은 종에서 나는 반향과 같다. 호흡도 집중과 관찰이라는 타격을 가했을 때, 점점 미묘해지고 고요해지는 특성이 있다. 종을 치지 않는다면 소리가 발생하지 않는다. 마찬가지로 호흡을 정밀하게 관찰하지 않으면 침묵만이 있는 것으로 보일 것이다. 물론 호흡이 저절로 진행되고 있음에도 불구하고, 호흡을 전혀 탐지할 수 없을 것이다.

그러나 수행자가 호흡을 진정으로 관찰하기 시작하게 되면 마치 종을 칠 때 크고 거친 소리를 들을 수 있는 것처럼, 즉각적으로 호흡을 '일어나는 그대로' 인지하고 알아차릴 수 있다. 수행자가 일단 호흡을 자세히 관찰하기 시작하면, 그 관찰의 정밀함에 비례하여 호흡은 더욱더 미묘하게 진보한다. 그가 호흡을 더욱더 미세하고 면밀하게 관찰하고 조사할수록, 호흡은 더욱더 고요해진다.

이 사실들을 종합해 보면 우리는 두 가지 중요한 사실을 알 수 있다. 첫째, 호흡상태는 정밀하게 관찰되고 집중되지 않으면 자연히 거칠어진다. 비록 우리가 그 사실을 모를지라도. 둘째, 호흡은 정밀하게 관찰될 때 점점 더 미묘해진다.

이런 이유로, 호흡을 관찰할 때 그냥 자연스럽게 호흡을 고요하게 하는 것만으로는 충분하지 않다. 수행자는 제4단계를 수련할 때, 의도적으로 전심전력을 다해 호흡을 고요하게 해야 한다. 이것이 '몸의 형성을 고요하게 하기' 에서 '고요하게 하기' 라는 말이 뜻하는 것이다.

그러면 어떻게 몸의 형성을 고요하게 할 것인가? 이것은 두 가지 방법, 즉 집중 수행(samatha)과 통찰 수행(vipassanā)의 방법 중 한 가지를 통해서 가능하다.

먼저, 집중 수행(samatha)에 의한 방법이란, 제3단계에서 설명했듯이 호흡에 마음챙김을 확립하는 과정을 말한다. 수행자가 집중하면 할수록, 그의 호흡은 더욱더 미묘해진다. 심지어 호흡은 분간할 수 없을 만큼 너무나 미세해져서 호흡을 초점으로 다시 가져와야 하는 경우도 생긴다. 또는 호흡이 올바른 방식으로 너무나 미세해져서 선명한 영상인 닮은 표상(patibhāga-nimitta)이 일어날 수도 있다. 이 두 가지 현상들은 모두 집중에 의해 호흡을 고요히 한 데서 오는 결과이다. 이런 종류의 집중은 순수하고 단순한 사마타(定) 수행으로 생긴 것이다. 이것은 위빠싸나 통찰 수행과는 대조된다.

통찰 수행은 통찰 지혜로 이끄는 명상으로, 직관적 통찰(vipassanā)로 가는 직행 길이다. 통찰 수행은 사마타 수행의 최고 단계를 뛰어넘는다. 달리 말하면, 그것은 사마타와 위빠싸나를 동시에 수행하기를 바라는 수행자를 위한 방법이다. 통찰력을 계발하고자 하는 수행자는 호흡 또는 호흡 순환의 과정에서 '계속 일어나는 현상들' 을 대상으로 삼을 수 있다. 그 현상이 미세하면 미세할수록 그는 그것을 더욱더 잘 식별할 수 있고, 결국 그의 호흡은 더욱더 미세해질 것이다. 그래서 아나빠나삿띠의 이 단계를 수련하는 사람은 '몸의 형성을 고요하게 한다.' 라고 말할 수 있게 된다.

이제, 통찰 명상이 계발됨에 따라 어떻게 관찰의 대상이 정밀해지고, 그에 따라 호흡은 어떻게 점점 더 섬세해지는가를 말하고자 한다.

먼저 정밀한 관찰이 없을 때, 호흡은 자연히 거친 상태다. 호흡의 성질은 호흡이 정밀하게 관찰될 때 즉각적으로 고요해지는 특성이 있다

(경전에서는 ‘섬세한’ 이라는 단어가 쓰였지만, 호흡의 섬세함은 고요를 전제로 하므로 ‘고요한’ 이라는 단어도 똑같이 적절하다). 호흡과 관련된 4대 요소(지·수·화·풍)가 정밀하게 관찰될 때, 호흡은 한층 더 고요해진다. 4대 요소로부터 파생된 물질(upādāya-rūpa), 즉 4대 요소로부터 파생되어 4대 요소보다 더 미세해진 다양한 성질들과 특성들을 정밀하게 관찰할 때, 호흡은 한층 더 고요해진다.

허공이나 의식 등과 같은 비물질적인 것(arūpa)이 정밀하게 관찰될 때, 호흡은 더욱더 고요해진다. 물질적인 것과 비물질적인 것에 대해 그 차이점과 상호연관성 등의 관계가 정밀하게 관찰될 때, 호흡은 한층 더 미세해진다. 물질적인 것과 비물질적인 것(nāma-rūpa, 몸과 마음)을 결정하는 ‘조건들(paccaya)’ 의 발생 형태와 원인을 명확히 꿰뚫어 볼 만큼 정밀히 관찰할 때 호흡은 더더욱 미세해진다. 그리고 마음과 물질(nāma-rūpa)에 있어서의 무상·고·무아를 알아차릴 때 호흡은 한층 더 미세해지고 고요해진다.

집중에 따르는 이러한 통찰의 계발, 즉 직관적 통찰을 지향하는 정밀한 관찰은 호흡을 점점 더 고요하게 만든다. 이러한 통찰법은 단지 고요함(samatha, 止)으로만 이끄는 단순한 집중(앞 단계들에서 보았던 호흡에 대한 단순한 마음챙김과 같은)과는 분명히 구별된다.

여기서 전체적인 수행과 관련된 중요한 점 한 가지를 짚고 넘어가야 한다. 수행자가 이 4단계에 이르렀을 때 16단계를 전부 실행하고 싶다면 그는 최고 수준의 고요함, 즉 사선정(catuttha-jhāna)을 성취할 때까지 이 단계를 계속 수행해야 한다. 그 후에 수행자는 연속해서 5단계부터 12단계까지 수행을 진행해 나가야 한다. 그리고 수행을 완성하기 위해, 그는 무상(無常)·고(苦)·무아(無我)를 철견하는 단계인 마지막 법(法)의 관찰 네 단계(제13단계~제16단계)를 계속 수행해야 한다.

다른 한편으로, 만약 수행자가 사마타 수행의 보다 높은 수준(초선정부터 사선정까지)까지 도달하기를 바라지 않고, 즉각적이고 직접적으로 통찰지혜를 계발하기를 선호한다면 그렇게 하는 것도 무방하다. 그 경우 수행자는 호흡에 대한 집중에서 마음과 물질을 무상·고·무아로 정밀하게 관찰하는 쪽으로 수행의 방향을 전환해야 한다. 그러면, 직관적이고 정밀한 관찰의 힘만으로도 수행자는 뒤에 가서 논의될 마지막 네 번째 법의 관찰 네 단계인 13~16단계로 바로 나갈 수 있다.

그래서 통찰계발로 즉각 나가고자 하는 수행자는 선정의 단계들이 필요하지 않다. 그는 고통의 종식에 목표를 두고, 신통력(abhinnā) 등과 같은 특별한 능력이나 기술에는 관심이 없으므로 통찰지혜에 필요한 한정된 집중만 있으면 된다. 통찰지혜를 키우기 위한 이러한 정밀 관찰의 수행법은 나중에 제 8단계와 제 9단계에서 자세하게 설명할 것이다.

이제는 통찰 수행이 아닌 사마타 수행을 통해 몸의 형성을 고요하게 하는 과정을 주제로 설명할 차례다. 몸의 형성을 고요하게 하는 사마타 수행을 하는 동안에도, '존재', '나', '나의 것' 등에 대한 잘못된 믿음이나 견해를 소멸시켜 바로잡을 수 있다. 그러나 그것은 단지 비인격성과 에고, 자아, 영혼의 부재 등에 대한 단순한 지혜이다.

왜냐하면, 수행자는 단지 몸을 몸으로, 호흡을 호흡으로, 호흡을 알아차리는 마음을 마음으로, 모든 과정의 알아차림을 알아차림으로 인식하기 때문이다. '몸을 몸으로 인식하는' 수행자는 일어나는 여러 가지 현상들을 '나', 또는 '나의 것' 이라는 생각이 없고, 또한 자신과 그러한 생각을 동일시하지도 않는다. 그는 모든 것을 단지 자연적인 현상으로 올바로 보고, 그 어떤 것도 '존재', '사람' 또는 '영혼'이라고 잘못 알지 않는다. 잘못 아는 것은 좋아하거나 싫어하는 원인이 된다. 그러므로 그는 잘못 아는 것에서 비롯되는 탐욕과 실의를 사마타 수행으로 어느 정도는 제거할 수 있다.

여기서 요점은 그 수행이 오로지 사마타 수행일지라도 어느 정도는 '존재', '자아', '사람' 또는 '영혼' 등과 같은 잘못된 견해에 대한 집착을 제거할 수 있다는 것이다. 왜냐하면, 그러한 잘못된 견해들을 완전히 무너뜨리는 통찰 수행에 집중의 계발이 보조적 역할을 하기 때문이다. 그러나 이러한 통찰은 정견(sammā-diṭṭhi)이 어느 정도 확립되어야 일어난다. 그러므로 우리는 사마타 수행에 의해 몸의 형성을 고요하게 하는 수행을 좀 더 다루겠다. 그러나 그러기에 앞서, 먼저 수행자가 어떻게 선정 단계의 집중을 성취할 수 있는지부터 상세하게 설명할 필요가 있다.

5

Ānapanasati

천정과 닙바나에
이르는 여덟 과정

1. 도과를 성취하기까지 여덟 단계의 과정

여기서 잠시 멈추어 수행 전체를 요약해 보기로 하자. 처음부터 끝까지, 즉 성스러운 도와 과(ariya-magga-phala)를 성취하기까지의 과정은 다음과 같이 여덟 단계로 나눌 수 있다.

1) 수식(gaṇanā, 數息)
수식은 호흡의 길이를 측정하는 데 활용되고, 또한 그 시작과 중간과 끝을 체험하는 방식으로 호흡을 조절하고 제어하는 기능을 한다. 수식은 호흡이 아직 거친 동안 행해지고 아나빠나삿띠의 1, 2, 3단계에 적용된다.

2) 상수(anubandhanā, 相隨)
'상수'는 호흡을 면밀하게 중단 없이 따라가는 수련으로, 마음챙김으로 마음을 호흡에 묶는 것이다. 이것은 숫자를 세거나, 호흡의 처음과 중간과 끝을 구분하지 않는다. 이는 아나빠나삿띠의 제3단계에 특히 적용된다.

3) 접촉(phusanā)

여기서 마음챙김은 호흡이 피부 표면과 접촉하는 한 지점으로 향한다. 이는 초기 영상인 익힌 표상(uggaha-nimitta)을 그 지점에서 일으키기 위함이다. 접촉은 아나빠나삿띠의 제4단계에 적용된다.

4) 고정(ṭhapanā)

이 과정에서 마음은 익힌 표상이 일어난 지점에 굳게 고정된다. 이는 이 익힌 표상이 조만간 뚜렷하고 잘 확립된 선명한 영상인 닮은 표상(patibhāga-nimitta)으로 전환되도록 하기 위함이다. 닮은 표상은 완전한 집중 또는 선정으로 이끈다. 고정은 아나빠나삿띠의 제4단계에 관련된다.

5) 관찰(sallakkhaṇā)

수행자는 마음과 물질을 관찰하고, 그것들을 무상·고·무아로 자각하고자 통찰력을 계발한다. 이것은 제5단계에서 마지막 단계까지 적용된다.

6) 전환(vivaṭṭanā)

이것은 오염 또는 불순으로부터 벗어나고 그것들을 제거하고 그 대신 선한 품성을 얻고자 하는 방법이다. 평정 또는 사라짐〔離貪, virāga〕으로 시작하여 성스러운 도(道)의 성취로 바로 이어진다. 아나빠나삿띠의 제13단계와 제16단계에 적용된다.

7) 정화(parisuddhi)

번뇌를 무너뜨려 성스러운 과(果)를 얻는 것이다. 이것은 흔히 '해탈
(vimutti)' 또는 '번뇌의 근절에 의한 해탈(samuccheda-vimutti)'로 알려져 있
다. 이것은 마지막 제16단계에 따라 아나빠나삿띠를 계발한 결과이다.

8) 반조(paṭipassanā)

오염 또는 족쇄의 파괴와 그로 인해 얻어진 과(果)를 반조하고 검토
하는 것이다. 수행자는 마음챙김하여 호흡하는 동안 성스러운 과(果)를
반조한다.

이 여덟 과정 중 마지막 네 과정은 직관적인 통찰과 성스러운 도와
과(ariya-magga-phala)를 다룬 것이다. 셋째, 넷째 과정인 접촉과 고정은
몸의 형성을 고요하게 하는 것과 직접 관련된다. 첫 번째 과정인 수식
(數息)은 단순히 아나빠나삿띠 제1단계와 제2단계의 길고 짧은 호흡에
마음챙김을 확립하는 것이다. 두 번째 과정인 상수(相數)는 각각의 들숨
과 날숨에 마음챙김을 중단 없이 계속 이어나가는 것을 의미한다. 아나
빠나삿띠 제3단계와 제4단계의 성공은 제1단계와 제2단계의 정확한 이
해와 바른 수행에 달렸다. 따라서 아나빠나삿띠의 제1단계부터 제4단
계까지가 닙바나에 이르는 여덟 단계의 과정 중 앞의 네 과정과 어떻게
관련되어 있는가를 다시 한번 자세하게 고찰하고 설명하는 것이 필요
하다.

2. 수식(數息, ganana)의 방법

아나빠나삿띠로 선정에 이르는 그 첫 번째 과정인 수식(數息)은 두 가지 목적으로 쓰인다. 첫째, 호흡의 길이를 발견하려고 이용한다. 둘째, 마음이 호흡에서 벗어나 방황하는 것을 막으려고 이용한다. 더욱 효과적으로 수련하려면 수식은 마음의 제어와 공존해야 하고 마음과 조화되어야 한다.

수행자가 숫자를 헤아릴 때는 적어도 다섯까지는 세어야 하고, 열 이상을 세어서는 안 된다. 숫자 세기를 실행하는 것보다 단지 호흡의 길이를 측정하는 것만을 선호하는 수행자는 1단계와 2단계에서 설명한 방식에 따라 그렇게 하면 된다. 어떠한 경우에도 수행자는 올바른 마음 상태로 수련해야 하며, 지나친 나태와 지나친 긴장은 피해야 한다.

수식(數息)은 비록 호흡의 길이를 측정하면서 알아차리는 기법과 비교할 때 다소 거칠기는 하지만, 집중을 촉진하는 효과적인 수단이다. 숨을 내쉬거나 들이쉴 때마다 수행자는 '하나, 둘, 셋, 넷, 다섯'을 센다. 마지막 숫자는 호흡의 끝 부분과 일치해야 한다. '하나, 둘, 셋…여덟, 아홉, 열'이라고 마음속으로 말함에 의해 10까지 숫자를 세더라도 수행자는 각각의 날숨과 들숨의 끝 부분에서 숫자 세기가 끝나도록 해야 한다. 그리고 어떤 숫자를 세더라도 수행자는 숫자 세기의 끝이 호흡의 끝과 일치하도록 해야 한다. 다섯까지 또는 열까지 세는 것이 그 중간의 숫자까지만 세는 것보다 좋다. 숫자 세기는 호흡이 자연적으로 또는 정상적으로 길어질 때와 호흡의 시작과 중간과 끝이 분명히 관찰될 때 이용된다.

다섯 미만이나 열 이상을 세지 않는 이유는 다음과 같다. 즉 수행자가 다섯 이전에 멈추면 숫자 세기의 간격, 각 숫자와 그 다음 숫자 사이의 간격이 길어져서 마음이 호흡이라는 집중대상에서 방황할 기회를 주기 때문이다. 다섯 미만으로 수를 세는 것은 너무 거칠고, 너무 느슨하고, 처음과 중간과 끝을 따라가며 숨에 집중하는 것과 크게 다를 바가 없다. 반면에 열 이상의 수를 세면 수행자는 수를 너무 빨리 세게 되므로 허둥대게 된다. 숫자 세기에만 빠져서 그의 마음은 호흡이라는 집중대상에서 벗어나 버릴 수 있게 된다.

너무 느리거나, 너무 급하거나, 지나치게 간격을 길게 하거나, 지나치게 짧은 간격으로 수를 세는 것은 바람직하지 않다. 이러한 잘못들은 마음에 부작용을 가져오고 마음을 혼란스럽게 한다. 이것이 숫자 세기의 기술이다. 수행자는 다양한 형식으로 이것을 실험해 보아야 한다. 이 방법은 수행자의 거친 마음을 훈련시키고 마음을 다듬어진 상태로 유지시키며 또한 마음이 마음 자체를 더 잘 볼 수 있게 돕는다.

숫자 세기 없이 호흡의 길이를 측정하는 기법은 1단계와 2단계에서 긴 호흡과 짧은 호흡에 대한 집중을 다룰 때 충분히 설명되었다. 호흡의 길이를 측정하는 수행은 항상 알아차림을 하면서 차분하게 행해져야 한다는 것을 알아야 한다. 수행자는 초조해 하거나, 지나치게 무리하거나 게으르거나 느슨해서는 안 된다. 그것은 첫째로 마음이 분산되어 대상에 집중하지 못하게 할 수 있고, 둘째로 마음이 대상으로부터 떨어져 방황할 기회를 줄 수 있기 때문이다. 호흡관찰은 작은 새를 손 안에 움켜쥐는 것과 같아서 손으로 느슨하게 잡으면 새가 손가락 사이를 빠져나가 버리는 것과 같고, 너무 세게 잡으면 죽어버리는 것과 같다. 이 둘 중 어느 경우에도 새를 살아있는 채로 유지할 수는 없다. 이러한 두 극단을 피하지 못하는 수행자도 마찬가지이다.

숫자 세기의 기법과 호흡을 세지 않고 그 길이를 관찰하는 방법은 수식(gaṇanā, 숫자 헤아리기)이라는 하나의 용어로 포괄된다. 두 기법은 모두 길거나 짧은 호흡을 알아차릴 때 실행해 보아야 한다. 둘 다 처음 마음챙김할 때부터 공기의 경로를 따라가는 단계에 이르기까지 실행되어야 한다.

일단 호흡이 어느 정도 매끄러워지거나 차분해지면 숫자 세기와 같은 거친 기술은 더 이상은 적절하지 않다. 이때 더 섬세한 하나의 기술이 요구되는데, 특정한 한 지점을 포착해서 그 지점에 호흡을 집중하는 것이다. 이 방법은 접촉(phusanā)이라는 명칭으로 자세히 다루어진다. 여기서는 그것을 간략히 논의하고, 숫자 세기와 합치되는 데까지만 설명하겠다.

수행자는 마음이 아주 평온해져서 호흡을 계속 따라가는 것이 더 이상 필요하지 않다는 것을 알았을 때, 공기가 그의 콧구멍이나 입술을 스쳐 들어오고 나가면서 접촉하는 한 지점에 집중해야 한다. 이것을 명확히 이해하고자 요람의 비유로 돌아가 보자. 요람의 옆에 앉아있는 보모를 상상해 보자. 요람 속의 아기는 아직 잠들지 않았고, 자려는 마음도 없다. 아기는 요람 밖으로 기어 나오려고 한다. 보모가 얼굴을 좌우로 움직이면서 아기를 계속 관찰하는 것은 바로 이런 이유 때문이다. 그녀의 두 눈은 아기에게 고정되어 있고, 아기가 요람 밖으로 기어 나올 기회를 주지 않는다. 아기는 이제 졸음이 오고 막 잠들려는 것으로 보인다. 이제 보모는 이전처럼 지켜볼 필요가 없다. 그녀는 단지 요람이 그녀 앞으로 지나가는 것만 본다. 그것으로 충분하다. 그녀는 자신의 머리를 더는 좌우로 움직일 필요가 없다. 그렇게 하는 것은 시간 낭비이다. 마찬가지로 처음으로 호흡이 고요해질 때, 즉 '몸이 고요해질 때', 수행은 전보다 더 섬세하고 미묘한 새로운 국면에 진입하며, 거기서 수행자는 그의 관심을 하나의 특정한 지점에 고정하고, 호흡의 들어오고 나감을 더는 따라가지 않는다. 이러한 기법의 변화는 매우 이롭고 적절하다.

앞에서 호흡의 진행 또는 길이를 세 지점 즉 코끝, 가슴 중앙, 아랫배 부분으로 나눌 수 있음을 언급했다. 이제 우리는 이 각 지점에 주시하여 그에 따른 결과를 관찰해 보아야 한다. 우리가 주시의 방향을 가슴 중앙에 기울인다고 가정해보자. 이 영역은, 제한된 지점에 주시를 고정시킨다고 할 수 없을 만큼 범위가 너무 넓다. 주시가 아랫배 부근으로 향해도 마음은 마찬가지로 관찰에 어려움을 느낄 것이다.

이것은 가슴의 경우와 마찬가지로 몸의 감각이 크고 둥근 영역의 범위만을 주시의 대상 영역으로 정할 수 있고, 작은 영역에는 주시를 고정시킬 수 없기 때문이다. 이제 남아있는 유일한 곳은 숨이 들어오고 나가는 코끝이다. 여기에서 호흡은 분명히 느껴지고 쉽게 집중될 것이다. 수행자가 마음챙김을 확립할 수 있는 최고의 지점으로 코끝이 선택되어온 것은 바로 이런 이유 때문이다.

'성문을 지키는 보초'의 비유가 이 기법을 확실하게 설명하는 데 도움이 된다. 성문의 보초는 성문에 남아서 그곳을 떠나지 않는다. 그는 성문에 아직 도착하지 않은 사람들을 조사할 필요가 없다. 이미 문을 통과해서 지금 성안에 있는 사람들도 조사할 필요가 없다. 그는 오직 성문을 지금 실제로 통과해 가는 사람들만 조사한다. 그것이 그가 해야 할 일이다. 이런 방식으로 그는 지치거나 시간낭비 없이 바라는 결과를 성취한다.

이와 마찬가지로, 이 단계의 수행에서 수행자는 코끝의 호흡에, 더 정확하게 말하면, 코끝의 안쪽 한 지점에 마음챙김해야 한다. 그는 그 지점의 살이 마치 예민한 상처처럼 매우 부드럽다고 상상해야 한다. 그래서 공기의 미세한 움직임까지도 그 곳에서 분명하게 느껴질 수 있어야 한다. 그의 마음챙김은 이 한 점에 고정되어야 하며, 그 지점은, 뒤에 상세히 다루게 되겠지만 미리 말하자면, '접촉의 지점(phusanā)' 이라고 알려진 곳이다.

보통사람도 이 지점의 위치는 쉽게 파악할 수 있다. 그리고 코가 굽거나 매부리 모양인 사람은 그곳을 찾기가 더 쉽다. 그러나 버선코나 평평한 코를 가진 사람은 공기가 코끝보다는 윗입술에 직접 부딪치거나 느껴지기 때문에 코끝의 공기를 느끼기가 다소 어려울 수 있다. 그러한 수행자는 코끝 대신에 윗입술의 한 지점에 주시를 고정해야 한다. 각자의 특성에 맞게 스스로 조정해야 한다.

호흡의 모든 과정을 따라 수식을 수련할 때는 앞에서 언급한 대로 두 지점 중 한 곳에 마음을 고정하면서 숫자를 세는 것에 기반을 둔 마음챙김이 된다. 숫자를 세는 기법도 또한 변한다. 각각의 숨이 접촉지점을 '통과할 때' 다섯 단위 즉, '다섯, 열, 열다섯, 스물, 스물다섯' 하는 식으로 숫자를 세도록 수행자에게 권장된다. 또는 수행자는 십 단위로 즉, '열, 스물, 서른, 마흔, 쉰' 하는 식으로 숫자를 셀 수 있다. 수를 세지 않고 호흡의 길이를 측정하는 기법은 숨이 들어오고 나가는지, 긴지 짧은지, 무거운지 가벼운지, 거친지 섬세한지 등등을 알아차려 마음을 접촉 지점에 곧바로 고정함으로써 마음챙김하는 것이다.

3. 상수(相隨, anubandhana)의 방법

이제 아나빠나삿띠로 선정에 이르는 그 두 번째 과정인 '상수(相隨, anubandhanā)'의 방법을 설명하겠다. 여기서 수행자는 호흡을 마치 그림 자처럼 계속 따라간다. 이 수행은 제3단계 즉, '온몸을 체험하면서'와 매우 유사한 방법이다. 여기서도 마음챙김은 정상적인 호흡 위에 확립 되지만, 수행은 더욱 더 섬세해진다. 보조적인 기술들은 최소한도로 억 제된다.

숫자를 세거나 시작과 중간과 끝을 관찰함에 의해 마음챙김이 확립 되는 한 그 기술은 아직 거칠다. 호흡 단위의 시작과 중간과 끝을 관찰 하는 수행자는 호흡이 '일어나고 사라지고, 일어나고 사라지는' 것으 로 인식한다. 마음챙김을 고정시키기 위해 그가 사용하는 일으킨 생각, 또는 처음의 일으킴(vitakka, 尋)은 아직 거칠고 불안정하다. 마음챙김은 전체적으로 호흡 단위 쪽으로 향하지 않고, 그 다양한 국면들 쪽으로 향 한다. 즉 어느 때는 시작 쪽으로 향하다가, 또 어느 때는 중간 쪽으로 향 하다가, 또 어느 때는 끝 쪽으로 향한다. 이처럼 마음은 거친 방식으로 일어난다.

그래서 수행자는 이제 이 방법을 버리고 호흡을 중단 없이 면밀히 조사해야 한다. 이 중단 없는 면밀한 조사는 전체 호흡 단위(호흡의 시작,

중간, 끝)를 따라 알아차리든, 또는 접촉 지점에 고정함으로 알아차리든 더욱더 섬세하고 미묘해진다. 이 시점에서 숫자세기 기법과 같은 거친 방법은 완전히 포기된다. 수행은 제3단계, 즉 '온몸을 체험하면서' 에서부터 시작과 중간과 끝을 더 이상 관찰하지 않는 수준으로 진보해온다. 심지어 마음챙김이 접촉 지점에만 고정되어 호흡의 경로를 따라가지 않을 때도, 수행자는 온몸의 형성을 체험한다거나 호흡의 모든 과정을 체험하고 있다고 말할 수 있다.

이러한 수행자는 마치 사람들이 성문을 출입하는 것만 조사하고 나머지는 무시하는 성문의 보초와 같다. 마음챙김을 한 곳의 접촉 지점으로 제한시키는 것은 숨이 들어오고 나가는 것을 중단 없이 알아차리는 것과 동일하다. 집중을 위한 두 번째 과정인 상수(相隨)는 이런 의미에서 이해되어야 한다.

수월하게 나아가기를 바라는 수행자는 상수(相隨)를 완벽하게 이해하고 수련해야 한다. 호흡과 관찰의 기법이 더 세밀해질수록 마음은 저절로 더 섬세해진다. 동시에 수행자가 자신의 호흡을 관찰하고자 사용하는 기법들은 점진적으로 더 세밀하고 섬세해진다.

4. 접촉(phusana)과 고정(thapana)의 방법

선정을 위한 세 번째 과정은 '접촉(phusanā)'이다. 이 과정은 네 번째 과정인 고정(thapanā)과 함께 살펴보아야 한다. 고정은 접촉의 지점에서 마음을 확고히 하여 빗나가지 않도록 초점을 맞춘다는 뜻이다. 그렇다면, 분명히 고정과 접촉은 밀접하게 관련되어 있다. 더구나 그 둘은 두 번째 과정인 상수(相隨)와도 중첩되어 있다.

뿌사나(phusanā)라는 단어는 접촉 지점, 또는 접촉 동작 중 어느 하나를 언급하는 것으로 생각할 수도 있다. 그러나 접촉 동작 없이는 접촉 지점이 있을 수 없으므로, 실제로 그 둘을 구분하는 것은 무의미하다. 다시 말하면, 호흡에 대한 집중이 없으면 접촉 동작도 접촉 지점도 없다. 집중은 접촉을 의미한다.

1, 2, 3단계에서 호흡은 시작부터 끝까지 모두 관찰된다. 이 단계들에서 접촉이 있지만, 접촉을 관찰하는 것과는 특정한 관련이 없다. 초기 단계에서 목표는 호흡 그 자체에 마음챙김을 확립하는 것이다. 호흡은 집중의 예비적 대상 또는 준비 표상(parikamma-nimitta)으로서, 상대적으로 거칠다고 할 수 있다.

접촉에 기반을 둔 기술에서, 마음은 하나의 특정한 지점, 즉 공기가 피부에 닿는 지점으로 향하고, 그 지점을 더욱 섬세한 단계의 수행을 위한 표상으로 받아들인다. 그러므로 수행자는 그의 모든 주시를 그 접촉 지점으로 향하게 하고, 마침내 코끝에서 그 지점을 찾는다. 이런 방식으로 집중의 대상인 표상은 '호흡 따라가기'에서 '코끝'으로 바뀐다. 그렇게 되면 코끝은 더 높은 단계에서 이용될 '익힌 표상(uggaha-nimitta)'으로 불리는 또 하나의 새로운 표상을 만드는 토대가 된다. 그러면 수행자는 이 새로운 익힌 표상을 중단 없이 계발해야 한다. 그렇게 하는 과정에서 수행자는 여러 종류의 장애물을 극복하는 데 성공한다. 이것에 대한 세부설명은 뒤에 할 것이다. 이 새로운 표상이 굳게 확립되는 과정이 고정(ṭhapanā)이라는 과정이다. 고정의 절정은 닮은 표상(paṭibhāga-nimitta)의 나타남이다. 그리고 이 닮은 표상으로 삼매(absorption, 定)에 든다.

다시 한번 접촉과 고정은 매우 밀접하게 관련되어 있다는 것을 주목해야 한다. 사실, 그 둘 사이를 명확하게 구별하는 선을 긋기란 어렵다. 호흡에 대한 마음챙김이 확립되는 지점에서는 반드시 접촉이 있다. 그리고 비록 아직 인지되지는 않더라도 거기에는 고정 또한 있다. 접촉에 대한 집중이 자유자재로 유지될 때 고정 또한 확립된다. 수행자는 고정의 이러한 단계에서 '집중하지 않는 집중의 상태'에 놓인다. 즉, 의식적인 노력이 없어도 저절로 되는 집중이 있다. 다시 말하면, 집중의 상태가 완전히 성취되기 때문에 집중하려는 의식적인 노력이 멈추게 된다.

이것은 '손으로 물건을 잡아 쥐는 과정'에 비유할 수 있다. 일단 물건을 잡아 쥐게 되면, 손이 물건을 잡고 있지만, 잡아 쥐는 행위는 이미 이루어진 것이다. 손이 물건을 잡아 쥐는 행위를 끝내고 단지 그 물건이 꽉 쥐어지도록 유지하고 있는 동안, 그 물건은 '잡혀서 쥐어진' 상태에 있다. 여기서 '잡아 쥐기'는 접촉과 같고, '꽉 쥐고 있는 손의 상태'는 고정과 같다. '물건을 잡아 쥐는 것' 과 '물건이 잡아 쥐어진 상태' 를 구분하고자, 즉 접촉과 고정을 구분하고자 주시가 필요하다. 접촉과 고정의 성격은 수행자가 분명히 인식할 수 있다. 일단 그가 이것을 성취하면 그는 더욱더 미묘한 표상이나 대상으로 나아갈 수 있고 그런 까닭에 마음은 더욱 고요해진다. 그래서 수식(隨息)과 상수(相隨)는 준비 표상(parikamma-nimitta)을 토대로 두고, 접촉은 익힌 표상(uggaha-nimitta)과 관련 있고, 고정은 닮은 표상(patibhāga-nimitta)과 관련이 있다.

5. 세 가지 표상(nimitta)

이제 위에서 언급한 세 가지의 표상을 고찰할 것인데, 이는 접촉과 고정을 더 잘 이해하고, 뒤에 이어질 더 섬세한 기법들을 더 잘 이해하기 위해서이다.

표상은 세 가지가 있다. 경우에 따라서 어떤 명상주제들(kammaṭṭāna)은 이 세 가지 표상들이 모두 나타나지는 않는다. 즉 어떤 명상주제들은 집중의 결과를 가져오지 않기도 한다. 반면에, 세 가지 표상들이 정상적으로 모두 나타나는 명상주제들은 수행자를 집중으로 이끈다.

첫 단계의 표상은 준비 표상(parikamma-nimitta)으로, 준비단계에서 수행자가 집중을 위한 토대로 삼는 대상이다. 아나빠나삿띠의 경우에 집중의 대상, 즉 주제는 항상 생멸 변화하며 이어지는 호흡이다.

두 번째 표상은 익힌 표상(uggaha-nimitta)이다. 이 표상은 시각화된, 즉 마음의 눈에 의해 보이는 표상이다. 이것은 마음이 만들어낸 영상으로 준비 단계에서 대상으로 취해진 표상과는 명확히 다르다. 아나빠나삿띠에서 이 두 번째 표상은 하얀 점으로 나타나며, 이는 접촉(phusanā)의 지점, 즉 코끝에서 또렷하게 보이는 마음의 영상이다.

세 번째의 표상인 닮은 표상(patibhāga-nimitta) 또한 마음의 영상으로, 익힌 표상의 수정된 모양이고, 형태, 특징, 색깔, 크기 등에 있어 여러 변화를 겪어온 것이다. 닮은 표상은 마음대로 변화될 수 있다. 수행자는 자신이 바라는 어떤 특정한 상태로 유지할 수 있고, 그것을 하나의 특정한 상태로 굳게 확립한 후에, 이 표상을 마음의 가장 미묘하고 숭고한 토대와 거점으로 사용할 수 있다. 마음이 이 닮은 표상을 토대로 하여 완전하게 집중될 때, 선정(禪定) 상태(jhāna)를 성취한다.

이 상태를 쉽게 이해하려면 아나빠나삿띠를 선명한 형태의 표상을 가진 수행과 비교해보아야 한다.

까시나(kasiṇa, 원반) 수행을 할 때를 예로 들자면, 수행자는 눈앞에 파란 또는 빨간 원반을 놓고 그것에 집중한다. 이 경우에 준비 표상은 원반 그 자체이다. 그 원반에 집중하는 과정은 예비 또는 준비 작업(parikamma)에 해당한다. 그 준비 작업은 수행자가 그 표상에 한동안 계속 집중한 후에 마음의 눈으로도 그것을 뚜렷하게 볼 수 있게 될 때 완성된다. 마음의 눈에서 하나의 영상으로 보이는 이 새로운 표상이 익힌 표상이다. 그 다음 단계에서는 그 자체가 집중의 대상이 된다. 이것이 준비 표상과 익힌 표상의 구분을 분명하게 해준다. 즉 준비 표상은 외부적인 장치이고, 익힌 표상은 그 준비 표상에 집중함에 의해 만들어진 마음의 영상이다.

내적으로 얻어진 이 익힌 표상을 그 원래 형태 그대로 제대로 볼 수 있을 때까지 계속 꾸준히 집중한 다음에, 수행자는 그 형태와 크기를 조절할 수 있는 능력을 기르는 수련을 한다. 일반적인 예로, 준비 표상으로 사용되는 빨간 원반이나 파란 원반은 약 6인치의 지름을 가지고 있다. 이것이 수행자의 마음에 의해 태양 또는 달의 크기로 확대될 수도 있고, 또는 한 점의 크기로 줄어들 수 있고, 또는 어떤 다른 식으로도 변할 수 있다. 결국, 집중에 가장 적합한 특징들이 계발되고, 표상은 그 형태로 고정된다. 이런 식으로 굳게 확립되었을 때, 그 표상은 '못으로 박은 것처럼 고정되었다' 고 말해진다. 이것이 고정이며, 그것은 집중의 절정을 이룬다. 그러한 변화를 거치면서 확립된, 안정된 표상이 '닮은 표상' 이다.

또 다른 예로, 여러 가지 부정관(不淨觀)의 명상 주제들(asubha-kam-mattana)을 고려해 보자. 까시나와는 대조적으로 이런 부정관은 역겹고 피곤하다. 수행자는 어떤 종류의 시체를 앞에 두고 앉아서 그것의 모든 특징들이나 성질 등을 주시하면서 면밀히 조사한다. 명상의 대상으로 사용된 이 시체는 준비 표상이다.

그 다음 단계의 수행은 시체의 영상을 마음속에 익혀서 눈을 감아도 눈을 떴을 때처럼 그것이 또렷이 보이게 하는 것이다. 시체에 대한 이러한 영상, 즉 눈을 감았을 때 보이는 이러한 마음의 영상이 익힌 표상이다.

그 다음으로 수행자는 그것을 자유자재로 변화시킬 수 있는 기술을 성공적으로 가질 수 있도록 더욱더 섬세한 방식으로 이 익힌 표상에 집중한다. 그는 감각적 대상들에 대한 미몽을 깨고 초연한 자세를, 그리고 언젠가는 반드시 죽을 수밖에 없는 중생들의 궁극적 운명에 대한 깊은 연민을 스스로 최대한 확립할 수 있도록 이 익힌 표상을 조절한다. 이것을 하고 난 후, 수행자는 그 마음의 영상을 어느 특정한 형태로 안정화시켜, 그 안정된 형태를 그의 집중주제로 삼는다. 이러한 마지막 마음의 영상이 닮은 표상이다.

이제 아나빠나삿띠에서 말하는 표상들은 앞서 설명한 것과 같은 원리로 이해될 수 있다. 이 경우에 호흡 자체가 집중의 첫 번째 대상 또는 준비 표상이 된다. 다음 단계에서, 호흡 전반에 집중하는 대신 수행자는 공기가 콧구멍에 닿는 한 특정 지점을 주시한다. 이 지점은 어떤 물체가 거칠게 안과 밖으로 문지르는 상처 부위처럼 시각화된다. 시각화하는 동안 호흡한다는 사실이나 공기가 앞뒤로 움직이는 사실, 또는 안이나 밖에서 일어나는 그 어떤 사실도 의식할 필요가 없다.

주시가 오로지 콧구멍의 섬세한 지점으로 향할 때, 그 결과로 마음의 영상, 즉 익힌 표상이 나타난다. 이 익힌 표상은 가령 호흡과 같은 여러 가지 것들에 의존하기 때문에 변화를 일으키기 쉽다. 호흡이 점점 더 섬세해지면서 익힌 표상도 더 섬세해진다. 다시 그 사람의 고유한 과거의 영상들이나 기억들에 의해서 표상에 변화가 일어난다.

익힌 표상은 결국 닮은 표상으로 안정화되는데, 그것은 처음 공기와의 접촉에 의한 느낌이 아닌 고정된 느낌으로 나타난다. 그것은 개인마다 다른 형태를 보인다. 어떤 유형의 사람에게 그것은 접촉 지점 또는 그 근처에 솜 다발이나 연기 다발이 있는 것처럼 느껴진다. 또 다른 사람에게는 그것이 콧구멍에 매달려 있는 둥근 물체로, 또는 둥근 보석이나 진주로, 또는 때때로 목화씨처럼 생생하게 보인다. 또 다른 소수의 사람들에게는 그것이 나무못이나 꽃다발, 또는 화환이나 소용돌이 꼴의 연기로 보인다. 또 어떤 소수 사람들에게 그것은 거미줄, 불규칙한 구름의 막, 연꽃, 창살이 많은 바퀴 등으로 보인다. 그리고 익힌 표상이 매우 큰 해나 달처럼 보이는 사람도 있다.

결국 아나빠나삿띠의 수행 중에 이 모든 형태와 현상들이 안정된 형태로 보일 때, 이것을 닮은 표상이라고 부른다. 비록 그 형태는 다양하지만, 각각의 형태들은 선정을 성취하도록 마음이 집중할 수 있는 확고하고 고정되고 안정된 표상들이다.

이처럼 호흡을 집중주제로 하는 명상에서 닮은 표상은 까시나 원반이나 부정관(asubha) 등의 다른 명상주제보다 훨씬 더 다양한 형태로 나타나는데, 그 이유는 두 가지이다.

첫째, 호흡은 미묘하며 명확한 형태가 없다. 즉, 호흡은 까시나 원반이나 시체의 팔다리처럼 명확하게 시각화될 수 없다.

둘째, 이것이 더 중요한 이유인데, 각 개인에게는 오랜 기간에 걸쳐 축적된 개인의 고유한 성격과 그에 따라 형성된 자신만의 고유한 기억들, 그리고 과거의 감각에서 받은 인상들이 쌓여 있다. 그것들이 외부의 연(緣)을 만날 때마다 무의식으로부터 일어나 다양한 형태로 나타난다. 이를테면, 그것들은 마음이 익힌 표상 위에 머물 때 나타난다. 마음에 의해 만들어진 표상은 각 개인의 성격 위에 쌓인 과거의 기억들과 인상들이 다양하기 때문에 여러 가지 특성이 있게 된다.

수행자는 이런 형상들의 무질서와 예측 불가능성에 의해 당황하지 않아야 한다. 혼란스러워하면 불안감이 일어날 것이고, 집중력 향상에 장애가 될 것이다. 그러나 만약 수행자가 이 주제를 깊이 탐구하게 되면 그는 마음의 계발과는 관계 없는 아주 다른 심리학의 또 한 분야를 따라가는 것이 된다.

다른 명상주제는 다른 형태의 표상을 일으킬 뿐만 아니라, 기질상 또 다른 변화를 가져온다. 구체적인 예를 들면, 한 수행자가 노란 진흙 덩어리 같은 물체를 택해서, 그것을 원반(노란 까시나)으로 만들어 그것에 집중한다고 가정해 보자. 그의 마음은 해체된 시체를 명상하는 것과는 다른 방식으로 영향을 받을 것이다. 확실한 것은, 이 두 가지 명상주제 중 어느 것을 택해도 한 곳에 집중하도록 이끈다는 점이다.

그러나 그 결과는 각각의 경우에 따라 매우 다르게 나타난다. 그 두 가지 명상주제는 느낌, 탐욕, 신경계 등과 관련해서 다른 결과를 낳게 된다. 실험결과를 검토해 보면, 한 덩어리의 진흙을 명상주제로 이용하면 수행자에게 무겁고, 수동적이며, 게으른 느낌이 들게 한다. 진흙 덩어리는 무생물이어서 신경을 자극하지도 해를 끼치지도 않는다.

반면, 시체는 훨씬 의미를 많이 지니는 대상으로서, 만일 유령을 두려워하는 사람이 이것을 명상주제로 이용하게 되면 초자연적인(살아 있는 것을 넘어선) 어떤 것을 암시할 수도 있다. 이러한 과정 면에서 보면 아나빠나삿띠는 명상주제로서 중간적인 위치를 차지한다. 즉 진흙 덩어리의 경우에서처럼 수동성을 유도하지도 않고, 해체된 시체의 경우에서처럼 들뜬 전율을 일으키지도 않는다.

각각의 준비 표상은 수행자에게 그 자체로서의 특성을 불러일으킨다. 경우에 따라 어떤 준비 표상은 익힌 표상과 닮은 표상을 일으키고 최종적으로 선정으로 이끌지라도, 각각의 그 자체만이 갖고 있는 특성 때문에 부작용도 일으킨다는 것을 명심해야 한다. 어떤 명상주제는 일반적인 목표(선정)로 이끌기에 앞서 특별한 정신적 오염과 관련된 개인적인 문제를 풀고자 고안되었다. 또 다른 명상주제들은 뚜렷한 특성을 드러내지 않는 중간적이거나 일반적인 범주를 형성한다.

이러한 명상주제 중에서 아나빠나삿띠는 최상이다. 아나빠나삿띠에 의해 만들어지는 표상은 처음부터 끝까지 평화롭고, 고요하고, 섬세하다. 중간적인 범주에 있는 아나빠나삿띠는 재가자나 승려, 남자나 여자, 대담한 사람이나 소심한 사람 등 모든 종류의 사람들에게 적합하다.

어떤 명상주제들은 닮은 표상을 일으키지 못한다. 비물질적인 관념들(arūpa-dhammā)이 그러한데, 가령 명상주제로 사용되는 붓다의 공덕(Buddha-guṇa)이 그러하다. 그러한 명상주제는 시작 단계에서 준비 표상으로만 사용할 수 있다.

왜냐하면, 어떤 관념에 대해 명상하는 것은 오직 지식만을 낳기 때문이다. 까시나 원반이나 호흡과는 달리, 관념은 구체적이지 못해서 그것에서는 어떤 익힌 표상도 나타나지 않는다. 붓다의 공덕이라는 관념은 신심이 깊은 수행자이지 않는 한, 마음의 표상으로 변화되지 않으며, 두터운 신앙심으로 만들어진 표상은 부적절하고 산만해서 수행상 유리하게 작용하지 못한다. 부처님을 대상으로 하는 수행방법(Buddhānussati, 佛隨觀)은 익힌 표상을 일으키지 못하므로, 그러한 수행에 의해 선정을 성취할 가능성은 없다. 그것들은 가령, 어떤 정신적 능력을 기를 때나, 주요 명상주제의 수행을 시작하기 전에 마음을 평온하게 만들 때와 같이 다른 목적으로 유용하게 이용된다. 불수관(佛隨觀)은 접촉에 의해 성취될 정도의 집중을 낳지 못하는 것은 물론이고, 수식(數息)과 상수(相隨)에 의해 만들어지는 집중의 정도만큼도 마음을 집중하기 어렵다.

이처럼 명상 주제에 따라 성취할 수 있는 선정의 정도는 달라진다. 만약 주어진 명상주제에서 세 가지 표상들 중 어떤 것이 없거나, 표상들 중 어느 하나가 부적합하다면, 수행의 명상주제는 접촉과 고정에 들어맞을 정도의 선정을 낳을 수 없다.

아나빠나삿띠의 수행에 정말로 관심이 있는 사람은 표상들의 특성들과 표상들이 일어나는 방식들을 이해해야 한다. 그는 표상에 어떻게 집중하고, 어떻게 그것을 변화시키며, 마지막으로 어떻게 그것을 안정시키는가를 알아야 한다. 수행자가 각각의 표상에 대한 모든 것들을 이해하고 있다면 그는 그 표상들에 성공적으로 집중할 수 있을 것이다. 즉 그는 호흡에 집중하고, 호흡을 섬세하게 만들고, 전 수련과정을 통하여 호흡을 알아차림하는 데에 어려움이 없을 것이다.

6

Ānapānasati

선정을 방해하는 오염원

1. 아나빠나삿띠 제4단계의 방해요인

이제 섬세한 호흡에 대한 집중, 즉 '몸의 형성'을 완전히 고요하게 만드는 제4단계의 집중 수행을 할 때 생길 수 있는 방해요인들을 자세히 설명하겠다.

호흡이 사라져 버린 것처럼 보여서 식별할 수 없게 되는 것은 제4단계에서 방해요인이 된다. 이런 상태를 처음 만나면 마음은 초조하고, 의심이 일며, 걱정이 일어난다. 그 문제는 다음의 두 가지 중 한 방법으로 다루어질 수 있다.

(1) 강하게 호흡하고 새롭게 집중한다. 이와 같은 조정을 통해 이러한 방해요인은 쉽게 극복할 수 있으며, 수행은 전보다 더 부드럽게 나아갈 수 있다.

(2) 수행자는 (1)을 실패하거나 첫 단계의 거친 수행으로 돌아가지 않기를 바란다면, '자신을 스스로 위로하고 격려하면서' 단호하게 호흡 관찰로 돌아갈 결심을 한다. 그러한 마음 상태는 호흡을 곧 회복시켜 준다.

수행자가 자신을 위로하고 격려하는 방법은 다음과 같다. 몇 번 길게 숨을 들이쉰 후, 수행자는 자신에게 다음과 같이 단호하게 말한다. '호흡은 사실 멈춘 것이 전혀 아니다. 호흡을 하지 않는 존재는 태어나지 않은 아기, 머리가 물속에 들어간 사람, 인식작용이 없는 중생(無想有情, asañña-satta), 죽은 자, 색계와 무색계를 성취한 자, 사선정에 든 자, 멸진정에 든 자 등밖에 없다는 것은 잘 알려진 사실이다. 나는 이런 범주에 들어가지 않으므로 나는 아직 숨을 쉬고 있음이 틀림없다. 호흡은 있다.”라고. 일단 그가 스스로 이렇게 확신하면 그의 마음은 안정되고, 호흡은 극히 부드럽고 섬세하지만 관찰은 분명해진다.

이런 식으로 수행자는 다시 새롭게 시작하지 않고서도 호흡을 다시 알아차린다. 나중에 그는 호흡이 왜 사라지는 것처럼 보였는지 깨달을 것이다. 그는 그 이유가 호흡이 너무나 섬세해졌기 때문이며, 혹은 호흡이 너무 빨리 섬세해졌기 때문이며, 혹은 접촉 지점이 올바로 인식되지 않았기 때문이거나, 혹은 고정의 시기에 서둘거나 부주의했기 때문이라는 것을 깨닫게 될 것이다.

이러한 기술을 알고 난 후, 수행자는 호흡이 다시 나타나도록 이끄는 다양한 조건들을 조정하고 계발할 수 있다. 이렇게 하면 호흡은 더욱더 분명해지고 호흡의 위치를 찾지 못했던 문제가 해결된다. 나중에 수행자는 수식, 상수, 접촉, 고정 등의 모든 과정에서 호흡을 식별할 수 있을 것이다. 호흡이 분명하게 보이지 않는 문제는 일반적으로 접촉의 과정 중에 발생한다. 수행자가 접촉의 지점에서 호흡을 느끼지 못하기 때문에 닮은 표상은 나타나지 않을 것이다. 그 지점이 분명하지 않고, 인식되지 않기 때문이다. 그는 위에 말한 방식으로 이 문제를 해결해야 한다.

닮은 표상, 즉 새로운 마음의 영상이 나타날 때, 마음챙김을 그쪽으로 향하게 한다. 마음챙김은 비록 간접적이기는 하나, 여전히 호흡과 연관되어 있다. 호흡에 생동감이 느껴지지 않거나 고정이 확고하지 않으면 표상은 전혀 나타나지 않거나, 나타나더라도 곧 사라진다.

앞서 언급했던 것과 관련하여 한 가지 더 설명할 것은, 닮은 표상은 개인적 특성에 반응하여 접촉점에서 다른 지점으로 이동할 수 있다는 것이다. 그것은 안쪽으로 이동해서 가슴이나 배꼽에서 나타날 수 있다. 또한 그것은 바깥쪽으로 이동해서 수행자의 앞쪽 어딘가에 머물 수도 있다. 고정의 지점은 닮은 표상의 이동에 따라 바뀌져야 하고, 주시는 접촉과 고정에 나타난 표상으로 향해야 한다.

이런 식으로 수행자는 점점 유연하고 세밀하게 집중하는 법을 익히게 되고, 그렇게 하면서 호흡은 점점 더 매끄럽게 되며, 호흡을 의식할 필요도 없게 된다. 그러므로 그는 가능한 한 가장 분명하고 매끄럽게 호흡을 관찰하게 되고, 호흡의 존재에 대한 의심이 사라진다. 이것으로 호흡이 멈추었다고 믿는 잘못을 범해서는 안 된다. 호흡을 탐지하지 못하더라도 호흡은 여전히 있다. 게다가 올바르고 충분한 수련의 결과로 호흡은 그가 의식적으로 통제하지 않아도 계속 부드러워진다.

요약하면, 호흡은 사실 멈추지 않는다. 그리고 수행자가 호흡이 멈추었다고 생각하면 그가 실수한 것이다. 위에 언급된 두 가지 중 한 가지 방법을 사용함으로써 수행자는 극히 섬세해진 호흡을 식별할 수 있다. 이것이 제4단계에서 생길 수 있는 방해요인을 알아차리고 극복하는 방법이다.

2. 열여덟 가지 일반적인 방해요인

수행의 어떤 단계에서나 발생할 수 있는 '일반적인 방해요인' 들도 있다. 그 중 일부는 개인의 기질에 따라 어떤 사람에게는 나타나고 어떤 사람에게는 나타나지 않는다. 수행자 각 개인의 특성별로 겪는 이런 종류의 방해요인들은 다음과 같이 열거될 수 있으며, 수행자는 이를 분명히 이해하고 알아야 한다.

1) 날숨에 마음챙김하는 동안 들숨에 대한 마음 산만

수행자는 호흡의 시작과 중간과 끝을 식별하는 것은 상관하지 않고 날숨을 따라가는 동안 호흡이 다시 돌아올 것인가를 걱정한다. 그는 불안과 두려움을 느끼며 이렇게 생각한다. '들숨이 중단될 것이다. 또는 호흡이 돌아오지 않을 것이다.' 라고. 그는 또 이렇게 생각할지도 모른다. '들숨이 충분하지 않거나, 들숨이 불규칙해질 것이다.' 라고.

이러한 불안은 수행의 초기 단계에서도 집중의 방해요인이 된다. 수행자는 반드시 냉정해야 하고 그러한 불안과 두려움에 굴복해서는 안 된다. 산만한 마음은 초보 수행자에게 자주 일어난다. 미리 그러한 것을 주의 받지 않으면 수행자는 그것에 의해 나쁜 영향을 받게 되고 불

178

필요하게 시간을 낭비할 수 있다.

2) 들숨에 마음챙김하는 동안 날숨에 대한 마음 산만

들숨을 끝까지 따라간 후 마음은 밖으로 뛰쳐나가곤 한다. 수행자는 이렇게 걱정한다. '호흡이 언제 다시 나갈까?' 라고. 그는 초조하게 기다리면서 '호흡이 언제 나가면서 접촉 지점에 닿을까?' 등등을 생각한다. 이것이 '날숨에 대한 마음 산만' 이다. 이것은 첫 번째 장애와 반대되는 상황이다.

이 두 방해요인은 다음과 같이 요약된다. 날숨을 따라가는 동안 마음은 안쪽으로 산만해진다. 즉, 들숨을 걱정한다. 그리고 들숨을 따라가는 동안 마음은 밖으로 산만해진다. 즉, 날숨을 걱정한다. 일반적으로 사람은 외적인 것을 끝마친 후 안쪽을 걱정하고, 안쪽의 것을 끝마친 후 외적인 것을 걱정한다. 이러한 장애들은 타고난 성격과 지나친 열의에서 생겨나는 자연스러운 장애 요소이다. 이런 것들이 생기는 것을 피하려면 수행자는 수행을 시작하기 전에 방해요인을 충분히 연구해서 충분한 통제력을 갖추어야 한다. 더구나 수행자는 나중 일을 너무 걱정해서는 안된다.

3) 날숨에 대한 기대, 만족, 갈망
4) 들숨에 대한 기대, 만족, 갈망

이 두 가지도 역시 집중의 방해요인이 된다. 들숨이나 날숨에 대한 초조한 기대는 호흡이 사라질 것이라는 두려움에서 비롯된다. 수행자는 원하는 결과를 이루지 못할까 봐 두려워한다. 이러한 방해요인들은 특히 자신의 수행에 강하게 집착하는 사람에게 발생하기 쉽다. 지혜롭게 그리고 그들이 받은 실용적인 조언에 따라 수행하는 사람에게는 좀처럼 일어나지 않는다. 이 방해요인들은 날숨 또는 들숨이 수월하게 진행될 때 일어나는 만족감 또는 지나친 열정 때문에 나타난다. 이런 감정은 마음을 산만하게 할 만큼 강력하다. 그것은 호흡을 너무나 거칠게 만들어서 호흡을 차분하게 하기 어렵게 한다. 그것은 마음을 계속 긴장되게 만들기 때문에 방해요인으로 간주한다. 만족감은 애착심을 일으킨다. 수행자는 들숨 또는 날숨에 강하게 집착한다. 그 결과 마음과 호흡은 차분하지 않고 거칠어지게 된다. 그래서 이 3)과 4)의 방해요인들은 1)과 2)의 방해요인들과 마찬가지로 집중의 방해요인이 된다.

5) 날숨의 지배력에 의한 들숨의 망각
6) 들숨의 지배력에 의한 날숨의 망각

이 두 가지 모두가 집중에 방해가 된다. 호흡에 '지배' 된다는 것은 호흡에 지나치게 관심을 둔다는 뜻이다. 날숨이나 들숨 중 어느 하나가 다른 하나보다 이끄는 힘이 강할 때 이런 현상이 일어나며, 호흡 기관이 기능을 잘하지 않을 경우에 그러하다.

가령, 날숨이 들숨보다 더 편안하게 진행되거나, 그 반대일 경우에 이런 현상이 나타난다. 어느 쪽의 경우이든 방해요인이 된다. 이를 달리 표현하자면 다음과 같다. 첫째, 어떤 이유에서 수행자는 들숨과 날숨 중 어느 한쪽에 더 끌려서, 그의 주시가 일방적으로 되는 경우이다. 초보자는 오랫동안 이러한 낯선 현상에 자신의 모든 관심을 돌리는 경우가 많다. 둘째, 마음챙김이 확립된 지점이 들숨 또는 날숨의 매끄러운 통행을 방해해서, 수행자가 들숨과 날숨의 어느 쪽 내내 자신의 마음을 접촉의 한 지점에 고정하지 못하는 경우이다.

7) 표상을 관찰하는 동안 날숨에 의한 주의산만
8) 날숨을 관찰하는 동안 표상에 의한 주의산만

이것들 또한 집중에 해롭다. 여기서 언급된 표상은 접촉 지점에서의 익힌 표상이다. 수행자가 익힌 표상으로 주시를 향했을 때, 그의 마음은 또한 호흡에 관심이 있기 때문에 흔들리거나 주저한다. 이 두 방해요인은 이해력과 예측력의 부족으로 비롯된 무질서한 수행 때문에 발생한다.

수행의 초기 단계에서는 호흡 그 자체가 표상이기 때문에 이러한 문제들은 일어나지 않는다. 나중에 이 두 문제들이 생겨나는 이유는, 수행자가 사실은 두 개의 다른 집중 대상들을 동시에 다루려고 하기 때문이다. 그는 호흡을 두 가지 다른 각도에서, 즉 호흡과 접촉지점의 표상으로 보고 있다. 호흡을 호흡으로 주시해야 하는데도, 수행자는 호흡을 표상으로, 그리고 표상을 호흡으로 혼동하여 주의가 산만해진다. 이것은 아주 서투른 수행이다. 수행자가 호흡 그 자체를 표상으로 간주하면서 주의력을 호흡에만 확고하게 고정한다면 이런 방해요인은 일어나지 않을 것이다. 이것이 호흡 그 자체가 표상인 단계에서 생기는 문제를 다루는 방법이다. 이것은 날숨에 관련된 방해요인이다. 똑같은 종류의 문제가 들숨에 관련해서도 일어난다.

9) 표상을 관찰하는 동안 들숨에 의한 주의 산만

10) 들숨을 관찰하는 동안 표상에 의한 주의 산만

이 두 가지의 의미는 앞의 것들, 7)과 8)에서와 같다. 그러므로 9), 10)과 7), 8)의 두 항목을 함께 고찰할 수 있다. 호흡이 아직 표상으로 사용되는 동안, 그 호흡을 그와 같이 간주하여야 하며, 위에 언급된 방식처럼 두 개의 다른 각도에서 보아서는 안 된다. 그런 후 익힌 표상이 나타날 때에는, 그 지점(접촉지점)을 표상으로 받아들이되, 호흡을 그와 동시에 주시해서는 안 된다. 그는 주시를 오로지 그 지점의 감각으로만 향하도록 해야 한다. 그러다가 닮은 표상이 나타나면 호흡에 대한 집중은 보류시켜야 한다. 마음이 그 닮은 표상으로 확고하게 향해 있는 동안 호흡은 저절로 생동감 있게 지속한다. 그러면 마음은 그 표상에 직접 고정되고, 더는 호흡에 관심을 두지 않는다.

이 모든 과정은 다음의 세 가지로 요약될 수 있다.

① 준비 표상의 시점에는 호흡 자체가 표상이므로, 주시가 호흡과 표상 모두에 기울여지고 있다.

② 익힌 표상의 시점에는 주시가 접촉지점에 기울여진다. 이것은 자동으로 호흡에 대한 주시가 이루어지는 것을 의미한다. 접촉지점에 대한 주시는 호흡에 대한 주시의 결과이다. 이때의 주시는 호흡보다 표상(접촉 지점) 쪽으로 향해진다. 그러나 호흡이 접촉지점을 통과할 때만 접촉이 분명히 나타나므로, 수행자는 사실상 두 가지를 한꺼번에 주시하고 있다.

③ 마지막으로 닮은 표상의 시점에서 주시는 표상에 직접 기울여진다. 호흡은 주시되지 않은 채 방치된다. 즉 호흡은 저절로 매끄럽게 계

속되고, 수행자는 간접적으로라도 호흡에 주의를 기울일 필요가 없다.

이러한 세 단계의 표상이 나타나는 시점마다 각각 적절한 방법을 사용하면 9)와 10)의 방해요인들을 없앨 수 있다.

11) 들숨에 의해 방해받는 날숨에의 주시
12) 날숨에 의해 방해받는 들숨에의 주시

집중에 대한 이 두 가지 장애는 초기 단계에서 발생한다. 여기서 수행자는 들숨과 날숨 두 가지에 철저히 주시를 고정하지 못한다. 그는 이해의 부족과 지나친 열의 때문에 들숨과 날숨을 똑같이 인식하지 못한다.

이 두 가지 방해요인들은 1), 2)의 방해요인들과 유사하다. 차이점은 11), 12)에서는 주의산만이 일반적인 특성이라는 점이다. 즉 호흡을 관찰하는 것에만 관심을 두고, 호흡에 대한 생각이나 걱정을 관찰하는 것에는 관심을 두지 않는다는 것이다. 또한, 주시가 똑같이 고정되지 않기 때문에, 호흡과 관계없는 것에 의해 마음의 동요가 야기될 수 있다는 것이다. 어느 경우에도 수행자는 방해의 원인을 발견하여 제거함으로써 수행에 임하는 자신의 마음을 확고하게 해야 한다.

13) **과거를 회상함에 의한 주의산만**
14) **미래를 예상함에 의한 동요**

과거는 마음을 산만하게 만들고, 미래는 마음을 동요하게 한다. 이들이 어떻게 다른가? 마음의 산만 또는 흥분은 과거의 모든 일들을 회상함에 의해 야기된다. 반면에 마음의 동요는 어떤 특정한 미래의 일을 생각함에 의해 야기된다.

이 두 방해요인을 극복하기 위한 첫 번째 방법은 마음에서 불건전한 상태를 제거하는 것이다. 그러고 나서 두 번째 방법으로 과거를 회상하는 경우에 마음을 접촉지점에 새롭게 확고히 고정하는 것이고, 미래를 생각하는 경우에 마음을 접촉지점으로 다시 돌리는 것이다.

이러한 방해요인들을 이해하려면, 수행자는 '마음을 새롭게 확고히 고정시키는 것' 과 '마음을 다시 돌리는 것' 이 무엇을 의미하는지를 명확히 알아야 한다. 만약 수행자가 아직 진지하게 마음을 확고히 고정하지 못했다면 그는 마음을 가다듬어 새롭고 진지하게 확고히 고정해야 한다. 그가 마음을 확고히 고정하려고 노력했으나 성공하지 못했다면 그는 다시 새롭게 노력해야 한다. 만약 그가 아직 마음을 어디에 확고히 고정할지 선택하지 못한다면 그는 그 지점을 찾도록 반복해서 노력해야 한다. 그리고 그 지점을 주시하여 택했다면 새롭게 마음을 확고히 고정해야 한다. 이것이 바로 '마음을 새롭게 확고히 고정시키는 것' 의 의미다.

마음을 다시 돌리는 것에 관해서는, 만약 주시가 잘못된 대상에 기울여졌을 때는 올바른 대상인 접촉지점으로 향하게 해야 한다. 산만한 마음은 고정된 대상이 없다. 과거를 회상할 때에도 산만한 마음은 어떤 특정한 대상에 고정되는 것에 대해 만족하지 못한다. 반면 동요하는 마음은 어떤 소망하는 미래의 대상에 고정되어 즐거워한다. 수행자가 마음을 어떻게 확고히 고정하고 다시 돌려야 하는지를 잘 안다면 이 두 가지 방해요인들을 제거할 수 있다.

여기서 말하는 것을 이해하는 사람은 누구나 과거의 대상들이 마음에 미치는 영향이 미래의 대상들이 마음에 미치는 영향과 다르다는 심리학적 사실을 인정하게 된다. 이 두 가지 마음의 대상들은 각기 다른 영향을 미친다. 그것의 다른 점은 과거의 대상들은 과거의 인상 또는 인식(saññā, 想)에 의존해서 나타나고, 미래의 대상들은 느낌(vedanā, 受)과 일으킨 생각(vitakka, 尋)에 의존해서 나타난다는 것이다. 그렇다면 분명히 그들의 영향은 다르다. 그러므로 과거의 인상 또는 인식 및 느낌과 일으킨 생각의 성격을 이해하는 것은 마음을 원하는 대로 확고하게 고정하거나 다시 돌리는 데 큰 자산이 된다.

이제 마음을 굳게 확립시키고 다시 돌리기 전에 먼저 해야 할 '마음에서 불건전한 상태를 제거하기'로 돌아가자. 마음에서 마음의 불건전한 상태를 제거하려면 두 가지 방법, 즉 의지력과 지혜로운 이해를 이용할 수 있다. 먼저, 수행자는 과거의 인상, 즉 기억이 다시 나타나는 것을 막기 위해 의지력을 발휘해야 한다. 동시에 그는 자신의 생각을 표상(nimitta) 또는 집중의 대상으로 향하게 해야 한다. 만약 그렇게 하는 데 실패하여 기억이 계속 끈덕지게 떠오르면 수행자는 지혜로운 고찰에 의지해야 한다. 그는 과거에 일어난 일과 그것에 대한 뒤섞인 기억은 실체가 없는 것이며 허상이라는 것을 지혜롭게 고찰해야 한다. 일단 수행자가 이렇게 보는 데 성공하면 그의 마음에서 과거를 회상하는 불건전한 상태를 제거할 수 있다.

미래를 생각하는 문제도 똑같은 원리가 적용될 수 있는데, 단 하나의 차이점은 여기서 고려해야 할 것이 느낌〔受〕과 일으킨 생각〔尋〕이라는 것이다. 여기서 '느낌'은 어떤 기대되는 일에 현혹된 것을 말하고, '일으킨 생각'은 그 일에 대한 생각을 말한다. 수행자는 느낌과 일으킨 생각이 모두 그림자에 불과한 허망한 것임을 지혜롭게 고찰해야 한다. 기억과 마찬가지로 느낌과 미래에 관해 뒤엉킨 생각도 무상하고 고통스러운 것이며 실체가 없는 것이다. 이런 방식으로 느낌과 일으킨 생각을 관찰함에 의해 수행자는 이러한 망상들을 제거할 수 있고, 따라서 마음에서 미래에 대한 기대를 떠올리는 불건전한 상태를 제거할 수 있다.

이처럼 수행자는 자신의 마음에서 주의산만과 동요를 없애고, 마음을 현재의 집중 대상에 다시 기울여 굳게 확립시킬 수 있다. 이 두 가지 방해요인들은 언제라도 일어날 수 있으며, 특히 준비 표상과 연관된 수식(數息)과 상수(相隨)의 단계에서 가장 잘 일어난다. 그것들은 또한 익힌 표상과 연관된 접촉의 단계에서도 일어날 수 있다. 그러나 준비 표상의 단계에서 방해 요인을 제거하면 그것들은 일어나지 않는다.

수행자는 이 책의 들머리에서 설명되었던 모든 준비과정들과 여러 방해요인이 이 두 가지 방해요인들과 관련이 있음을 알아야 한다. 여기서 이러한 명상주제들과 관련한 보조적 이론의 중요성을 깨달아야 한다. 그것들은 이러한 방해요인들이 일어날 기회를 대부분 차단시켜주므로 주 명상주제와 함께 수행을 성공으로 이끈다.

15) 느슨함으로 인한 태만

16) 지나친 긴장으로 말미암은 흥분

이 두 가지 방해요인들은 언제든지 나타날 수 있다. 그러나 다른 쌍의 방해요인들과는 달리 동시에 나타나지는 않는다. 마음의 느슨함이란 마음에 열의가 없거나 마음이 처진 상태를 뜻한다. 마음의 느슨함은 잘못된 수행, 좋지 못한 건강, 볼품 없는 육체 등을 가져오고 자신감, 활기, 마음챙김, 집중, 통찰력 등의 정신기능을 허약하게 만든다. 또한 마음의 느슨함은 둔함, 졸음, 탈진감, 지루함 그리고 우울함 등의 정신 상태를 초래하고, 수행에 흥미를 잃게 한다. 이처럼 마음의 느슨함은 많은 특성을 포함한다.

이러한 방해요인들을 제거하려면 수행자는 '마음을 발심시키고 마음에서 게으름을 없애야' 한다. 마음을 고양하는 방법에 수행자는 최대한 주의를 기울이고 이해하여 이를 실행해야 한다.

수행자는 먼저 외적인, 즉 육체적인 방해물을 제거하고, 그리고 나서 마음을 자극하도록 내적으로 주의를 돌려야 한다. 예를 들면, 몸이 건강하지 않거나 음식물이 적합하지 않거나 또는 어떤 다른 유익한 것들이 결여되어 있다면 수행자는 마음 자체에 주의를 기울이기 전에 먼저 필요한 치료 등을 해야 한다.

마음을 일깨우도록 수행자는 마음챙김을 계발하려는 의지 또는 열의(chanda)를 지혜롭게 자극하여 강화시켜야 한다. 이렇게 하는 데에는 많은 방법이 있으므로, 수행자는 자신에게 적합한 것을 선택해야 한다.

수행자가 스스로 선택할 수 없다면 그를 도와 줄 수 있는 도반이나 스승에게 가야 한다. 수행자는 어떤 외적인 대상을 생각의 중심으로 만들어서 의지나 열의를 자극할 수 있다. 수행자는 자신이 신뢰하는 어떤 사람, 가령 부처님을 생각하거나, 그분의 특성들을 회상할 수 있다. 부처님의 특성들을 회상하는 것은 확신과 깊은 존경심을 일어나게 하고, 따라서 수행에 더욱 정진할 수 있는 열의와 의지를 수행자의 마음속에 불러일으킨다.

또는 수행자는 그의 우상이자 인내의 화신인 어떤 존경하는 사람을 생각해야 한다. 수행자는 이렇게 생각해야 한다. '그도 인간이고 나도 인간이다. 그가 할 수 있다면 나도 할 수 있다.' 수행자는 또한 자신의 성격에 대해 숙고하고 이렇게 생각해야 한다. '나는 아직도 고통에 종속되어 있고, 아직도 윤회의 굴레 속에 있다. 내가 지금 수행하고 있는 방식은 고통의 상태를 종식시키는 유일한 길이다. 이외의 다른 길은 없다.' 라고. 수행자가 이러한 것을 더 깊이 생각할수록 더욱더 담마 수행의 중요성을 깨닫게 된다.

이런 방식으로 주관적으로나 그리고 객관적으로 숙고함으로써 수행자는 마음을 고양시킬 수 있다. 그리고 고양된 마음과 함께 마음의 기능들은 점차 강화되고, 느슨함과 아둔함은 깨진다. 수행자가 더욱더 숙련될수록 그는 마음을 고양하는 더 많은 방법과 수단들을 발견할 수 있다. 마음의 기능[五根]들이 강화될 때, 수행자에게는 네 가지 성취수단[4여의족, iddhipāda]인 열의[欲], 정진[力], 마음의 정화[心定], 지혜[慧] 등이 생겨나고 계발된다. 이처럼 결단심을 다시 한번 각인시킴으로써 수행을 성공적으로 이룰 수 있다.

어떤 사람은 재산이나 이름이나 명성 등을 생각함으로써 수행하려는 마음을 자극하려 노력할지도 모른다. 그러나 그것은 의지나 열의를 생기게 하기에는 너무나 저속한 목표이다. 그것은 자신의 부모님, 자신에게 큰 기대를 거는 사람, 부처님, 가르침의 수승함 등을 생각하는 수행에서 발견되는 영감과는 비교될 수 없다. 물론 모든 것 중에서 마음을 가장 고무시키는 것은 자기 자신의 진정한 자유에 대해 생각하는 것이다. 요약하면, 마음이 느슨하고 나태하면 위에 기술된 방식으로 마음을 고양해서 일깨우는 것이다.

또한, 흥분을 일으키게 되는 지나친 긴장도 방해요인이다. 느슨함과 흥분은 정반대되는 마음의 상태이므로 그것들을 제거하는 방식은 명확히 구별된다. 흥분을 극복하려면 수행자는 '마음을 제어해서 흥분으로부터 벗어나야' 한다. 지나치게 긴장한다는 것은 과도하게 힘을 쓴다는 뜻이다. 항상 수행자는 극단을 피하고 중도를 지켜야 한다. 힘을 내는 것은 좋은 것이나 절제가 있어야 한다. 수행자는 허영심으로 고취되어서는 안 되고, 일반 속인이 하듯이 과욕을 가지고 수행해서는 안 된다. 사람이 지나치게 힘을 쓰면 갈망, 허영심, 아집, 무지 등이 생겨난다.

수행자는 성공적인 수행을 이루려면 정확히 얼마만큼의 노력이 필요한지를 알아야 한다. 과도한 육체적·정신적 힘을 사용하는 습관은 동요를 일으킨다. 예를 들면, 수행자세를 너무 오랫동안 좌정하도록 스스로 옥죄는 것은 몸의 통증을 유발하고, 그 때문에 마음이 동요하게 된다. 만약 통찰지혜를 계발하는 동안 수행자가 지나치게 무리한 열성과 또는 지나치게 적은 주의력으로 수행에 임한다면 수행자의 마음은 쉽게 흔들린다. 그런 이유로 몸이나 마음이 편하지 않고 정상적인 상태가 아니라면 수행자는 자신의 마음을 제어하기가 어렵다. 그러한 상태에서는 숙면을 취할 수도 없다. 왜냐하면, 몸은 자고 있더라도 마음은 적극적으로 꿈을 꾸고 있기 때문이다.

수행자는 마음을 직접 수호하고 마음을 동요시키는 원인을 점검하여 자신의 마음을 제어할 수 있어야 한다. 수행자를 동요하게 하는 외적 요인과 내적 요인, 즉 육체적·정신적인 원인을 점차 제거함으로써 수행자는 동요 그 자체를 제거할 수 있다. 어떤 경우에는 육체와 정신 모두에게 한동안의 휴식을 주어야 한다. 이때는 몸과 마음이 쉴 수 있도록 수행은 일시적으로 멈춰져야 한다. 즉 수행자는 오묘한 선정의 단계에서 명상주제를 수행하는 일을 일시적으로 멈추고, 거칠고 낮은 선정의 단계로 내려와야 한다. 이러한 것은 필요한 만큼의 원기를 보존하려는 방법들의 일례다. 농부가 소에게 풀을 먹일 때 소의 뿔을 잡고 강압적인 방법으로 해서 소에게 풀을 먹일 수 없듯이, 또는 농부가 낫을 쓸 때 너무 무리한 힘을 주어 그 낫이 부러져버리는 낭패가 있어서는 안 되듯이, 수행자가 마음을 제어할 때도 마음에 무리하게 강압적인 힘을 써서는 안 된다. 동요된 마음이 진정되도록 수행자는 지혜를 발휘해야 한다.

이들 두 방해요인은 앞의 것들보다 다루기 더 어렵다. 이 두 방해요인은 매우 다발적으로 생겨나며, 그것들을 일으키는 세부조건과 원인들은 복잡하게 얽혀 있기 때문이다. 수행자는 이를 잘 제어해야 한다.

이제 마지막 두 방해요인을 살펴보자.

17) 지나친 감수성에 의한 탐욕(rāga)

18) 감수성의 부족이나 둔감에 의한 악의(vyāpāda)

17)은 마음이 여러 느낌에 대해 지나치게 예민하거나 활발할 때 일어난다. 이 장애는 수행자가 감수성의 한계를 잘못 확장시켰다는 점에서 지나치게 민감한 것이다. 여기에는 망상도 포함된다. 사실, 이런 예민한 마음상태는 어떤 점에서는 주의 깊고 지각력 있는 것이다. 그러나 이는 수행자의 감수성이 통제 불능상태이므로 선정에 방해가 된다.

다른 상황에서는 유용했을 감수성이 선정의 계발에 장벽이 될 수 있다. 예술가의 상상력과 감수성은 훌륭한 예술작품을 창조할 때 매우

190

유용하지만, 선정의 수행에서는 완전히 파괴적인 것이 될 수 있다. 수행자에게 있어 마음의 지나친 감수성은 수행에서 장애의 큰 원인이 된다. 모든 사람은 당연히 매력적인 것을 좋아하므로 집중된 상태에서 평소보다 더 각성하고 예민해졌을 때, 이러한 본능적인 애호가 감각적인 욕망(kāma-chanda)과 유사한 감정으로 변질하는 경우는 매우 흔하다. 마음에서 이러한 방해요인을 제거하려면 수행자는 '마음을 분명히 알아차림(sampajāno)' 하여 이러한 감정에서 벗어나야 한다.

이러한 방법을 명확히 알도록 사용된 용어들의 문자적 의미들을 고찰하여야 한다. 여기서 '장애' 는 마음이 지나치게 예민한(abhiññāta) 상태이다. 아비냐따(abhiññāta)의 문자적 의미는 '많이 앎' 을 뜻하고, 여기서는 지나치게 많이 앎을 뜻한다. 이것을 극복하는 방법이 '삼빠쟈노(sampajāno)', 즉 분명히 알아차림 하는 것이다. 삼빠쟈노(sampajāno)의 문자적 의미는 '완전히 모두 앎' 을 뜻한다. 두 단어의 의미를 비교해보면 이 두 상태가 온전히 반대되는 것임을 알 수 있다. 먼저 '아비냐따(abhiññāta)' 는, 수행자가 생각에 몰두하긴 하는데 그의 생각과 환상이 통제 불능으로 치닫는 상태이다. 그 다음 '삼빠쟈노(sampajāno)' 는, 수행자가 완전히 주의하여 알아차림하고 마음챙김하는 상태를 말한다. 확실하고 완전한 알아차림과 마음챙김은 지나친 감수성을 제거하고 격정의 발생을 막는 데 도움이 된다.

수행자는 이러한 분명한 알아차림과 마음챙김을 두 가지 방식으로 적용해야 한다. 첫째, 수행자는 쾌감을 일으키는 외적인 형상(모양), 소리, 냄새, 맛 그리고 촉감들을 붙잡지 않도록 주의해야 한다. 둘째, 수행자는 마음이 내적인, 즉 정신적인 대상이나 과거의 경험들을 붙잡게 내버려 두어서는 안 된다. 상상력과 감각 대상들을 지적으로 해석하려는 마음의 움직임을 잘 통제해야 한다.

예를 들어, 특정한 형태와 모양을 대상으로 인식하게 되면 수행자는 이를 경계해야 하며, 감각적인 욕망을 일으키는 어떤 영상을 습관처럼 떠올리지 않도록 해야 한다. 이와 같은 고유한 마음의 작용, 마음의 경향에 대한 통제는 분명한 알아차림과 높은 수준의 마음챙김으로써 가능하다. 간단히 말하면, 격정으로 이끄는 지나친 감수성은 마음챙김과 알아차림으로 예방하고 치료해야 한다.

여기서 혐오스러운 대상에 대한 명상(asubha- kammaṭṭhāna, 不淨觀)은 권장되지 않음에 주의해야 한다. 그러한 수행은 이 상황에서는 적합하지 않으며, 제3장에서 기술된 상황과는 실제로 다르다. 여기에서의 장애는 신기한 방식으로 영상을 떠올리려는 마음의 특유한 경향성에 기인하는 지나친 감수성이다. 이러한 경향성은 마음챙김과 알아차림으로 억제해야만 한다. 여기서 혐오스러운 대상에 대한 명상인 부정관 등은 그릇된 결과를 가져올 수 있다. 오랫동안 부정관을 명상해도 위와 같은 특정한 장애요인을 깰 수 없기 때문이다.

이 한 쌍 중 두 번째 방해요인인 18)은 17)의 정반대이다. ‘둔감함’과 ‘감수성의 부족’은 밝은 지혜가 없는 상태, 그리고 기쁘고 고요한 느낌이 없는 상태를 암시한다. 이것은 빠알리어로 ‘아빤냐땀(apaññātam)’이라고 하는데, 그 뜻은 ‘밝지 않음’, ‘총명하지 않음’, ‘둔함’ 등을 뜻한다. 마음은 명확한 이해의 부족함으로 인해서 결국 악의에 의해 굴복당한다. 여기서 악의(vyāpāda)란 증오를 포함한 모든 불만족을 말한다. 그것은 특히 빠띠가(paṭigha), 즉 다른 사람들에 대한 분함과 불쾌함, 성가심과 그리고 짜증스러움, 좋지 않은 기분을 의미한다. 이러한 악의는 탐욕에 대한 대처법과 같은 방법으로 극복해야 하는데, 여기서 자비수행(mettā-bhāvanā)은 권장되지 않는다. 그 대신 마음챙김과 분명한 알아차림이 17)의 경우처럼 계발되어야 한다. 수행자가 마음챙김하여 분명한 알아차림을 할 때, 둔감함과 흐리멍덩함은 생겨나지 않는다.

이처럼 이 두 개의 방해요인들은 끊임없는 마음챙김과 알아차림을 계발함으로써 극복해야 한다.

이상과 같이 아홉 쌍으로 나누어 살펴 본 열여덟 가지 방해요인들은 빠알리어로 우빠끼레사(upakkilesa, 오염)라고 불린다. 이 방해요인들은 선정의 수행에 위험한 것들이므로 '위험한 것' 이라고도 알려져 있다. 그러한 것들 중 어느 하나가 일어나면 수행자의 몸과 마음은 산란하게 흔들린다. 방해요인들이 없을 때 수행자는 선정을 쉽게 계발할 수 있다. '작은 방해요인' 들로 알려진 그 밖의 것들은 비교적 중요하지 않다. 즉 이러한 '큰 방해요인' 들이 일단 부서지면 작은 방해요인들은 쉽게 극복될 수 있다.

3. 정화된 마음의 네 가지 등급

열여덟 가지의 방해요인들이 없는 마음은 완전히 정화되어진 청정한 마음, 또는 통일성(統一性, 唯一性, ekatta)을 이룬 마음이라고 말할 수 있다. 청정한 마음, 즉 통일성(統一性)을 이룬 마음에는 다음의 네 가지 등급이 있다.

(1) 보시에 기인하는 통일성
 - 보시하는 것을 기뻐하는 사람들에게 해당됨.
(2) 선정의 표상이 명확히 나타난 것에 기인하는 통일성
 - 사마타 명상을 수행하는 사람들에게 해당됨.
(3) 무상·고·무아에 대한 분명한 이해에서 기인하는 통일성
 - 통찰지혜 명상을 계발하는 사람들에게 해당됨.
(4) 고통 소멸의 실현에서 기인하는 통일성
 - 성자들에게 해당됨.

통일성의 이러한 네 가지 등급 중에서 여기서는 두 번째의 것, 즉 표상이 견고하고 명확하게 나타나는 것에 기인하는 통일성에 관심을 둬야 한다. 이 통일성은 세 가지 모양이 있다. 이 세 가지 모양이 초선정

(paṭhamana-jhāna)의 특징들이다. 이러한 특징들이 나타난다는 것은 첫 단계에서 선정의 계발이 완전함을 말해준다. 이 세 가지 모양이란 다음과 같다.

①마음이 밝게 빛남 : 이것은 수행의 모든 점이 완벽한 데서 기인한다. 마음이 열여덟 가지 방해요인들을 위에 기술된 방식으로 모두 극복했을 때, 수행은 점진적으로 완벽함을 성취하고 마음은 밝아진다.

②마음의 성숙 : 이것은 평정심에 기인한다. 여기서 마음은 장애 요인들의 방해를 받지 않으므로 휴식을 얻게 되고 냉철해진다. 이러한 평정심의 상태는 초선정의 한 요소로 마음의 성숙을 가져온다.

③기쁨 : 이것은 지혜(ñāṇa)에 기인한다. 여기서 마음은 밝음과 성숙을 갖추고 기쁜 상태에 들어간다. 이 기쁨은 장애들이 제거되었음과 선정의 요소들을 알았을 때 일어난다. 초연함에서 나오는 환희와 행복감을 경험할 때 마음은 기뻐진다.

이 세 가지는 초선정의 특징들이다. 이처럼 초선정은 시작할 때도 밝은 빛이 나고, 진행될 때도 밝은 빛이 나고, 완료될 때도 밝은 빛이 난다. 초선정은 수행의 완벽함 때문에 마음이 밝아지므로 시작할 때 밝은 빛이 난다. 또한, 평정심을 통해서 마음이 성숙함을 이루므로 초선정이 진행될 때도 밝은 빛이 난다. 그리고 방해요인들이 제거되었음을 앎에 의해 마음이 기뻐지므로 초선정이 완료될 때도 밝은 빛이 난다. 이 세 가지를 이해하려면, 초선정의 5대 장애(탐욕, 의심, 걱정, 들뜸, 무기력)들과 5대 요소(다음 7장에서 다룸)들을 필수적으로 알아두어야 한다. 이것을 알면, 마음이 어떻게 익힌 표상과 닮은 표상의 단계들을 넘어서 초선정에서 완전한 집중상태(appanā-samādhi, 本三昧)를 성취하는가를 분명히 이해하게 될 것이다.

7
Ānapānasati

5장애와 선정의 요소들

1. 5장애

'장애' 를 뜻하는 빠알리어 용어는 니바라나(Nīvaraṇa)이다. 이것은 마음의 조화로운 상태, 즉 청정한 마음상태(統一性)를 파괴하는 것이라는 뜻이다. 장애의 각 요소는 청정한 마음(統一性)의 특정한 하나의 요소를 파괴한다. 이러한 각각의 장애들을 그와 반대되는 청정한 마음상태(統一性)의 각 특성과 짝을 지어 대비시키면서 살펴보자.

1) 감각적 욕망(kāma-chanda)

욕망의 포기, 즉 출리(出離, nekkhamma)와 정반대되는 장애요소이다. 감각적 욕망은 즐거운 것에 대한 만족감, 몰두, 기뻐함을 뜻한다. 그것은 마음을 들뜨게 하여 미혹하고 또 마음의 밝은 상태를 오염시킨다. 감각적 욕망은 붉은 염료와도 같아서, 맑은 물에 염료가 섞이면 그 물을 더 이상 맑지 않게 만들고 물 밑에 있는 것들이 보이지 않게 만드는 특성이 있다. 이와 반대되는 요소인 놓아버림인, 출리(出離)는 감각적인 욕망에 의해 미혹되거나 어지럽혀지거나 흐려지지 않은 청정한 마음상태(統一性)의 첫 번째 요소이다.

2) 악의(惡意, vyāpāda)

이것은 선의(善意, avyāpāda)와 정반대되는 장애요소이다. 악의가 있는 마음은 분노(dosa)에 의해 오염되는데, 분노는 반감, 불만족, 성냄 또는 그와 유사한, 바람직하지 못하고 해로운 모습으로 나타난다. 악의에 찬 상태에서 마음은 부글부글 끓어오르기 때문에 그 상태는 청명하지 않다. 이것은 마치 끓는 물이 더 이상 청명하지 않아서 물 밑바닥에 있는 것이 보이지 않는 것과 같다. 반면, 선의는 어떤 식으로도 동요되지 않는 차분하고 평화로우며 불쾌한 특성이 없는 마음을 의미한다. 선의는 청정한 마음상태(統一性)의 두 번째 요소이다.

3) 무기력 — 혼침(thīna-middha)

이것은 빛의 인식(āloka-saññā)과 정반대되는 장애요소이다. '무기력-혼침'이란 여기서 둔감함, 무감각, 졸림, 지루함 등을 의미한다. 무기력과 혼침으로 인해 장애에 빠진 마음은 밝음을 잃어버린다. 그것은 마치 원래는 맑던 물이 조류와 해초에 의해 맑음을 상실하는 것과 같다. 이처럼 무기력과 혼침은 장애이며, 마음을 해치고 쓸 수 없게 만든다.

반면에, 빛의 인식은 햇빛과 같이 변함없이 이어지는 밝은 빛을 일으키는 수행의 한 형태이다. 빛과 이 빛이 나타나는 시간은 그 특성과 수련에 의해 조건지어진다. 빛의 인식을 계발하면, 즉 마치 햇빛을 인식하듯이 마음을 밝게 만들면 수행자는 졸림과 둔감함과 늘어짐을 극복할 수 있다. 빛의 인식은 잠을 잘 때는 깊이 잠들 수 있게 하고, 깨어 있을 때는 완전히 깨어 있게 한다. 이와 같이 빛의 인식은 청정한 마음상태의 세 번째 요소로 무기력과 혼침의 해독제로 마음을 깨우는 가장 좋은 방법이다.

4) 들뜸 — 불안(uddhacca-kukkucca)

이것은 확고부동함(avikkhepa)과 정반대되는 장애요소이다. 문자적 의미를 고려하면, 웃다짜(uddhacca)와 쿡꾸짜(kukkucca)의 차이점을 이해할 수 있다. '웃다짜(uddhacca)'는 파열, 퍼짐, 흩어짐 등을 의미한다. 그것은 지나친 애착과 호감, 흥미 탓으로 사념이 확산하거나 흩어지는 것이다. '쿡꾸짜(kukkucca)'는 어떤 일을 어디서 어떻게 해야 할지 모르거나, 알아도 만족하지 못하고 즐겁지 않아서 생겨나는 불안과 걱정이다. 이것은 자신의 기질 또는 모든 것을 망쳐버리는 과도하고 지나친 노력으로 말미암아 마음이 외적인 것에 의해 흔들릴 때 생겨난다. 이러한 두 가지 장애요소에 의해 압도당한 마음은 청정을 빼앗긴다. 맑은 물에 바람이 세차게 불어올 때 물결이 일고 더 이상 맑지 않게 되어 물밑의 것이 보이지 않게 되듯이, 마음은 이러한 장애에 의해 휘저어지고 흔들린다.

반면, '아윅케빠(avikkhepa)'는 '흔들림이 없음', 즉 어떤 식으로도 흔들림이 없음을 의미한다. 마음에 적용될 때, 그것은 마음이 그 자체로 확고하고 굳건하여 장애에 흔들리지 않고 견디어 낼 수 있음을 의미한다. 그때 마음은 '본래의' 상태에 있는 것이다. 그러므로 이 요소는 청정한 마음상태(統一性)의 또 하나의 요소로 간주한다. 이 덕목은 가변적이고 흔들리기 쉬운 마음의 성격 안에 있기 때문에 성실하게 수행해야만 계발될 수 있다.

5) 회의적 의심(vicikicchā)

이것은 법에 대한 분명한 확신(dhamma-vavatthāna)과 정반대되는 장애요소이다. ‘위찌끼짜(vicikicchā)’는 회의(懷疑) 또는 의심, 즉 수행 방법에 대한 확신의 결여를 뜻한다. 이러한 장애가 있는 수행자는 불법승에 대한 확신이 없고, 부처님의 법과 부처님이 규정하신 수행방법에 대한 확신이 없는 것이다. 그는 그러한 것들을 건성으로 믿는다. 중요한 것은 의심의 측면이 수행자 자신의 수행과 밀접하게 관련되어 있다는 점이다. 이러한 의심에 압도되어, 그의 마음은 청정함을 잃고 모든 것들을 있는 그대로 분명하게 보지 못한다. 그것은 마치 맑은 물이 어둠 속에 놓여 있어서 물밑의 것들이 보이지 않는 것과 같다.

반면, 법에 대한 분명한 확신(dhamma-vavatthāna)은 어떠한 것이든 정확하고 명확하게 알아서, 그것에 대해 한 치의 의심도 없음을 뜻한다. 모든 사람은 자신의 삶과 자신의 일에서 어떤 확신을 가져야 한다. 그리고 정신적이든 육체적이든 그 어떤 일을 함에 있어서, 모든 사람은 무엇이 좋은 것이고 무엇이 나쁜 것인지, 무엇이 유익하고 무엇이 해로운 것인지, 무엇이 행복이고 무엇이 고통인지, 무엇이 몰락으로 가는 길이고 무엇이 성공, 즉 최상의 과(果)를 이루고 궁극적으로 닙바나(涅槃)를 이루는 길인지 등을 알아야 한다. 법에 대한 분명한 확신(dhamma-vatthāna)은 올바로 듣고, 읽고, 숙고하고, 탐구하고, 논의하고, 기억하는 등의 공부에 의하여 이룰 수 있다. 그러한 공부 덕분에 마침내 바른 지혜를 얻고, 항상 여여 부동하게 되는 것이다.

우리는 무엇을 해야 하고, 그것을 어떻게 해야 할지에 대해 의심과 망설임이 없어야 한다. 의심은 마음을 크게 훼방하고 괴롭힌다. 법에 대한 분명한 확신(dhamma-vatthāna)은 회의적 의심의 정반대이고, 따라서 청정한 마음 상태〔統一性〕의 또 하나의 요소이다.

경의 원전에서는 위와 같이 다섯 가지 장애들만 언급하였다. 그러나 이를테면 『무애해도(Patisambhidā-Magga)』와 같은 후대의 경전에서는 또 다른 세 가지의 장애들이 열거되어 있다. 이 세 가지 추가적인 장애들은 나머지 세 가지 청정한 마음의 상태〔統一性〕들과 정반대되는 것들이다.

1) 무명(無明) 또는 무지(avijjā 또는 aññāṇa)

: 이는, 지혜(ñāṇa)와 반대되는 것이다.

2) 혐오(arati)

: 이것은 기쁨(pāmujja)과 반대되는 것이다.

3) 모든 불선법(sabbe akusalā dhammā)

: 이것은 모든 유익하고 선(善)한 상태(sabbe kusalā dhammā)와 반대되는 것이다.

무지가 의심과 혐오와 악의에 포함되는 것은 분명하다. 구체적인 이름들을 밝히지 않은 '모든 불선법(不善法)'은 앞의 5장애 중 어떤 한 가지에 포함된다.

이처럼 장애들은 사실 숫자로 헤아릴 수 없을 만큼 많다. 어떠한 정신적 불순함도 장애로 간주할 수 있다. '5장애(pañca-Nīvaraṇa)'라는 용어는 부처님께서 직접 사용하신 단어이다. 이것이 지금은 너무나 익숙한 단어가 되어서, 사람들은 앞서 설명한 다섯 가지의 전통적인 장애들 이외의 장애들에 대해서는 잘 모르고 있다.

장애(Nīvaraṇa)라는 단어는 일반적으로 '덮개와 같은 장애'를 뜻한다. 니바라나(Nīvaraṇa), 즉 장애는 선한 품성과 열반으로 가는 길을 방해물로 덮고 막는다. 선정에 관한 논서에 따르면, 니바라나(Nīvaraṇa)는 중생과 중생의 마음을 덮어서 진리, 즉 담마를 알지 못하게 막는 것이라고 한다. 다시 말하면 니바라나는 중생이 고통에서 벗어나도록 이끄는 길을 덮어 가리는 것이다. 덮는다는 것은 청정한 상태〔統一性〕를 덮는다는 것이다. 다음의 예에서 우리는 이 점을 명확하게 알 수 있다.

출리(nekkamma), 즉 감각적 욕망의 포기는 성자의 길이다. 성자, 즉 고귀한 사람은 위대한 포기인 출리에 의해 고통에서 벗어난다. 역으로 감각적 욕망(kāma-chanda)은 출리를 덮어버리고 방해하고 억누르며, 출리를 희생시켜 자라난다. 그러므로 감각적 욕망은 장애로 간주한다. 그것은 고통에서 벗어나게 하는 진리를 덮어 흐리게 한다. 세속의 사람들은 그들의 마음이 감각적 욕망에 의해 가려지고 덮여있기 때문에 출리가 고통에서 벗어나는 성자의 길임을 모른다.

여기서 두 가지 경우를 구별해야 한다. 첫째, 마음이 장애에 덮여 있으면 청정한 본성의 요소들이 드러나지 않는다. 둘째, 마음이 장애에 덮여 있으면 청정한 본성의 요소들을 깨달을 수 없다. 두 가지 중 어느 경우에도 동일한 결과에 이른다. 즉 마음은 장애에 의해 계속 가려진다. 장애 즉, 니바라나(Nīvaraṇa)는 마음을 덮어서 마음을 산만하고 침울하게 하여 불편하게 하며 수행자를 평화롭지 않고 행복하지 않게 만든다.

선정 수행의 당면 목표는 마음에서 장애를 걷어 내는 것이다. 마음에 장애가 없는 상태와 마음이 선정에 들어간 상태는 하나이며 같은 것이다. 마음이 장애에서 벗어났을 때마다 자연스러운 선정이 저절로 이루어진다. 그러나 우리가 여기서 고찰하는 선정은 적극적인 수행에 의해 장애가 부수어진 선정이다.

자연스런 선정이 이루어져 마음에서 장애가 사라지는 경우는 저절로 일어나는 것이다. 이것은 '따당가위뭇띠(tadaṅga-vimutti)'인 '장애의 반대 요소에 의한 해탈', 즉 장애들을 중화시켜 없애주는 유익한 요소들이 마음에서 일어남과 동시에 저절로 장애들이 사라지기 때문에 나타나는 해탈한 마음 상태이다. 이와 달리, 적극적 수행에 의해 계발된 마음의 힘으로 장애가 사라지는 선정이 있다. 이러한 선정 수행의 결과로 나타나는 해탈의 상태는 '위깜반나위뭇띠(vikkhambhana-vimutti)'로, '장애를 일시적으로 억누른 해탈'이라고 불린다.

그러나 마음이 선정에서 나오면 곧바로 장애가 다시 일어나는데, 이는 그 뿌리가 아직 완전히 뽑히지 않았기 때문이다. 장애의 뿌리를 완전히 뽑아내려면 더욱 높은 수준의 수행, 즉 통찰 수행(vipassanā)이 필요하다. 마음이 장애에 의해 두 번 다시 흔들리지 않는 해탈의 상태는 '사뭇쩨다위뭇띠(samuccheda-vimutti)', 즉 '장애를 근절한 해탈'로 불린다. 이는 모든 장애들을 분쇄한 완전한 해탈을 뜻한다.

그래서 해탈이 자연스런 선정으로 저절로 일어난 우연에 의한 것인지, 적극적 선정수행으로 나타난 사마타(samatha, 止) 수행에 의한 것인지, 아니면 지혜 수행인 위빠싸나(vipassanā, 觀) 수행에 의한 것인지에 따라 해탈의 상태도 세 가지가 있다. 첫 번째와 두 번째 해탈의 상태는 일시적임에 반해, 세 번째 해탈의 상태는 영원하다.

수행자는 장애에 대한 문제들을 이론적으로 연구하고 기억만 해서는 안 된다. 수행자는 그 장애들이 무엇인지를 분명하게 보고 알아야 하며, 지금 마음에 장애가 있는지 없는지도 알아차림 해야 한다. 또한, 장애가 어떤 방식으로 자신을 방해하는지를 알아차림 해야 한다. 이것은 수행자로 하여금 장애가 얼마나 위험한 것인지를 깨닫게 해줄 뿐만 아니라, 장애를 없애고자 하는 수행자의 시도를 더욱 단호하고 흔들림 없도록 만들어 준다. 설령 수행자가 장애를 완전히 제거하지 못했더라도 수행자는 지금 여기서 행복하게 살 수 있다. 왜냐하면, 그는 장애를 어떻게 대처해야 할지 알기 때문이며, 결국에 가서는 장애를 완전히 근절할 수 있기 때문이다. 장애로부터의 자유는 분명히 그 자체가 행복이다.

이것이 첫 번째 단계로, 향후 더욱 향상되는 수행의 기초가 되며, 그것은 마침내 장애의 뿌리를 완전히 뽑아낼 것이다. 장애는 완전히 제거되며, 이것은 고통의 영원한 종식을 의미한다.

2. 선정의 요소들

우리가 이 시점에서 관심을 두는 수행의 과정은 집중, 즉 사마타 선정에 해당된다. 통찰수행인 위빠싸나(vipassnā)의 수행은 그 다음에 다룰 것이다. 장애의 극복을 위해 지금 우리가 해야 할 일은 사마타(samatha) 명상을 수행하여 장애를 제어하고, 장애에 반대되는 요소들을 계발함으로써 장애를 제거하는 것이다.

이러한 선정 상태를 성취하기 위한 주요한 수행법은 '호흡을 통한 마음챙김'이다. 이것은 모든 유익한 요소들이 일어날 때까지 '마음을 호흡에 꽉 붙들어 매 놓는 것'이다. 각각의 유익한 요소들이 독특하게 드러나서 각각의 장애들과 정면으로 마주할 때, 마음챙김이 지속되는 동안 장애는 마음을 지배할 기회를 다시 얻지 못한다. 마음이 호흡이나 다른 명상주제에 고정되었을 때, 장애는 없어지고 유익한 요소들만 남는다.

명상수행자는 이러한 청정한 상태〔統一性〕의 요소들을 어떻게 계발해야 하는지를 분명하게 이해해야 한다. 예를 들면 '보내 버림'인 출리(出離)는 수행하려고 은거에 들어가는 바로 그 순간부터 생겨나고, 그때부터 계속 증가한다고 말할 수 있다. 출리는 수식(數息) 또는 호흡 자체에 집중하는 단계에서부터 계발되고 확립되기 시작하며, 닮은 표상의 단계에 이르러서는 완전히 계발된다. 선의(善意) 등의 다른 특정한 유익한 요소들도 같은 방식으로 계발된다.

이러한 모든 것은 각각의 선정 요소(jhānaṅga)와 그것에 일치하는 청정한 본성의 요소를 주제로 고찰해보면 이해하기 쉬워진다. 그러므로 이제 '선정의 요소'들을 살펴보기로 하자.

빠알리어인 쟈낭가(jhānaṅga)는 '선정의 구성요소'를 의미한다. 어떤 요소도 그 자체만으로 선정을 구성하지는 않는다. 즉 선정(jhāna)을 이루려면 몇 가지 요소들이 있어야 한다. 초선정은 다섯 개의 요소들로, 이선정은 세 개의 요소들로, 삼선정과 사선정은 두 개의 요소들로 이루어진다. 초선정의 다섯 요소는 위따까(vitakka, 尋, 일으킨 생각), 위짜라(vicāra, 伺, 지속적인 고찰), 삐띠(pīti, 喜, 기쁨, 희열), 수카(sukha, 樂, 행복), 에까가따(ekaggatā, 心一境性, 하나의 대상에 집중된 상태) 등이다. 이것들은 다음과 같이 설명될 수 있다.

1) 위따까(vitakka)

일반적으로 생각 또는 사유라는 뜻을 가지고 있다. 그러나 수행의 전문용어로 쓰이는 위따까는 어떤 문제에 대해 사유하는 생각을 말하는 것이 아니라, 하나의 대상에 대한 '마음의 밀착된 주시'를 뜻한다. 위따까라는 요소는 수식(數息)과 상수(相隨) 단계에서는 잘 계발되지 않고, 접촉과 고정의 단계에서 완전히 계발된다. 위따까를 올바로 이해하려면 위짜라를 함께 살펴보아야 한다.

2) 위짜라(vicāra)

일반적으로 이 용어는 조사를 의미한다. 그러나 수행과 관련된 전문 용어로 쓰이는 위짜라는 '마음이 집중대상인 호흡을 철저히 알아차리고 있는 상태'를 말한다. 위짜라는 상수(相隨) 단계에서 처음 나타난다.

위따까와 위짜라는 어떤 대상에 대한 '실험과 검사'의 비유로 설명하는 것이 가장 좋다. 위따까는 대상을 바라보고 거기에 눈을 고정시키는 것과 같다. 반면에 위짜라는 그 대상을 철저히 보고 알아차림 하는 것과 같다. 또는 '물 뿌리기'에 비유할 수도 있다. 물이 뿌려져서 땅에 닿을 때, 그것이 위따까이다. 물이 땅에 흡수될 때, 그것이 위짜라이다.

또는 잘 알려진 '송아지 길들이기'의 비유로도 설명할 수 있다. 길들여야 할 송아지가 어미 소에게서 떼어져 말뚝에 매여질 때, 송아지는 마음에, 말뚝은 호흡에, 그리고 말뚝에 매는 것은 마음챙김에 비유할 수 있다. 송아지가 말뚝에 매여지는 것은 위따까이고, 송아지가 말뚝 주위를 껑충거리며 움직이지만 말뚝을 벗어나지 못하는 것은 위짜라이다.

수행자는 이들 두 가지를 잘 구별해서 관찰해야 하며, 또한 어떻게 그것들이 동시에 존재할 수 있는가를 이해해야 한다. 송아지가 매여져 있는 상태는 송아지가 껑충거리는 상태와 동시이고, 그 반대의 경우도 마찬가지이다. 그러나 매여져 있는 상태와 껑충거리는 상태는 동시적이지만, 그 둘의 성격이 같지 않다. 이것을 이해할 때, 수행자는 위따까와 위짜라가 어떻게 초선정에서 동시에 존재하는가를 이해할 것이다.

또한 이것은 '도자기를 닦는 사람'의 비유로 더욱 명쾌하게 설명할 수도 있다. 도자기를 닦는 사람은 왼손으로는 도자기를 잡고, 오른손으로는 그 도자기를 닦는다. 이 때 도자기를 잡는 것과 도자기를 닦는 것은 동시이다. 여기서 왼손은 위따까에 해당하고, 오른손은 위짜라에 해당한다.

요약하면, 위따까와 위짜라는 두 개의 동시적이면서 서로 관련된 마음의 특성들로서, 위따까는 표상에 대한 바른 겨냥이고, 위짜라는 표상에 대한 지속적인 밀착이다.

3) 삐띠(pīti, 희열)

이것은 일반적으로 희열 또는 기쁨을 뜻하며 수행 전문 용어 또한 같다. 삐띠는 '감각적 욕망에서 벗어난 희열'로 정의된다. 감각적 욕망에서 해방된 기쁨은 다음과 같은 느낌에서만 일어날 수 있다. 즉 '나는 해야 할 것을 이루었다', '나는 확실히 성공할 것이다.' 등등에서만 일어날 수 있다. 이러한 종류의 희열은 감각적 욕망이 아닌 출리와 연관된다. 그렇다면 삐띠는 감각적 욕망의 극복에서 오는 희열이라고 정의할 수 있다.

희열은 건전한 마음 부수(cetasika)의 하나로 간주한다. 삐띠(기쁨)와 수카(행복)의 차이점은 다음과 같다. 즉 희열은 행온(sankhāra, 行蘊)에 속하고, 행복은 수온(vedanā-khandha, 受蘊)에 속한다. 희열은 행복의 원천이다.

4) 수카(sukha, 행복)

이것은 마음이 장애들에 의해 방해받지 않고 희열로 충만할 때 일어난다. 일상생활에서 우리가 희열을 느낄 때, 우리는 행복 또한 느끼게 된다. 하지만, 그러한 일상의 행복은 잠시만 지속될 뿐이다. 보다 더 지속적인 행복은 마음이 장애들에 의해 방해받지 않을 때 일어난다. 행복의 성격이 이해되면 희열과 행복은 위따까와 위짜라처럼, 비록 동시에 존재할 수는 있을지라도 서로 다른 상태임을 쉽게 알 수 있다.

5) 에까가따(ekaggatā, 心一境性)

이것은 짓떼까가따 또는 짓따에까가따(cittekaggatā/citta-ekaggatā)의 준말로 마음이 한 대상에 집중되어 있음을 뜻한다. 이러한 상태에 있는 마음은 오직 하나의 대상만을 가지고 있으며, 거기에 마음이 집중된다. 한 대상에만 마음이 고정되고 확립된 상태이다. 보통 마음은 여러 대상 사이를 돌아다니며 항상 움직이고 변화하고 경거망동하며 쉽게 영향을 받는다. 올바로 수련되고 나서야 비로소 마음은 안정되고 하나의 대상에 원하는 대로 머물 수 있다.

사마타 집중 수행에서 에까가따는 닮은 표상에 대한 고정(thapanā) 수행을 한 후 마음이 안정되며 확고해진 상태를 말한다. 고정(thapanā) 이전의 단계에서 마음은 단지 단속적으로 하나에 집중된다. 에까가따는 진정한 의미에서의 집중, 즉 사마디(samādhi)이다. 일부 경전들에서는 에까가따를 확고히 머묾(adhiṭṭhanā)이라고도 부른다.

이제 이러한 선정의 구성요소들이 어떻게 마음에 머물고, 그 기능들이 초선정에서 어떻게 서로 연관되는지 살펴보자. 초선정에서는 위의 다섯 가지 구성요소들이 모두 모여, 하나의 전체를 이루도록 함께 연결되어 있다. 그러면 이제, 마음이 단 하나의 대상에 초점이 맞춰진 일념의 상태에서, 어떻게 이러한 다섯 요소가 동시에 있을 수 있는가를 물어볼 수 있을 것이다. 이 물음에 답할 수 없는 사람은 '초선정 단계에서의 선정'이 무엇을 의미하는지를 이해할 수 없다.

이른바 선정의 요소들이란 단지 구성요소들 또는 구성성분들이라는 것을 이해해야 한다. 이 구성요소들은, 마치 다섯 가닥으로 구성된 밧줄이 하나의 밧줄로 간주되는 것처럼, 함께 결합하여 전체를 구성한다. 이것이 '구성요소' 또는 '구성성분'이 의미하는 것이다. 초선정에서 다섯 가지의 구성요소들은 마음 안에서 동시에 나타난다. 각각의 요소는 그 자체로 확고하며, 동시에 그 각각의 구성요소는 서로 지지한다. 이는 마치 땅에 굳게 고정된 다섯 기둥의 꼭대기들이 서로 연결될 때 더욱더 튼튼해지는 것과 같다.

굳게 확립된 닮은 표상과 함께 마음은 완전한 집중, 즉 본 삼매(appanā)에 들어간다. 본 삼매는 확고하게 모여진 상태이며, 이는 하나의 총체에 다섯 요소가 함께 결합하였음을 의미한다. 이 상태는 선정(jhāna), 즉 확고한 집중이라고 불린다. 닮은 표상이 나타남과 함께, 위따까는 '공기가 접촉하는 지점'에 대한 집중으로 옮겨 와서 더 이상 들숨과 날숨에 집중하지 않는다.

위따까는 수식(數息), 상수(相隨)와 접촉이라는 초기 단계에서 희미하게 사라져가는 것이 아니다. 위따까는 점점 더 미묘하고 고요해지며, 고정 또는 닮은 표상의 단계까지도 계속 그러한 상태로 남는다. 마찬가지로 위짜라도 수행의 시작에서부터 있어 왔으며, 고정의 단계에 이르러 더욱더 섬세해진다. 그 고정의 단계에서 위짜라는 마음이 닮은 표상을 인식하고 철저히 이해하는 것을 돕는다.

위따까와 위짜라는 처음부터 협력한다. 그래서 위짜라는 닮은 표상의 단계에서 완전히 현전하게 된다. 그러고 나서 삐띠(희열)가 위따까와 위짜라를 자연스럽게 계승하여 처음에는 약하게 일어난다. 사실 삐띠 역시 첫 단계에서부터 있어 왔으며, 비록 짧게 이어지고 간헐적이기는 하지만 상수(相隨)와 접촉의 수행 중에도 존재한다. 위따까와 위짜라가 점점 더 확고해지고 미묘해짐에 따라 고정 또는 닮은 표상이 일어나는 단계에서 삐띠 또한 존재한다. 삐띠가 있을 때 항상 수반하는 수카(행복)도 이 단계에서 존재한다. 마음이 흔들림 없이 닮은 표상에 확고히 고정되는 상태는 심일경성(心一境性), 즉 '에까가따' 라고 불린다. 이처럼 닮은 표상이 일어남과 함께 선정의 다섯 구성요소가 모두 완전히 확립된다.

마음이 닮은 표상으로 초선정의 본 삼매를 성취했을 때, 선정의 다섯 요소는 동시에 확립되어 선정의 구성요소로서 상호의존적으로 존재하며 확립된다. 이러한 단계에서는 심상, 즉 닮은 표상을 주시할 필요는 없다.

왜냐하면, 선정의 구성요소들은 그 자리에 스스로 확립되기 때문이다. 그렇게 조화롭게 결합한 다섯 요소의 힘으로 자연스럽고 자동적인 감독만이 남게 된다. 그것은 마치 순한 말이 매끄러운 길 위에서 마차를 끄는 동안, 마부가 말고삐를 잡고 마차에 앉아 있는 것과 같다. 다섯 요소가 각각 하나씩 의도적으로 확립되어야 한다고 생각해서는 안 된다. 다섯 요소의 조화롭고 자연스러운 통일성은 올바른 수행의 결과로 나온다. 그것은 마치 마차에 앉은 마부가 말고삐를 태연하게 잡고 너무 긴장하지 않을 때 마차가 길 위를 순조롭게 잘 달리게 되는 것과 같다.

또한, 각각의 선정요소들은 다른 각도에서 볼 때는 다르게 보이는 하나의 대상과도 같다는 것을 깨달아야 한다. 각 요소의 특성들은 시간이 경과함에 따라, 그리고 높은 단계로 나아감에 따라 변한다. 이 점을 분명히 이해할 수 있도록 '송아지 기르기'의 비유를 다시 가져와 보자. 송아지가 이미 길들여져 주인에게 완전히 복종하며 말뚝 옆에서 평화롭게 누워있는 상황을 생각해 보자. 송아지 길들이기 과정을 다시 살펴보아, 처음에 있었던 특징 중에서 어떤 특징들이 남아 있는지 알아보자.

처음에 송아지는 기둥에 매여질 때 이리저리 날뛰며 껑충거린다. 말뚝에 매여지는 상황과 그 주위를 껑충거리는 상황은 위따까와 위짜라에 비유된다. 그러나 이제 위따까와 위짜라는 잘 길들여져 마치, 날뛰던 송아지의 행동이 변화하듯 그 특성 또한 변화되었다. 이제 송아지는 말뚝 옆에 평화롭게 누워 있게 된다. 말뚝에 매여지는 특성은 위따까와 일치되고, 말뚝 옆에서 평화롭게 누워 있는 특성은 위짜라와 일치된다.

송아지가 순해진 것처럼 이 두 가지 특성들의 모습은 비록 변했지만, 본질적으로는 그 특성들이 모두 남아 있다. 처음에 송아지는 고집이 세고, 주인을 싫어하여 그에게 반항하는 것을 좋아했다. 그러나 이제 송아지는 주인과 친숙해지고 그에게 복종하기를 좋아한다. 이것은 삐띠와 일치한다. 주인은 송아지에게 이제는 채찍을 가하지 않으며, 송아지는 날뛰다가 밧줄에 쓸려 살갗이 벗겨지지 않는다. 때문에 송아지가 편안하게 잠자는 상황과 일치하는 것은 수카이다.

그리고 마지막 요소인 에까가따(심일경성)는 송아지가 말뚝을 떠나지 않고 그 옆에 계속 머무는 것과 같다. 송아지를 길들이기 위한 다섯 가지 특징은 송아지 길들이기의 구성요소가 된다. 그것들은 초선정의 다섯 요소와 일치하며, 이러한 요소들은 선정을 계발하는 데 필요한 성공의 요인들이 된다.

다섯 가지 선정의 구성요소들은 수행자가 의도적으로 따로따로 계발해서는 안 된다. 다섯 가지 선정의 구성요소들은 하나의 단일한 수행, 즉 선정 수행의 결과이고, 다른 측면에서 볼 때 선정은 다섯 가지의 서로 다른 특성들이 있다. 선정의 구성요소들이 한 마음속에 그리고 같은 시간에 저절로 존재하는 것은 바로 이런 이유 때문이다. 이점을 이해하면 다섯 가지의 마음 상태가 어떻게 하나의 선정 안에 현전하는가 하는 문제를 단번에 명확히 알 수 있다.

이제 선정을 구성하는 다섯 요소가 다섯 가지 장애들에 하나씩 대응하여 각각의 장애를 제거하는 과정과 그것의 효과에 대해 살펴보도록 하자. 이것을 이해하려면 어떤 선정의 요소가 어떤 장애와 반대되는지를 알아야 한다.

위따까는 하나의 대상에 마음을 고정하는 것을 의미한다. 위따까가 존재하는 동안에는 초조함과 걱정 같은 위따까의 성격과 반대되는 장애들은 일어나지 않는다. 마음이 집중대상에 고정되어 있기 때문에 감각적 욕망도 일어날 수 없다. 위짜라의 경우도 마찬가지이다. 즉 위짜라가 존재하는 동안에는 망설임이나 중단이 없는 활동이 있으므로 회의적 의심은 바로 줄어든다. 희열과 행복은 악의와 무기력의 천적이다. 희열과 행복은 또한 감각적 욕망도 감소시킨다. 왜냐하면, 희열과 행복은 욕망과 닮은 점이 있기는 하지만 그 목적이 육체적인 욕망과는 정반대이기 때문이다. 감각적 욕망은 감각의 대상들과 매우 밀접하게 관련되어 있다. 감각적 욕망은 대상에 강하게 의존하는 반면, 희열과 행복은 감각 대상들의 포기에 의존한다. 심일경성의 경우는 다섯 장애를 모두 감소시킨다.

이처럼 선정 요소는 특정한 장애와 반대되고, 또한 어느 정도는 나머지 모든 장애들의 천적이 된다. 마치 어둠과 밝음이 함께 존재할 수 없듯이, 선정의 요소들과 장애들은 동시에 함께 존재할 수 없다.

근접 삼매(upacāra-samādhi) 상태일 때, 즉 선정(jhāna)이 일어나기 전에 장애들은 감소하기 시작한다. 선정, 즉 본 삼매(appanā-samādhi)가 성취되면 다섯 가지 선정의 요소들은 완전히 계발된다. 이때 어떤 특정한 선정의 요소가 그와 정반대로 짝지어진 장애만을 제압하는 것이 아니며, 또한 모든 선정의 요소들이 본 삼매에서 모두 함께 모여져야만 장애들이 사라지는 것도 아니다. 즉 이러한 장애 제거의 과정은 근접 삼매 때부터 진행되는 것이다.

사실 장애들은 준비 표상에 마음을 고정시키는 단계에서부터 사라지기 시작하며, 익힌 표상의 단계부터는 장애들이 완전히 나타나지 않는다. 어떤 장애가 남아 있는 동안에는 익힌 표상은 나타나지 않는다. 그래서 닮은 표상의 단계에 이르러서는, 비록 선정의 요소들이 완전히 일어나지 않고 집중이 단지 근접 삼매의 수준에 있더라도 장애들이 이미 완전히 나타나지 않는다.

다섯 가지 선정의 요소들이 완전한 집중, 즉 본 삼매의 단계에서 분명하고 확고하게 나타날 때도 장애들은 나타나지 않는다. 그리고 선정이 지속되는 동안에도 장애들은 계속 나타나지 않는다. 심지어 선정의 흔적, 즉 집중에서 생겨난 행복감(수카)만이 남아있을 때도 장애들은 나타나지 않는다. 이러한 것을 완전히 이해하려면 사마디(samādhi, 三昧)의 여러 가지 종류와 형태를 살펴보아야 한다.

8

천정의 계발

1. 근접 삼매(upacāra-samādhi)와 본 삼매(appanā-samādhi)

참된 사마디(samādhi, 三昧), 즉 집중에는 두 가지 종류인, 근접 삼매(upacāra-samādhi)와 본 삼매(appanā-samādhi)가 있다.

근접 삼매(upacāra-samādhi)는 문자적으로 '근접한 선정'을 뜻하며, 이는 선정(jhāna)에 매우 근접하여 사실상 선정을 거의 성취한 단계에서의 집중을 뜻한다.

본 삼매(appanā-samādhi)는 완전한 집중, 즉 확고한 집중이며 완전한 몰입상태의 집중이다. 수식(數息)이나 상수(相隨)와 같은 시작 단계에서의 집중은 진정한 사마디(삼매)로 볼 수 없다. 그것은 준비 삼매(parikamma-samādhi)라고 부른다. 준비 삼매는 삼매의 정의상 선정 상태의 특성들을 하나도 가지고 있지 않으므로, 사마디에 포함되지 않는다. 따라서 두 종류의 사마디만을 설명해보고자 한다.

근접 삼매와 본 삼매를 '비교'해 보면, 삼매를 더 잘 이해할 수 있을 것이다. 먼저 이 두 삼매의 '결과'부터 살펴보자. 근접 삼매는 선정(jhāna)에 '바로 인접한' 상태로서 선정에 매우 가깝긴 하지만 아직 못 미치는 상태이다. 반면 본 삼매는 도달한 상태, 즉 선정을 실제로 성취한 상태이다. '마을로 가는 비유'로 설명하면, 근접 삼매는 마을의 경계에 도달한 것과 같고, 본 삼매는 마을 중심까지 도달한 것과 같다. 두 가지 모두 마을에 도달한 것은 같다.

실제로 수행이 진보되면, 장애들이 사라지자마자 바로 근접 삼매는 성취된다. 즉 장애가 없는 것이 근접 삼매의 유일한 조건이 된다. 반면에 본 삼매는 모든 선정의 요소들, 특히 일념(一念)인 심일경성(에까가따, ekaggatā)이 완전히 일어나야만 성취된다. 여기서 장애들이 사라지는 것과 선정 요소들이 나타나는 것은 반드시 동시에 일어나는 것은 아니라는 점에 주목해야 한다.

또 다른 차이점은 근접 삼매는 불안정하다는 것이다. 근접 삼매는 선정의 요소들이 일어나기와 사라지기를 반복하며, 때로는 있었다가 때로는 없어졌다 하기 때문에 마치 걸음마를 배우는 아기가 쓰러졌다가 다시 일어나기를 반복하는 것과 같다. 대조적으로, 본 삼매에서는 모든 선정의 요소들이 계속 안정적으로 존재하므로 집중이 견고하여 마치 어른이 넘어지지 않고 일어서서 걷는 것과 유사하다.

보다 구체적으로 설명해보면, 아나빠나삿띠로 근접 삼매의 단계에 이르렀을 때 마음은 집중의 대상으로서 닮은 표상을 갖는다. 다섯 가지 선정의 요소들은 아직 완전히 확립되지 않은 상태라서 일어남과 사라짐을 반복한다. 그러므로 주시는 닮은 표상에서 선정의 요소들로 옮겨질 수 없다. 이것이 바로 마음이 아직 선정 요소들의 수준으로 향상되지 못하는 이유이다. 마음은 아직 완전한 집중(본 삼매)을 성취할 만큼 확고하지 못하다. 완전한 집중을 이루려면 닮은 표상으로부터 다섯 가지 선정의 요소들로 주시를 옮겼을 때, 그 다섯 요소가 확고하게 집중해야 할 대상으로서 분명하게 나타나도록 해야만 한다.

이러한 방식으로 완전한 집중을 이룰 수 있을 때, 수행자는 일념의 상태에서 다섯 가지 선정 요소들을 모두 한꺼번에 의식할 수 있다. 수행상 이 단계에서 중요한 점은 마음이 선정 요소들을 성공적으로 한데 모을 수 있을 때까지 닮은 표상을 계속 유지하는 것이다. 그 표상이 희미해지면 마음은 선정의 다섯 요소를 충분히 계발하여 한데 모을 수 없게 된다. 다시 말하면, 수행자는 표상이 현전하고, 명확하고, 확고해야만 선정의 다섯 요소를 모두 한데 모을 수 있다. 또 다른 방식으로 설명하면, 수행자는 마음이 근접 삼매에 확고히 고정되어 있는 동안 선정의 다섯 요소를 모두 한데 모아 마음을 집중시킬 수 있다.

이처럼 닮은 표상은 매우 중요하므로 그것이 며칠, 몇 달 또는 몇 년일지라도, 마음이 근접 삼매에 있는 기간 내내 닮은 표상은 계속 유지되고 지탱되어야 한다. 선정(jhāna)을 성취하기를 바란다면 수행자는 본 삼매(완전한 집중)를 이룰 때까지 불요불굴의 노력으로 닮은 표상을 유지해야 한다.

수행자는 마치 여왕벌이 후계자가 될 수정란을 보호하듯이, 닮은 표상을 보호하고 항상 그 표상을 안전하고 견고하게 지켜야 한다. 여기서 닮은 표상은 자라나는 여왕벌의 수정란에 비유된다. 그리고 여왕벌이 애벌레를 낳는 것은 선정의 성취에 비유된다. 여왕벌이 주의하지 않으면 수정란은 어미 뱃속에서 죽을 것이고, 따라서 여왕벌은 새로운 수정란을 가질 때까지 기다려야 한다. 여왕벌과 수정란이 모두 죽는 것은 선정 수행을 모두 포기하는 것으로 비유할 수 있다. 그 경우에는 모든 것을 잃게 된다.

수행자는 선정 요소들을 모으기 위한 기초단계인 닮은 표상이 굳게 확립되고 분명하게 나타나서 완전한 집중인 본 삼매를 일으킬 때까지 잘 보호하여 지속시켜야 한다. 집중력 수행(사마타 수행)의 어떤 부분도 이보다 더 중요하게 간주되는 것은 없다.

닮은 표상에 의해 선정 요소들을 모으는 것은 모든 사마타 수행과 위빠싸나 수행의 전 과정에 걸쳐 가장 섬세한 것이다. 이러한 기법은 섬세한 수공예 작업과도 같다. 즉 너무 힘을 소진시키며 해서도 안 되고 너무 게으르게 해서도 안 된다. 너무 팽팽해도 안 되고 너무 느슨해도 안 된다. 너무 빨리 해도 안 되고 너무 느리게 해도 안 된다. 너무 과다한 결심도 안 되고 너무 무기력한 결심도 안 된다. 너무 긴장된 주시도 안 되고 너무 늘어진 주시도 안 된다. 이 모든 것들은 적절하게 취해져야 한다. 주로 그 과정은 저절로 이루어진다. 그것은 여러 필요한 조건들이 올바른 방식으로 함께 일어날 때 손쉽게 저절로 진행된다. 그러한 조건들이 올바른 방식으로 함께 일어나지 않을 때, 그 과정은 저절로 끝나버리고 아무것도 이루지 못하게 된다.

수행자는 두 가지 일을 동시에 해야 한다. 그는 마음을 닮은 표상에 고정시키고, 그와 동시에 선정의 모든 요소들을 한데 모으고, 요소들이 점차 뚜렷하고 확고하게 자랄 때까지 계속 유지시켜야 한다. 닮은 표상을 보호하면서 선정의 요소들을 굳게 확립하는 체험의 과정을 통하여 마음을 닮은 표상에 고정시키는 데 성공할 수 있다.

닮은 표상이 선정의 요소들을 완벽하게 모으는 기초가 될 수 있을 만큼 충분히 확고해지려면 수 주일이 걸릴 수도 있다. 어떤 사람들은 몇 달 또는 몇 년을 수행해야 할지도 모른다. 또한, 어떤 사람들은 부적합한 성향이나 다른 여러 가지 이유 때문에 본 삼매에 도달하는 데 완전히 실패할 지도 모른다. 그러한 사람들은 집중 수행을 그만두고 대신 '통찰 지혜를 통한 해탈(paññā-vimutti, 慧解脫)'을 목표로 하는 통찰 수행을 택해야 한다.

집중 수행(사마타 수행)에 적합한 성향이 있는 사람들은 먼저, 선정 요소들을 모으고 선정을 단계적으로 이룬 후, 강력한 집중(사마디)의 도움을 받아 통찰 명상을 수행하여 '마음의 해탈(ceto-vimutti, 心解脫)'을 성취할 수 있다. 그러므로 이러한 본 삼매의 수행에 관심을 둔 사람은 본 삼매에 아직 이르지 못했더라도 낙담하지 말고 닮은 표상을 보호하는 특별히 강력한 인내력과 노력을 유지해야 한다. 이것은 근접 삼매 기간 중에도 본 삼매를 성취할 때까지는 닮은 표상을 보호하고 지속해야 한다는 것이다.

새로 일어난 표상을 보호하는 수행자는 본 삼매의 성취를 촉진하도록 가능한 한 가장 유리한 육체적 상태를 유지할 것을 권장한다. 예를 들면, 그는 발을 씻느라고 시간을 낭비하거나 산만해지지 않도록, 맨발로 다니기보다는 신발을 신어야 한다. 발을 씻는 것과 같은 행동들로 야기되는 성가심은 마음을 산만하게 하며, 닮은 표상을 보호하고 더 섬세하게 만드는 것을 방해한다. 어떤 경우에는 닮은 표상의 보호에 도움이 되도록 지팡이를 사용해서, 서 있는 것을 편하게 하고 걷는 것을 쉽고 안정되게 하도록 권장한다. 또한, 수행자는 수행상 7가지 유익한 것들, 즉 적합한 주거지, 적합한 의지처, 적합한 말, 적합한 사람, 적합한 음식, 적합한 기후, 적합한 자세 등을 한 번 더 신중하게 검토하고, 가능한 한 그러한 것들이 닮은 표상을 보호할 수 있도록 잘 조정해야 한다.

닮은 표상을 계속해서 보호하다 보면 따분하고 지루해질 수도 있다. 지루함을 피하고 열의와 만족감을 얻으려면 수행자는 '선정으로 이

*끄는 현상들의 순서'를 이해해야 한다. 그 순서는 다음과 같다.

(1) 닮은 표상의 발생은 장애들을 감소시킨다. 그러나 본 삼매는 아직 확고히 자리잡지 못하고 불안정하여, 선정의 다섯 요소가 모두 한데 모일 때까지 일어나고 사라지기를 반복한다.

(2) 일단 장애들이 감소하면 선정의 요소들이 나타난다. 수행자는 이 요소들을 계속 발전시켜 마침내 수행의 다섯 요소가 모두 완전하게 현전하도록 해야 한다. 이때 수행자는 닮은 표상을 토대로 삼고 다섯 요소를 대상으로 삼아야 한다.

(3) 선정의 다섯 요소가 완전하게 현전할 때, '초선정'이라고 불리는 집중이 성취된다.

이 순서는, 이러한 수행 단계에서 수행자가 해야 할 노력이 닮은 표상을 보호하여 확고히 안정되게 하고, 동시에 수행의 다섯 요소를 한데 모아서 본 삼매를 유도하는 것임을 분명하게 알게 해준다.

2. 본 삼매(appanā-samādhi)를 유도하는 기법

표상을 보호하는 단계에서 본 삼매의 성취를 촉진하는 방법들이 있다. 이것은 '앗빠나 코살라(appanā-kosalla)', 즉 본 삼매를 유도하는 방법이라고 불린다. 권장되는 10가지는 다음과 같고, 그 각각을 하나하나 살펴보도록 하겠다.

가. 적합한 신체조건을 만들기

나. 마음의 다섯 가지 기능(五根, Indriya)을 조화시키기

다. 표상에 관련된 기법

라. 발심해야 할 때 발심하기

마. 마음을 제어할 필요가 있을 때 마음을 제어하기

바. 마음을 고무할 필요가 있을 때 마음을 고무하기

사. 마음을 지켜볼 필요가 있을 때 마음을 지켜보기

아. 불안정한 사람이나 사물을 피하기

자. 안정된 사람과 가까이하기

차. 상황에 따라 마음을 유연하게 하기

가. 적합한 신체 조건을 만들기

이것은 몸을 단정하게 유지하고 몸과 관련된 것들을 가능한 한 수행에 적합하게 만드는 것을 말한다. 머리카락, 수염, 손발톱, 치아, 피부 등은 수행자가 편안함을 느끼고 방해받지 않도록 깨끗하게 유지되어야 한다. 긴 머리카락과 수염은 가려움을 일으킬 수 있다. 긴 손발톱은 불결하고 방해가 되며, 더러운 치아와 피부도 그러하다. 마음을 계발하는 수행을 하기 전에 이 모든 것들을 단정하고 깨끗하게 해야 바람직하다. 그 밖에 옷과 숙소도 가능한 깨끗하게 관리하여 단정한 상태를 적절히 유지해야 한다. 이것이 '적합한 신체 조건을 만들기'가 뜻하는 것이다. 이러한 것은 상식에 속한다. 이 첫 번째 기술의 요점은 수행자가 신체적 편안함을 충분히 확보해야 한다는 것이다.

나. 마음의 다섯 가지 기능(五根, indriya)을 조화시키기

인드리야(indriya)라는 용어는 특정한 영역에서의 탁월한 기능을 의미한다. 마음계발의 관점에서 마음의 기능들은 다섯 가지 요소이다. 즉 확신(saddhā, 信), 노력(viriya, 精進), 마음챙김(sati, 念), 집중(samādhi, 삼매, 定), 통찰지혜(paññā, 慧) 등이다. 이러한 5근, 즉 탁월한 기능들은 이러한 수행 단계에서 계발되는 기능들일 뿐 아니라, 사람이 그의 마음 구조의 일부로서 원래 가지고 있는 개인적인 힘을 의미하기도 한다. 5근은 수행자가 수행을 하기 전에 이해하고 있는 정도에 따라 그의 공부 과정 중에 증가한다. 5근이 함께 조합될 때 그 사람의 현재 성향으로 나타난다. 그런 의미에서 5근은 마음 수행의 성패가 달린 매우 중요하고 탁월한 덕목들이다.

수행자의 현재 성향으로 나타나는 5근은 앞의 2장에서 다룬 6가지 기질 유형들과 유사하다. 여기서의 5근은 수행에 이익을 주도록 조정되고 알맞게 변형되어야 한다. 5근이 법에 따라 조화롭게 되면 장애가 아닌 성공으로 이끄는 강력한 힘(五力)이 된다. 여기서 '법에 따라 조화롭게 되면' 이란, 5근 각각의 요소들 간의 균형을 맞추고 서로 조화를 이루게 한다는 뜻이다.

5근을 조화시키는 데 있어 그 요점은 믿음을 통찰 지혜와, 노력을 집중과, 집중을 통찰 지혜와 균형 있게 조화시키는 것이다. 이때, 마음 챙김은 모두와 조화되도록 적용해야 한다.

'믿음(信)과 통찰 지혜(慧)의 균형' 이란, 믿음이 지혜보다 너무 강해서 맹신이 되거나 미신이 되어 버려서는 안 된다는 뜻이다. 수행에서 요구되는 믿음은 법의 이치에 근거하고 법의 이치에 어긋나지 않는 확신이다. 통찰 지혜도 마찬가지이다. 믿음이 수반되지 않은 통찰 지혜는 단순한 이론으로 전락한다. 이것을 더 자세하게 알아보자.

먼저 수행자는 '듣고 배워서 얻어지는 지혜(sutamaya-paññā, 聞慧)'를 갖기 위한 기둥으로서 부처님의 가르침을 믿어야 한다. 그리고 수행자는 '사유에 의해 얻어지는 지혜(cintāmaya-paññā, 思慧)'를 가질 때까지 조사, 검토, 성찰을 실행해야 한다. 마지막으로 수행자는 이 모든 지혜를 실천하여 그것이 진리임을 혼자 힘으로 깨달아야 한다. 그렇게 하여 수행자는 '수행 또는 마음계발에 의해 얻어진 지혜(bhāvanāmaya-paññā, 修

慧)’를 갖게 된다. 이와 같이, 서로 다른 수준의 세 가지 지혜가 있으며, 그 각각의 지혜는 그것의 기초가 되고 지탱할 기둥이 되는 믿음(saddhā, 信)이 수반되어야 한다.

첫 번째 수준인 ‘듣고 배워서 얻어지는 지혜(sutamaya-paññā, 聞慧)’에서는 어떤 이가 말하고 행한 것을 듣거나 본 후 단순하게 믿어버린다. 그리고 두 번째 수준인 ‘사유에 의해 얻어지는 지혜(cintāmaya-paññā, 思慧)’에서는 숙고와 이해를 한 후, 그 말이 합당하고 이전의 개념들과도 일치함을 발견하고서 그는 더 높은 수준의 믿음을 갖는다. 그리고 마지막 세 번째 수준으로, ‘수행 또는 마음계발에 의해 얻어진 지혜(bhāva-nāmaya-paññā, 修慧)’에서는 실제로 수행하여 수행의 결실을 실현했을 때, 그는 최고 수준의 믿음, 즉 권위나 추론에 근거한 것이 아닌 자신의 마음에 자명해진 진리에 대한 확신을 한다.

이러한 과정이 ‘믿음과 지혜를 균형 잡히게 함’이 지니고 있는 의미이다. 수행자는 이 모든 지혜의 수준을 이론적으로 알고 난 후, 그것들을 체험으로 주시할 수 있어야 한다. 그렇게 하면 그의 믿음과 지혜는 올바르고 적합하게, 균형 있고 조화롭게 유지될 수 있다. 믿음과 지혜 중 어느 하나가 지나치게 우세하면 그의 수행은 잘못되고 만다.

‘노력과 집중의 균형’은 비유를 들어 쉽게 설명해볼 수 있다. 노력(viriya)은 자동차의 속도와 같고, 집중(samādhi)은 그 속도를 조절하는 속도조절기와 같다. 만일 이 두 가지가 조화되지 않는다면 그 결과가 어떠하겠는가? 또 다른 비유를 들면 집중은 총알의 무게와 같고, 노력은 그 총알을 발사시키는 화약의 힘과 같다. 만일 그 둘이 조화되지 않으면 그 결과가 어떠하겠는가? 노력이 집중보다 과다하면 남은 노력은 방향을 잃고 흩어진다. 집중이 노력보다 과다하면 수행자는 늘어지고 게을러지며, 전혀 진보하지 못한다. 그러므로 마음을 활성화하는 것(노력)과 마음을 제어하는 것(집중)은 조화로워야 한다. 노력과 집중은 바르게 균형 잡혀야만 한다.

'집중과 지혜의 균형'은 수행자가 마음의 활동을 제어하는 데 숙달되면 저절로 자연스럽게 이루어질 것이다. 어떤 대상에 대해 고찰하기 전에 항상 마음을 확고히 고정시키면, 즉 먼저 그 대상에 집중하고 나서, 그 다음에 그것을 관찰하면 수행자는 있는 그대로 여법(如法)하게 대상을 완전히 이해하는 지혜를 얻을 것이다. 이것을 '확고하게 고정된 마음으로 고찰하기', 또는 '고찰에서의 확고한 고정' 등으로 부를 수 있다.

'마음챙김(sati, 念根)'은 모든 것에 필요한 요소이다. 마음챙김은 5근의 중심적인 위치를 차지하는 것으로 다른 네 가지 기능들이 처음부터 끝까지 올바르게 짝을 이루어 조화롭고 균형 있게 각각의 임무를 실행하는 방법을 그것들에게 충고해주는 역할을 한다. 예를 들면 마음챙김은 믿음에 있어서 얼마만큼 믿어야 할지 판단하게 해주고, 믿음이 지혜와 동행하도록 이끌어주며, 믿음과 지혜가 함께 조화롭게 나아가도록 해준다. 수행자에게는 여러 다른 것들, 특히 다른 네 가지 기능들을 통제하는 수단으로 마음챙김이 필요하다. 주의를 기울이면 수행자는 5근을 안정되고 조화롭게 조정할 수 있다.

5근이 올바르게 상호 작용할 때 수행자의 마음은 견고해지고, 깜마냐야 바와(kammanāya-bhāva)인, 민첩성과 적응능력을 갖추게 되며, 그로 말미암아 점진적으로 더욱 섬세한 일을 할 수 있게 된다.

다. 표상에 관련된 기법

5근〔信, 精進, 念, 定, 慧〕이 균형 잡히면 표상에 관련된 기법은 쉽게 발휘된다. 표상을 다루는 기술력을 갖춘 수행자는 여러 현상이 연속적으로 일어나는 것을 관찰할 수 있다. 즉 그는 무엇이 일어나는지 관찰하고, 무엇에 의존하는지 관찰한다. 또한, 무엇에 집중해야 하고 무엇에 집중하지 말아야 하는지를 안다. 그는 무엇을 가속화하여야 하고 무엇을 늦추어야 하는지도 안다. 그래서 1) 표상을 유도하고, 2) 표상을 계발하고, 3) 표상을 보호하는 단계에서, 그가 원하는 대로 모든 것이 순조롭게 잘 진행된다.

수행상 5근이 균형 잡힌 단계에서의 표상이라는 용어는 마음의 초점이 맞추어진 하나의 대상을 의미한다. 이때의 표상은 선정의 5요소 중 하나인 심일경성을 의미한다. 그리고 이 표상으로부터 위에 언급한 1)~3)의 세 가지 기법들이 얻어져야 한다. 수행자가 이 기법들을 완전히 성취해낼지의 여부는 5근이 균형 잡히기 전인 이전 단계의 표상들, 즉 익힌 표상과 닮은 표상을 그가 얼마나 능수능란하게 계발해 왔는가에 달렸다. 따라서 익힌 표상과 닮은 표상의 단계에서도 수행자는 세 가지 기법들을 계속 계발하여 그 기법들에 완전히 숙달하도록 해야 한다.

1) 표상을 유도하는 기법

수행의 초기 단계에서 집중 대상에 마음을 모아서 다음 단계에서 더 높은 표상을 일으키도록 마음의 방향을 지정하는 것을 말한다. 앗빠나 꼬살라(appanā-kosalla) 중에서 '표상을 유도하는 기법' 이란, 장애들이 사라지고 선정의 5요소가 한데 모일 때까지 마음을 닮은 표상에 철저히 고정시키는 기술을 의미한다. 이 단계에서 가장 중요한 선정의 요소는 심일경성이다. 심일경성이 새로운 표상이 되어 닮은 표상을 대신하기 때문이다.

2) 표상을 계발하는 기법

표상이 뚜렷하지 않을 경우 그것을 계속 점진적으로 강화시키거나, 선정의 5요소인 위따까(vitakka, 尋, 일으킨 생각), 위짜라(vicāra, 伺, 지속적인 고찰), 삐띠(pīti, 喜, 희열), 수카(sukha, 樂, 행복), 에까가따(ekaggatā, 心一境性, 하나의 대상에 집중된 상태) 중에서 약해지거나 희미해지거나 동요하는 어느 하나를 강화시키는 것을 말한다.

3) 표상을 보호하는 기법

표상이 처음 계발되는 초기 단계에서나, 표상이 완전히 계발된 나중 단계에서나, 항상 모든 종류의 표상들을 보호하는 것을 말한다. 새롭게 일어난 표상은 마치 갓 얻게 된 손기술이 그러하듯이 반복해서 실행되지 않으면 곧 희미하게 사라진다. 심지어 표상이 완전히 확립된 이후에도 조심하여 그것을 보호하지 않으면 방해 요소들이 나타날 수 있다. 그것은 마치 완벽해진 손기술이라 할지라도 너무 오랫동안 방치되면 완전히 잊혀지는 것과 같다. 그러므로 익힌 표상과 닮은 표상의 모든 단계에서 보호되어야 한다. 선정에 완벽하게 숙련된 이후에야 수행자는 표상을 보호하는 일에서 떠날 수 있다.

본 삼매를 유도하는 기법(appanā-kosalla)의 수행과정 중에서, 특히 선정의 모든 요소 중 마지막 요소인 심일경성은 표상에 관련된 기법에서 설명된 것보다 더 섬세하게 계발되어야 한다. 본질적으로 심일경성이란 뒤에서 다루게 될 여러 종류의 자유자재(vasi)에 항상 숙달된 상태를 의미하며, 앞서 알아본 네 가지 성취 수단(iddhi-pāda, 四如意足)을 계발함으로써 수행에 흥미를 불러일으키는 것을 의미한다.

요약하면, '표상에 관련된 기법을 계발한다.' 라는 것은 표상을 어떻게 유도하고, 어떻게 강화시키고, 어떻게 유지시키는지를 익혀서 아는 것을 의미한다. 수행자가 이 세 가지 기법을 습득하려면 신중해야 한다. 습득하는 과정에서 마음챙김이 없다면 표상을 계발하는 데에 성공할 수 없을 것이고, 다시 떨어지고 오르기를 반복하다가 급기야 그는 자신의 5근이 충분히 강하지 못하다고 믿으며 수행을 포기할 것이다. 표상을 유도하고 계발하고 수호하는 기술의 주요 원칙은 동요되는 모든 불안정한 마음 상태들을 즉각 제어하는 것이다.

라. 발심(發心)해야 할 때 발심하기 ─ 마음을 발휘하는 기법

'~때' 라는 단어가 여기서는 아주 중요하다. 수행자는 마음을 발휘할 때(發心)를 정확히 알아야 한다. 수행자는 옳지 않은 때나 한순간이라도 늦은 때에 마음을 발휘해서는 안 된다. 그는 무엇이 일어났고 무엇이 행해졌는지를 기민하게 관찰하고 알아차림 하여야 한다. 그리고 특별한 상태가 일어났을 때 그는 마음을 발휘할지, 억누를지, 고무할지 등을 알고 있어야 한다. '본 삼매를 유도하는 기법(appanā-kosalla)' 을 수련하

는 과정 중에 마음을 발휘한다는 것은 마음이 느슨해져서 본 삼매를 성취할 힘이 부족할 때 그 마음에 강력한 힘을 불어넣는 것을 말한다.

마음을 발휘하는 기법을 올바로 이해하려면 반드시 깨달음의 요소들을 알고 있어야 한다. 깨달음의 요소, 즉 칠각지(七覺支, sambojjhaṅga)는 일곱 가지 요소이다. 이것들은 최고의 지혜로 나아가는 완전한 길을 구성하기 때문에 '깨달음의 요소들'이라고 불린다. 이 일곱 가지 요소들이란 마음챙김(sati, 念覺支), 법의 선택(dhamma-vicaya, 擇法覺支), 정진(viriya, 精進覺支), 희열(pīti, 喜覺支), 고요함과 평온함(passaddhi, 輕安覺支), 집중(samādhi, 定覺支), 그리고 평등심(upekkhā, 平等覺支) 등이다.

마음챙김(sati, 念覺支)을 제외한 나머지 여섯 가지 요소들은 두 부류로 나눌 수 있다. 첫 번째 부류에 해당하는 세 가지, 즉 택법각지, 정진각지, 희각지 등은 마음을 활성화시켜 마음을 진작시키는 특성을 가지고 있다. 두 번째 부류에 해당하는 세 가지, 즉 경안각지, 정각지, 평등각지 등은 흥분된 마음을 가라앉히고 불필요한 노력을 줄여주는 특성을 가지고 있다.

지금 우리는 마음을 어떻게 발휘하느냐에 관심이 있으므로 이들 중 첫 번째 부류에 해당하는 택법각지, 정진각지, 희각지만을 설명하겠다. 수행자는 마음이 느슨해질 때마다 심지어 수행을 막 시작한 시점에서도 이 세 가지 요소들을 계발해야 한다. 항상 그렇듯이 마음챙김을 지속해야 한다. 예를 들면, 수행자는 '지금 마음이 게을러졌다.'라는 것을 알아차리도록 처음부터 마음챙김을 해야 하며, '이러한 게으름을 마음에서 제거하도록 어떤 요소들을 적용해야 할까?', 그리고 '어떻게 이 요소들을 지속하게 할 수 있을까?', 그래서 마침내 '언제 마음이 게으름으로부터 벗어났는가? 등을 물을 수 있도록 항상 마음챙김해야 한다.

그러면 이제 깨달음의 세 가지 요소들에 대해 차례대로 살펴보자.

1) 법의 선택(dhamma-vicaya-sambojjaṅga, 擇法覺支)

'법의 선택'이란, 최선의 방식으로 마음상태들을 선택함을 뜻한다. 수행자는 꽃이 많은 아주 큰 정원에서 꽃을 선택하여 딸 수 있는 능력을 갖춘 영리한 정원사 같아야 한다. 숙련되지 못한 정원사라면 어떤 꽃을 따야 할지 모를 것이다. 꽃들을 잘 이해하고 있는 영리한 정원사라야 성공적인 선택을 하여 이익을 얻을 수 있을 것이다. '선택'은 조사를 암시한다. 철저히 조사하지 않으면 어떻게 또는 무엇을 선택해야 할지 알 수 없다. 이처럼 수행상 택법각지는 마음상태를 세밀하게 조사하여 특정한 상황에서 필요한 것만 선택하는 것을 말한다.

이를테면, 마음이 느슨해졌다면 여기에는 몇 가지 이유가 있을 것이다. 그에 대해 적합한 치료를 하려면 그 정확한 이유를 찾는 조사의 과정은 필수적이다. 경우에 따라 어떤 게으름은 다른 사람의 지식과 통찰 지혜를 필요로 하기도 한다. 또 다른 종류의 게으름은 수행자가 스스로 조사하여 성공할 때까지 혼자 치료해야 한다.

경전에는 다음과 같은 일곱 가지 법의 선택(dhamma-vicaya, 擇法覺支)의 기법들이 일반적으로 사용될 수 있도록 제시되어 있다.

① 질문하기 — 필요하다면 자신의 생각을 평가하는 수단으로 도반에게 물어보아야 한다.

② 적합한 신체 조건을 만들기 — 이것은 본 삼매를 유도하는 기법

(appanā-kosalla) 중 하나로서 앞서 ‘가’ 항목에서 이미 논의한 바
있다. 여기서는 몸을 고요하게 유지하고 마음을 또렷하게 유지
하는 것을 의미한다.

③ 마음의 다섯 가지 기능(indriya, 五根, 五力)을 조화시키기 — 이것
은 본 삼매를 유도하는 기법(appanā-kosalla) 중 하나로서 ‘나’ 항목
에서 이미 논의하였다. 마음의 기능들을 적절히 조화시키는 것
은 본 삼매에 성공하지 못할 때 본 삼매를 일으키도록 도와줄 뿐
만 아니라, 법의 선택(dhamma-vicaya, 擇法覺支)을 유도하는 수단이
기도 하다.

④ 무지하고 어리석은 사람을 완전히 피하기

⑤ 이해력이 있는 사람들하고만 교우하기 — 여기서 이해력이란 가
르침, 특히 수행 과정과 그 방향들에 대한 이해력을 뜻한다.

⑥ 마음 상태(dhammas)에 대한 지혜로운 고찰 — 이것은 마음 상태
를 완전히 이해하는 것을 뜻하며, 이는 적어도 어떤 특정한 문제
에 대한 해결책을 찾으려 함이다.

⑦ 마음 상태들을 장기적인 안목에서 조사하고 검사하는 습관을 기
르기

이러한 일곱 가지의 기법들이 수행 과정에서 적용될 때, 택법각지
(dhamma-vicaya, 擇法覺支)는 굳게 확립된다. 그러면 수행자는 마음의 게
으름을 극복할 수 있고, 수행을 더욱 진보시켜 나아갈 수 있는 발심을
새롭게 강화하게 된다.

2) 정진(viriya-sambojjaṅga, 精進覺支)

'위리야(viriya)' 라는 단어는 힘, 노력 등을 의미한다. 그러나 칠각지에서의 위리야(viriya)는 확고부동함과 결단력이라는 특성들을 포함하는 용어이다. 이것들에 의해 수행자는 어떤 어려움에도 굴하지 않고 수행에 진전(進展)을 이룰 수 있다. 이러한 정신적 힘과 확고부동함은 또 다른 면에서 마음의 게으름과 반대되는 것들이다. 수행자는 게으름을 극복하도록 힘을 기르고, 올바른 사유로 대 발심을 해야 한다. 일반적으로 사용되고 권장되는 방법들은 다음과 같다.

① 정진의 힘이 없을 때의 위험을 반조하기 — 정진력, 즉 노력하는 힘이 없을 때, 수행자는 다시 고통의 굴레로 떨어지고 끝없이 반복되는 고통을 겪도록 운명 지어진다. 이것이 '윤회(saṃsāra)의 위험을 보는 것' 이다.

② 정진의 힘을 가졌을 때의 유익함을 반조하기 — '이것을 수행해낼 때 나는 고통에서 벗어날 것이다.' 라는 식으로 반조하면 대 발심이 일어난다.

③ 부처님이 가셨던 길을 따라서 수행하면서 이 길에 대해 반조하기 — '이 길이 최선의 길이며 다른 길은 없다. 설령 있다 해도 이 길보다는 못하다.' 라는 식으로 반조하면 대 발심이 일어난다.

④ 은혜에 대해 반조하기 — 담마를 수행하는 사람, 특히 비구는 스스로 생계를 꾸릴 방법이 없다. 그는 삶의 네 가지 필수요소들을 다른 사람들에게 의지해야 한다. 이처럼 그는 은혜를 입고 있다. 그리고 오로지 수행의 성공에 의해서만 그 은혜를 갚을 수 있다.

이런 식으로 반조할 때 수행의 힘이 즉시 분발된다.

⑤ 스승이신 부처님에 대해 반조하기 — '나에게는 세상에서 비할 바 없이 최고로 훌륭한 법의 왕인 스승님이 계시다. 나는 부처님과 부처님이 가르치신 완벽한 최고의 가르침에 대해 최고의 존경심을 갖고 있다. 나는 최선의 노력으로 그분을 따를 것이다.' 이처럼 반조한다.

⑥ 담마의 상속자임에 대해 반조하기 — '탁월한 스승, 담마의 상속자가 된 것은 참으로 행운이다. 이보다 더 좋은 상속은 없으니 무엇을 더 바라겠는가? 이와 같이 반조하는 것은 자신의 수행에 높은 가치를 부여할 수 있는 또 하나의 방법이다.

⑦ 밝음 또는 광명을 관하는 수행 — 이것은 칠흑 같은 밤이나 눈을 감고 있을 때에도 마치 밝은 햇빛이 비치는 것처럼 마음을 밝고 빛나게 만드는 것을 뜻한다. 수행자가 이전에 빛의 까시나를 계발했다면 여기서 큰 도움이 될 것이다. 그러한 수행은 마음의 느슨함과 정반대이다. 그것은 마음이 무기력해지고 둔감해지는 것을 막아 주고, 수행자가 계속 수행할 수 있도록 용기를 준다.

⑧ 게으른 사람들과 게으름으로 이끄는 것들을 피하기.

⑨ 근면한 사람들과 근면함으로 이끄는 것들과 교우하기.

⑩ 정진과 관련되는 여러 덕목에 대해 반조하기.

⑪ 장기적인 수행의 관점에서 정진하는 습관 기르기.

수행자가 이러한 방식으로 수행할 때, 정진이라는 깨달음의 요소가 일어나서 수행력은 굳게 확립되며 마음의 느슨함은 제거된다. 택법각지(dhamma-vicaya, 擇法覺支)가 마음을 고양함으로써 희망에 가득 찬 미래를 그려볼 수 있게 하는 반면, 정진(viriya, 精進覺支)은 마음이 그 길을 따를 수 있도록 힘을 실어준다. 두 요소의 기능들은 서로 관련되어있다.

3) 희열(pīti-sambojjaṅga, 喜覺支)

앞에서 언급했던 것처럼 희열은 자신의 수행 결과로 생기는 기쁨과 열정, 또는 해야 할 일을 하고 깨달아야 할 것을 깨닫는 자기 자신에 대한 경외감(敬畏感)으로부터 나오는 기쁨과 열정을 의미한다. 이것은 또 다른 자극제의 역할을 하여 게으름과 무기력을 제압하고 정진의 힘을 직접적으로 강화시킨다. 희열을 유도하고자 흔히 권장되어 사용하는 방법들은 다음과 같다.

① 부처님을 회상함

② 담마를 회상함

③ 승가를 회상함

― 불법승 삼보를 지극 정성으로 회상할 때, 삼보의 덕목에 관한 희열이 일어나고, 이러한 희열의 힘은 수행자의 발심을 강화시킨다. 그러나 물론 이러한 회상들을 입으로 되뇌기만 하면 불법승 삼보의 덕목이 그의 온몸에 참되게 스며들지 않으므로 유익한 공덕들이 나타나지 않는다.

④ 윤리적 청정함을 회상함 ― 윤리, 특히 자신의 도덕적 청정함을 회상하면 강한 자긍심과 영감이 일어난다. 그것은 내적인 희열을 가져오고, 그 희열은 발심을 더욱 강화시킨다.

⑤ 관용을 회상함 ― 관용의 회상, 특히 보시 등 자신의 관대한 행위

를 회상하면 윤리적 청정함의 회상과 마찬가지로 자긍심과 희열
이 일어난다.

⑥ 빛나는 상태를 회상함 ― 이것은 '빛나는 상태'로 이끄는 덕목들
을 회상함을 뜻한다. 이러한 덕목 중에서 두드러진 것은 양심적
인 마음과 악을 멀리하는 마음이다. 그것들은 사람을 행복하게
하고, 환하게 '빛나는 상태'로 만든다. 그러한 덕목들의 결과에
대해 회상하면 마음은 담마 안에서 희열로 가득 채워지며, 그 희
열은 정신적 힘을 강화시킨다.

⑦ 평화를 회상함 ― 여기서 수행자는 평화의 특성, 평화로 이끄는
마음상태, 최고의 평화인 닙바나에 대해 고찰하여 그것을 어떻
게 성취할 수 있을 것인지를 분명히 알게 된다. 이것은 희열을 불
러일으키고, 그 결과 큰 용기와 발심을 일으키게 한다. 그것은 부
처님 등에 대한 회상과 동일한 유익한 영향을 미친다.

⑧ 희열의 계발을 습관화하기 ― 이것은 오랜 수행으로 희열의 특
성과 친숙해지는 것으로, 항상 명랑하고 활기차며 결단력 있고
인내심 있으며 확신과 희망으로 충만해짐을 의미한다. 일단 이
러한 습관을 형성하는 데 성공하면 희열이라고 불리는 깨달음의
요소가 굳게 확립되고 조만간 마음의 모든 게으름이 제거된다.

요약하면, 법의 선택〔擇法覺支〕은 성공으로 가는 길을 보게 하여 마
음을 불러일으키고, 그로 말미암아 마음을 고무시킨다. 정진〔擇法覺支〕
은 마음을 활성화해주고, 마음이 올바른 길로 나아갈 수 있도록 힘을 실
어준다. 희열〔喜覺支〕은 노력을 강화시키는 동시에 방해받지 않고 지속
하도록 지켜준다. 이러한 세 가지 깨달음의 요소들을 조화시킴으로써

수행자는 그의 마음을 원하는 만큼 발심시킬 수 있으며, 마침내 본 삼매(appanā)의 단계에서 확고부동한 심일경성을 성취할 수 있게 된다.

마. 마음을 제어할 필요가 있을 때 마음을 제어하기

일반적으로 알고 있는 '정상적인' 마음은, 실제로는 너무나 불안해서 그 불안함이 육체적으로 나타난다. 몸과 마음은 상호 의존적이다. 이 불안한 몸과 마음을 고요하게 가라앉히는 역할을 해주는 것들이 바로 나머지 세 가지 깨달음의 요소들, 즉 고요함(passaddhi, 輕安覺支), 집중(samādhi, 定覺支), 그리고 평등심(upekkhā, 平等覺支) 등이다. 이 세 가지 모두는 마음을 평온하게 하고, 마음을 굳게 고정시켜 주고, 마음을 단호하고 고요하게 해주는 기능을 가지고 있다. 이들 모두는 밀접한 관련이 있어서, 서로 영향을 주고받는다. 하지만 이들을 개별적으로 고찰하고 난 후 따로따로 계발하는 것도 가능하다.

1) 고요함과 평온함(passaddhi, 輕安覺支)

고요함과 평온함을 의미하는 '경안각지'는, 불안과 동요가 점차 조용하게 가라앉은 상태를 의미한다. 불안에는 육체적인 불안과 정신적인 불안이 있듯이, 고요함에도 육체적인 고요함과 정신적인 고요함의 두 가지가 있다. 다음은 고요함을 계발하고자 권장되는 방법들이다.

① 생성(계발)하기(bhāvanā).

② 증대시키기(bahulīkatā).

③ 철저하고 능숙하게 조사하기(yoniso-manasikāra).

— 위의 세 가지는 모두 몸과 마음을 평온으로 이끈다. '생성하기 (bhāvanā)'란 어떤 것이 일어나도록 야기하는 것을 말한다. '증대시키기 (bahulīkatā)'란 그것을 반복함으로써 익히고 증장시키는 것을 말한다. '철저하고 능숙하게 조사하기(yoniso-manasikāra)'란 그것을 마음에 새기고 지혜롭게 고찰하여, 마침내 수행해온 각 단계와 관련되는 모든 현상들을 올바르게 이해하고 분명하게 인식하게 되는 것을 말한다.

이러한 세 가지 과정의 방법들은 모든 수행의 계발 단계에서 다음과 같이 서로 연관되어 있다. 즉, 수행자는 불안과 그 원인을 관찰하기 위한 노력을 해야 하고, 평온을 생성하기 위한 기술을 실행해야 한다. 그리고 생성된 평온함이 어느 정도이건 반복수행으로 그것을 주의 깊게 유지해야 한다.

④ 자연환경 — 또는 추위, 열린 공간 또는 막힌 공간, 경관의 아름다움 또는 추함, 이 모든 것들이 마음의 평온함에 영향을 미친다. 시끄럽거나, 보기 흉하거나, 냄새가 역한 환경은 마음의 평온함에 해가 되므로 피해야 한다.

⑤ 음식 — 수행자는 몸과 마음을 평온으로 이끄는 음식만을 섭취해야 한다. 가령 채소는 고기나 생선보다 마음을 평온하게 만드는 효과가 크다. 수행자는 평온으로 이끄는 방식으로 식사를 해야 한다.

⑥ 자세 — 평온으로 이끄는 자세는 불안과 동요를 없애 준다. 엎드린 자세는 불안으로 이끌고, 걷기는 그 반대이다. 수행자는 자기 자신에게 어떤 자세가 유익한 지를 잘 살펴 알아내야 한다.

⑦ 적절한 노력을 기울이기 — 수행자는 자신의 능력 범위를 넘거
나 시간과 장소에 부적합한 노력을 해서는 안 된다. 원칙은 너무
긴장하지도 않고 너무 이완되지도 않는 것이다. 여기서도 위와
마찬가지로 개인적인 특성에 따라 적절하게 행해져야 한다.

⑧ 불안정한 사람들을 피하기.

⑨ 선정을 이룬 사람들과 교우하기.

⑩ 고요함(경안각지)을 습관화하기.

이러한 열 가지의 방법들을 모두 실행할 때, 수행자는 점차적으로
정연하게 몸과 마음의 평온을 얻는다. 중요한 점은 항상 주의하고 단호
하고 인내해야 한다는 점이다. 모든 것은 매우 섬세하게 행하는 동시에
매우 인내심 있게 행해져야 한다.

2) 집중(samādhi-sambojjaṅga, 定覺支)

특정한 깨달음의 한 요소인 집중은 수행자를 본 삼매 상태로 유도
하는 기법 속에 들어 있다. 본 삼매는 수행자가 계속 수행해온 일반적인
집중과 다르다. 사실 본 삼매를 계발하는 단계, 즉 닮은 표상을 보호하
는 현 단계에서는 집중이 정체되어 있다. 정각지(samādhi-sambojjaṅga, 定
覺支)는 그러한 장애를 제거하기 위한 도구로 사용되어야 하고, 또한 장
차 발생할 수 있는 여타 장애들을 제거해주어 수행을 더욱 향상시키는
도구로 사용되어야 한다.

그러나 이러한 특정한 깨달음의 요소인 집중(정각지)은 일반적인 집
중과 너무나 밀접히 연결되어 분리될 수가 없으므로 이 두 가지 집중들

은 동시에 수행되어야 한다. 예를 들면 수행 중 나타난 마음의 영상은 위에서 설명된 방식으로 계속 보호되어야 한다. 그러나 이러할지라도 정각지는 별개의 깨달음의 요소로 분류되어야 하므로 자세히 다루어질 필요가 있다. 여기서 수행해야 할 것들은 앞에서 언급한 것과 같다.

① 생성(계발)하기.

② 반복에 의해 증대시키기.

③ 철저히 능숙하게 조사하기.

— 위의 세 가지는 사마타 수행(집중 명상) 또는 위빠싸나 수행(통찰지혜 명상) 중 한 경우에서 나오는 표상과 관련이 있다. 요점은 집중을 주의 깊게 유도하여, 고요함(passaddhi, 輕安覺支)에서 설명한 바와 같이 수행과 지혜로운 성찰에 의해 그 집중을 지속시키는 것이다. 그리고 옛 스승들은 다음의 사항들도 권장했다.

④ 본 삼매를 유도하기 위한 10가지 기법(appanā-kosalla)을 계발하기

⑤ 집중을 습관화하기 — 수행자는 집중을 필수적인 부분으로 받아들여서 항상 수행하고자 하는 마음상태를 유지해야 한다.

3) 평등심(upekkhā-sambojjaṅga, 平等覺支)

여기서 평등심이란 "집착할 가치가 있는 것은 아무것도 없다(sabbe dhammā nālam abhinivessāya)."라는 분명한 통찰에 의한 평등한 마음가짐을 뜻한다. 이것은 바로 담마 수행의 토대가 되는 바른 이해〔正見〕이다. 바른 이해는 평등심을 항상 유지시켜주며, 삼매(samādhi)를 지탱하는 직접적인 힘이 된다. 평등심을 계발하고자 다음과 같은 방법들이 권장된다.

① 모든 살아있는 존재에 대한 평등심 — 인간, 동물 할 것 없이 모

든 살아있는 중생들에게 평등한 마음을 길러야 한다.

② 모든 조건지어진 것들(saṅkhāra)에 대한 평등심 — 여기서 상카라(saṅkhāra)란 모든 무생물들을 의미한다.

그래서 ①과 ②는 우리가 집착하고 탐닉하는 경향이 있는 모든 것들을 포함한다. 먼저 우리는 '이것은 무엇인가?', '이것은 누구의 것인가?' 등을 생각하고, 그 다음에 '이것은 좋다', '이것은 나쁘다' 등의 생각을 한다. 이러한 느낌들은 애착심으로 이끌고, 급기야는 '나', '나의 것'이라는 생각에 기초한 집착을 만들게 된다. 이러한 애착과 집착은 끝없이 문제와 고통을 일으킨다.

③ 강한 애착심을 가진 사람들을 피하기.

④ 초연하고 의연한 사람들, 특히 모든 애착을 버린 사람들과 교우하기.

⑤ 자연스럽게 초연함의 습관을 기르기 — 이것은 초연한 삶의 덕목들을 성찰함으로써 이루어질 수 있다. 초연함에 만족하고 그 덕목들을 기리고 다른 사람들도 그렇게 되도록 항상 격려해야 한다. 이러한 것들이 초연한 습관을 기르기 위한 중요한 단서들이다.

이제 이러한 세 가지 깨달음의 요소들의 '상관관계'를 요약해보겠다. 고요함(경안각지)은 몸과 마음을 평온하게 만든다. 몸과 마음이 평온할 때 집중(정각지)이 있다. 그리고 집중 상태와 관련된 평온함이 있을 때, 그것은 평등심(평등각지)이다. 이것이 세 가지 깨달음의 요소들이 통합되는 방식이다. 이러한 통합이 효과적으로 이루어지면 수행자의 마음은 헤매거나 동요하지 않는다. 고요의 힘으로 초조하던 마음은 평정된다. '마음을 제어할 필요가 있을 때 마음을 제어한다.'라는 말은 마음이 초조할 때마다 이와 같이 수행하는 것을 의미한다.

바. 마음을 고무할 필요가 있을 때 마음을 고무하기

마음을 자극하거나 제어할 필요가 없을 때, 수행자는 마음을 고무시켜야 바람직하다. 즉 그 시점에 맞는 가장 적절한 특성 쪽으로 마음을 고양시키는 것이다. 여기에는 두 가지 측면이 있다. 첫째는 마음을 경각시켜 마음이 불건전하고 위험한 것들을 진정으로 두려워하게 하는 것이다. 그리고 둘째는 마음이 건전한 것들에 관심을 두도록 마음을 고무시키는 것이다.

마음이 두려워해야 하는 것에는 여러 가지 유형의 고통이 있으며, 이 고통은 명확히 이해되어야 한다. 경전에는 여덟 가지의 고통이 열거되어 있다. 그 여덟 가지란 다음과 같은 피할 수 없는 것들이다.

1) 태어남〔生〕.

2) 늙어감〔老〕.

3) 병듦〔病〕.

4) 죽음〔死〕.

5) 4가지 악처(apāya, 四惡道 ─ 지옥, 아귀, 축생, 아수라)에 떨어짐.

6) 윤회(saṃsāra) 속에서 과거의 업(業)이 이어짐.

7) 분명히 예견되는 미래로 이어질 윤회(saṃsāra).

8) 삶의 필요한 것들을 얻기 위한 고투.

이 중 마지막 8)에는 남녀 누구나가 휘말려 들게 되는 눈·귀·코·혀·몸 등을 만족하게 할 '먹이'를 끝없이 찾아다녀야 하는 고통이 포함된다. 이러한 여덟 가지의 고통을 계속 반추하고 분명하게 앎으로써 끝없는 고통에 빠질까 두려워하여 경각심을 갖게 된다. 이 경각심에 의해 두려운 상태에서 벗어나려는 수행자는 노력에 대한 확신과 결단력, 만족감을 얻게 될 것이다.

해탈을 이룬 사람과 법의 덕목들, 특히 불법승의 덕목에 대해 기뻐하는 마음을 고취함으로써 마음이 더욱 숭고한 것에 관심을 두게 할 수 있다. 그것은 참으로 확고한 부동심이어야 한다. "여기 완전히 고통에서 벗어난 사람(부처님)이 계시다. 이것은 고통으로부터 해탈로 이끄는 진실한 길(담마)이다. 이분들은 고통으로부터 해탈을 이룬 모범적인 사람들(승가)이다." 이러한 삼보(三寶)에 대한 고취는 수행의 성공을 보장해준다.

이처럼 마음을 경각시키고 독려하는 수행은 바르게 행해질 때 정체에 빠지기 쉬운 마음을 진작시켜 계속 정진할 수 있게 해준다.

사. 마음을 지켜볼 필요가 있을 때 마음을 지켜보기

마음이 느슨하거나 초조하지 않고 순일하게 작용할 때, 마음은 수행 진보에 적합한 안정을 이루었다고 할 수 있다. 수행자가 그 다음에 해야 할 것은 바라는 목표, 여기서는 본 삼매를 달성할 때까지 이러한 마음을 살펴보고 유지하는 것이다. 중요한 점은 이러한 유익한 상태를 차분하게 한결같이 살피어 유지해야 한다는 것이다. 수행자는 마음을 집중하여, 선정의 요소들을 계속적으로 저절로 한데 모아야 한다. 이것이 '마음을 지켜볼 필요가 있을 때 마음을 지켜보기'가 의미하는 것이다.

이 수행방법은 전차를 모는 데 숙련된 사람의 비유로 설명할 수 있다. 그는 자신의 말을 제어하여 속도를 조절할 수 있다. 매끄러운 길에서 그는 손에 채찍을 들고 앞을 주시하며 조용히 앉아있으면서도 말이 전차를 안정되게 끌도록 할 수 있다. 이런 식으로 그는 사고 없이 목적지까지 갈 수 있다. 이와 마찬가지로 수행자는 단지 지켜봄으로써 안정된 마음을 유지하면서 선정의 요소들을 성공적으로 한데 모을 수 있다. 수행자가 본 삼매를 이루기에 적합한 안정에 도달하기까지는 어떤 명확한 법칙들이 있다. 일단 이 단계에 도달하여 이러한 자연발생적인 법칙들이 효력을 발생하면 수행의 전 과정은 저절로 유지된다.

마음을 통제하는 비결은 간섭과는 전혀 다른 의미이다. 간섭함으로 마음을 제어하려는 것은 새로운 문제를 불러일으킨다. 이 단계에서 가장 중요하고 바람직한 것은 간섭이 아니라 예리한 마음챙김과 분명한 앎(sati-sampajañña)이다. 마음을 지켜보고 마음의 안정을 유지하는 과정에서 마음챙김은 매우 중요하다.

아. 불안정한 사람들을 피하기

불안정한 사람에는 다음 세 가지 유형이 있다.

1) 갈애를 포기하지 않은 자, 또는 갈애에 탐닉하는 자

― 여기서 '포기'란 감각적 욕망에서 벗어난 마음 상태를 뜻한다. 욕망을 포기하는 데 친숙하지 않은 사람은 감각에서 결코 벗어나지 못한 사람이다. 그는 감각적 욕망과 감각적 대상에 탐닉하는 것에서 벗어나지 못한 사람이다.

다시 말하면 그는 감각의 소란스러운 요구로부터 평화를 얻지 못하는 사람이며, 따라서 포기의 기쁨을 모르는 사람이다. 포기를 반대하는 사람은 스스로 알면서도 감각적인 것에 몰두하는 사람이다. 누군가가 그에게 반대되는 상태에 대해 말하면 그는 그것을 경험하지 못했으면서도 싫어한다. 그는 일단 그것이 바람직하지 않을 것이라고 짐작해 버린다. 그런 사람은 늘 불안정하고 마음에는 평화가 없다. 그는 의도적으로 평온한 삶을 피하며 습관적으로 욕망을 좇는 삶을 찾아간다.

2) 바쁜 사람과 우유부단한 사람

― 세속적인 할 일이 많은 사람은 결코 자신의 삶을 수행에 바치지 못한다. 그 결과 그는 결코 어느 한 가지도 끝까지 성공적으로 완수하지 못한다. 이것은 "갖가지 일을 하려는 사람은 결국 한 가지도 뛰어나게 하지 못한다."라는 속담에 들어맞는 경우다. 여러 가지 일로 바쁜 것을 좋아하는 사람은 그 자체로 자신이 불안정한 마음의 소유자임을 보여준다.

우유부단한 사람은 자기의 생각과 관심사를 순식간에 바꾸어 버린다. 그는 어느 한 가지 일이 완수되기 전에 마음을 바꾸어 다

른 일에 관심을 돌린다. 이런 사람은 결코 어떤 일에도 성공할 수 없다. 그는 '한 우물을 파지 못하는' 사람이다.

3) 흔들리고 방황하는 마음을 가진 사람
— 이런 사람은 명확한 목적의식이나 목표가 없다. 그의 마음에는 규율이 없고 일관성이 없다.

이러한 세 가지 유형의 사람들은 불안정하여 신뢰할 수 없는 부류이다. 수행자는 수행할 때 이러한 사람들을 피해야 한다. 그는 수행하는 동안 그들을 병균처럼 생각하거나, 매우 전염성이 높은 전염병 보균자처럼 생각해야 한다. 본 삼매의 성취를 목표로 하는 수행자는 그런 사람들을 항상 피해야 한다. 이와 같이 수행하면 수행자는 적어도 본 삼매의 길로 계속 나아갈 수 있다.

자. 안정된 마음을 가진 사람들과 교우하기

이것은 '아' 항목(불안정한 사람 피하기)과 정반대되는 것이므로 길게 설명할 필요가 없다. 본질적으로 수행자가 해야 할 일은 그러한 안정된 마음을 가진 사람들의 좋은 습관을 배워서 자신의 것으로 만드는 것이다. 안정된 마음의 사람들과 사귀는 또 다른 이익은 본 삼매의 수행과 관련한 문제에 대해 물어볼 기회를 얻을 수 있다는 점이다.

차. 마음을 상황에 적응시키기

수행자의 마음에 집중이 확고하게 이루어진 때, 마음의 여러 상태 혹은 마음의 다양한 활동들이 조화될 수 있도록, 집중의 '시간과 강도'를 고려하여 잘 조정하는 것을 뜻한다. 이 모든 것을 세부적으로 상세히 다루기란 쉬운 일이 아니다. 그러나 수행자가 본 삼매로 가는 길에서 일어나는 모든 상황에 대하여 자신의 마음을 '적절하게 조절하는 데에' 충분히 숙달되어야 한다는 것이다.

여기서 '적절하게 조절하기'의 의미는 비유를 들어 명백하게 설명할 수 있다. 자전거 타기를 처음 배우는 사람에게는 몸의 균형을 올바로 잡는 것이 중요하다. 균형을 잡으려면 적절한 순간에 자신의 체중을 옮겨야 한다. 그렇지 않으면 자전거를 유연하게 탈 수가 없다. 자전거 타기를 배우고자 하는 사람이 핸들을 잘 조종하지 못하거나 체중을 잘 배분하지 못한다면 그는 매순간 흔들거릴 것이다. 그는 계속 자신의 중력의 중심을 잡으면서 조절해야 한다. 이와 마찬가지로 수행자가 본 삼매를 성취하려 할 때도 마음의 균형을 조절하여 견고하게 해야 한다.

수행자가 지녀야 할 '중도'의 가르침은 화밀을 찾는 꿀벌에 비유될 수 있다. 시간이 너무 이르지도 않고 너무 늦지도 않은 중도의 적절함에 대해 화밀을 찾는 꿀벌의 예로 설명할 수 있다. 매일 아침 꿀벌은 화밀을 찾아 날아다닌다. 만일 꿀벌이 너무 이른 시각에 꽃에 도착한다면 날이 어두워 꽃은 아직 꽃잎을 열지 않은 상태이다. 꿀벌은 꿀을 얻을 수 없을 뿐 아니라, 어둠 때문에 꿀벌이 만나게 될 많은 위험이 있을 것이다. 만일 꿀벌이 너무 늦게 도착한다면 다른 꿀벌들이 이미 화밀을 많이 모아갔기 때문에 늦은 꿀벌은 아무것도 얻지 못하게 될 것이다.

힘이 너무 강하지도 않고 너무 부드럽지도 않은 적절함(중도)의 비유는 다음의 비유로도 설명할 수 있다. 옛날 연못 위에 떠있는 연꽃의 꽃잎에 칼로 글자나 기호를 새겨 넣는 시합이 있었는데, 이때 꽃잎이 찢어지게 해서는 절대로 안 된다는 단서조항이 있었다. 어느 솜씨 있는 사람이 마치 마술처럼 꽃잎이 전혀 찢어지지 않게 단 한 번에 글자를 새겨 넣었다고 한다. 이 시합에서 칼을 쥔 손에 너무 부드럽게 힘을 주면 아무것도 새겨지지 않을 것이고, 힘을 너무 강하게 주면 꽃잎이 찢어질 것이다. 즉 너무 강하지도 않고 너무 약하지도 않게 해야만 일을 성공할 수 있다.

속도가 너무 빠르지도 않고 너무 느리지도 않은 적절함은 다음과 같은 거미줄의 비유로 설명할 수 있다. 옛날에 30 또는 40피트 길이의 굵고 끈적끈적한 거미줄 가닥을 모아오도록 명령을 받은 사람이 있었다. 만일 그가 너무 빨리 거미줄을 당기면 거미줄 가닥은 찢어질 것이고, 너무 느리게 당기면 거미줄을 풀어낼 수가 없을 것이다.

너무 많지도 않고 너무 적지도 않아야 하는 적절함의 비유는 요트를 탄 사람의 비유로 설명할 수 있다. 요트 조종자는 바람에 따라 돛을 적절하게 조절한다. 바람이 강할 때 돛을 너무 많이 올리면 배는 전복될 것이다. 그리고 바람이 약할 때 돛을 너무 내리면 배는 전혀 움직이지 않을 것이다.

너무 대담하지도 않고 너무 소심하지도 않은 적절함의 비유는 큰 통속의 기름을 병목이 좁은 병 속에 넣는 일의 비유로 설명할 수 있다. 너무 대담하게 그 일을 하면 기름은 사방으로 흘러내릴 것이다. 그리고 너무 소심하게 기름통을 기울이면 기름은 전혀 흘러나오지 않을 것이다.

너무 긴장하지도 않고 너무 이완되지도 않은 적절함의 비유는 작은 참새를 손안에 쥐는 것의 비유로 설명할 수 있다. 너무 긴장하여 주먹을 꽉 쥐면 참새는 눌려 죽을 것이다. 반대로 너무 느슨하게 쥐면 참새는 손에서 빠져나와 멀리 날아가 버릴 것이다. 또는 연날리기나 현악기를 연주하는 것에 비유할 수도 있다. 현악기의 줄을 예로 들면, 그 줄이 너무 팽팽하게 조여지거나 너무 느슨하게 조여지면 맑은 소리를 낼 수 없으며, 적절하게 조여져야만 악기에서 맑은 소리가 날 수 있다는 것을 상기해보라.

이 모든 비유들은 '마음을 상황에 적응시키기'를 명확하게 설명해 준다.

본 삼매로 이끄는 수행의 초기 단계에서 마음을 선정의 요소들 쪽으로 기울이되, 양극단을 피하고 중도(적절함)를 유지하면서 그 요소들을 점진적으로 한데 모으는 것이 필수적이다.

이 모든 과정이 질서 있게 유지될 때, 수행자의 마음은 본 삼매로 기울어 마침내 본 삼매를 성취할 수 있게 된다. 자신의 기질이 그러한 수행에 적합한 사람은 쉽고 신속하게 성공을 이룰 수 있다. 그러나 의지력과 결단력이 부족한 사람에게는 많은 어려움이 생길 것이다. 그런 사람은 오랫동안 많은 노력을 기울여야 한다. 그는 수행의 이런 섬세한 단계에 도달하는 데 평생이 걸릴지도 모른다. 진정으로 단호한 수행자라면 생사조차도 걱정하지 않고 자신의 수행에만 오직 집중할 것이다.

이상과 같은 열 가지 기법의 수단들을 '본 삼매를 유도하는 기법(appanā-kosalla)'이라고 부른다. 이 열 가지 모두에는 특정한 목표가 있다. 즉 이들은 모두 수행자를 신속하게 본 삼매로 가게 하는 수단들이다. 수행자는 이것들을 실행함으로써 훌륭한 정신적 습관과 기능을 기르고 강화시킬 수 있다. 그리고 본 삼매를 유도하는 기법이 성공적인 집중명상(사마타)으로 이끌 뿐만 아니라, 수행자의 담마수행 전반에 이익을 주며, 그 최종 단계인 통찰지혜 명상(위빠싸나)에도 이익을 준다. 본 삼매를 유도하는 기법(appanā-kosalla)이 표상을 보호하고 선정의 요소들을 모으는 단계에서 여법하게 잘 실행되면 그 결과로 본 삼매와 선정을 성취하게 된다.

9

Ānapanasati

선정(본삼매)의 성취

1. 선정 상태에 따라 나타나는 열 가지 특성

선정을 성취하는 수행 단계를 이해할 수 있도록 우리는 다시 닮은 표상이 나타나는 지점으로 돌아가야 한다. 닮은 표상(patibhāga-nimitta)이 나타나기 바로 직전에 익힌 표상(uggaha-nimitta)은 매우 또렷해진다. 이 때 수행자는 수행에 만족감을 느끼고 마음은 매우 고요해진다. 수행자가 의도적인 노력을 기울이지 않아도 집중은 저절로 이루어진다. 이것은 닮은 표상이 나타나려고 할 때의 예시들이다.

일단 닮은 표상이 나타나게 되면 앞서 설명한 방식으로 닮은 표상을 필요로 할 때까지 보호해야 한다. 이 단계에서 수행자에게 장애들이 나타나지 않더라도 삼매는 또다시 무너질 수 있다. 이것은 선정의 요소들이 아직 확고하고 완전하게 확립되지 않았기 때문이다. 수행자는 가능한 한 신속하게 본 삼매에 도달하기 위하여, 선정을 성취하기 위한 열 가지 기술적 방법들을 이용하여 마음의 균형을 잘 유지해야 한다. 그는 선정의 다섯 요소를 점진적으로 모아 뚜렷이 현전케 하여 굳게 확립시킴으로써 마음을 한데 모아서 본 삼매에 이를 수 있다. 선정의 5요소가 굳게 확립될 때 수행자는 '본 삼매(appanā-samādhi), 또는 초선정(paṭhama-jhāna)을 이루었다' 고 말할 수 있다.

선정의 상태에서 마음은 선정의 5요소〔위따까, vitakka, 尋, 일으킨 생각], 위짜라(vicāra, 伺, 지속적인 고찰), 삐띠(pīti, 喜, 기쁨, 희열), 수카(sukha, 樂, 행복), 에까가따(ekaggatā, 心一境性)와 마음의 다섯 가지 기능[五根, indriya], 즉 확신(saddhā, 信), 노력(viriya, 精進), 마음챙김(sati, 念), 집중(samādhi, 삼매, 定), 통찰지혜(paññā, 慧) 외에 열 가지 특성을 부여받으며, 그 열 가지는 모두 아주 명백하게 수행자에게 현전한다. 이와 같이 선정의 성취에 관여하는 요건들에는 모두 20가지가 있다. 그 중 열 가지 특성들은 선정 상태를 세 가지 단계로 나누어 살펴볼 때 각 단계에 나타나는 특성들이다.

가. 선정의 시작 단계

이는 '수행의 완성'이라고도 알려진 단계이며, 다음의 세 가지 특성들을 가지고 있다.

1) 마음이 초선정을 방해하는 모든 장애로부터 자유롭다.

2) 자유로워진 마음에 사마타 표상(samatha-nimitta)이 현전한다.

여기서의 표상은 선정의 5요소를 말한다.

3) 사마타 표상을 얻은 마음은 그 속에 몰입한다.

초선정이 '그 처음에 있어 빛나는' 것으로 묘사되는 것은 바로 이러한 시작 단계의 세 가지 특징들 때문이다.

나. 선정의 중간 단계

이것은 '평등심의 증장(upekkhā-bruhanā)'으로도 알려진 단계이며,
세 가지 특성이 있다.

1) 선정을 방해하는 모든 장애들로부터 자유로워진 마음을 '평등심
   으로 분명하게' 바라본다.
2) 사마타의 표상에 몰두한 마음을 '평등심으로 분명하게' 바라본다.
3) 충분히 정화된 통일성(ekattā, 統一性)을 갖춘 마음을 '평등심으로
   분명하게' 바라본다.

여기서 '충분히 정화된 통일성'이란, 수행자가 장애와 반대되는 각
각의 선정요소를 갖춘 완전한 선정 상태를 말한다.

초선정이 '그 진행에 있어 빛나는' 것으로 묘사되는 것은 바로 이와
같은 중간 단계의 세 가지 특징들 때문이다.

다. 선정의 마지막 단계

'기쁨(sampahamsanā)'으로 알려진 선정의 마지막 단계에는 네 가지
특성이 있다.

1) 초선정의 모든 특성들 특히, 선정의 5요소가 완전히 현전함으로
   인해 기쁨이 있다. 이를 두고 '선정요소들의 통합'이라고 부른다.
2) 마음의 다섯 가지 기능〔五根〕이 모두 통합되어 동일한 목적으로

작용함으로 인해 기쁨이 있다.

3) 당면한 초선정을 성취하기 위한 필수적인 노력을 지속할 수 있는
   마음의 능력과 마음의 다섯 가지 기능을 통합할 수 있는 능력에
   대한 기쁨이 있다.

4) 마음이 선정의 경험에 매우 즐거워하여 기꺼이 그 선정 속에 침
   잠하므로 기쁨이 있다.

선정의 마지막 단계에 있는 위의 네 가지 기쁨으로 인해, 초선정은
'그 완성에 있어 빛나는' 것으로 묘사된다.

위와 같이 선정의 세 가지 단계는 열 가지 특성들로 구성된다. 이 특
성들은 성취할 만한 선정의 '빛나는 영광'을 구성하는 요소이며 마음을
수련하고 계발하는 데 관심을 가진 모든 지혜로운 사람들에게 큰 만족
을 준다.

2. 열 가지 특성이 선정의 5요소와 오근(五根)과 함께 '초선정'을 이루는 방식

이제 이 열 가지 특성들이 선정의 5요소와 마음의 다섯 가지 기능〔五根〕과 함께 '초선정'을 이루는 방식을 설명해 보겠다. 앞에서 열 가지 특성들을 세 가지 국면으로 분류하여 살펴본 것은 단순히 편의에 따른 분류이다. 실제로 그것들은 모두 동시에 존재한다. 선정의 어느 한 상태는 보는 각도에 따라서, 그리고 편의상 채택된 분류방식에 따라서 여러 가지 특성들을 다른 측면에서 이해할 수 있다. 그러면 이제 이 열 가지 특성들을 하나씩 알아보자.

가. 첫 번째 특성

마음이 초선정에 반대되는 모든 장애로부터 자유롭다. 초선정에 들 때, 마음은 선정에 해로운 모든 장애들에서 벗어나 참으로 하나로 집중된 마음〔心一境性〕이 된다. 닮은 표상이 나타날 때 이 특성은 아직 완벽하지 않다. 이 특성은 사마타 표상(samatha-nimitta), 즉 선정을 이루는 5요소의 출현과 함께 완벽해질 수 있다.

닮은 표상의 힘에 의해 장애를 제거한 상태는 아직 본 삼매가 아니고 단지 근접 삼매라는 것에 주의해야 한다. 5장애가 제거되자마자 선정이 성취된다고 말하는 것은 옳지 않다. 피상적이고 개괄적인 논의가 아니라면, 실제 수행상에서는 그처럼 대충 말해서는 안 된다. 이 첫 번째 특성의 정확한 의미는 마음이 몰입선정(본 삼매) 상태를 방해하는 모든 장애들로부터 완전히 벗어난다는 것이다.

나. 두 번째 특성

자유로워진 마음은 사마타 표상(samatha-nimitta)을 얻는다. 이때 표상은 선정의 5요소를 말한다.

이 특성은 마음이 선정을 방해하는 모든 장애들로부터 완전히 벗어나서, 닮은 표상을 놓아버리고 선정의 5요소를 그 표상으로 취할 수 있게 되는 것을 의미한다. 마음이 첫 번째 특성의 힘으로 이러한 장애들로부터 벗어나지 못한다면 마음은 새로운 표상으로 이동할 수 없다. 닮은 표상이 있는 상태의 마음은 장애들로부터 자유로울 수 없다. 즉 마음이 아직 외적인 현상에 고정되어 있는 것이다. 외적인 현상은 심일경성을 위한 확고한 토대가 되어주지 못한다. 이런 상태는 심일경성을 얻기 위한 오직 완벽한 토대인 선정의 요소들을 갖추고 있지 않아서 아직 불안정하다. 따라서 장애가 다시 돌아와 마음을 어지럽힐 수 있는 상태이다.

마음을 한데 끌어 모아서 선정을 성취하는 과정에서 방해되는 어떤 장애요인도 작용하지 않을 때 선정의 과정은 원활히 이루어진다. 그러

한 상태에서만이 닮은 표상에서 사마타 표상(선정의 요소들)으로 알아차
림이 이동될 수 있다.

다. 세 번째 특성

사마타 표상을 얻은 마음은 그 속에 몰입한다.

이 특성은 마음이 사마타의 표상을 얻어서 그것에 완전히 몰입하는
것을 뜻한다. 이때 마음에는 닮은 표상의 흔적이 남아 있지 않다. 마음
은 선정을 이루는 5요소를 알아차리는 데에 몰입해 있다. 즉 선정의 5요
소가 마음에 의해 알아차려 질 뿐만 아니라 마음속에 완전하게 스며들
어 있다.

이 시점에서부터 수행자는 마음이 어떤 상태에 있건, 그 마음이 무
엇을 하고 있으며 어떤 기능을 하고 있는지 그 마음의 상태를 관찰해야
한다. 이러한 세 가지 특성을 선정이 시작되는 단계로 분류하는 것은 이
특성들을 나머지 다른 특성들에 앞서 알아차려야 하고 이해해야 할 또
렷한 현상이라는 것을 나타내기 위함이다.

라. 네 번째 특성

선정을 방해하는 모든 장애들로부터 자유로워진 마음을 분명하게
바라본다.

네 번째 특성은 마음이 해로운 모든 요소들로부터 벗어났음을 스스로 분명하게 자각하는 것을 뜻한다. 이 상태는 이제 막 목욕을 마친 사람의 상태에 비유할 수 있다. 자신의 몸을 완전히 씻은 후에, 그는 자신의 몸을 보지 않아도 몸의 때를 깨끗하게 씻어냈음을 안다.

이와 마찬가지로 마음이 의도적으로 선정의 5요소에 집중할 때, 그와 동시에 마음이 스스로 정화되었음을 안다. 마음이 선정의 5요소에 더욱 집중될수록 마음은 스스로 정화되고 있음을 더욱 잘 안다. 요약하면, 마음은 번뇌로부터 해방되었음을 확고하게 알아차릴 뿐만 아니라, 그 순간 일어나는 일련의 상태들도 동시에 알아차린다. 이러한 과정은 걸어가는 동안 어떤 것을 바라보는 것에 비유될 수 있다. 우리는 걸어가고 있음을 알아차리는 것과 동시에 사물을 바라보고 응시하고 그것에 반응한다. 더군다나 이 모든 것들은 저절로 일어난다.

마. 다섯 번째 특성

사마타 표상에 몰두한 마음을 분명하게 바라본다.

이 특성은 마음이 사마타의 표상, 즉 선정을 이루는 5요소에 몰입하게 된 이유를 분명히 알게 되는 것을 뜻한다. 그 이유는 마음이 청정하지 못한 상태에서 벗어났기 때문이다.

이 점을 더 자세히 설명해보면 첫째, 마음 스스로 이러한 상태에 있다는 것을 자각하고, 둘째, 마음 스스로 이러한 상태에 있도록 해준 원인과 조건들을 안다.

마음이 이 두 가지 사실들을 동시에 알고, 다음과 같은 또 다른 상태를 분명히 알게 된다.

바. 여섯 번째 특성

충분히 정화된 통일성(ekattā, 統一性)을 갖춘 마음을 분명하게 바라본다. 여섯 번째 특성은 마음이 그 자신의 정화된 상태〔統一性〕를 분명히 보는 것이다. 이것은 마음이 두 가지 일을 동시에 할 수 있는 능력이 있기 때문이다.

그렇기에, 우리는 여기서 선정의 중간 단계(라, 마, 바)에서 '분명히 보는' 세 가지 특성들이 서로 긴밀히 관련되어 있음을 분명히 알 수 있다. 이것의 완전한 의미는 다음의 비유를 보면 확연하게 그 연관성을 이해하게 된다.

어떤 사람이 있다. 그가 청정하기 때문에 보통 사람들이 그를 존경하여 자신들의 집에 환영하여 모신다. 이때 그는 세 가지 것들, 즉 자신의 청정함, 자신이 그들의 집으로 들어감, 자신이 그들에게 환대를 받음 등을 한꺼번에 동시에 볼 수 있다. 이 세 가지 특성들은 개별적인 요소이기는 하지만, 그 자신은 이 세 가지를 동시에 볼 수 있다.

이와 마찬가지로 세 가지 특성들에 집중한 마음은 '분명히 보는' 힘, 다시 말해서 만족의 힘과 세상의 그 어떤 것도 지금의 안정된 마음을 흔들 수 없다는 행복한 확신의 힘을 통해 스스로를 분명하고 확고하게 본다. 이러한 이유로 이를 '본 삼매(appanā-samādhi)' 라고 부른다.

선정의 중간 단계의 세 가지 특성들은 이미 선정을 성취한 마음의 속성들을 반영하고 있다. 나머지 네 가지 특성들은 마음에 의해 얻어지는 유익함, 즉 선정의 즐거운 맛(rasa)이다. 그것들은 다음과 같은 네 종류의 '기쁨'들이다.

사. 일곱 번째 특성

초선정의 모든 특성들이 있기에 기쁨이 있다.

선정에 들어갔을 때 그와 관련된 모든 현상들은 그저 단순히 존재할 뿐만 아니라, 그 각각의 기능이 조화롭게 통합되고 실행되기 때문에 기쁨이 있다. 이때의 선정 상태와 관련된 현상들은 선정의 5요소와 다섯 가지 마음 기능인 5근, 그리고 지금 설명하고 있는 열 가지 특성들이다.

마음의 다섯 기능이 어떻게 조정되어 조화되는가 하는 것은 앞서, 8장 본 삼매를 촉진하는 기법(appanā-kosalla)인 (2) 5근(indriya, 五根)을 조화시키기 편에서 설명했다. 그러므로 여기서는 마음의 다섯 가지 기능들이 모두 개별적이면서도 집합적으로 완벽하게 그 역할을 이행한다는 것만 지적하고 넘어가겠다. 어떤 요소도 다른 요소들을 압도하거나 방해하지 않는다.

선정의 5요소들 중에서 각 요소는 이 단계에서 적절함을 유지하며 존재하므로 모든 요소들이 굳게 확립된다. 초기 단계, 특히 수식(數息)과 상수(相隨)의 시작 단계에서는 위따까(vitakka, 尋, 일으킨 생각)와 위짜라(vicāra, 伺, 지속적인 고찰)가 어느 정도 나타나지만, 결코 적절한 비율로 나타나지는 않는다. 한편, 삐띠(喜, 기쁨, 희열), 수카(樂, 행복), 에까가따(心一境性, 하나의 대상에 집중된 상태) 등은 완전히 결여되어 있다. 삐띠와 수카는 이후 단계인 접촉과 고정의 단계에서 나타나게 되지만, 여전히 불안정하고 약한 상태이다. 그리고 에까가따(心一境性)는 진정 그것을 에까가따라고 부를 수 있을 정도로 존재하지는 않는다.

그러나 본 삼매를 성취한 현 상황에서 이 모든 요소들은 마치 예리한 측량사가 정밀하게 재고 측정한 것처럼 충분히 그리고 적절한 비율로 계발된다. 비유적으로 말하자면, 본 삼매를 이루는 5요소의 상태는 다섯 개 또는 열 개의 막대기가 땅에 굳게 고정된 채 그 윗부분이 한데 연결되어 서로 지지하며 지탱하는 것과 같다. 각 막대기(요소)는 균등한 무게를 떠맡는 개별성을 갖는 동시에 전체를 이루는 동시성을 가지게 된다. 그러므로 본 삼매를 구성하는 요건으로 선정의 5요소들이 자연스런 힘을 지탱하며 마음속에 존재하게 하는 것은 어렵지 않다.

아. 여덟 번째 특성

마음의 다섯 가지 기능〔五根〕들이 모두 통합되어 조화를 이루며 동일한 목적으로 작용함으로 인해 기쁨이 있다.

마음의 다섯 가지 기능들이 결합하여 같은 일을 함에 따라, 마음이 같은 '선정의 즐거운 맛'을 함께 나눌 수 있게 하므로 기쁨이 있다. 마음의 다섯 가지 기능들(indriya, 五根, 五力), 즉 믿음(saddhā, 信根), 노력(viriya, 精進根), 마음챙김(sati, 念根), 집중(samādhi, 삼매, 定根), 통찰지혜

(paññā, 慧根) 등이 동일한 즐거운 맛을 나눌 수 있도록 함께 결합하여 작용할 때 수행자는 선정을 성취하고, 그 결과 마음의 기쁨이 자연스럽게 일어난다.

자. 아홉 번째 특성

당면한 초선정을 성취하기 위한 필수적인 노력을 지속할 수 있는 마음의 능력과 마음의 다섯 가지 기능을 통합할 수 있는 능력에 대하여 기쁨이 있다.

마음이 마음의 다섯 가지 기능〔五根〕을 모두 뜻대로 한데 모을 수 있고, 의도대로 기능들을 적용할 수 있기 때문에 기쁨이 있다. 비유적으로 말하면, '모든 무리를 마음대로 이끌 수 있기 때문에' 기쁨이 있다. 마음은 5근을 모두 통제하여 그 중 어느 것도 과하거나 부족함이 없도록 하기 때문에 기쁨이 있다. 그리고 마음은 5근이 모두 같은 목표를 추구하도록, 주로 같은 즐거운 맛을 나누어 갖도록 통합시키고 조절할 수 있기 때문에 즐거움이 있다. 이와 같은 상태일 때 마음에는 기쁨이 저절로 일어난다.

차. 열 번째 특성

마음이 선정의 경험에 매우 즐거워하여 기꺼이 그 선정 속에 침잠

하므로 기쁨이 있다.

　마음이 선정의 즐거운 맛을 다른 무엇보다 더 좋아하고 그 맛에 만족하므로 기쁨이 있다. 이것은 삐띠(희열)와 수카(행복)의 힘 때문이다. 삐띠(희열)와 수카(행복)의 힘은 위따까〔기울인(일으킨) 생각〕*, 위짜라(지속적 고찰), 우뻬카(평등심) 등의 선정 요소를 힘 있게 견인하고, 그렇게 확립된 위따까, 위짜라, 우뻬카 등의 힘은 마음을 견고하게 만든다.

　본 삼매(몰입 선정)는 마음이 그 상태 안에 있기를 너무나도 좋아하여 거기서 떠나기를 원치 않는 상태인, 말하자면 마음의 니르바나와 같은 것이다. 요약하면, 선정(Jhāna)의 맛에 만족하기 때문에 기쁨이 일어난다.

　이러한 네 가지 기쁨들은 저절로 일어난다. 그래서 선정에 결코 방해가 되지 않는다. 기쁨은 선정의 요소들과 함께 간다. 더 정확하게 말하면 기쁨은 그 자체가 선정의 한 요소이다. 기쁨(rejociing)은 희열(rapture)과 행복(happy)의 한 형태로 간주할 수 있다. 우리는 여기서 기쁨의 원인을 따로 조사하려고 '기쁨'이라는 별개의 표현을 사용했던 것이다. 기쁨과 기쁨의 원인은 둘 다 모든 선정의 요소들을 결합시키는 근간이 된다.

　이렇게 열 가지 특성들을 살펴보는 우리의 의도는 사소한 세부사항들을 장황하게 조사하려는 것이 아니라, 선정의 실제 상황을 탐사하여 수행의 실제 과정에서 발생할 수 있는 방해요인들을 제거하고자 함이다.

　이러한 선정상태에서의 열 가지 특성들은 선정을 이루는 기본적인 요소들이다. 즉 그것들은 이 시점에서부터 나머지 색계 선정의 세 가지

---

* 위따까는 기울인 생각, 일으킨 생각, 생각하다 등으로 번역된다. 이 책에서는 대상에 기울이는 뜻이 강하므로 '기울인 생각'으로 번역하였다.

와 무색계 4선정, 그리고 성스러운 도(道)와 과(果)를 이루는 통찰 지혜 수행(위빠싸나)까지를 모두 포함하여, 수행의 모든 단계들을 점검하기 위한 토대가 된다. 이 열 가지는 명상수행의 모든 단계들을 검토할 수 있는 장치이다. 각각의 수행단계는 동일한 방식에 의해 성취된다. 동일한 즉, 한 가지 조사 방법이 모든 단계들에 동일하게 적용될 수 있으며, 차이가 있다면 명칭의 차이일 뿐이다.

그렇다면, 이 열 가지 특성들은 특별히 주목할 만한 가치가 있다. 수행자가 직접적인 경험에 의해 이 특성들을 이해할 수 없고 알 수 없다면, 그는 이러한 수행 과정, 즉 ‘마음을 통한 해탈(ceto-vimutti, 心解脫)’을 성취하는 데 큰 어려움을 겪게 될 것이다. 이 경우, 그는 직접적이고 자연스런 방법인 ‘통찰 지혜를 통한 해탈(paññā-vimitti, 慧解脫)’에 의지해야 할 것이다. 이상이 열 가지 특성들에 대한 중요한 의미이다.

이 열 가지 특성들을 시작에 있어 장엄하고, 진행에 있어 장엄하고, 결실에 있어 장엄하다고 말하는 것은, 이 특성이 사람들로 하여금 수행을 시작하도록 격려하는 부수적 효과가 있기 때문이다. 현대적인 표현으로 그것은 하나의 광고이다. 즉 사람들로 하여금 수행에 관심을 두도록 격려하고, 수행에 관심을 둔 사람들이 그것을 실제로 수행하도록 격려하는 하나의 방편이다.

3. 선정 상태의 세 가지 국면
(시작, 중간, 마지막 단계)들의 상호관계

우리는 앞서 선정 상태에서의 각 특성(10가지 특성)과 다른 부류(선정의 5요소, 5근)의 상호관계를 살펴보았다. 이제 그 세 가지 국면(시작, 중간, 마지막 단계)의 상호 관계들을 조사해보자. 이러한 관계들은 선정(Jhāna)에서의 마음 상태, 특히 명상주제와 마음이 명상주제에 집중되는 방식을 고찰함에 의해 가장 잘 이해될 수 있다.

앞서 사용되었던 몇몇 용어들이 여기서는 다소 다른 의미로 사용될 것이고 일부 마음의 활동들은 소위 말하는 '비밀'처럼 이해하기 어려워지고 모호해진다. 따라서 우리는 이 용어들의 의미를 고찰해야 하고, 이러한 정신적 활동들이 일어나는 방식을 고찰해야 한다.

잘 알려졌듯이, 마음은 하나의 명상 대상을 가지고 있어야 한다. 그렇다면 문제는 선정 상태에서 마음의 명상 대상은 무엇인가 하는 것이다. 문제가 간단해지려면 우리는 두 가지 단계를 유념해야 할 것이다. 그 두 단계는 선정에 들어가는 단계와 선정 속에 견고하게 자리잡는 단계이다.

마음은 선정에 들어가기 직전에 '성숙해진다(gotrabhū-citta)'라고 표현한다. 이때 마음의 명상주제는 본 삼매, 즉 마음이 막 들어가려고 하는 순간의 선정 상태이다. 마음이 선정 속에 견고하게 자리잡았을 때는 일반적 의미로 대상을 갖는다고 말할 수 없다. 그러나 선정의 요소들은 명확하고 완전하게 현전하고 있으므로, 이 시점에서 마음의 대상으로 간주될 수 있다. 이것은 마음이 선정 요소들의 현전함을 알아차리고 있기 때문이다. 물론 수행에서 선정에 들어가는 것과 선정에 이미 들어가 있는 것 사이의 구별은 중요하지 않다. 왜냐하면, 그 두 단계는 서로 저절로 따라가기 때문이다.

중요한 것은 다음과 같은 문제이다. '선정에 들어가는 순간에 마음의 대상은 무엇이고, 마음이 그 대상에 정확히 어떻게 관련되어 있는가? 하는 것이 문제이다.

앞에서 설명하였듯이, 마음이 선정에 막 들어가려는 순간에 마음은 본 삼매, 즉 완전한 집중상태로 이동한다. 그래서 본 삼매 그 자체가 명상주제이다. 이것은 이 시점에서 마음이 세 가지 표상들, 즉 준비 표상, 익힌 표상, 닮은 표상 중 어느 것도 이제는 명상대상으로 갖지 않는다는 것을 의미한다. 이는 중요한 점이다. 세 가지 표상들(호흡도 포함) 중 어느 것도 하나로 모인 마음, 또는 하나로 막 모이려는 마음의 대상으로 되지 않는다. 그러나 이 세 가지 표상들은 모두 마음챙김의 힘 때문에 또렷하다. 이때 마음은 산만하지 않다. 노력하는 힘(정진력)이 현전하며, 수행자는 선정에 들어가는 과정을 달성한다.

이 점은 '선정(Jhāna)을 성취하는 비밀'로 간주되기 때문에 잘 이해되어야 한다. 명상수행자는 위에서 언급한 문제의 본질적인 요점에 주목해야 한다.

첫째, 호흡을 포함하여 세 가지 표상들은 이들 중 어떤 것도 이 단계에서의 명상주제가 아닌데도, 그들은 또렷하게 현전한다. 둘째, 마음이 이러한 표상들 중 어느 것을 명상주제로 갖지는 않지만, 그것이 버려지는 것은 아니다. 즉 노력하는 힘(정진력)의 작용이 있고 마침내 마음이 완전히 집중될 때까지 수행은 자연스럽게 진행된다.

이 모든 일이 어떻게 가능한지 의아스러울 것이며 다음과 같은 의문이 일어날 수 있다. '호흡을 포함하여 어떤 표상도 마음의 명상주제가 아니라면, 어떻게 그 표상들이 마음에 또렷할 수 있는가? 또한, 마음을 계발하려면 어떻게 노력을 기울여야 할 것인가? 그리고 마음이 고요하고, 움직이지 않고, 흔들리지 않을 때 수행이 어떻게 순조롭게 진행될 수 있는가?

이것이 바로 '비밀'이라는 단어가 사용된 이유이다. 그러나 비밀이나 마술 같은 것은 없다. 단지 이러한 수행의 국면이 지극히 오묘(奧妙)하기 때문일 뿐이다. 수행에서 그것은 모두 자연스럽게 담마의 길에 따라 진행된다. 이러한 과정을 면밀하게 관찰하지 않았거나 충분히 공부하지 않은 사람에게 이 모든 것은 불가능하게 보이는 것이 당연하다.

이 과정에서 나타나는 특정한 상태를 직접적이고 분명한 말로 설명할 수 없다면, 비유로써 명쾌하게 설명해보는 것이 좋겠다. 여기서 우리는 이미 잘 알려진 톱날의 비유를 들 수 있다. 나무를 톱으로 자르고 있는 목수를 상상해 보자. 목수는 톱으로 나무를 자르고 있지만, 톱과 나무가 접촉하는 지점에 특별히 주목하지 않는다. 그러나 그가 톱질하는 행위는 계속 진행되고 있기 때문에, 목수는 자신이 나무를 톱질하는 행위 전반에 대해 분명히 알아차리고 있다. 이 목수의 비유를 보다 상세히 살펴보자.

가. 목수는 톱니가 나무를 자르고 있는 실제 지점에 특별한 주목을 하지 않더라도, 톱질행위를 알아차리고 있다.

나. 목수의 밀고 당기는 동작에 톱니가 반응하여 앞뒤로 움직일지라도, 톱질 행위에는 통일성, 즉 '하나의 대상에 대한 집중' 이 있다. 이와 같은 대상에 대한 집중과 앞뒤로 움직이는 분절되면서 연결되는 목수의 동작은 동시에 존재할 수 있다.

다. 목수는 톱이 나무를 자르는 정확한 지점과 그가 기울이는 노력에 주목하지 않아도 톱질 행위는 계속 진행할 수 있다. 마음챙김 또한 노력을 조절하는 일에 매우 적극적으로 관여하지는 않는다. 그럼에도 불구하고, 그 일이 요구하는 만큼의 노력하는 힘이 정확하게 기울여지고 있다는 사실에 주목해야 한다.

라. 마지막으로, 목수가 눈을 감고 있을지라도, 나무는 계속 잘릴 것이고 마침내 완전히 잘려나가게 될 것이다. *

이와 같이 목수가 톱니, 톱질 행위, 자신의 노력, 또는 그 외의 다른 어떤 것에 특별히 주목하지 않아도 나무를 자르는 일은 완수된다. 톱질의 여러 국면을 필요한 만큼 살펴보는 마음챙김만이 있다. 이러한 여러 가지 것들이 올바로 조절되면 그 일은 성공적으로 완수된다.

이러한 네 가지 요점들은 '본 삼매에 접근하는 마음 상태' 의 경우에도 마찬가지이다. 즉 '나무' 는 표상에 해당된다. '접촉지점(phusanā)과

---

* 톱날의 비유에서 선정을 계발할 때는 위와 같이 수행한다. 반면 위빠싸나 통찰 수행에서는 톱날과 나무가 닿은 곳에 비유되는 코 끝부분의 접촉점에서 무상·고·무아를 관찰하면서 호흡의 왕래를 스쳐가면서 알아차린다. 수행자 자신이 사마타 위주로 수행하느냐, 위빠싸나 위주로 수행하느냐에 따라, 이 비유를 지혜롭게 헤아려 자신의 수행에 도움이 되도록 분별하여 적용해야 한다.

톱니' 는 표상을 지나서 안팎으로 움직이는 공기에 해당된다. '톱니를 간접적으로 보고 있는 목수' 는 호흡이나 표상에 마음을 더 이상 고정시키지는 않지만, 극히 미묘한 방식으로 호흡이나 표상에 계속 마음챙김하는 수행자에 해당된다. '목수가 톱이 앞뒤로 움직이는 것에 주목하지 않는 것' 은 수행자가 호흡과 닮은 표상에 대해 관심을 두지 않는 것과 같다. 그렇지만 호흡과 닮은 표상은 여전히 현전하고 있다.

수행자는 단지 마음챙김을 함으로써, 의식적으로 의도하지 않아도 선정(본 삼매)의 요소들을 한데 모으는 데 필요한 노력을 신비스러운 방식으로 저절로 지속하고 있는 것이다. 목수는 톱이 나무를 얼마나 깊이 파 들어갔는지 신경 쓰지 않는다. 이와 마찬가지로 수행자는 표상이나 호흡에 신경 쓰지 않고, 의식적인 노력을 전혀 하지 않지만, 그의 정진은 계속되고 있으며, 선정의 성취라는 과업이 저절로 순조롭게 이루어져 나아간다.

이상과 같은 것들은 표상과 호흡이 마음의 명상주제(대상)는 아니지만 여전히 분명하게 현전한다는 것이 무엇을 의미하는지 명확하게 설명해 준다. 이 점을 올바로 이해하면 마음이 현 단계에서 어떠한 방식으로 닮은 표상이나 호흡에 관심을 두지 않는지도 쉽게 이해할 수 있다. 다시 말하자면, 마음은 세 가지 표상들 중 어느 것에도 고정되지 않지만, 마음챙김이 저절로 이루어져서, 근접 삼매와 관련된 여러 가지 것들을 주시하며, 본 삼매, 즉 선정(Jhāna)이 성취될 때까지 이와 관련된 것들이 올바르고 확실한 역할을 할 수 있게 만든다는 것을 쉽게 이해할 수 있다.

또 다른 식으로 표현하면, 마음챙김은 여러 가지 다른 요소들이 잘 조정되도록 주시하며, 여러 가지 다른 마음의 활동들이 저절로 진행되는 동안 단지 '경비를 서는(감시하는)' 역할을 하는 것이다. 여기서 말하는 마음의 활동이란 선정의 요소들(Jhāna factors)을 모으는 과정을 뜻한다. 그 결과 어떤 요소도 지나치게 강해서 다른 요소들을 억압하지 않게 된다. 즉 마음은 잘 단련되고 잘 조정되어 여러 가지 모든 요소들이 완벽한 조화를 이룬다. 마음챙김이 마차를 모는 사람에 비유되는 이유는 바로 이러한 점 때문이다. 마차를 모는 사람은 목적지에 도착할 때까지 마차가 순조롭게 달리도록 단지 그 고삐를 쥐고 있을 뿐이다.

4. 선정의 성취(본 삼매)에 관련하여 유념해야 할 사항

유념해야 할 점은 다음과 같다. 처음에 집중의 대상은 호흡 또는 다른 표상들 중 하나였다. 여기서 상황이 변한다. 마음은 더 이상 어떤 표상에 고정되지 않지만, 그 결과는 여전히 고정된 것과 동일하다. 마음챙김은 선정으로 이끄는 여러 가지 상태들을 지속시킬 수 있다. '표상에 대한 완전한 알아차림'은 시작에서부터 집중을 계발하는 중요한 특질이다. 선정을 계발하는 시점까지는 항상 이러한 명상주제들이 여러 가지 방식으로 마음과 관련된다.

그런데 본 삼매를 '성취하는 시점'에서는 상황이 다르다. 그 마지막 시점에 대해 다음과 같이 말할 수 있다.

1) 마음은 어떤 명상주제에도 고정되지 않는다.

2) 이와 같이 특별한 대상에 대한 주시가 없어도 모든 것은 여전히 분명하게 현전한다.

3) 선정의 요소들 같은 여러 가지 모든 요소들에 대한 알아차림이 있지만, 다른 어떤 의식적인 의도는 없다. 의식적인 의도가 있을지라도 그것은 마음의 고정을 의미하는 것이고 일반적인 알아차림과 엄연히 구분된다.

이 세 가지는 본 삼매로 '들어가는 시점'의 마음 상태에 관한 중요한 요점들이다.

선정을 성취하는 시점과 관련하여 우리가 살펴볼 그 다음 요점은, '세 가지 주요 부류'인 선정의 5요소들, 마음의 5기능들, 그리고 10가지 특성들이 선정이 이루어졌을 때 어떻게 서로 직접 연관되는가 하는 것이다.

마음이 선정을 막 성취하려고 할 때, 마음챙김은 선정의 5요소들을 모두 한데 모은다. 그리고 선정을 성취한 시점에서는 선정의 5요소들이 완전히 계발된다. 그 시점에 20가지 현상들이 모두 또렷하고 완전하게 나타난다.

이제, 선정이 이루어졌을 때 나타나는 이 20가지 현상을 세 부류(10가지 특성, 선정의 5요소, 5근)로 나누어 각각 살펴보자.

가. 10가지 특성을 살펴볼 때

1) 마음은 충분히 정화되어 자유롭게 고요한 선정에 들고 사마타를 성취하게 된다. 이 단계에서 마음은 마음챙김의 감시 하에서 장애들로부터 벗어나고 필요한 모든 덕목들을 갖추게 된다. 이때 마음에는 어떤 종류의 표상이나 집중 대상도 없다. 마음이 본 삼매의 단계로 진전한 것이다.

2) 마음은 스스로 탁월한 경지를 이루어 정화되었음을 반조한다. 마음챙김을 통하여, 어떠한 의식적인 의도도 없이, 마음은 스스로 그 상태

를 계속 알아차린다. 그리하여 마침내 마음은 본 삼매에 이른다. 그것은 마치 목수가 계속 알아차림하며 안정되게 톱질하여, 마침내 나무를 두 조각으로 자른 것에 비유된다. 이와 같이 마음은 일상적이고 완벽하지 못하며 집중되지 않은 상태를 떠나, 고결한 덕목이 부여된 숭고한 경지에 이른다. 그 마음은 감각적 경계를 넘어섰기 때문에 '원대하게 향상된' 마음이라고 말해진다.

3) 이 부류(10가지 특성)의 본질적인 특징은 의식적인 의도 없이도 목표를 성취함으로 인해 생겨나는 기쁨이다. 위와 같이 목표를 성취했을 때 즐거움은 저절로 일어난다. 그것은 기쁨과 행복도 또한 저절로 생겨남을 뜻한다. 이렇게 하여 마음이 '사마타 성숙(samatha-gotrabhū)'을 달성한 순간부터 즉 마음이 선정의 문지방 안으로 건너간 순간부터 모든 10가지 특성들이 분명해진다.

나. 선정의 5요소를 살펴볼 때

1) 이 시점에서 선정의 5요소들은 수행의 대상으로 직접 쓰이지는 않지만 간접적인 방식으로 이용된다. 다시 말하면, 선정의 5요소들은 마음을 고정시키는 대상(표상들)은 아니지만, 마음을 한데 모으는 활동 대상들이다. 이런 점에서 그것들은 니르바나와 유사하다. 엄밀히 말해서 니르바나는 마음의 대상, 즉 명상의 주제가 될 수는 없지만, '통찰 지혜의 수행이 성숙하는 순간(vipassanā-gotrabhū), 마음이 겨냥하는 것' 이라

는 의미에서 마음의 대상으로 작용한다. 그러므로 닮은 표상이 완벽하게 분명히 나타나고 그 표상을 성공적으로 호지(護持)하는 수행자는 본삼매로 들어가고 있다고 말할 수 있다. 즉 그는 선정의 요소들을 한데 모으고 있는 것이다.

2) 마음이 선정에 들기 직전, 선정의 5요소들은 완벽함에 접근해가고, 마음이 실제로 선정을 이루었을 때 선정의 5요소들은 완벽해진다. 선정의 요소들은 사마타 수행의 모든 과정과 관련된다. 즉 마음이 선정 쪽으로 기울 때, 마음이 선정에 막 들어가려고 할 때, 그리고 마지막으로 마음이 실제로 선정에 들어갈 때 등의 모든 과정에 관련된다.

다. 마음의 5기능〔五根〕을 살펴볼 때

마음의 5기능〔五根〕은 수행의 모든 단계에 있어 왔으며, 특히 마음이 선정을 막 성취하려고 할 때, 비록 인지할 수 없을 만큼 미묘하지만 잘 계발되어 있다. 면밀히 잘 살펴보아야만 마음의 5기능〔5근〕의 성격을 이해할 수 있다.

1) 확신(saddhā, 信根)은 수행자가 더 많이 수행하고 더 많은 것을 성취할수록 더욱더 강해진다. 각 단계에서 성공의 증거가 점점 더 많이 나타날수록 확신도 증가한다. 이것은 수행의 모든 단계에서 그러하며, 닮은 표상이 분명해지는 단계, 마음이 장애에서 충분히 벗어나서 선정 쪽

으로 진전하는 단계에서 쉽게 확인될 수 있다.

2) 정진(viriya, 精進根)은 선정을 성취할 때까지 수행의 모든 단계에서 계속 적용되어, 선정을 성취한 시점에서는 미묘하고 섬세해지며 완전히 저절로 유지된다.

3) 마음챙김(sati, 念根)은 수행의 모든 과정에서 모든 단계를 주시하며 계속 현전해야 한다. 이 시점에서 마음챙김은 가장 높은 상태까지 계발되어져 있다.

4) 집중(samādhi, 定根)은 닮은 표상이 일어난 순간부터 계속 현존해 왔다. 그러나 이제 선정 5요소의 발생과 함께 집중은 완전하게 현존한다. 사실, 집중은 마음이 산만하지 않을 때면 언제나 존재하지만, 그런 집중은 어떤 특정한 일에 적용되는 도구로 쓰이는 것이다. 그러나 이제 집중(samādhi, 定根)은 사마타 수행(samatha-bhāvana)의 성공적인 계발로 말미암아 완전하게 존재한다. 이제부터 집중은 더 높은 수준의 수행인 통찰 지혜인 위빠싸나 수행(vipassanā-bhāvana)을 돕기 위한 도구가 될 것이다. 그러나 지금의 본 삼매 단계에서 집중은 마음의 5기능(五根)의 하나로 간주되어야 한다.

5) 마음의 5기능(5根) 중 마지막인 통찰 지혜(paññā, 慧根)는 수행의 모든 과정에서 폭넓게 기능한다. 예컨대, 장애를 제거하는 경우와 같이 지혜롭게 관찰하며 감독하는 것(yoniso-manasikāra, 如理作意)은 모두 5근

중 통찰 지혜의 기능으로 간주되어야 한다. 이때의 집중(사마타) 수행은 통찰 수행과 별개가 아니라는 것을 분명히 이해해야 한다. 이 두 가지는 밀접하게 연관된 것으로, 부처님께서는 다음과 같이 말씀하셨다. '지혜가 없는 사람에게는 선정이 있을 수 없다(natthi jhānam apaññassa).'

마음을 표상에 고정하려 할 때도 지혜가 요구된다. 본 삼매로 향해가는 모든 점진적인 진행과정과 그것을 마침내 성취하는 과정에서 지혜는 존재한다. 수행자는 선정(Jhāna)으로의 접근과 선정 그 자체, 선정의 개별적 요소들 그리고 선정으로부터 나옴 등을 모두 완전히 알아차림해야 한다. 이것을 다른 관점에서 살펴보면, 지혜는 마음챙김을 항상 도와주고, 함께 협력하며 나아간다. 그렇다면, 분명히 지혜는 심지어 선정(Jhāna) 상태에서도 존재한다. 게다가, 집중과 지혜라는 마음의 기능들은 보통 따로 계발되어야 할 것들로 간주되지만, 실은 기능면에서 분리될 수 없는 것이다. 이는 심지어 사마타 수행(samatha)에서도 그러하다.

비유로써 요약하면, 마음의 5기능〔五根〕은 일을 하는 손과 같다. 그리고 선정의 5요소들은 행해지는 일과 같고, 10가지 특성들은 그 일이 여러 다른 수준에서 행해지는 방식과 같다. 세 가지 주요 부류(10가지 특성, 선정의 5요소, 5근)의 상호관계성은 이와 같으며, 그것은 본 삼매를 성취한 순간에 가장 명백해진다.

10

Ānapanasati

1. 네 가지 선정들의 기본 요소와 구별 기준

지금까지 몰입선정(본 삼매)의 첫 단계, 즉 초선정에서의 마음의 상태를 알아보았으니, 이제 계속하여 이선정, 삼선정, 사선정 등을 살펴보겠다.

네 가지 선정이 갖는 선정 요소의 수는 각기 다르다. 선정의 수준이 높아질수록 이전 수준보다 선정요소의 수는 줄어들고, 그에 따라 마음은 더욱 미묘하고 고요해진다. 초선정은 실제로 가장 많은 선정 요소들을 가지고 있으므로 네 가지 선정 중에서 가장 거칠다. 선정의 다섯 요소와 그 특징들에 대해서는 이미 자세히 다루었으니, 여기서는 이러한 선정의 요소들이 차례대로 가라 앉혀지는 방식과 고요함이 증대되고 더욱 섬세한 몰입선정이 계발되는 방식에 대해서만 다룰 것이다.

먼저, 우리는 각각의 선정 단계에서 정확히 어떤 선정 요소들이 현전하는지 명확히 알아야 한다. 부처님이 실제 사용하신 언어는 빠알리어인데, 현존하는 빠알리어 경전에서 우리는 다음과 같은 설명을 발견할 수 있다.

1) 초선정(paṭhama-jhāna, 初禪定)에서는 선정의 다섯 요소가 모두 현전한다. 즉 기울인 생각(위따까), 지속적 고찰(위짜라), 희열(삐띠), 행복(수

카), 심일경성(에까가따) 등이 모두 현전한다.

2) 이선정(dutiya-jhāna, 二禪定)에서는 선정의 요소 중 세 가지가 존재한다. 즉 희열(삐띠), 행복(수카), 심일경성(에까가따) 등이 현전한다.

3) 삼선정(tatiya-jhāna, 三禪定)에서는 선정의 요소 중 두 가지가 존재한다. 즉 행복(수카)과 심일경성(에까가따)이 현전한다.

4) 사선정(catuttha-jhāna, 四禪定)에서는 두 가지 요소가 현전한다. 즉 심일경성(에까가따)과 평등심(우뻬카)이 현전한다.

논장(Abhidhamma Piṭaka, 論藏)에 따르면 이와는 다소 다르지만 그것은 단지 분류 방식의 차이에 의한 것으로 큰 문제가 되지 않는다. 여기서는 부처님께서 직접 설하신 가르침이라고 믿어지는 경장(Sutta Piṭaka, 經藏)의 방식을 따라서 설명해보겠다.

초선정(paṭhama-jhāna, 初禪定)은 선정의 다섯 요소인 기울인 생각(위따까), 지속적 노력(위짜라), 희열(삐띠), 행복(수카), 심일경성(에까가따) 등으로 구성되므로, 이 단계의 선정에서 마음은 그 자체 안에 알아차림의 다섯 경로를 갖게 된다. 이러한 다섯 경로의 알아차림은 적극적인 사유나 의지 작용이 아니다. 그것은 단지 평온함이 수반되는 알아차림이다. 알아차림하는 요소의 수가 다섯 개라는 것은 초선정의 마음상태가 비교적 거칠고 따라서 더 섬세해질 수 있는 여지가 있음을 알 수 있다. 초선정에서 마음은 아직 완전하게 고요해진 것이 아니다. 그러므로 초선정은 짐이 너무 많은 상태이고, 따라서 다시 후퇴되어 고양된 마음의 상태를 상실할 위험이 있다.

이러한 상황에 대한 통찰은 다음과 같은 사유를 불러일으킨다. '마음을 더 고요하고 섬세하게 만들기 위해, 이러한 선정의 요소들 중 일부를 버리면 어떠할까? 마음의 무거운 짐을 줄여서 다시 후퇴하거나 산만해질 위험을 예방하여 마음을 선정 속에 더 확고하게 안정시키면 어떠할까?

수행자는 그러고 나서 선정의 요소들 중 일부를 가라앉히는 방법과 수단을 깊이 숙고한다. 그리고 그는 이것을 실행하고자 그 요소들을 차례대로 가라앉혀서 마침내 최종적인 선정에 도달한다.

보통사람에게는 선정 5요소를 모두 포함하는 초선정도 아주 고요한 것으로 보인다. 확실히 그것은 평범한 사람의 능력을 넘어서는 정도의 고요함과 섬세함이다. 그러나 숙련된 수행자나 도과(ariya-magga-phala)를 이룬 성자의 눈으로 볼 때, 초선정은 아직 거칠고 변하기 쉬우며 불안정하다. 그러므로 수행자는 이선정 및 더 높은 선정으로 나아가려고 노력한다.

이선정(dutiya-jhāna, 二禪定)은 선정의 요소들 중 세 가지인 희열(삐띠), 행복(수카), 심일경성(에까가따) 등으로 구성되며, 위따까와 위짜라는 정제된다. 선정의 다섯 요소를 고찰하고 철저히 조사했을 때, 수행자는 위따까와 위짜라가 다른 요소들보다 거친 요소들이라는 것을 깨닫게 된다. 그래서 그는 위따까와 위짜라에 대한 알아차림을 포기하고 선정의 나머지 요소들에 집중하기 시작한다. 그가 이 두 가지 요소에서 더 멀어질수록 그는 나머지 세 요소를 더 잘 주시하게 된다.

가령 어떤 사람이 처음에는 다섯 개의 서로 다른 대상들을 동시에 바라보고 있다가, 그 다음에는 그 중 다른 것들보다 더 거친 두 개에 대해 관심을 버린다고 가정해보자. 그러면 세 가지 대상들만 주시하고 있는 그의 주의력은 거친 두 가지 대상들을 버리기 이전보다 더 예리하고, 더 섬세하고, 더 깊이 집중할 것이다.

위따까와 위짜라를 가라앉히는 것도 이와 같다. 먼저 수행자는 초선정에서 출정하여 다시 호흡관찰을 해야 한다. 그는 수식(數息)과 상수(相隨)의 단계에서부터 다시 시작해야 한다. 이것은 수행자가 위따까와 위짜라가 아직 매우 거친 때를 조사하기 위함이다. 그것들의 거친 특성들을 명확히 알아차림으로써 수행자는 다음과 같은 성숙한 결론에 도달한다. '나는 이 두 가지 요소들과는 더 이상 상관이 없다. 나는 더 이상 그것들이 내 마음속에 있도록 내버려두지 않겠다.' 이런 식으로 그는 희열(삐띠)과 행복(수카)에 대한 집중을 강화하면서 위따까와 위짜라를 없앤다. 그 결과 그의 선정에는 세 가지 요소들만 남게 되고, 따라서 체계적인 색계 선정의 더욱 높은 수준으로 올라간다.

삼선정(tatiya-jhāna, 三禪定)은 두 가지 요소들로 구성되어 있다. 여기서 희열(삐띠)은 위따까, 위짜라가 버려진 것과 같은 방식으로 정제된다. 수행자가 이선정에 익숙해져서 그 구성 요소들에 대해 숙고하면 그는 희열도 거친 요소라는 것과 그것을 버리는 것이 이전보다 더 큰 고요를 가져온다는 것을 깨닫게 된다. 그러므로 그는 희열(삐띠)을 버리고, 희열의 흥분이 없는 행복(수카)만을 남기려고 결심한다. 그리고 그는 마음챙김과 분명한 앎(sampajañña, 正知)의 힘으로 아주 고요한 행복만을 경험한다. 이처럼 희열(삐띠)은 위따까, 위짜라가 버려진 것과 동일한 방식으로

288

정제된다.

사선정(catuttha-jhāna, 四禪定)도 역시 두 가지 요소로 구성된다. 그러나 여기서 행복(수카)은 평등심(우뻬카)으로 대체된다. 여기서도 같은 원리가 적용된다. 삼선정의 요소들을 성찰한 후, 수행자는 행복(수카)이 상대적으로 아직 거칠고 불안정한 마음상태여서 쉽게 동요하여 깨질 수 있으므로, 더욱더 정제되고 고요해져야 한다는 것을 깨닫는다. 그러므로 수행자는 행복의 감정을 제어하여 평등심만 남게 되도록 노력한다. 행복감을 느끼는 토대는 더 이상 제공되지 않게 된다.

이 단계에서 마음은 가장 확고해지고 고요해진다. 마음은 밝고 순수하며, 좋아함과 싫어함의 분별심이 사라진다. 오직 초연한 알아차림과 성찰하는 것에 대한 심일경성만이 남는다. 그러면 마음은 무엇을 반조하는가? 마음은 평등한 느낌(uppekkhā-vedanā), 즉 즐겁지도 않고 즐겁지 않지도 않은 느낌을 반조한다. 이 느낌은 궁극적으로 호흡에 바탕을 둔다. 이것은 색계 선정(rūpa-jhāna)의 최고 경지이다.

이제 빠알리어 경전에 기록된 부처님의 말씀에 근거하여 네 가지 선정이 서로 구별되는 특징들을 다음과 같이 요약해볼 수 있다.

1) 초선정은 감각적인 대상들과 불건전한 마음상태에서 벗어난 초연함으로 일어나며, 기울인 생각(위따까), 지속적 노력(위짜라), 희열(삐띠), 행복(수카), 심일경성(에까가따) 등을 수반한다. 그것들은 비록 장애에서 벗어남으로 인해 생겨난 것이지만, 아직 거친 상태이다. 초선정은 색계 선정(rūpa-jhāna)의 첫 단계이다.

2) 이선정은 기울인 생각(위따까)과 지속적 노력(위짜라)을 가라앉힘에 의해 일어나며, 내적으로 고요한 심일경성과 더불어 집중에서 나오는 더욱 고요하고 섬세한 희열(삐띠), 행복(수카) 등을 수반한다. 이선정은 색계 선정(rūpa-jhāna)의 둘째 단계이다.

3) 삼선정은 희열(삐띠)을 정제함으로써 일어나며, 최고의 마음챙김과 분명한 앎으로 성찰하여 수행자는 한층 더 섬세한 행복을 갖는다. 삼선정은 색계 선정(rūpa-jhāna)의 셋째 단계이다.

4) 사선정은 이전 단계에 존재했던 즐겁거나 즐겁지 않은 모든 느낌이 사라짐으로써 일어난다. 사선정은 마음챙김이 지속하는 순수한 상태이며, 마음챙김은 지금 이러한 평등심에 대해 반조한다. 사선정은 색계 선정(rūpa-jhāna)의 넷째 단계이다.

네 가지 선정들을 실제적인 관점에서 비교하면 중요한 차이점들이 분명히 드러난다. 기본적으로, 서로 다른 네 가지 선정들이 발생하는 근원, 즉 원인들을 근거로 하여 비교해 보면 다음과 같은 사실들을 알 수 있다. 초선정은 감각적 욕망과 불건전한 마음상태에서 벗어난 초연함에서 생겨난다. 이선정은 위따까와 위짜라에서 벗어난 초연함에서 생겨나며 삼선정은 희열에서 벗어난 초연함으로 생겨난다. 그리고 사선정은 즐겁거나 즐겁지 않은 모든 느낌에서 벗어난 초연함에서 생겨난다.

더 높은 선정상태에서도 초선정에서처럼 감각적 욕망과 불건전한 마음상태로부터 초연한가에 대해서는 다음과 같이 이해해야 한다. 즉 낮은 단계에서 정제된 것은 어느 것이나 높은 단계에서는 존재하지 않으며, 따라서 다시 반복해서 언급할 필요가 없다. 우리는 단지 선정의 더 높은 단계에서 남아 있는 것들, 즉 해결되어야 할 문제들만을 언급한다. 다시 말해서, 초선정에서는 감각적 욕망과 불건전한 마음상태가 방해하지 못함은 물론이고 조금도 나타나지 않지만, 위따까와 위짜라는 대처해야 할 문제에 해당한다.

이와 마찬가지로, 이선정을 다룰 때 우리는 더 이상 감각적 욕망과 불건전한 마음상태를 언급하지 않고, 오직 위따까와 위짜라만을 말한다. 그리고 그것들은 더 높은 선정에서 희열과 행복을 강화시키기 위해 버려져야 한다. 이선정을 성취하자마자, 수행자는 희열 또한 그 다음의 더 높은 단계를 성취하기 위해 포기되어야 함을 깨닫는다. 그 다음 단계인 삼선정에서는 행복만이 남는다. 마지막으로 사선정에서는 이 같은 극히 미묘한 행복조차도 완전히 포기되어서 오직 평등심만이 남게 된다.

요약하면, 초선정은 더 이상 감각적 욕망과 불건전한 마음상태에 의한 방해가 없을 때만 일어난다. 이선정은 위따까와 위짜라(비록 이들은 색계에 속한 것이지만)에 의한 방해조차 없을 때만 일어난다. 삼선정은 희열(비록 이것은 색계에 속한 것이지만)에 의한 방해마저 없을 때만 일어난다. 그리고 사선정은 행복(비록 이것은 숭고하고 순수한 정신적인 요소지만)에 의한 방해까지도 없을 때 일어난다. 두말할 필요 없이, 여기서는 즐겁지 않은 느낌들에 의한 방해도 없다. 이상이 네 가지 선정들의 기본 요소를 분류의 근거로 삼을 때와 관련되는 요점이다.

구별되는 특성을 분류의 근거로 삼을 때, 우리는 초선정이 기울인 생각(위따까)과 지속적 고찰(위짜라)에 의해 특징지어진다는 것을 알게 된다. 이선정(二禪定)에서는 위따까와 위짜라가 버려지고, 희열(삐띠)과 행복(수카)이 이선정을 구별하는 특징이 된다. 삼선정에서는 희열이 버려지며 행복도 매우 뚜렷하지는 않아, 마음챙김과 더불어 분명한 앎이 함께하며 마음이 집중(심일경성)되는 것이 그 특징이 된다. 사선정으로 구별되는 특징은 평등심으로 인한 순수한 마음챙김이다. 이러한 것들이 네 가지 선정을 구별하는 특징들이다.

선정에 관련된 '맛'이나 행복감을 분류의 근거로 삼을 때, 우리는 초선정의 경우 '감각적 욕망과 불건전한 마음상태를 여읜 초연함으로부터 생겨난' 희열과 행복이 있음을 알게 된다. 이선정에서는 '집중으로부터 생겨난' 희열과 행복을, 삼선정에서는 행복만이 매우 섬세한 수준으로 존재하고, 사선정에서는 기쁨과 행복은 흔적도 없으며 오직 평등심만이 남는다는 것을 알게 된다.

이런 점을 조금 더 상세하게 살펴보자. 초선정의 희열과 행복은 감각적 욕망과 불건전한 마음상태를 여읜 초연함에서 생겨난다. 그러나 그것들은 집중에서 생겨난 희열과 행복보다는 거칠다. 이것은 초선정에서 행복이 아직 위따까와 위짜라에 의존하고 있기 때문이며, 단지 장애로부터 겨우 벗어난 상태에 불과하기 때문이다. 또한, 집중도 아직 거칠어서 진정한 행복을 일으키기에는 역량이 부족하다. 이선정에서 집중은 초연함에서 생겨난 희열과 행복보다 더 미묘한 새로운 종류의 희열과 행복을 유도할 만큼 충분히 강해진다.

삼선정에서는 희열이 버려지고 행복은 아주 섬세해진다. 이때 남아 있는 행복은 마음챙김과 분명한 앎을 소유한 사람에게 진정으로 어울리는 순수한 정신이며, 숭고한 수준의 좋은 느낌이다. '성자들'은 이것을 참된 행복으로 인정한다. 사선정에서는 행복과 고통을 초월하고, 좋아함과 싫어함을 초월하는 고요한 평등심만이 남는다.

이상이 '선정에 관련된 맛' 을 기준으로 했을 때의 선정 수준들이다.

선정의 종류를 일, 이, 삼, 사 등의 순서로 매긴 것은 순전히 편리하게 설명하고 연구하기 위한 것이다. 이러한 명명법에 익숙한 사람이라면 누구나 어떤 특정한 선정의 명칭이 언급될 때, 해당하는 모든 요소들과 특성들을 즉각 알아차릴 것이다.

앞서 설명한 네 가지 선정들의 여러 양상에 대해 수행자는 미리 철저히 공부해서 잘 알아두어야 한다. 그러면, 준비 없이 있다가 이러한 양상들이 나타난 후에야 비로소 그것들이 무엇이고, 그것들에 어떻게 대처해야 할지를 물어보는 경우보다 그의 수행이 더 순조롭게 진척될 것이다. 또한 보통의 수행자가 이러한 내용들을 미리 알고 있으면 선정에 관련된 마음 상태의 이정표를 상당히 정확하게 그릴 수 있다. 그것은 이러한 여러 내용에 대한 그의 흥미를 일깨울 것이다. 따라서 그는 그런 내용이 현대인에게 무가치한 것이라는 어리석은 생각을 하지 않고, 오히려 그것들에 대해 더 연구하고 싶어질 것이다.

2. 선정의 단계별 구성 요소들

전문적인 용어를 사용하여 말할 때, 우리는 선정을 이루는 데 필요한 구성요소들이 몇 가지나 되는가를 언급하는 데 있어 정확성을 기해야 한다. 선정 각각의 구성요소들의 수는 다음과 같다. 즉 초선정은 20가지의 구성요소들을 갖고, 이선정은 18가지, 삼선정은 17가지, 그리고 사선정도 17가지 구성요소들을 갖는다. 이제 그것들을 살펴보자.

초선정의 20가지 구성요소에는, 앞서 설명한 '그 처음과 진행과 끝에 있어 빛나는' 10가지 특성들과 선정의 5가지 요소들 및 마음의 5가지 기능들〔五根〕이 포함된다. 이러한 20가지 구성요소들은 함께 완벽한 초선정을 구성한다. 초선정의 성격을 정확하게 보여주는 이들 20가지 구성요소들은 앞의 9장에서 순서대로 모두 열거되었다.

수행자는 마음의 5가지 기능들〔五根〕을 앞에서 자세히 설명한 선정의 5가지 기본 요소들 및 10가지 특성들과 바르게 관련시켜 고찰해야 한다. 수행자는 10가지 특성들을 선정의 성취에 대한 명확한 기준으로 삼아야 한다. 그는 부주의하게 초선정을 단지 선정의 5가지 기본 요소들로만 구성된 것으로 생각해서는 안 된다. 여기서 초선정의 구성요소들을 상술하는 것은 이와 같은 점을 분명히 밝히기 위해서이다.

이선정은 18가지의 구성요소를 가지고 있다. 두 가지 선정의 요소들

294

인 위따까와 위짜라를 제외하면, 이선정은 초선정에서와 동일한 구성요소이다. 그렇다면, 이선정에서 선정의 요소들은 세 가지, 즉 희열, 행복, 심일경성 등만이 남는다. 그래서 이선정의 구성요소는 모두 18가지이다. 즉 5가지 마음의 기능〔五根〕, 10가지 특성들, 선정의 기본 요소 중 세 가지 등이다. 이 세 가지 부류의 상호관계는 초선정에서와 동일하다.

삼선정은 17가지 구성요소를 갖는다. 여기서는 선정의 기본요소가 하나 더 버려졌기 때문에, 오직 행복과 심일경성만이 남는다. 그러므로 단지 17가지 구성요소만 있다. 즉 선정의 5가지 기능〔五根〕, 10가지 특성들, 선정의 기본 요소 중 두 가지 등이다. 그들의 상호관계도 이전 단계와 동일하다.

사선정의 구성요소는 17가지다. 그 수는 삼선정에서와 동일하나, 행복(수카) 대신 평등심(우뻬카)이 있다. 즉 5가지 마음의 기능〔五根〕, 10가지 특성들, 선정의 기본 요소 중 두 가지 등이다.

요약하면, 이와 같은 구성요소의 숫자를 차별하여 규정짓는 것은 네 가지 선정들을 연구하고 정확히 조사하기 위한 척도가 되기 때문이다. 주목해야 할 것은 각 선정의 단계마다 선정의 요소들이 서로 다른 반면, 10가지 특성들과 5근(五根)은 네 가지 선정 모두에 동일하게 존재한다는 점이다. 그리고 초선정과 동일하게 나머지 세 가지 선정들에도 10가지 특성들이 있기 때문에 이런 점에서 10가지 특성을 '그 처음과 진행과 끝에 있어 빛나는' 것이라고 일컫는다. 이때, 5근(五根)의 기능은 각 선정마다 항상 동일하게 남지만, 선정의 수준이 높아질수록 그 힘은 더욱 강해진다. 확신〔信根〕, 노력〔力根〕, 마음챙김〔念根〕, 집중〔定根〕, 그리고 통찰 지혜〔慧根〕 등은 다음 단계의 선정으로 진보하기 위한 필요조건들을 충족시키려고 더욱 섬세하고 강해진다. 이와 같이, 5근(五根)들은 그 수에 있어서는 다르지 않지만, 그들의 강도와 효율성은 선정의 수준에 따라 크게 달라진다. 이러한 점들을 고려하고 나면 네 가지 선정들의 차이는 명확해진다.

11

다섯 종류의 자유자재

(vasītā, 自由自在)

마침내 우리는 선정의 숙달, 즉 자유자재(vasī, 自由自在)라고 하는 것을 살펴볼 때가 되었다. 자유자재는 자신이 하는 어떤 일에 대하여 경험을 통해 얻게 된 능숙함 내지 기술 등의 의미를 담고 있다. 자유자재로 할 수 있는 사람은 어떤 것에 대한 절대적인 지배력을 가진다.

문자적으로 와시(vasī)라는 단어는 '능력을 가진 자'를 의미하는데, 여기서는 강력한 힘이 있는 사람처럼 자신의 행동에 대한 지배력을 가진 자, 자신이 원하는 것을 할 수 있는 자 등을 뜻한다. 그는 어떤 것에도 방해를 받지 않고, 능숙하고, 신속하고, 기술적으로 행동할 수 있고, 바라는 것을 성취할 수 있다. 삼매 수행의 능력은 수행에 대한 능숙함의 결과로 생긴다. 수행자의 능력은 그의 수행의 능숙함에 비례하여 증가한다. 그러므로 여기서 와시(vasī)의 의미는 정확히 말하여, '자유자재인 수단을 가지고 있기 때문에 능력을 가진 자'이다. 이러한 사람은 선정과 관련된 다섯 가지의 능숙함을 가지고 있다.

첫째, 마음을 선정으로 전향시킬 수 있는 능력〔轉向〕.
둘째, 선정에 들어갈 수 있는 능력〔入定〕.
셋째, 선정을 유지할 수 있는 능력〔留定〕.
넷째, 선정에서 나올 수 있는 능력〔出定〕.
다섯째, 선정을 반조할 수 있는 능력〔反照〕.

이것을 자세히 설명하면 다음과 같다.

1. 마음을 자유자재로 선정에 전향시킬 수 있는 능력
(āvajjana vasī, 轉向)

이것은 마음을 명상주제, 표상, 선정의 요소 등에 신속하게 고정시킬 수 있는 능력과 그 속도를 마음대로 증진시킬 수 있는 능력을 의미한다. 열심히 수행하여 마침내 초선정에 도달한 수행자는 다음과 같이 스스로 물어보아야 한다. '정확히 어떻게 내가 마음을 명상주제, 표상, 그리고 선정의 요소에 고정시켰는가? 여러 단계에서 마음을 각각의 명상주제에 고정시키는 데 시간은 얼마나 걸렸는가? 이번에는 그것을 더 훌륭하고 더 신속하게 해낼 것이다.' 이와 같은 마음으로 그는 처음부터 새롭게 수행하고, 그것을 몇 번이고 반복하여, 매 번 더 빠르게 자신의 마음을 고정시킬 수 있도록 스스로 숙달한다.

그는 더욱 빠른 속도로 자신의 마음을 들숨과 날숨에 고정시키고, 접촉(phusanā)과 고정(ṭhapanā)에 두어 익힌 표상과 닮은 표상을 유도할 수 있으며, 마침내 닮은 표상에 토대를 두고 선정의 5요소들을 한데 모을 수 있다. 간단히 말해서, 이와 같은 자유자재의 성취는 반복적인 수련에 의해서 마음을 명상주제, 표상, 선정의 요소 등에 고정시키는 데 숙달되었음을 의미한다.

각 단계를 성취하는 속도를 빠르게 하고, 상위 단계로 진전을 가속화시키기 위해서, 수행자는 다음과 같이 수련해야 한다. 즉 특정 명상주제(표상, 선정의 요소 등과 같은 대상)에 주의력을 전향하는 속도를 증진시킨 후에, 그는 마음이 명상주제로 향하는 처음 시점부터 그 명상주제가 또렷하게 보이게 되는 시점까지 그 대상을 관찰해야 하며, 그러고 나서 다음 명상주제로 옮겨가야 한다. 이것은 지금 숙달하고자 하는 '신속하게 대상에 고정시키는' 데에 중요한 점이다. 수행자는 이것을 바른 순서대로 계속해 나가는 동시에, 속도를 더욱 빠르게 해 나가야 한다.

그리하여 마침내 그는 여러 가지 명상주제들과 표상들에서부터 선정의 5요소들을 한데 모으는 일에 이르기까지, 어떤 단계의 그 어떤 대상에도 주의력을 즉시 돌릴 수 있을 만큼 충분히 숙달되어야 한다. 이러한 수행의 결과로 그는 이후의 삼매 수행에서 매번 성공적으로 속도를 증진시킬 수 있게 되고, 견고함과 안정성 또한 증진시킬 수 있게 된다.

이를 비유로써 설명해보면, '요리를 배우는 사람이 음식 재료들을 선택하고 준비하는 경우'를 생각해볼 수 있다. 처음에 그는 이 일을 하는 데 있어 매우 서투르며 동작 또한 느릴 것이다. 즉 그가 요리법에 따라 모든 재료들을 준비하는 데에 오랜 시간이 걸릴 것이다.

그러나 그는 같은 종류의 요리를 한 번, 두 번, 몇 번이고 계속 반복해서 만들어 가는 동안, 매번 이전보다 더 빠르게 요리를 준비할 수 있을 것이다. 그리하여 마침내 요리 만들기가 그에게는 식은 죽 먹기처럼 쉬워질 것이다. 이것은 요리를 반복적으로 행하는 동안, 어떤 재료들이 필요하고 그 재료들을 어떤 비율로 요리해야 좋은지를 완전히 파악하여 얻게 된 기술, 즉 경험을 통해 얻게 된 결과이다. 마침내 그는 전혀 어려움 없이 요리를 할 수 있게 된다.

　　선정을 처음 성취하고 난 후, 수행을 거듭하여 마음을 자유자재하게 각각의 연속적인 명상주제, 표상, 선정의 요소들에 전향시킬 수 있는 능력을 성취한 사람도 이와 같다.

2. 선정에 자유자재하게 들어갈 수 있는 능력
(samāpajjana-vasī, 入定)

여기서 '선정에 들어가는' 이란, 닮은 표상에 기초하여 선정의 요소들을 한데 모으는 마음의 활동을 의미한다. 선정의 요소들을 모두 모으는 일이 처음에는 힘들고 더디다. 그러므로 설명한 대로 반복 수행하여 속도를 증진시켜야 한다. 목표는 점점 더 원숙하게 닮은 표상을 즉시 불러일으킬 수 있는 능력과 선정의 5요소를 즉시 떠올려 알아차리는 능력을 성취하는 것이다. 수행자는 끈기 있게 계속적으로 수행하여 마침내 수행에 숙달되어, 그 결과로서 원하는 순간에 언제든지 선정에 들어갈 수 있도록 해야 한다.

사실 여기서 새로운 것은 없다. 즉 수행자가 전과 같이 거듭 수행함으로써 자유자재를 성취하여 매우 빠르고 효율적으로 선정에 들어갈 수 있는 능력을 계발하는 것이다. '선정에 들어가는 것' 은 순전히 마음의 진행이므로 그 속도가 점점 빨라질 수 있고, 마침내 손가락을 한 번 튕기는 순간에 또는, 눈 깜짝할 사이에 그것이 이루어질 수 있다.

여기서도 다시 요리사의 비유를 생각해 볼 수 있다. 처음에는 어떤 요리를 준비하는 데 한 시간이나 걸렸던 요리사가 점점 더 그 시간을 단축하여 50분, 40분, 30분 안에 그 일을 할 수 있게 된다. 마침내 그는 그 일에 매우 숙련되어서 가능한 한 가장 빠르게, 즉 아마도 10분 정도 만에 그 일을 해낼 수도 있을 것이다. 그가 재료를 준비하고 그 재료로 요리하는 것이 숙달됨에 따라, 그 모든 과정의 속도는 그와 비례하여 빨라질 것이다.

요리사가 재료들을 준비하는 데 숙달되는 것은 수행자가 명상주제를 자유자재로 전향시키는 기술을 계발하여 숙달하는 것과 같다. 그리고 요리 그 자체에 숙달되는 것은 자유자재로 선정에 들 수 있게 된 것과 같다. 눈 깜짝할 사이든 어떤 시간 이내이든 자신이 원하는 속도대로 선정에 들 수 있어야만 그 수행자는 자유자재로 선정에 들 수 있는 능력을 가졌다고 할 수 있다.

3. 선정에 자유자재하게 머물 수 있는 능력
(adhiṭṭhana-vasī, 留定)

문자적으로 아딧타나(adhiṭṭhāna)라는 단어는 '그 안에 확립됨'을 의미하며, 여기서는 선정 안에 확고하게 머물거나 거주함을 의미한다. 선정에 자유자재로 머물 수 있는 능숙함이란 자신이 원하는 시간만큼 선정에 머물 수 있는 능력을 말한다. 처음에 수행자는 이런 능력이 부족하다. 그러나 그는 선정에 머물 수 있는 시간을 점점 더 증진시켜, 몇 분에서 몇 시간 그리고 마침내는 가능한 최대의 기간, 즉 7일 동안이라도 선정에 머물 수 있도록 스스로 수련해야 한다. 또한, 정확히 그가 미리 정한 시간 동안 선정에 머물 수 있도록 스스로 수련해야 한다. 그가 선정에 5분간 머물기로 결심했다면 정확히 5분간 머물 수 있어야 하며, 일초라도 더 머물거나 덜 머물러서는 안 된다. 그렇게 할 수 있어야만 선정에 자유자재로 머물 수 있는 능력을 가졌다고 말할 수 있다.

실제로 가장 중요한 자유자재는 선정에 들어가고 선정에서 나오는 능력이다. 선정에 머무름은 단지 입정과 출정 사이의 시간이다. 그러므로 수행자가 입정과 출정을 마음대로 통제할 수 있다면 그가 머무는 기간은 저절로 제어된다. 따라서 선정에 자유자재로 머물 수 있는 능력이란 입정과 출정의 자유자재를 의미한다.

가령, 정확히 의도한 시간만큼만 자고 곧바로 일어날 수 있는 것은 훌륭한 능력이다. 그러나 수행자가 스스로 수련하여 더 많은 결단력을 요구하는 능력인 선정에 자유자재로 머물 수 있는 능력을 계발하는 것은 그보다 훨씬 더 훌륭한 것이다. 이 모든 능력은 수행자가 엄격한 수행을 통하여 더욱 강한 힘을 키워야 가능하며, 그렇게 하였을 때 마침내 수행자는 와시(vasī), 즉 자유자재한 능력을 가진 사람으로서의 자격을 갖추게 된다.

다시 요리사의 비유로 설명하자면, 위의 상황은 마치 준비된 음식을 제공하는 것과 같다. 이것은 재료를 준비하고 그것을 요리하는데 숙달된 요리사가 그 다음 단계로 얻게 되는 숙달된 능력과 같다.

수행자가 선정에 얼마 동안 머무는가 하는 것은 처음 입정을 할 때 그가 가졌던 동기에 달려 있다. 예를 들면, 수행자가 고요(사마타)를 추구한다면 그는 적당하다고 생각되는 동안 선정에 머물 것이다. 그러나 그가 낮은 단계의 선정에 들어간 것이 오로지 더 높은 단계의 선정에 이르기 위한 것이라면 그 낮은 단계에도 단지 잠시만 머물 것이다. 그가 어떤 특정 종류의 정신적 능력을 계발하려고 선정에 들어간다면 상위 단계의 선정으로 더욱더 빨리 나아갈 것이다. 자신이 바라는 대로 선정에 들어가고, 머물고, 나올 수 있는 능력을 가진 사람만이 선정에 자유자재로 머물 수 있는 능력을 가지고 있다고 간주할 수 있다.

4. 선정에서 자유자재로 나올 수 있는 능력
(vuṭṭhāna-vasī, 出定)

이것은 자유자재로 입정하는 능력과 반대되는 것으로, 선정에서 능수능란하게 나올 수 있는 능력이다. 수행자는 선정에 들어가는 것과 같은 방식으로 선정에서 나올 수 있어야 한다. 선정에서 나오는 것이 숙달되지 않은 사람은 매우 더디게 선정에서 나온다. 그는 자신이 바라는 만큼 빠르게 보통의 알아차림 상태로 선정에서 나올 수 없다. 수행자는 입정한 만큼 빠르게 출정할 수 있도록 스스로 수련해야 한다.

이것을 성취하려면 그는 먼저 '선정의 알아차림에서 선정 요소들의 알아차림으로, 그 다음에는 닮은 표상과 익힌 표상, 그리고 준비 표상, 즉 섬세한 호흡으로, 그 후 최종적으로 보통의 호흡으로 돌아올 수 있도록' 점진적으로 수련해야 한다. 이것을 철저히 수련했을 때 그는 마치 번개같이 빠르게 선정에서 나올 수 있다. 물론 이때의 빠르기는 출정의 여러 과정을 구별하기가 어려울 정도다.

이 능숙함을 계발하는 가장 좋은 방법은 위에 언급한 방식대로 체계적이고 단계적으로 서서히 신중하게 수련하는 것이다. 즉 '확고한 선정 상태에서부터 마음을 선정 요소에 고정시킨 상태로, 거기서 닮은 표상으로 내려온 후 익힌 표상으로, 그 다음엔 마음을 고정(thapanā)과 접

촉(phusanā)에 둔 상태로 내려와서, 마침내 마음이 긴 날숨과 들숨에 고
정된 상태인 준비단계(parikamma)로’ 돌아오는 것이다.

수행자가 이러한 순서로 성실하게 수련하면 그의 속도는 점차 증진
될 것이고 마침내 출정의 과정이 순식간에 이루어질 것이다. 이러한 단
계를 성취한 수행자는 선정에서 자유자재로 나올 수 있는 능력(vuṭṭhana-
vasī)을 완전히 갖추었다고 간주할 수 있다.

5. 선정을 자유자재하게 반조할 수 있는 능력
(paccavekkhaṇa-vasī, 反照)

이것은 관련된 여러 가지 요소들과 절차들, 그리고 그것들과 선정과의 관계를 철저히 반조할 수 있는 숙달된 능력을 의미한다. 수행자가 수행의 모든 면에서 능숙하고 민첩해지려면 이러한 반조의 기술을 계발해야 한다. 수행자는 수행의 모든 과정을 순서대로, 그리고 역순(逆順)으로 반조해야 한다. 즉 수행자는 수행의 전(全) 과정을 총괄해야 한다.

이러한 자유자재를 수련하는 방법은 다음과 같다. 선정에서 나온 후, 수행자는 바로 일어서서는 안 되고 계속 앉아있어야 한다. 그는 마음이 다른 어떤 주제로 향하게 해서는 안 되고, 선정을 계속 반조해야 한다. 그는 선정을 처음부터 끝까지 반조해야 한다. 즉 마음으로 선정의 앞뒤를 쭉 훑어보면서 입정과 출정에 관련된 모든 단계들을 철저히 반조해야 한다. 수행자는 '선정의 성취 과정'을 반조할 때에 맨 처음 단계에서 선정의 입정에 이르기까지, 그리고 선정에 머물러 오염으로부터 벗어난 행복을 경험하기까지의 모든 과정을 반조해야 한다. 이러한 반조를 충분한 시간 동안 행한 후, 마찬가지로 이번에는 '선정에서 준비 단계로 나오는 모든 과정'들을 반조해야 한다.

이와 같이 반조하면서, 그는 자신의 선정(사마디)을 처음부터 끝까지, 즉 '앞으로의 여정과 뒤로의 여정' 모두를 보며, 모든 단계들을 세밀하게 조사하고 그로 말미암아 이후의 수행을 위한 더 많은 이해력과 기술을 얻게 된다.

이러한 수행은 4가지 성취수단인 4여의족(iddhi-pāda)의 계발에 대한 흥미를 불러일으키고, 마음의 다섯 가지 기능〔五根〕의 성숙을 이끌어 내는 부수적인 효과도 가지고 있다. 이러한 마지막 다섯 번째 능숙함을 얻지 못한 수행자는 앞선 4가지 자유자재들도 또한 진정으로 얻을 수 없다. 그러므로 이 반조의 자유자재는 다른 모든 자유자재들의 숙달을 포함한다.

이러한 다섯 종류의 수련을 완수한 사람은 초선정에 있어 자유자재를 성취한 것으로 간주된다. 그의 다음 할 일은 더욱 수련하여 나머지 이선정, 삼선정, 그리고 사선정에서의 자유자재를 성취하는 것이다. 수행자가 일단 이선정을 성취하면 그는 초선정에서의 경우와 같이 다섯 가지 자유자재를 모두 수련해야 한다. 즉 선정의 수준을 제외하고는 어떤 차이도 없다. 이런 식으로 수행자는 사선정에 이르기까지 계속 전진해 나간다.

그러나 이러한 수련을 할 때 수행자는 매번 초선정의 첫 단계에서부터 시작해야 한다. 그는 처음부터 끝까지 수행의 전 과정에서 각각의 모든 단계에 숙련되어야 한다. 그는 부주의하게 초기 단계들을 건너뛰어 상위 단계들만 수련해서는 안 된다. 마음 수행은 극히 섬세한 과정이므로 각 단계에 대한 자유자재는 쉽사리 다시 상실될 수 있다. 그러므로 수행을 할 때마다 매번 모든 과정을 거쳐야 한다. 이런 식으로 수행하여 수행자가 사선정에 이르렀을지라도, 사선정에서의 자유자재를 얻기 위해 수련을 하는 동안에는 매번 다시 뒤로 돌아가 초선정의 처음부터 수련을 시작하는 연습을 반복해야 한다. 이것은 수행의 모든 과정에서의 기술력과 한 선정에서 그 다음 선정으로 이동하는 능력을 숙달하기 위해 행해져야만 하는 것이다. 이러한 수행은 선정에 대한 완전한 이해와 선정의 견고함을 가져올 뿐만 아니라, 원한다면 무색계 4선정과 같은 더 높은 성취로도 이끌어 줄 수 있다.

요약하면, 다섯 가지 자유자재의 수련은 선정에 마음대로 들어가는 기술, 속도, 능력 등을 계발하려고 행해진다. 다시 말하면, 그것은 수행자에게 선정에 대한 통제력을 준다. 이것이 와시(vasī) 라는 단어가 실제로 의미하는 것이다. 5가지 자유자재에 대한 이러한 수행은 너무나 중요해서, 그것이 수련되어지지 않으면 수행은 수렁에 빠지고 급기야 완전히 무너져버릴 수도 있다. 수행자는 이것을 숙달하도록 반복적으로 수련해야 할 필요성을 이해하고 실행에 옮겨야 한다. 물론 이것은 모든 종류의 일에 적용될 것이다.

가령, 음악을 실습하는 사람은 처음에 어떤 악곡이나 그 악곡 일부만을 연습한다. 그가 열심히 연습하지 않아서 그것을 숙달하지 못하면 며칠만 지나도 잊어버릴 것이다. 또한, 그가 그것을 내버려두고 다른 악곡을 연습하기 시작하면 그는 그 두 가지 악곡들을 혼동하여 뒤섞어 놓을 것이다. 이처럼 모든 일에서, 그 모든 부분을 처음부터 차근차근 연습하여 기술을 터득하는 것은 필수적 요건이다. 이러한 숙달과정은 선정의 계발과 같은 마음 수행의 경우엔 특히 더 해당한다. 수학을 공부하는 학생들도 그 과목의 모든 단계에 능통하려면 구구단 등을 암기하는 훈련을 해야 한다. 그렇게 해야만 그 학생들은 그 위 단계로 계속 공부해 나갈 수 있다. 이러한 기본적인 연습과 끊임없는 교정이 없다면 모든 일은 엉망이 되어버린다. 바로 이것이 '자유자재에 대한 숙달'이 의미하는 바이다. 이러한 숙달은 속도와 기술을 증진시키고, 기적으로까지 보이는 능력으로 이끈다.

자유자재를 비유적으로 설명하면, 숙련된 기술로 아주 빠르게 벽돌과 도자기를 만드는 사람을 예로 들 수 있다. 그는 보통 사람들보다 20배나 빠르게 벽돌이나 도자기를 만들 수 있기 때문에, 그것을 본 다른 사람들이 놀라워할 정도이다. 선정의 자유자재도 이와 같다.

기술과 속도는 의도하는 결과를 성취하는 수단이다. 기술과 속도는 다섯 가지 자유자재가 주는 유익이다. 모든 수행자는 이러한 다섯 가지 자유자재에 특별한 관심을 기울여서 열정적으로 그것을 수련해야 한다. 그렇게 하면 그는 아나빠나삿띠의 네 번째 단계를 터득할 수 있을 것이다. 즉 그는 '몸의 형성을 고요하게 하는' 과정에 대한 자유자재를 성취할 것이고, 아주 짧은 시간 안에 그것을 완벽하게 할 수 있을 것이다.

아나빠나삿띠의 제4단계인 '몸의 형성을 고요하게 하면서'는 이미 자세하게 설명하였다. 그것은 다음과 같은 4가지 국면(局面)으로 요약할 수 있다.

(1) 첫 번째 국면에서, 호흡은 거칠며, 수행자는 호흡을 표상으로 삼는다. 그는 이 표상에 매우 열심히 집중하고, 진정으로 온 마음을 그것에 쏟아 부어 마침내 호흡은 더 이상 거칠지 않게 된다.

(2) 두 번째 국면에서, 호흡은 섬세하고 미묘해지며, 수행자는 호흡을 표상으로 삼는다. 그는 그 섬세한 호흡에 집중하여 마침내 호흡마저

사라지게 한다.

(3) 세 번째 국면에서는, 섬세한 호흡으로 인해 새로운 표상인 마음의 영상(nimitta, 니밋따)이 생겨나게 되었고, 따라서 섬세한 호흡은 수행자의 의식 속에 더 이상 나타나지 않는다. 그러면 수행자는 이 영상을 그의 명상주제(대상)로 삼는다.

(4) 네 번째 국면에서, 수행자는 마음을 이 영상에 집중하여 마침내 심일경성을 성취한다.

이 모든 것들이 성공적으로 실행되었을 때, "그는 몸의 형성을 고요하게 하는 것을 성취했다."라고 말할 수 있다.

12

Ānapanasati

몸의 관찰 네 단계
(제1단계~제4단계)

아나빠나삿띠의 첫 번째 네 단계는 앞서 제4장에서 상세하게 다루어졌으며, 다음과 같이 요약할 수 있다.

제1단계 : 긴 호흡에 집중

제2단계 : 짧은 호흡에 집중

제3단계 : 호흡의 모든 양상에 집중

제4단계 : 호흡에 집중한 결과로 호흡은 점점 더 고요해지고 마침내 선정을 성취한다.

수행자는 호흡에 집중하여 수행을 시작한다. 처음에는 의도적으로 집중하고, 그러고 나서 자연스럽게 호흡에 집중하며, 마침내 호흡을 원하는 대로 매순간 잘 조절한다. 그렇게 된 후 그는 주의력을 소위 닮은 표상으로 돌린다. 그것은 집중에서 생겨난 마음의 영상(nimitta)이다. 마침내 그는 닮은 표상 또한 버린다. 그는 이제 점점 더 섬세해지는 그 집중의 결과에서 나오는 또 다른 알아차림을 계발한다. 이와 같이 그의 마음은 선정(Jhāna)이라고 하는 극히 고요한 상태를 성취한다.

호흡은 실제로 모든 단계에서 존재하지만, 보통의 거친 상태에서 점점 섬세해져 결국에 가서는 수행자가 그 호흡을 전혀 알아차리지 못할 만큼 된다. 그때 호흡은 대충 말하면 '사라졌다.' 라고 할 수 있을 만큼 미묘해진다. 이 지점이 첫 네 단계의 완성 지점이다. 이러한 위대한 고요의 상태는 사마타 수행(고요 수행)의 완성이다. 그것은 '지금 여기에서 더없는 행복의 상태(diṭṭha-dhamma-sukha-vihāra)’라고 불린다.

이러한 ‘지금 여기에서 더없는 행복’은 닙바나의 행복의 맛과 같다. 유일한 차이점은, 전자는 일시적이며 변하기 쉽다는 점이다. 어떤 사람들은 이러한 일시적인 행복에 만족하여 결코 그 위의 것을 바라지 않는다. 부처님이 오시기 전에는 이러한 상태를 닙바나 그 자체로 오인한 사람들이 있었다. 바른 견해〔正見〕를 가진 사람은 성취해야 할 이보다 더 높은 단계가 있다는 것을 안다. 부처님께서는 그들에게 더 높은 단계의 수행을 가르쳐 주셨다. 그것은 바로 나머지 5단계부터 16단계에 걸쳐 다루어지는 내용이다.

이것 말고도 직관적인 통찰로 직접 이끄는 또 다른 길이 있다(제4장의 제4단계 참조)는 것을 결코 잊어서는 안 된다.* 이것은 선정을 뛰어넘는 ‘통찰 지혜를 통한 해탈’의 길이다. 근접 삼매까지만 수련한 수행자도 곧바로 통찰 수행(vipassanā-bhāvanā, 위빠싸나 수행)으로 나아갈 수 있다. 통찰 명상은 무상·고·무아라고 하는 삼법인(三法印)을 통찰하는 것을 목표로 한다.

---

* 어느 것이 효과적인가는 수행자의 개성에 달렸다. 우선 불법의 핵심과 수행의 원리를 정확하고 충분히 이해해야 한다. 실제로 수련생들과 실습해 보면 아주 탁월한 삿띠(sati)를 가진 수행자는 표상(nimitta), 심지어 닮은 표상까지도 4대 극미세한 까라빠나 바왕가(무의식)를 관찰하는 데 방해된다. 반면 선정을 선호하거나 소질이 있는 수행자는 선정수행으로 특효를 얻는다. 또한 기질상 처음부터 통찰수행으로 무상·고·무아를 관찰하는 것이 적합한 수행자도 있다. 그러므로 자신의 근기와 특성에 맞추어 정견(正見)에 따라 법을 실천하면 된다.

13

Ānapanasati

감각관찰 첫 단계
(제5단계-희열의 관찰)

– '느낌을 관찰하기' 에서
'느낌이 마음을 조건화하지 않게 하기' 까지

아나빠나삿띠 16단계 중 두 번째, 감각관찰에 해당되는 네 단계의 수행 방법은 다음과 같다.

제5단계 : 숨을 내쉬고 숨을 들이쉬면서 희열(삐띠)을 체험한다.

제6단계 : 숨을 내쉬고 숨을 들이쉬면서 행복(수카)을 체험한다.

제7단계 : 숨을 내쉬고 숨을 들이쉬면서 마음의 형성〔心行〕을 알아차린다.

제8단계 : 숨을 내쉬고 숨을 들이쉬면서 마음의 형성〔心行〕을 고요하게 한다.

이 네 단계가 모여 수행을 위한 하나의 명상주제를 만드는데, 호흡을 통한 몸의 형성이 첫번째 명상주제가 된 네 단계(1단계~4단계)와는 달리, 두 번째 명상주제가 되는 감각관찰의 네 단계(5단계~8단계)에서는 '느낌' 이 명상주제가 된다.

두 번째(감각관찰) 네 단계에서 첫째 단계, 즉 전체 아나빠나삿띠 수행에서의 제5단계는 다음과 같다.

'희열(기쁨)을 체험하면서, 숨을 내쉰다.' 라고 자신을 다잡아 수행하고, '희열을 체험하면서, 숨을 들이쉰다.' 라고 자신을 다잡아 수행한다.

여기에서는 세 가지 요점이 있다.

첫째, 자신을 수행하기.

둘째, 숨을 내쉬고 들이쉬면서 희열(기쁨)을 체험하기.

셋째, 이 단계의 수행으로 인해 지혜(ñāṇa)와 마음챙김(sati)과 그 외의 법(dhammas) 등이 수행계발(bhāvanā)된다.

1. 자신을 수행하기

먼저 '자신을 수행하기'에 대해 살펴보자. 이것은 이전 단계들, 특히 제3단계의 경우와 마찬가지로 계(戒, adhisīla)·정(定, adhicitta)·혜(慧, adhipaññā)인 삼학(三學)을 모두 포함한다. 이 5단계에서 수행자는 호흡보다는 희열(삐띠)을 관찰한다. 희열을 일으킨 후에, 수행자는 정밀한 관찰에 의해 그 기쁨을 알아차리도록 마음챙김을 유지한다. 이것이 '자신을 수행하기'가 의미하는 것이다.

희열에 대한 마음챙김을 유지하는 동안 수행자는 저절로 계를 확고하게 지키는 것이 된다. 왜냐하면, 그러한 마음챙김을 하는 동안 그는 누구에게도 해를 끼치지 않으며, 신구의(身口意) 삼업(三業)에 대해 진정으로 '더한층 고결'한 상태를 유지하고 있기 때문이다. 또한, 그가 희열을 마음에 대한 하나의 명상주제(대상)로서 관찰할 때 장애나 동요 등은 존재하지 않으므로 그는 높은 집중을 확립할 수 있다.

이는 더욱 높은 집중[定]이라는 명칭에 걸맞게 마음이 고요하고 확고하며, 하나로 모였기 때문이다. 수행자가 이 단계에서 희열(삐띠)을 무상·고·무아 또는 공(空)으로 관찰하게 될 때, 그는 완전한 의미에서 더욱 높은 지혜를 갖게 된다. 이처럼 수행의 여러 다른 측면을 고려해볼 때, 우리는 희열(기쁨)을 관찰하는 행위에 삼학의 모든 수행이 포함되어 있음을 알 수 있다.

여기서 '자신을 수행하기'라는 표현이 본질적인 의미에서 나머지 모든 단계에서도 또한 발견된다는 점에 주목해야 한다. 유일한 차이점은 집중의 대상이다. 즉 집중의 대상은 각각의 경우마다 다르다. 예를 들면, 지금 이 단계에서 집중의 대상(명상주제)은 희열(삐띠)이고, 다음 단계의 집중 대상은 행복(수카)이다.

또 그 다음의 집중 대상은 마음의 형성[心行]이며, 그다음 단계들에서도 집중의 대상이 다르다. 아나빠나삿띠의 각 단계가 향상될수록 보다 높은 계정혜가 모두 현전한다는 사실을 완전히 자각하려면 수행자는 처음부터 이러한 원리를 명확히 이해해야 한다.

2. 희열을 체험하기

두 번째 요점인 '희열(삐띠)을 체험하기'를 살펴보자. 빠알리어인 삐띠(Pīti, 喜)는 문자적으로 '희열', '기쁨'을 뜻하며, 이는 즐거움 (pāmujja), 희열(pamodanā), 환희(hāsa), 유쾌(pahāsa), 마음의 고양(cittassa odagyaṁ), 마음의 만족(cittassa attamanatā) 등의 느낌들을 포함한다. 간단히 말해, 희열(삐띠)은 수행이 진전을 이루었다는 느낌에서 비롯되는 마음의 만족감을 뜻한다.

희열은 수행의 첫 단계에서 충분히 계발된 마음이 번뇌에서 벗어나 고요와 집중을 성취하는 단계(아나빠나삿띠 1단계~5단계)에 이르기까지 성공적으로 수행함으로써 오는 결과라 할 수 있다. 제5단계에서 수행자는 이 희열(삐띠)을 직접적으로 관찰한다.

가. 희열(기쁨)을 발생시키는 16가지 방법

희열을 발생시키는 방법은 여러 가지인데, 관찰과 관찰 대상의 성격에 따라 차원이 높은 방법과 차원이 낮은 방법, 거친 방법과 미묘한 방법 등이 있다. 그 여러 방법들은 모두 16가지로 분류할 수 있다.

1) 길고 짧은 호흡을 관찰(제1단계~제2단계)하는 힘에 의해, 또는 호흡의 모든 과정을 '충분한 앎(제3단계)' 에 의해, 또는 호흡(몸의 형성)을 고요하게 함(제4단계)에 의해 마음이 방황하지 않고 하나로 집중되는 것을 수행자가 '알아차림 하면(pajānato, know)' 희열이 일어난다. 즉 아나빠나삿띠의 네 가지 토대인 호흡의 여덟 가지 형태〔入出息〕를 행하는 동안 내내 마음이 하나로 집중되는 것을 수행자가 알아차림 할 때, 그 결과로 희열이 일어난다.[1]

2) 길고 짧은 호흡을 관찰하는 힘에 의해, 또는 호흡의 모든 과정을 '충분한 앎' 에 의해 또는 호흡(몸의 형성)을 고요하게 함에 의해 마음이 방황하지 않고 하나로 집중되는 것을 수행자가 '정관하면(āvajjhato, 靜觀, contemplate)' 희열이 일어난다. 즉 아나빠나삿띠의 네 가지 토대인 호흡의 여덟 가지 형태를 행하는 내내 마음이 하나로 집중되는 것을 수행자가 정관할 때 그 결과로 희열이 일어난다.

3) 길고 짧은 호흡을 관찰하는 힘에 의해 또는 호흡의 모든 과정을 '충분한 앎' 에 의해 또는 호흡(몸의 형성)을 고요하게 함에 의해 마음이 방황하지 않고 하나로 집중되는 것을 수행자가 '분명히 지각하면(jānato, perceive)' 희열이 일어난다. 즉 아나빠나삿띠의 네 가지 토대인 호흡의 여덟 가지 형태를 행하는 내내 마음이 하나로 집중되는 것을 수행자가

---

1) 편의상, 날숨을 하나의 '형태, mode' 라고 칭하고, 들숨도 하나의 '형태' 라고 칭한다. 그리고 날숨과 들숨을 합쳐서 '토대, base' 라고 칭한다. 네 개씩의 네 묶음으로 된 총 16단계의 아나빠나삿띠 수행에는 그 각각의 묶음마다 네 개의 '토대, base' 들이 있게 되고, 따라서 여덟 개의 '형태, mode' 들이 있게 된다.

완전히 지각할 때 그 결과로 희열이 일어난다.

4) 길고 짧은 호흡을 관찰하는 힘에 의해 또는 호흡의 모든 과정을 '충분한 앎'에 의해 또는 호흡(몸의 형성)을 고요하게 함에 의해 마음이 방황하지 않고 하나로 집중되는 것을 수행자가 '분명히 보면(passato, see clearly)' 희열이 일어난다. 즉 아나빠나삿띠의 네 가지 토대인 호흡의 여덟 가지 형태를 행하는 내내 마음이 하나로 집중되는 것을 수행자가 분명히 이해할 때, 그 결과로 희열이 일어난다.

5) 길고 짧은 호흡을 관찰하는 힘에 의해 또는 호흡의 모든 과정을 '충분한 앎'에 의해 또는 호흡(몸의 형성)을 고요하게 함에 의해 마음이 방황하지 않고 하나로 집중되는 것을 수행자가 '자세히 반조하면 (paccavekkhato, reflect)' 희열이 일어난다. 즉 아나빠나삿띠의 네 가지 토대인 호흡의 여덟 가지 형태를 행하는 내내 마음이 하나로 집중되는 것을 수행자가 개별(個別) 관찰할 때, 그 결과로 기쁨이 일어난다.

6) 길고 짧은 호흡을 관찰하는 힘에 의해 또는 호흡의 모든 과정을 '충분한 앎'에 의해 또는 호흡(몸의 형성)을 고요하게 함에 의해 마음이 방황하지 않고 하나로 집중되는 것을 수행자가 '마음으로 정립하면 (cittaṁ adhitthāto, decide mentally)' 희열이 일어난다. 즉 아나빠나삿띠의 네 가지 토대인 호흡의 여덟 가지 형태를 행하는 내내 마음이 하나로 집중 되는 것을 수행자가 마음으로 정립할 때 그 결과로 희열이 일어난다.

7) 길고 짧은 호흡을 관찰하는 힘에 의해 또는 호흡의 모든 과정을 ‘충분한 앎’에 의해 또는 호흡(몸의 형성)을 고요하게 함에 의해 마음이 방황하지 않고 하나로 집중되는 것을 수행자가 ‘확신으로 몰입하면(saddhāya adhimucato, resolve)’ 희열이 일어난다. 즉 아나빠나삿띠의 네 가지 토대인 호흡의 여덟 가지 형태를 행하는 내내 마음이 하나로 집중되는 것을 수행자가 확신할 때, 그 결과로 기쁨이 일어난다.

8) 길고 짧은 호흡을 관찰하는 힘에 의해 또는 호흡의 모든 과정을 ‘충분한 앎’에 의해 또는 호흡(몸의 형성)을 고요하게 함에 의해 마음이 방황하지 않고 하나로 집중되도록 수행자가 ‘온전히 정진하면(viriyaṁ pagganhāto, exert energy)’ 희열이 일어난다. 즉 아나빠나삿띠의 네 가지 토대인 호흡의 여덟 가지 형태를 행하는 내내 마음이 하나로 집중되도록 수행자가 정진 노력할 때, 그 결과로 희열이 일어난다.

9) 길고 짧은 호흡을 관찰하는 힘에 의해, 또는 호흡의 모든 과정을 ‘충분한 앎’에 의해, 또는 호흡(몸의 형성)을 고요하게 함에 의해 마음이 방황하지 않고 하나로 집중되도록 수행자가 ‘마음챙김을 확립하면(satiṁupaṭṭhā payato, mindfulness)’ 희열이 일어난다. 즉 아나빠나삿띠의 네 가지 토대인 호흡의 여덟 가지 형태를 행하는 내내 마음이 하나로 집중되도록 수행자가 마음챙김을 확립할 때, 그 결과로 희열이 일어난다.

10) 길고 짧은 호흡을 관찰하는 힘에 의해 또는 호흡의 모든 과정을 ‘충분한 앎’에 의해 또는 호흡(몸의 형성)을 고요하게 함에 의해 마음이

방황하지 않고 하나로 집중되도록 수행자가 '마음을 집중시키면(cittaṁ samādahato, concentrate the mind)' 희열이 일어난다. 즉 아나빠나삿띠의 네 가지 토대인 호흡의 여덟 가지 형태를 행하는 내내 마음이 하나로 집중되도록 수행자가 마음을 완전히 집중할 때, 그 결과로 희열이 일어난다.

11) 길고 짧은 호흡을 관찰하는 힘에 의해 또는 호흡의 모든 과정을 '충분한 앎'에 의해 또는 호흡(몸의 형성)을 고요하게 함에 의해 마음이 방황하지 않고 하나로 집중되는 것을 수행자가 '지혜로 분명히 알면(paññāya pajānato, know clearly through wisdom)' 희열이 일어난다. 기쁨이 일어난다. 즉 아나빠나삿띠의 네 가지 토대인 호흡의 여덟 가지 형태를 행하는 내내 마음이 하나로 집중되도록 수행자가 지혜로 통찰할 때, 그 결과로 희열이 일어난다.

12) 길고 짧은 호흡을 관찰하는 힘에 의해 또는 호흡의 모든 과정을 '충분한 앎'에 의해 또는 호흡(몸의 형성)을 고요하게 함에 의해 마음이 방황하지 않고 하나로 집중되는 것을 수행자가 '보다 높은 지혜로 곧바로 알 때(abhiññāya abhijānato, the highest knowledge)' 희열이 일어난다. 즉 아나빠나삿띠의 네 가지 토대인 호흡의 여덟 가지 형태를 행하는 내내 마음이 하나로 집중되는 것을 수행자가 최고의 지혜를 통하여 완전히 알아차림하면 희열이 일어난다.

13) 길고 짧은 호흡을 관찰하는 힘에 의해 또는 호흡의 모든 과정을 '충분한 앎'에 의해 또는 호흡(몸의 형성)을 고요하게 함에 의해 마음이

방황하지 않고 하나로 집중되도록 수행자가 '분명히 알아야 할 것을 분
명히 알 때(pariññeyyaṁ parijānato, understand)' 희열이 일어난다. 즉 아나빠
나삿띠의 네 가지 토대인 호흡의 여덟 가지 형태를 행하는 내내 마음이
하나로 집중되도록 수행자가 이해해야 할 것을 이해할 때 희열이 일어
난다.

14) 길고 짧은 호흡을 관찰하는 힘에 의해 또는 호흡의 모든 과정을
'충분한 앎'에 의해 또는 호흡(몸의 형성)을 고요하게 함에 의해 마음이
방황하지 않고 하나로 집중되도록 수행자가 '포기하여야 할 것을 포기
할 때(pahātabbaṁ payahato, abandon)' 희열이 일어난다. 즉 아나빠나삿띠
의 네 가지 토대인 호흡의 여덟 가지 형태를 행하는 내내 마음이 하나로
집중되도록 수행자가 포기되어야 할 것을 포기할 때 희열이 일어난다.

15) 길고 짧은 호흡을 관찰하는 힘에 의해 또는 호흡의 모든 과정을
'충분한 앎'에 의해 또는 호흡(몸의 형성)을 고요하게 함에 의해 마음이
방황하지 않고 하나로 집중되도록 수행자가 '계발해야 할 것을 계발할
때(bhāvetabbaṁ bhāvayato, develop)' 희열이 일어난다. 즉 아나빠나삿띠의
네 가지 토대인 호흡의 여덟 가지 형태를 행하는 내내 마음이 하나로 집
중되도록 수행자가 계발되어야 할 것을 계발할 때 희열이 일어난다.

16) 길고 짧은 호흡을 관찰하는 힘에 의해 또는 호흡의 모든 과정을
'충분한 앎'에 의해 또는 호흡, 즉 몸의 형성을 고요하게 함에 의해 마음
이 방황하지 않고 하나로 집중되도록 수행자가 '깨달아야 할 것을 깨달

을 때(sacchikātabbaṁ sacciharoto, realize)’ 희열이 일어난다. 즉 아나빠나삿띠의 네 가지 토대인 호흡의 여덟 가지 형태를 행하는 내내 마음이 하나로 집중되도록 수행자가 깨달아야 할 것을 깨달을 때, 희열이 일어난다.

이러한 열여섯 가지 방법들은 각각 희열이 일어나는 개별적인 원인이 된다.

1)~5)의 방법에 따르면, 첫 번째 네 단계의 네 가지 토대인 호흡의 여덟 가지 형태들 각각에 있어, 들숨과 날숨에 마음을 집중하여 번뇌가 없어졌음을 관찰하고 알아차림하기 때문에 희열이 일어나는 것이다. 이것은 네 가지 토대 중 어디에서든 호흡을 관찰하면 희열이 일어날 수 있음을 뜻한다.

1)~5)의 방법은 낮은 차원의 방식에서부터 높은 차원의 방식으로, 또는 거친 방식에서부터 미묘(섬세)한 방식의 순으로 배열된 다섯 가지 관찰 방식을 보여준다.

즉 일반적인 관찰은 빠자나낭(pajānanaṁ, 알아챔)이라고 부른다. 이보다 더 높은 수준의 정관(靜觀)은 아바자낭(āvajanaṁ)이라고 부른다. 더욱 높은 수준인 분명하게 아는 것은 자나낭(jānanaṁ)이라고 부른다. 또한, 분명하게 봄[見]은 더욱 더 높은 수준으로서 빠싸낭(passanaṁ)이라고 부른다. 마지막으로 그보다 더 높은 수준인 정밀한 반조는 빠짜웨까낭(paccavekkhanaṁ)이라고 부른다.

이 모든 다섯 가지 방법[(1)~5)]들은 마음 집중의 원인이 되고 그 결과로서 희열을 일으킨다. 그러나 이 다섯 가지 방법들은 관찰 방식의 성격에 따라 거칠거나 미묘하므로 희열(삐띠)의 강도는 각각 다르다.

6)의 방법에서는 '마음으로 정립'이라는 표현을 쓰고 있는데, 이는 마음을 더욱 높은 상태로 향하게 하여 그 상태로 한결같은 확고한 고정을 이루었음을 의미한다. 자세히 말하자면, 수행자는 여기서 명상수행의 삼매를 성취하는 방향으로 자신의 마음을 향하게 한다. 이때 마음이 성공적으로 고정되었기 때문에 희열이 일어난다.

7)~11)의 방법은 마음의 다섯 가지 기능들〔5根〕이 각각 완전하게 작용함으로 말미암아 희열이 일어남을 의미한다.

7)은 수행자가 모든 의심들을 해결하여 자신의 수행이 귀의처임을 믿어 의심치 않음으로써 희열이 일어남을 말한다. 8)은 희열에서 나오는 만족감으로 수행자에게 더 큰 열의가 생겨나고, 그것이 수행자의 수행력을 더욱 강하게 만들어 준다는 뜻이다. 9)는 수행자가 스스로 만족할 만큼 마음챙김을 지속할 수 있을 때, 즉 수행의 모든 단계에서 요구되는 마음챙김을 계발할 수 있을 때 희열이 일어난다는 뜻이다. 10)은 수행자가 스스로 마음을 집중할 수 있다는 것을 인식함으로써 희열이 일어남을 뜻한다. 11)은 자신이 지혜(paññā, 通察智, 慧)를 일으킬 수 있음을 알게 됨으로써 희열이 일어남을 뜻한다. 즉 지혜를 통해 호흡의 여덟 가지 형태에 관련된 모든 특성들을 분명히 알게 되는 기쁨이다.

7)~11)의 방법은 모두 호흡의 여덟 가지 형태에 기초하지만, 그것들의 수준은 순차적으로 점점 더 섬세해진다.

12)의 방법은 11)에서 언급된 방법보다 더 높은 수준의 지혜를 의미한다. 즉 수행자는 호흡에 관련된 특성들 이상의 것들을 알게 된다. 즉 그는 고(苦)의 종식으로 직접 이끄는 모든 것(dhamma)에 대해 더욱더 알게 되므로 그 결과로 희열이 일어난다.

13)~16)의 방법은 고집멸도(苦集滅道)인 4성제(四聖諦)를 직접 알게 됨을 의미한다.

13)은 고통〔苦〕에 대한 분명한 앎을 뜻한다. 즉 수행자는 고(苦)와 고(苦)의 본성에 대해 알게 된다. 그는 문제의 근원이 고(苦)에 있다는 것을 발견하고, 그것을 뿌리 뽑을 수 있다는 희망으로 가득 차게 됨으로써 희열이 일어난다. 14)는 고통의 원인이 집착에서 비롯된 번뇌(kilesa)들이라는 것을 알게 됨을 뜻한다. 그는 자신이 번뇌들을 부수었거나 부수고 있다는 것을 알게 되고, 그 결과로 희열이 일어난다. 15)는 계발되어야 하거나, 계발되었거나, 계발되고 있는 것을 알게 됨을 뜻한다. 이것은 고(苦)의 종식으로 이끄는 길〔導〕을 말한다. 이 단계에서 호흡을 관찰하는 동안 자신의 번뇌를 부숨에 의해, 일부 고통이 정화되거나 근절된다. 이 방법〔道〕이 고통을 종식시킨다는 것을 알게 되었을 때 희열이 일어난다.

16)은 실현해야 할 것이 무엇인지를 알게 되는 것, 즉 멸(滅, nirodha)이라고 부르는 고(苦)의 종식 상태인 '조건지어지지 않음(Nibbāna)' 또는 '해탈(vimutti)' 이야말로 그가 실현해야 할 것이라는 사실을 알게 됨을 뜻한다. 고통으로부터 해방된 상태는 번뇌를 제거한 상태와 명확하게 비례한다고 할 수 있다. 수행자가 잠시라도 고통에서 해방된 이런 상태를 알게 되면 희열(삐띠)이 일어난다. 이러한 사성제(고집멸도)에 대한 관찰 역시 이미 말한 바와 같이 호흡의 여덟 가지 형태에 근거한다.

요약하면, 강하건 약하건 희열(삐띠)은 들숨과 날숨에 근거한다. 그러므로 '희열을 체험하면서, 숨을 내쉰다.', '희열을 체험하면서, 숨을 들이쉰다.' 라고 하는 것이다. 이 단계에서 각각의 희열은 호흡관찰의 명상주제가 된다. 수행자는 점진적으로 수련하여 완전한 희열을 일으켜야 한다. 이렇게 하면 그는 '아나빠나삿띠의 제5단계를 완벽하게 이룬 사람'이라 불릴 수 있는 자격을 갖춘 것이다.

나. 희열을 다루는 방법

명상주제(대상)의 결과로 일어난 모든 종류의 희열(삐띠)을 바탕으로 하는 수행 방법을 상세하게 설명하자면 다음과 같다.

1) 희열(기쁨)을 체험하기

위에서 다룬 열여섯 가지 방법들 중 어느 한 방법을 통하여, 수행자가 희열을 일어나게 하고, 숨을 내쉬고 들이쉬는 동안 항상 그것을 완전히 알아차림할 때 그를 '희열을 체험하는 사람'이라고 할 수 있다.

여기서 수행자가 다음과 같이 숙고하는 것이 중요하다. 즉 '희열을 체험하는 동안, 그 밖에 다른 무엇을 또한 알아차려야 하는가? 이러한 희열을 알아차린 후, 무엇이 그 뒤에 일어나는가?, 아나빠나삿띠의 수행을 통하여 고(苦)는 마침내 사라지는가?

희열이 호흡에 기초한 열여섯 가지 방법들 중 한 방법에 의해 분명하게 나타났을 때, 느낌(vedanā)은 또렷해진다. 희열은 수행자에게 일종의 느낌으로 체험된다. 그러므로 여기서 희열이라는 용어는 일반적인 의미에서 느낌의 한 종류로 보는 것이 편리하다. 제6단계에서 언급되는 행복(수카)이라는 용어도 느낌(vedanā)에 포함된다.[2] 느낌은 날숨과 들숨에 의지하여 일어나고, 마음챙김을 통해 분명해진다.

'관찰의 본성은 무엇인가' 라는 문제에 대해서 다음과 같이 설명할 수 있다. 즉 관찰에는 두 가지 방법이 있다.

첫째는, 대상 즉 표상을 통한 관찰(ārammaṇa-upanijjhāna)로, 이는 집중[定]을 얻고자 마음의 초점을 한 지점에 맞추는 방법이다.

둘째는, 특성을 통한 관찰(lakkhaṇa-upanijjhāna)인데, 이는 사물의 참성품을 무상·고·무아로 보기 위한 것이다. 이 두 번째 관찰방법은 '느낌(vedanā)의 특성' 을 있는 그대로 봄으로써 지혜(paññā)를 성취하기 위한 것이다.

이처럼 마음챙김은 집중을 가능하게 할 뿐만 아니라, 사물의 본성을 아는 지혜(ñāṇa)로 이끄는 역할을 수행한다. 사물의 본질적 특성을 알게 된다는 것은 수행자에게 지혜(ñāṇa)가 일어났음을 뜻한다. 그렇게 될 때, 수행자는 마음챙김(sati)과 지혜(ñāṇa)를 모두 포함하게 된다. '희열을 체험' 하기 위해서, 그는 느낌에 대한 마음챙김(sati)과 지혜(ñāṇa)를 모두 가지고 있어야 한다.

결론적으로 말하면, 느낌은 호흡 관찰로부터 생겨나서 분명하게 자각되며, 마음챙김은 호흡을 수관(隨觀)하여 분명히 알아차리게 하는 수관 지혜(anupassanā-ñāṇa)의 기능을 한다. 즉 관찰과 지혜와 주시는 하나의 틀을 형성하는 삼위일체의 역할을 수행한다. 느낌은 마음챙김에 의한 관찰 대상(명상주제)이 되며, 그 마음챙김은 수행자를 집중[定]으로

---

2) 아비담마(논장)의 전문용어 분류 방식에 따르면, 기쁨(pīti)은 오온(五蘊) 중에서 느낌(vedanā)에 속하지 않고, 마음의 형성인 행온(行蘊, saṅkhāra-khandha)에 속한다. 오온에 대해서는 8단계와 16장의 제13단계를 참조.

이끌며 또한 지혜〔慧〕로 이끌거나 지혜의 기능을 하게 한다.

수행자는 마음챙김과 지혜에 의해서 느낌을 수관(隨觀, anupassati)하므로, 이런 수행은 '마음챙김을 확립하는 수행(satipaṭṭhāna-bhāvanā)'으로 알려져 있다. 그리고 마음챙김은 느낌을 따라가며 면밀하게 관찰하는 것이므로, 이런 수행을 '느낌의 관찰에 의해 마음챙김을 확립하는 수행(vedanānupassanā-satipaṭṭhāna-bhāvanā, 受念處)'이라고 할 수 있다. 또한, 이 수행(bhāvanā)은 열여섯 가지 방법으로 나타나는 갖가지 희열(기쁨)의 관찰을 포함하므로, '느낌들 속에서 느낌의 관찰에 의해 마음챙김을 확립하는 수행(vedanāuvedanānupassanā-satipaṭṭhāna-bhāvanā)'이라고 부를 수 있다.

이제 다음으로 수행자가 마음챙김과 지혜를 통해서 기쁨 또는 느낌을 수관(anupassati)하는 방식을 구체적으로 살펴보자.

2) 희열을 수관(隨觀, anupassati)하기

수행자가 희열의 특성들을 하나의 느낌으로 수관하는 것을 뜻한다. 즉 수행자는 제4단계에서 했던 것처럼 희열을 선정의 한 요소로 생각하지 않는다. 수관이란 대상의 특성을 밀착하여 보는 것이며, 모두 일곱 단계로 되어 있다. 이러한 일곱 단계에 대해서 상세히 알고 있어야 한다. 지금부터는 아나빠나삿띠 수행의 나머지 모든 단계에서 이 일곱 가지 단계의 수관(隨觀)을 실행하기 때문이다.

(1) 수관 1단계

수행자는 희열의 느낌을 영원한 것이 아닌, 무상(annica, 無常)한 것으로 관찰한다. 그래서 그는 영원하다는 인식(nicca-saññā, 永遠想)을 버린다.

수행자가 지혜롭고 올바르고 세밀하게 느낌을 주시하며, 밀착해서 따라가며 관찰하면, 그는 느낌이 무상하다는 것을 분명히 보게 될 것이다. 물론 그는 이전에는 느낌을 영원한 것처럼 생각해왔다. 그러나 지금은 바른 이해〔正見〕가 일어났기 때문에 수행자는 '영원하다는 인식'을 버리게 된다.

수관 1단계를 이해하기 위해서 수행자는 다음과 같이 알아야 한다. 즉 "수행자는 느낌 등을 무상한 것으로 보고, 그렇게 함으로써 영원함에 대한 인식을 버린다."는 함축적 표현을 항상 명심해야 한다. 이 표현은 동시적으로 발생하거나 전보다 더 발전된 그 밖의 모든 것들(dhamma)도 역시 무상〔諸行無常〕하다는 진리를 포함한다. '그 밖의 모든 것들' 이란 이른바, 마음의 다섯 가지 기능〔五根, indriya〕, 5력(五力, bala), 일곱 가지 깨달음의 요소〔七覺支, bojjhaṅga〕, 여덟 가지의 바른 길(aṭṭhaṅgita-maga, 八正道) 그리고 담마를 관찰하는 방법에 관련된 요소들을 말한다.

"수행자는 느낌 등을 무상(無常)한 것으로 보고, 그렇게 함으로써 영원하다는 인식을 버린다."라는 이 짧은 표현은 단순하지 않은 많은 의미를 함축하고 있다. 이후, 우리는 영원하다는 인식을 버리는 무상의 지혜가 어떻게 많은 것들(dhamma)을 불러일으킬 수 있는지를 살펴볼 것이다. 여기서는 이 표현이 결코 단순하지 않을뿐더러 심오한 의미를 함축하고 있으므로 겉보기처럼 간단히 취급해서는 안 된다는 점만을 분명히 밝히고 넘어가고자 한다. 수행자가 이 짧은 표현의 의미를 바르게 각성하지 못했으면서 자신이 무상을 보았다거나 영원하다는 인식을

336

버렸다고 성급하게 결론지어 말해서는 안 된다. 수행자는 이 점을 고찰하여 지혜롭게 수행해야 한다. 느낌 그 자체를 아주 면밀하게 조사하여, 수행자의 마음속에 실제로 혐오감(nibbidā, 厭離)과 초연함(virāga, 離慾)을 일으킴으로써 이러한 지혜를 성취할 수 있다. 그렇게 했을 때, 그를 '무상을 보고 영원하다는 인식을 버린 사람'이라고 진정으로 말할 수 있다.

(2) 수관 2단계

이 단계에서 수행자는 느낌이 궁극적 즐거움이 아닌 고(dukkha, 苦)임을 관찰한다. 그렇게 하였을 때, 그는 느낌이 즐거움이라는 인식(sukha-saññā, 樂想)을 버린다.

이 경우, 단지 책을 통한 지식을 가진 사람들과 초보 수행자들은 당혹스러워한다. 왜냐하면, 그들은 희열이 즐거움, 행복(sukkha)이라고 믿기 때문이다. '어찌해서 희열을 고(dukkha, 苦)로 간주하는가? 라고 그들은 반문할지 모른다. 그러나 이 단계까지 자신을 수행해온 사람이라면 그들이 쌓아온 지혜로 사물의 핵심을 깊이 꿰뚫어 보기 때문에 당황하지 않을 것이다.

간단히 말하면, 그 수행자는 느낌이 무상하고 영원한 실체가 없는 환(幻)이라는 것을 보았을 때, 이에 크게 감응(samvejita)하여 느낌에 대한 혐오감을 가진다. 그는 이러한 느낌 속에서 고(苦)의 특성을 보게 되는 동시에, 느낌에 의해 고(苦)가 발생하는 방식도 보게 된다. 이러한 지혜는 책이나 스승에게서 배우는 것이 아닌, 체험적 수행에 의해 스스로 터득하는 것이다.

일반적으로, 수행하는 사람은 최소한의 이론 공부와 함께 병행해서 수행을 한다. 책만을 통해 지식을 얻은 사람들과 비교할 때, 그에게는 거의 문제들이 일어나지 않는다. 그러므로 "수행자는 즐거움의 느낌(sukkha-vedanā)이 궁극적으로 즐거움이 아닌 고(苦, dukkha)임을 본다."라는 표현은 정확하고 올바른 말이며, 수행을 해본 사람이라면 정확히 이해하게 되는 말이다. 수행자가 이러한 방식으로 관찰해 나갈 때, 즐거움이라는 인식은 저절로 버려진다.

(3) 수관 3단계

이 단계에서 수행자는 느낌을 자아가 아닌 무아(anattā, 無我)로 관찰한다. 그렇게 할 때, 그는 '나' 라는 인식(atta-saññā, 自我想)을 버린다.

이것은 앞의 두 단계와 관련해서 쉽게 이해할 수 있다. 느낌의 본성이 무상(無常)이고 불만족[苦]이라는 것을 분명히 감지했을 때, 수행자는 무아(無我)도 알게 된다. 그는 더 나아가 다음과 같이 관찰할 것이다. "사실이 그러한데, 어찌 그것을 나의 것으로 여길 수 있으며, 어찌 그것을 실체가 있는 것으로 볼 수 있겠는가? 느낌이 본질적으로 항상(恒常)하는 것이라면 여러 인연(因緣)에 의해서도 조건화되거나 변화되지 않아야 할 것이 아닌가? 게다가, 그것을 '나의 것' 이라고 할 수 있다면 그것은 나에게 고통을 주지 말아야 하고, 이렇게 관찰하고 있는 나에게 어떠한 두려운 감정(samvega)이나 혐오감도 주지 말아야 할 것이 아닌가?' 등으로.

다시 말하지만, 책으로 얻은 지식에 의존해서는 이 단계를 완전히 이해할 수 없다. 고(苦, dukkha)를 이해하려면 무상(無常, annica)을 진정으로 이해해야 하는 것처럼, 무아(無我, anattā)를 이해하려면 고(苦, dukkha)

를 진정으로 이해해야 한다. 논리적 사고나 사색 또는 상상에 근거한 단순한 지식은 무아(無我, anattā)의 특성을 이해하는 데 전혀 도움이 되지 않는다. 명상수행을 하지 않고서는 마음을 오염시키는 번뇌를 제거할 수 없다. 대부분 지식은 사유나 대화 또는 가르치는 일을 할 때만 유용하다.

관찰 대상을 선택하기 전에, 수행자는 이미 잘 수련된 마음, 즉 선정을 성취한 마음을 분명히 가지고 있어야 한다. 가령 희열이건 또는 지금 다루고 있는 느낌이건 간에, 명상을 위해 채택된 대상은 모두 '마음속에 또렷이 나타나는 것'이라야 한다는 점에 주목해야 한다. 외적인 명상주제를 사용해서는 안 된다. 희열은 마음 내부에서 일어나야 한다.

'이런 종류의 느낌'이라는 표현을 사용한 이유는 감각(kamā, sensuality) 등에 근거한 느낌은 관찰을 위해서는 사용될 수 없기 때문이다. 희열(기쁨)과 같은 느낌은 담마 또는 출리(nekkhamma, 出離)에서 비롯된다. '이런 종류의 희열'이라는 말은 일반적으로 사용되는 의미의 희열보다 훨씬 더 강력하다. 언어로 무상·고·무아라는 특성들을 드러내기란 불가능하다. 왜냐하면, 언어는 외적 표현일 뿐 내적으로 체험되는 것이 아니기 때문이다. 언어라는 것은 체험으로 변형될 수 없다. 즉 말이라는 것은 체험으로 변화될 수 없고, 어떤 하나의 체험을 또 다른 체험으로 변화시킬 수 없다. 우리는 고귀한 도(道, magga)와 과(果, phala)로 이끄는 혐오감(nibbidā)과 초연함(virāga, 離欲)을 마음속에서 직접 체험해야만 한다.

수행자가 진정으로 느낌이 무아라는 것을 알아차렸을 때, 자아가 있다는 인식(atta-saññā)의 번뇌가 사라진다. 그것이 절대적으로 사라지는지, 아니면 일시적으로 사라지는지의 문제는 통찰의 강도에 달려있다. 그것이 완전히 사라지면 궁극의 해탈 상태인 아라한과(arahatta)가 실현된다. 일반적인 수행에서 자아가 있다는 인식은 일시적으로 가라앉게 되는데, 이것은 더 높은 수준의 수행을 통해 궁극의 목표를 이루기 위한 징검다리가 된다. 이 단계에서 '자아가 있다는 인식을 포기하여…' 등의 표현은 자아라는 인식을 일시적으로 가라앉게 한다는 것을 암시한다. 그러나 마음의 기능〔五根〕들 같은 여러 가지 요소들이 완전하게 작용한다면 아나빠나삿띠의 이 제5단계 수련을 통해서도 진리를 꿰뚫어 보는 통찰 지혜를 계발하여 아라한과(arahatta-phala)를 이룰 수 있을 것이다.

④ 수관 4단계

이 단계에서 수행자는 그런 느낌에 대하여 혐오감(nibbidā)을 갖게 된다. 그는 즐거운 느낌들을 향유하기(nandi)를 포기한다. 희열을 포함하여 여러 느낌들이 무상·고·무아임을 보게 되면 그는 그러한 느낌들을 즐길 수 없게 되고, 그 느낌들에 의해 미혹되거나 매혹될 수 없고, 만족조차 할 수 없게 된다. 이러한 상태는 여전히 '희열을 체험하기'라고 불린다.

왜냐하면 희열은 그것이 무상·고·무아라는 특성들과 더불어 혐오감과 함께 분명하게 나타나기 때문이다. 희열이라고 불리는 이 느낌은 항상 마음속에 분명하게 나타나며, 만약 그렇지 않다면 혐오감은 그 대상이 없게 되어 굳게 확립되지 못한다는 사실을 유념해야 한다. 희열이 분명하게 나타나지 않으면 혐오감은 다소 모호해진다. 그것은 마치, 진정한 각성을 통해 지혜가 나타나지 않으면 그가 상상했던 혐오감이 모호해지는 것과 같다.

이러한 식으로 수행하면, 마음은 희열을 관찰하여 그것의 특성이 무상·고·무아라는 것을 볼 수 있다. 그것은 책을 통한 지식으로 아는 혐오감과는 전혀 다른 차원의 혐오감을 불러일으키기 위한 토대가 될 것이다. '혐오감' 이라는 용어는 차원에 따라 그 의미가 다르다. 가령, 계속 같은 음식만 먹는 경우와 같이 반복을 원인으로 하는 혐오감이 있다. 또는 성가신 방해를 원인으로 하는 혐오감도 있다.

그러나 담마 수행에서 사용되는 전문용어인 빠알리어 'nibbidā(혐오감)' 는 그것과 무관하다. 담마에서 뜻하는 혐오감은 무상·고·무아 등을 꿰뚫어보고서 생겨나는 것이라야 한다. 이런 통찰은 '나' 또는 '나의 것' 등이 있다고 집착하는 것이나, '나는 좋아한다.' 또는 '나는 사랑한다' 등과 같이 생각하는 것에 대해 두려움과 역겨움을 불러일으킨다. 이처럼 담마에서의 혐오감은 삼법인의 진리를 철저히 각성하고 생겨난 절박감(saṃvega) 같은 것에서 비롯됨을 명백하게 알 수 있다.

수행자가 이런 식으로 혐오감을 갖게 되면 그는 여러 느낌에 대해 향유하기를 포기하게 된다. 희열의 맛이 아무리 신비롭고 매혹적일지라도 그로 인해 즐거워하거나 만족하지 않는다. 그는 아름다운 어떤 것을 보면 그 위험성 또한 알기에 그것에 집착하지 않는 사람과도 같다. 무상·고·무아를 보는 것은 아름다운 것들 속에 숨어 있는 위험을 보고, 그 아름다움의 매력이 부르는 영향력을 마음속에서 완전히 제거하는 것과 같다. 이와 같이 수행자는 혐오감을 굳게 확립하여 기쁨이 무상·고·무아라는 진리를 몸소 체험함으로써, 기쁨을 즐기지 않고 항상 여여부동(如如不動)하게 된다.

(5) 수관 5단계

이 단계에서 수행자는 느낌에 대해 초연(virajjati, 離貪)해지며, 그로 인해 탐욕을 버린다.

‘탐욕’이라는 단어의 의미는 분명히 이해되어야 한다. ‘탐욕’은 빠알리어로 라가(rāga), 또는 사라가(sārāga)이며, 그것은 자신의 성질에 깊이 뿌리박힌 무언가를 탐애하는 것을 의미한다. 여기에서 라가, 즉 탐욕은 감각적인 것에만 국한된 것이 아니라 물질적 재산, 명성, 명예 그리고 심지어 공덕 등과 같은 비물질적인 것에 대한 집착까지도 포함한다.

여기서 우리는 한 언어를 다른 언어로 번역하는 것이 어렵다는 점에 주의해야 한다. 왜냐하면, 때때로 언어적 장벽이 담마에 대한 혼란을 야기하기 때문이다. 여기서는 느낌에 대한 탐욕, 즉 희열(삐띠) 그 자체에 대한 탐욕을 말한다. 느낌에 대한 탐욕은 담마의 희열(Dhamma-pīti, 法悅)을 포함하며, 심지어 선정 그 자체에 대한 희열도 포함한다.

왜냐하면, 그 희열(기쁨)이 어떤 종류이든 간에, 마음에서 일어나는 욕망의 작용이기 때문이다. 마음은 마치 하얀 천에 염료가 빠르게 스며들듯이 쉽게 물들어 버린다. 라가(rāga)라는 단어 자체도 어원적으로 ‘물들이다, 염색하다’ 등을 뜻하는 ‘라즈(raj)’에서 나온 것이므로, 이러한 설명은 문자적으로도 그 의미가 일치하지만, 여기서는 ‘탐욕’이라고 번역함이 적절하겠다.

모든 즐거운 느낌은 그것을 움켜쥘 때 탐욕의 씨앗이 되므로 수행을 통해 극복해야 한다. “그렇게 하면서 그는 탐욕을 버린다.”라는 표현은 인과(因果)관계를 보여준다. 혐오감이 원인이 되어 그 결과 탐욕은 수그러들게 된다. 탐욕을 수그러들게 하는 혐오감이 일어나도록 하는 과정은 시간과 밀접한 관계가 있는데, 그것은 그 과정이 마음에 속한 것이고 마음의 본성은 비교적 신속한 것이기 때문이다. 예를 들면, 우연히 불에 손이 닿았을 때, 자신의 손이 불에 닿자마자 두려움에 의해 얼른 손을 떼는 것과 같다. 혐오감이 일어나는 것은 불에 대해 두려움이 일어나는 것으로 비유될 수 있다. 그 과정은 거의 인식하지 못하는 찰나에 일어난다. 그것은 저절로 일어나는 것이어서 순식간에 손을 불에서 떼게 된다. 이처럼 육체적 또는 신경학적 작용은 깊은 수준의 정신적 작용과 동일하다.

이 다섯 번째 단계의 수관(anupassanā), 즉 면밀한 관찰은 대체로 이전 단계의 수관에서와 같은 것들을 포함한다. 즉 무상·고·무아라는 특성이 있는 느낌이 분명히 나타나긴 하지만 그 느낌을 놓아 버리게 된다. 마치 불에서 손을 떼어낸 사람처럼 느낌은 분명히 나타나지만 내려놓게 되는 것이다. 수행자는 희열을 체험하지만, 그것을 불과 같이 보아 집착하지 않고 내려놓는다. 그에게 희열은 단지 자연스러운 현상의 하나에 불과하다. 그는 그것에 대한 탐욕에 더 이상 집착하지 않는다. 이것을 일컬어 '느낌에 대한 탐욕이 수그러듦' 이라고 한다.

수행자는 이제 느낌에 대한 탐욕을 버린 자이다. 즉 여기에서 '느낌을 체험하면서' 라고 표현할지라도, 느낌에 집착하지 않고 놓아 버린〔放下着〕 상태를 의미한다.

(6) 수관 6단계

이 단계에서 수행자는 느낌들을 소멸시키고(nirodheti), 다시 불러일으키지 않는다. 그렇게 함으로써 그는 조건 따라 일어난 것(samudaya)을 버리게 된다.

'그는 느낌들을 소멸시키고' 라는 표현은 특별한 의미를 지니고 있다. 정확히 말해 그것은, 느낌들의 '의미' 또는 '가치' 를 종식시키는 것을 뜻한다. 그렇게 함으로써 그 느낌들을 의미 없고, 가치 없고, 아무런 힘도 없게 하여, 그것들이 더 이상 고(苦)를 일으키지 못하게 하는 것이다. 바로 이것이 '느낌들의 소멸(nirodha)' 이 의미하는 것이다. 설령 또다시 감각에 의한 촉(phasa, 觸)이나 느낌이 일어나고, 그것이 자주 반복될지라도, 수행자는 이미 그것에 대한 모든 탐욕을 여의었다. 감각접촉과 느낌들이 의미를 잃을 때, 더 이상 움켜쥐려는 집착은 없어지고 고통〔苦〕은 일어나지 않는다. '그는 느낌들을 소멸시키고' 라는 짧은 표현에는 이러한 의미가 담겨 있다.

수행자에게 희열 또는 느낌은 꺼져서 더는 위험하지 않은 불처럼 분명히 나타난다. 이 단계에서 수행자는 탐욕의 불이 꺼져서 시원한 기쁨을 체험하게 된다.

결국, 이런 느낌들의 종식은 마음챙김(sati)과 삼법인(무상·고·무아)에 대한 지혜(ñāṇa)의 힘으로 고통의 씨앗인 탐욕의 불길을 포기하는 것과 같다. 이미 소진된 연료로는 불길을 다시는 일으킬 수 없다. 이처럼 수행자는 '희열을 체험하지만', 탐욕의 불길이 꺼져 시원한 상태의 희열을 체험하게 된다.

(7) 수관 7단계

이 단계에서 수행자는 느낌을 보내 버리게(paṭinissajjati)된다. 그는 느낌들에 집착하지 않음에 따라 집착(ādāna)을 포기한다.

수관 7단계는 희열을 수관하여 체험하는 마지막 단계이다. 수행자는 탐욕의 불길이 완전히 꺼져 관여할 것이 남아있지 않은 상태다. 희열 또는 느낌은 완전히 차단되었다. 그것은 포기되어, 그 자체로 돌려보내는(paṭinissaṭṭha) 것이다. 수행자는 예전처럼 미혹되거나 탐욕 속에 살지 않는다. 느낌에 관련된 모든 것을 있는 그대로 돌려보낸다.

어떤 것이든 거기에 가치를 부여하거나 집착을 가지는 것도 전부 한 가지 원인에서 발현된다. 그것은 즐거움의 느낌(sukha-vedanā)에 의지해서 일어난다. 즐거운 느낌은 그 자체를 있는 그대로 보게 되면 무의미한 것이 되고, 따라서 거부되며 이 느낌을 나와 동일시하지 않게 된다. 그 결과 다른 모든 것들도 놓아 버리게 된다.

"그는 느낌을 포기한다."라는 짧은 표현은 모든 것의 포기라는 광범위한 뜻을 함축하고 있다. 여기서 '포기'는 완전하고 근원적인 포기이다. 모든 종교적인 열망, 청정한 삶(brahmacariya)은 일체를 완전히 포기함에 따라 그 정점에 다다를 수 있게 된다.

그러나 이 단계에서 수행은 멈추지 않고 계속되어야 한다. 왜냐하면, 제5단계의 수행에서는 아직 수행자의 여러 덕목과 마음의 기능들이 완전하게 성숙하지 않았고, 삼법인(무상·고·무아)에 대한 그의 통찰 지혜가 충분히 깊지 못하며, 혐오감과 이욕(virāga, 離慾)에 대한 그의 체험이 완전하게 계발되지 않았기 때문이다.

이 시점에서 수행자는 더욱 열심히 정진해야 한다. 이런 의미에서, '자신을 수행한다.' 또는, '희열을 체험(느낌을 관찰)한다.'라고 말하는 것이다.

이와 같은 일곱 단계의 수관이, ‘마음챙김과 지혜로써 느낌을 관찰하기 위한 방법’ 또는, ‘숨을 내쉬고 숨을 들이쉬면서 기쁨을 체험하기 위한 방법’ 이다. 이 방법에 의한 수행계발을 바와나(bhāvanā)라고 부른다.

3. 수행계발(bhāvanā)

가. 아나빠나삿띠에 있어서 수행계발(bhāvanā)

바와나(bhāvanā, 修行啓發)는 문자적으로 번역하면 '일으키기' 또는 '계발하기' 이다. 여기서는 '실제로 일으킴' 또는 '수행계발' 이 있을 때에만 이 바와나(bhāvanā)[3]라는 용어를 사용할 수 있다.

그러므로 사념처 수행계발(Satipaṭṭhāna-bhāvanā)과 같은 용어는 앞서 언급한 일곱 가지 방식으로 희열 또는 느낌을 관찰하는 경우에서처럼, '마음챙김에 의한 수행계발' 이 일어날 때에만 의미가 있는 것이다.

아나빠나삿띠에 있어서의 수행계발(bhāvanā)은 다음과 같이 네 가지 방식으로 정의할 수 있다.

1) 마음챙김에 의한 관찰을 통해 일어난 마음 상태가 도에 지나치지 않다는 의미에서 바와나(bhāvanā, 수행계발)가 있다고 말할 수 있다. 바와나는 분명히 현전하는 것이므로 마음챙김의 확립인 사념처(Satipaṭṭhāna)가 일어나고 있든가 혹은 계발되어져 왔다고 말할 수 있다. 따라서 바와

---

3) 흔히, Bhāvanā(수행계발)라는 용어가 실제적인 내적 계발의 유무에 상관없이 단지 명상하며 앉아있는 것을 의미할 때도 사용된다.

나의 완전한 이름은 마음챙김의 확립에 대한 수행인 삿띠빠타나 바와나(Satipaṭṭhāna-bhāvanā)이다.[4]

2) 5근(indriya) 등과 같은 '마음 상태'를 일으킨다는 의미에서 바와나가 있다고 말할 수 있다. 즉, 5근(五根)은 바와나와 동일한 기능을 하고 동일한 결과를 가져온다.

3) 5근을 포함하여 각기 다른 마음의 상태에 부합하는 정진력들을 불러일으킨다는 의미에서 바와나가 있다고 말할 수 있다.

4) 마음을 체험적으로 수행한다는 의미에서 바와나가 있다고 말할 수 있다.

이제, 이 네 가지 의미의 바와나(bhāvanā)에 대해서 자세히 설명해보고자 한다.

첫 번째로, 마음챙김에 의한 관찰을 통해 일어난 마음 상태가 '도에 지나치지 않다'는 의미에서 바와나(bhāvanā, 수행계발)가 있다고 말할 수 있다. 쉽게 말하자면, 어떤 가치 있는 시도를 성취하려면 적절한 조치를 취하는 올바른 행동에 의해 필요한 조건들을 불러일으켜야 한다. 이렇게 불러일으켜진 조건의 상태들은 모두 조화롭게 조정되어야 한다. 즉

---

4) 이 Satipaṭṭhāna(四念處, 마음챙김의 확립)는 사념처 중 신념처(身念處)든 수념처(受念處)든 어떠한 것도 될 수가 있다. 예를 들면 Kāyekāyānupassanā-satipaṭṭhāna-bhāvanā(몸에서 몸을 관찰하는 마음챙김 확립의 수행)도 된다.

어떤 것이든 지나치거나 부족해서는 안 되며, 서로 잠식해서도 안 된다. 이를테면, 수행에서 무상(無常)을 꿰뚫어 보는 지혜는 고(苦)를 통찰하는 지혜로 이끌거나, 혹은 고를 통찰하는 지혜와 완전하게 일치되어야 한다. 마찬가지로, 고(苦)를 꿰뚫어 보는 지혜는 무아(無我)를 통찰하는 지혜로 이끌거나 그것과 완전히 부합되어야 한다. 무아(無我)를 통찰하는 지혜 또한 혐오감으로 이끌고, 초연함을 불러일으켜야 한다. 수행이 이와 같은 과정을 따라 행해질 때라야 바와나, 즉 수행의 발전 또는 수행의 진보가 있다고 말할 수 있다.[5]

현대 사회의 문제점을 예로 들어보면, 진보된 과학 기술은 오늘날 올바른 목적을 위해 사용되지 않고 있는데, 이것은 여러 분야에서 이른바 진보 또는 발전한 것들이 인류사회의 평화보다는 오히려 혼란과 문제를 일으키는 방향으로 악용되고 있음을 보여준다. 이것은 어떤 것은 과도하고 어떤 것은 부족한 사회적 불균형의 단면이며, 어떤 것들이 과대평가되거나 과소평가되는 부조리와 모순을 낳는다. 따라서 이런 과정에서 진실한 바와나, 즉 과학기술에 의한 진보는 이루어지지 않은 것이라고 말할 수 있다.

두 번째로, 바와나는 '도구로 쓰이는 여러 가지 것들을 조화롭게 조정하는 것'이라고 정의될 수 있다. 사람들은 하나의 올바른 목표를 위해 다 함께 노력해야 한다. 현대사회는 수십, 수백 가지의 지식분야들이 하나의 목표, 즉 평화를 위해 조정되지 못하고 있는 실정이다. 여러 지식분야는 인간의 기득권 보호를 위해 사용되고 있지만, 그것이 평화를

---

5) bhāvanā(수행계발)라는 용어는 계발, 진보, 함양, 발전, 적용 등 다양한 뜻을 지니고 있다. 여기서는, 명상수행을 통한 정신적 발전을 나타내려고 '계발'이라는 단어가 가장 흔히 쓰인다.

지향하는 데에 쓰이는 경우는 흔치 않다.

마음 수행의 과정에서, 수행에 도움이 되는 모든 마음의 상태들(dhammas)은 특정한 순간에 가장 바람직한 결과를 가져올 수 있도록 조정된 방식으로 적용되어야 한다. 그렇게 하지 않으면 어떤 바와나도 실현할 수 없다. 부처님의 가르침에 따르면, 물질적 또는 유형적(有形的)인 성취에 관련된 수행과 닙바나로 이끄는 수행은 전혀 다른 것이다(aññā hi lābhūpanisā aññā nibbānagāminī).

이 말은, 행위는 같아도 그 동기는 아주 다를 수 있음을 의미하는데, 예를 들면, 유형적(有形的)인 성취를 목적으로 계를 엄격히 준수할 수도 있고, '나'가 있다는 아상(我相)의 극복을 목적으로 계를 엄격히 준수할 수도 있다. 전자는 유형적인 것을 얻기 위한 유위법(有爲法)이고, 후자는 닙바나를 목표로 한 무위법(無爲法)이다. 이러한 원리는 정정진(精正進), 정(定, samatha) · 혜(慧, vipassana)의 쌍수(雙修)나 다른 모든 행위에도 적용된다.

수행의 방식들이 정직하고 조화롭게 행해지지 않으면 갈애나 잘못된 견해가 생겨날 것이며, 아나빠나삿띠 중 제5단계의 바와나는 현전하지 않을 것이다. 그러므로 한 수레의 모든 부품들은 하나의 목적을 위해 작동되듯이 모든 수행의 방식들은 하나의 목표를 위해 바르고 조화롭게 수행되어야 한다.

세 번째로, '모든 노력을 경주하여 바라는 결과를 성취하고, 모든 것이 각각의 역할에 효과적으로 이용될 수 있도록 노력을 유지하는 것'이 바와나(bhāvanā)이다. 그것이 '일으키기'라는 의미에서 사용되든, 아니면 '계발하기'라는 의미에서 사용되든, 모든 노력과 바라는 목표를 이루기 위한 노력을 직접 통제할 수 있어야 바와나(bhāvanā)가 있다고 할 수 있다. 깊고 미묘한 최상의 가르침(無上甚深微妙法)인 담마의 수행에서 모든 노력은 엄격하게, 그리고 바른 견해〔正見〕로 조절되어야 한다. 그렇지 않으면, 수행은 첫 단계에서부터 아무런 결실도 맺을 수 없게 된다. 수행의 원리에 대한 충분한 지식이 있더라도 그 지식을 올바르게 적용하는 지혜가 없으면 수행의 결실을 맺을 수 없다. 바와나에 대한 이 세 번째 정의를 명심해야 한다.

네 번째로, 바와나는 '마음을 체험적으로 닦으므로' 이름을 그와 같이 칭할 수 있다. 즉 마음은 수행의 결실들을 체험하면서 어떤 정점에 도달할 때까지 계속 수련된다. 그러나 그러한 결실들은 초기 단계에 속하며 이후 향상되는 단계를 위한 초석이 될 뿐이다. 결론적으로, 자신의 시간과 에너지를 오직 하나의 목표를 위해 바친다면 그 수행은 바와나라고 말할 수 있다.

마음을 수행하는 과정에서 '수행' 이라는 단어는 포괄적인 뜻을 함축하고 있다. 그것은 수행에서 처음과 중간과 끝에 기울여야 할 모든 필수적인 노력을 총망라하는 것을 뜻한다. 시작 단계는 1장의 명상수행의 준비단계와 실제로 수행에 착수하는 것들 모두를 포함한다. 중간 단계에서는 앞에서 이미 성취한 것들을 지속시켜 확립해야 하며, 끝 단계에서는 최종적인 목표를 위해 전력을 경주해야 한다.

여러 가지 선정(禪定, jhāna)에 들어가서 머무는 것, 선정에서 나오는 것 그리고 선정을 반조하는 것 등은 마음 수행에서 매우 높은 단계이다. 그러나 이것들을 성취하더라도 너무나 쉽게 잃어버릴 수 있으므로, 선정에 관련된 마음 수행은 어떤 육체적 일과도 비교할 수 없는 철두철미한 최고의 노력이 요구된다.

만일 진실한 바와나가 있다면 수행자는 마음이 즐거워져 계속 수행하게 될 것이기에, 그 능숙함의 정도가 점점 더 심오해진다는 것도 바와나의 네 번째 의미에 속한다.

전체적으로 요약해볼 때, 수행자는 다음 네 가지 요점들을 기억해야 한다.

첫째, 올바르고 조화로운 방식으로 여러 가지 마음 상태들을 불러일으킨다.

둘째, 수행에서 한 가지 목적을 위하여 여러 마음 상태들을 조화시켜주는 장치들을 법도에 맞게 조절한다.

셋째, 그 장치들을 자유자재로 조절하는 데 필요한 정진력을 가진다.

넷째, 진실하고 온 힘을 다하여 전심전력으로 수행한다.

결론적으로 말하면, 바와나는 수행자가 위와 같은 사실들에 의지해서 수행을 성공적으로 발전시켜나가는 것을 의미한다.

나. 담마의 함양(Dhamma-samodhāna)

'담마의 함양' 이란 바와나를 행하는 동안 여러 마음의 상태들을 함양(계발, 일으킴)시키는 것을 말한다.

열여섯 가지 방법을 통해 희열을 얻고, 네 가지 바와나 계발에 의해서 지속되는 희열을 체험할 때라야 수행자는 아나빠나삿띠의 제5단계를 완전히 계발했다고 말할 수 있다. 이러한 완전한 계발 덕분에, 그는 다음에 설명할 여러 가지 마음 상태들을 함양시킬 수 있게 된다. '함양하다', '일으키다' 라는 단어는 빠알리어인 사모다네띠(samodhāneti)를 번역한 것이다. 이것은 문자적으로 '불러 모으다' 또는 '함께 모으다' 등을 뜻하며, 여기서는 '수행의 힘으로 여러 마음 상태들을 불러 모은다' 는 뜻을 나타낸다. 다시 말해서, 바른 노력으로 성공적인 수행을 한 후에 자연스럽게 수행의 결과들을 모두 가져오게 하는 것이 바로 이 수행이다. 일반적으로, "수행자가 수행의 결실들을 불러 모은다."고 말해지며, 심지어 "어떠한 경지에 도달한다."고도 말해진다. 이런 식으로 이야기하는 것은 일종의 관습이기도 하다. 더구나, 여러 가지 마음 상태들을 '불러 모으는 것' 은 담마의 성취 또는 자신 안에서 담마를 깨닫는 것을 뜻한다.

이런 점을 올바로 이해할 때, 그는 성취 또는 깨달음에 대한 잘못된 견해를 갖지 않게 될 것이다. 만약 수행자가 잘못 이해하면 수행을 통한 선정의 성취가 거룩하고 기적적이거나, 마술적이라고 믿는 그릇된 견해(sīlabbata-parāmāsa, 戒禁取見)가 생기고 그것에 집착하게 될 수도 있다.

앞에서 자세하게 설명한 방식으로 기쁨을 체험하는 동안 수행자는 여러 가지 법(法, dhammas), 즉 5근, 5력, 7각지, 8정도, 그리고 스물아홉 가지 명상주제 등 다른 여러 대상을 함양한다.

이러한 여러 가지 부류의 법(法, dhamma)들을 불러일으키는 것에는 두 가지 행위가 더 포함된다. 즉 여러 가지 법들의 각 영역(gocara)들을 알게 되고, 그 법들에 관련된 고요함의 유익함(samattha, 사맛타)을 꿰뚫어 알게 된다. 먼저, 이런 두 가지 행위들을 설명하고자 한다.

1) 5근(indriya)의 함양

수행자는 희열의 느낌이 일어날 때까지 길게 숨을 내쉬고 길게 숨을 들이쉼에 의해 심일경성〔一念〕을 유지할 수 있다. 그런 식으로 느낌을 이끌어 낸 후 그는 그러한 느낌이 무상하고 고통이며 무아임을 관찰하고, 마침내 느낌이 일어나고 분명히 현전하다가 사라지는 원인들을 알게 된다. 이제 수행자는 수행 중에 일어난 것을 관찰해야 한다.

수행자는 5근, 즉 믿음〔信〕, 노력〔力〕, 마음챙김〔念〕, 집중〔定〕, 그리고 지혜〔慧〕 등을 모으거나 계발한다. 수행자는 이런 명칭들을 가진 5근(五根)을 관념적으로만 알아서는 아무런 소용이 없다. 그는 5근이 무엇인지를 개인적인 체험에 의해 알아야 한다.

5근(五根)의 각 본성은 다음과 같다.

수행자가 희열을 일으켜서 그것이 무상·고·무아라는 것을 관찰할 때, 그에게는 믿음이 생겨나서 굳게 확립된다. 수행에 관련된 모든 의심들은 해결된다.[5] 스스로 체험을 하고 있으므로 이제 그는 다른 사람의 확인이 필요치 않게 된다. 또한, 이런 믿음은 실제적인 체험 이전에는 존재할 수 없었으므로 처음으로 일어난 것이라는 점을 주목해야 한다. 이것은 개인적인 체험이므로 진정한 신근(信根, saddhindriya)이다. 여러 가지 희열의 관찰이 올바르게 수행되지 않으면 신근은 결코 일어나지 않는다는 것은 명백한 사실이다. 그리고 이 단계에서는 5근의 다른 요소들도 동시에 포함된다.

수행자가 성공에 이를 때까지 강력하고 참을성 있게 마음을 다잡아 희열의 관찰에 전심전력하는 것은 다름 아닌 정진근(精進根, viriyindriya)

---

5) 의심의 해결이라는 의미에서의 신근(adhimokkhaṭṭhenasaddhindriya).

이다.[6] 이것은 수행자가 느낌을 관찰하는 동안 항상 존재한다.

수행자가 희열의 관찰을 굳게 확립할 수 있게 하는 요소는 염근(念根, satindriya)이라고 불리는 마음의 특성이다.[7] 이러한 염근 또한 다른 요소들과 함께 동시에 존재하는 것이다.

흐트러지지 않는 마음, 변동되지 않는 집중된 마음도 물론 동시에 존재하는데, 이것이 바로 정근(定根, samādhindriya)이다.[8]

느낌을 무상·고·무아로 관찰함으로써 생겨나는, 진리를 꿰뚫어 보는 지혜는 다름 아닌 혜근(慧根, paññindriya)이다.[9]

이러한 5근은 모두 올바른 균형과 조화 속에서 동시에 존재한다. 이 모든 기능들은 느낌들을 관찰함으로써 생겨난다. 그러므로 희열(기쁨)의 관찰은 5근을 동시에 일으킨다고 말할 수 있다.

가) 5근(indriya, 五根)의 영역

5근을 완전하게 함양하려면 그들의 영역(gocara) 혹은 대상(명상주제) 또한 알아야 한다.[10] 왜냐하면, 수행자가 5근의 대상(명상주제)을 분명히 알아야만 5근이 완전하게 현전하기 때문이다. 아나빠나삿띠 수행의 제 5단계에서는 5근의 대상이 희열 또는 감각 그 자체이다. 수행의 다른 단계에서처럼 5근을 일으키는 원인들에 따라 대상(명상주제)은 달라진다. 이른바 '영역' 이란, 토대가 되어 5근이 계발되게 해주는 관찰의 대상,

---

6) 전심전력이라는 의미에서의 정진근(paggahaṭṭhenaviriyindriya).
7) 확립이라는 의미에서의 염근(upaṭṭhānaṭṭhenasatindriya).
8) 흐트러짐 없음이라는 의미에서의 정근(avikkhepaṭṭhenasamādhindriya).
9) 꿰뚫어 봄이라는 의미에서의 혜근(dassanaṭṭhenapaññindriya).
10) 영역(gocara)은 문자적으로 '소를 방목하는 곳' 을 의미한다.

바로 이것이다.

'대상(명상주제)'을 '영역'이라고 부르는 데에는 이유가 있다. '영역'이라는 용어는 또 다른 각도에서 '대상'의 의미를 조명해 준다. 즉 비유적인 의미로서 대상을 영역이라고도 한다는 것이다. 이 '영역'이라는 것은 마음이 그 특성들, 즉 5근을 얻어서 활동하는 곳이다.

5근을 실제로 이해하려면 5근의 작용 원리를 먼저 이해해야 한다. 한 마리의 소 또는 여러 마리의 소들을 볼 때, 우리는 소뿐만 아니라 소가 풀을 뜯어 먹는 장소 또한 본다. 이것은 5근과 그 영역에 있어서도 마찬가지이다. 이 모든 것을 보면 진정한 이해는 보통의 관념적 지식 너머에 있다는 것을 알 수 있다. 관념적 지식만으로 희열과 같은 느낌들이 진정으로 마음속에 현전하게 할 수 없으므로, 이 경우 5근이 일어날 수 있는 토대가 실제로 조성되지 않는다. 오직 수행을 통한 체험에 의해서만 진정한 이해를 할 수 있다.

나) 고요함의 유익함(samattha, 사맛타)을 꿰뚫음

5근을 함양시키고 그 영역을 알아차림할 때, 마음은 그 5근 속에 흠뻑 스며들어 꿰뚫어 보거나, 거기서 나오는 결실을 완전히 체험한다. 이것을 '사맛타의 꿰뚫음'이라고 부른다. '사맛타(samattha)'는 여러 마음 상태들(dhammas)을 모으거나 함양시킴으로써 얻게 되는 결실이나 유익을 의미한다. 유익을 뜻하는 '앗타(attha)'라는 용어는 여기서 네 가지 의미, 즉 흠 없는, 오염되지 않은, 정화된, 훌륭한 등의 의미가 포함된 유익을 뜻한다. 이 네 가지 특성들이 있는 것이라면 수행전문용어로 '유익'이라 불린다.

'사마(sama)'라는 용어는 문자적으로 평정함 또는 고요함 등을 뜻하는데, 여기서는 다시 네 가지 의미를 담고 있다.

첫째, 마음이 명상주제에 확고히 고정됨(ārammaṇassa upaṭṭhānaṁ)을 의미한다.

둘째, 마음이 흐트러지지 않음(cittassa avikkhepo)을 의미한다.

셋째, 마음이 확고부동하여 명상주제가 또렷하게 나타남(cittassa adhiṭṭhānaṁ)을 의미한다.

넷째, 마음이 정화됨(cittassa vodānaṁ)을 의미한다.

여기서 '고요함 그 자체를 뜻하는 유익'은 위의 네 가지 특성들을 가지고 있으므로 사맛타(samattha, 고요함의 유익함)라고 불린다.[11]

5근을 한데 모을 때, 수행자는 그 영역을 알아야 할 뿐만 아니라, 사맛타(samattha, 고요함의 유익)*도 꿰뚫어 봐야 한다. 5근 역시 이 단계에서는 사맛타의 통찰이 수행의 성공 여부의 기준이다. 철저하게 체험되지 않은 5근은 유명무실한 것이다.

5근의 함양(samodhāna, 일으킴)에 관한 지금까지의 모든 설명은 다음과 같이 요약될 수 있다.

(1) 그 각각의 기능들을 충분히 실행하는 5근의 요소들이 또렷하게 현전한다.

(2) 5근의 영역, 즉 명상주제가 분명하게 보인다.

---

11) 간단히 말해서, 마음이 고요하거나 평정하다고 말하는 이유는 첫째, 그 시점에 명상주제가 굳게 확립되어 마음이 고요하고 둘째, 마음이 산만하지 않고 셋째, 마음이 확고부동하고 넷째, 마음이 순수하기 때문이다. 이처럼 마음이 고요하게 집중되어 순수하다는 것은 매우 의미심장한 것이다. 즉 이것은 마음이 티 없이 맑고, 오염되지 않고, 깨끗하게 정화되어 훌륭하다는 의미이다.

* 사마타 위빠싸나 samatha와 고요의 유익한 점인 samattha와 구분할 것.

(3) 5근을 불러 모으는 것과 유익 또는 결실에 흠뻑 스며드는 것이
　　동시에 진행된다.

　위의 세 가지 특성(원리)들은 여러 부류의 마음 상태들을 완전하게
함양했는지를 판단하는 기준이 된다. 우리가 단순히 '그는 담마를 수행
하여 5근을 불러일으켰다.' 또는 '그는 5근을 불러 모았다.' 라고 말할
지라도 여기에는 세 가지 특성들이 모두 포함되어 있는 것으로 이해해
야 한다. 그것이 5력, 7각지, 8정도, 또는 나머지 29가지 마음의 대상들
중 어느 것을 불러 모으든지 간에, 그 모든 경우에 동일한 원리가 적용
된다. 즉 이 원리(세 가지 특성)와 일치하는 마음 상태들이 함양된다는 것
이며, 그 영역인 대상이 명확히 체험되어 사맛타(고요함의 유익함)가 완전
하게 꿰뚫어져 알게 된다는 것이다.

　2) 5력(五力, bala)의 함양

　5력은 5근의 요소들과 같은 이름을 가지고 있다. 즉 신력(信力), 정진
력(精進力), 염력(念力), 정력(定力), 혜력(慧力) 등이 그것이다. 그러나 그
기능은 5근과 다르다. 근(根)은 빠알리어로 '인드리야(indriya)' 이다. 이
것은 5근의 요소가 그 기능을 할 때 '우두머리', '주요부' 등의 역할을
하는 것을 의미한다. 반면에, 힘(力)은 빠알리어로 '바라(bala)' 인데, 이
것은 바람직하지 못한 마음 상태를 격퇴하여 물리치는 힘이라는 뜻이
다. 믿음(saddhā)이 그 믿는 행위에 있어서 머리 또는 주요부의 기능을
할 때, 즉 수행자가 올바르고 확고한 믿음을 갖도록 이끌 때, 그것은 신
근(信根)이라고 불린다. 믿음이 의심과 불신(assaddhiya)을 격퇴하여 물리
칠 때, 그것은 신력(信力, saddhā-bala)이라고 불린다. 아나빠나삿띠의 수

행에 있어서 5근과 5력은 그 출발점이 같다.

정진력(精進力, viriya-bala)은 게으름(kosajja)을 격퇴하여 물리친다. 염력(念力)은 태만(pamāda)을 격퇴하여 물리친다. 정력(定力)은 들뜸(uddhacca)을 격퇴하여 물리친다. 혜력(慧力)은 무명(avijjā)을 격퇴하여 물리친다.

이 모든 것은 5근과 5력이 서로 다른 의미를 지니며, 그 기능이 똑같지 않다는 것을 보여준다. 정신적 특성들인 5근과 5력을 적들을 제압하여 격퇴하는 제왕의 비유로 설명할 수 있다. 제왕은 신하들을 지휘하는 '우두머리'로서의 역할을 하는 동시에 적들을 제압하여 격퇴하는 '힘을 가진 자'로서의 역할도 한다. 5근(indriya)을 신하들을 지휘하는 우두머리로서의 제왕에 비유한다면, 5력(bala)은 적들을 언제든지 제압하고 격퇴하는 힘을 가진 자로서의 제왕에 비유할 수 있다. 즉 5근은 그 각각의 특정한 기능들을 행하는 우두머리와 같고, 5력(bala)은 앞서 설명한 대로 불신, 게으름 등에 맞서서 단호하게 번뇌를 격퇴하는 힘을 가진 자와 같다. 이것은 우리가 가진 공덕이나 담마(法)의 힘이 그 반대의 마음 상태를 제압할 만큼 강해야 한다는 것을 확실하게 보여준다.

태국의 격언에 나오는 "지식으로 가득 차 있지만 출구를 찾지 못하는 머리"라는 표현은 진정한 지식 또는 지혜가 없음을 뜻하는 말이며, 이는 기능[根]과 힘[力]이 모두 없다는 말과 같다. 참으로 알고자 하나 자신의 힘으로 이루지 못한다면 이는 지식의 기능은 있으나 힘은 없는 것이다. 지식이 수행자에게 '힘'을 불어넣어 주는 '우두머리'의 역할을 하지 못하여 자신을 제어하지 못한다면, 그러한 지식은 기능도 아니고 힘 또한 아닌 것으로 간주해야 한다. 만약 어떤 게으른 사람이 매일 게으름의 해악을 곰곰이 생각한다고 말하지만, 결코 거기서 벗어나기 위한 행동을 하지 않는다고 하자. 이런 경우, 그에게는 지식의 기능은 있으나 힘은 없다고 말한다면 이는 옳지 않다. 게으름이 해악이라고 아는 그의 지식 또는 지혜는 기능이라고 인정할 수 없기 때문이다. 왜냐하면, 그 지식이 정진력을 일으키지 못하여 유효하지 않기 때문이다. 따라서 설령 그가 철학자나 학식이 많은 사람처럼 사고(思考)하는 데 능숙하다고 해도 그에게는 기능과 힘이 모두 없다고 할 수 있다. 우리는 세속적인 일의 성공을 위해서건, 담마 수행의 성공을 위해서건, 기능[5근]과 힘[5력]의 특성들을 모두 정확히 이해해야 한다.

요약하면, 우리는 미신적인 믿음을 완전히 타파해야 한다. 게으름과 나약함을 격퇴하려면 이성적이고 성숙한 이해력과 그에 따른 강한 인내심을 가져야 한다. 우리는 모든 것을 그때그때 올바로 알아차림하고 마음챙김해야 한다. 우리의 마음은 들뜸과 불안과 무기력을 격퇴할 수 있도록 집중되고, 또렷하고, 깨어있어야 한다. 마지막으로 우리는 알아야 할 것을 바르게 알아야 한다. 바르지 못한 이해나 견해를 버리고 모든 것을 올바른 마음으로 있는 그대로 보는 건전한 이성에서 비로소 건전한 판단력이 나온다.

이런 덕목들을 길러야 부처의 길을 따르는 훌륭하고 능력을 갖춘 사람이라 할 수 있다. 5근과 5력을 완성한 사람은 반드시 번뇌를 이길 수 있다. 희열 또는 느낌을 관찰하여 그것이 무상·고·무아임을 통찰하는 체험을 할 때, 5근과 5력이 모두 완성된다.

신근(信根)은 신력(信力)으로서의 능력을 갖춘다. 그것은 불신과 잘못된 믿음, 그리고 무가치한 것에 대한 믿음을 효과적으로 제거할 만큼 강력해진다. 수행자가 무상·고·무아를 분명하게 보았을 때, 그에게는 부처님에 대한 신뢰와 믿음이 생겨난다. 즉 부처님은 진리를 말씀하셨고, 그 진리는 부처님께서 말씀하신 그대로이며, '나 스스로도 그와 같이 믿어, 다시는 어떠한 삿된 믿음도 갖지 않겠다.'라고 생각하게 된다. 그는 부처님이 완벽한 깨달음〔正覺〕을 이루셨으며, 고(苦)를 극복하려면 모든 사람들이 이러한 믿음에 의지해야 한다는 것을 의심치 아니한다.

이와 같은 원리가 정진근(精進根)에도 적용된다. 수행자가 무상·고·무아를 분명하게 보았을 때, 그에게는 예리하고 강력하고 단호한 정진력(精進力)이 완전하게 작용한다. 희열을 체험하는 동안 그는 무상을 단지 수동적으로 관찰하는 것이 아니라, 적극적으로 전력을 다해서 관찰한다. 또한 그가 희열을 체험할 때, 염근(念根)은 염력(念力)으로 가득 차서 수행자는 형체·소리·향기·맛·촉감 등에 더이상 현혹되지 않고, 세속적인 삶과 몸을 받는 윤회의 소용돌이(vaṭṭa-saṃsāra)에도 더이상 현혹되지 않게 된다. 이것은 느낌을 무상·고·무아 등으로 통찰하여 생겨나는 마음챙김의 힘〔念力〕이 얼마나 효과적이고 어떻게 완전한 깨달음을 가져오는지를 증명하는 것이다. 정근(定根)과 혜근(慧根)도 마찬가지 방식으로 정력(定力)과 혜력(慧力)으로서 기능을 한다.

결론적으로 말하면, 수행자는 5력을 함양하는 동안 그 5력의 영역을 알아야 하며, 5근을 다룰 때 자세하게 설명했던 것과 같은 방식으로 사맛타를 꿰뚫어 봐야 한다는 것을 명심해야 한다.

3) 7각지(sambojjhaṅga, 七覺支)의 함양(계발)

희열(기쁨) 또는 느낌들을 체험할 때, 5근과 5력이 함양되는 것과 동시에 7각지, 즉 7가지 깨달음의 요소들이 함양된다.

5근에 염근·정진근·정근이 있고, 5력에 염력·정진력·정력이 있듯이, 7각지에도 염각지(念覺支)·정진각지(精進覺支)·정각지(定覺支)가 있다. 믿음(신근, 신력)과 지혜(혜근, 혜력)는 택법각지(擇法覺支)에 포함된다. 그러므로 7각지는 5근과 5력 등과 같은 범주에 있으며, 다만 기능을 하는 방식에 있어서 차이가 있을 뿐이다. 즉 7각지는 깨달음으로 이끄는 요소들로서 기능을 한다.

희열을 체험하는 동안 마음에는 다음과 같은 특성들이 있다.

(1) 염각지(念覺支, sati-sambojjhaṅga)

마음은 희열을 하나의 대상(명상주제)으로서 관찰하며, 매순간 계속해서 굳게 확립된다.[12] 이것이 염각지의 특성이다.

(2) 택법각지(擇法覺支, dhamma-vicaya-sambojjhaṅga)

마음은 여러 가지 마음상태를 여러 가지 방식으로 조사한다. 예를 들면, 여러 가지 마음상태들이 무상·고·무아라는 것을 관찰하고서, 무엇이 믿을 만한 가치가 있는 것이고 무엇을 알아야 하는지 등에 관해 마음상태들을 조사한다.[13] 이것이 택법각지의 특성이다.

(3) 정진각지(精進覺支, viriya-sambojjhaṅga)

마음은 희열을 계속 체험하기 위해 항상 정진 노력한다.[14] 이것이 정

---

12) 마음챙김의 확립이라는 의미에서의 염각지(upaṭṭhānaṭṭhena sati-sambojjhaṅga).
13) 마음상태의 조사라는 의미에서의 택법각지(pavicayaṭṭhena dhammavicaya-sambojjhaṅga).

진각지의 특성이다.

(4) 희각지(喜覺支, pīti-sambojjhaṅga)

마음은 수행으로 인한 기쁨으로 흠뻑 적셔지고 충만하므로 활력이 넘치고 불안은 가라앉는다.[15] 이것이 희각지의 특성이다.

(5) 경안각지(輕安覺支, passaddhi-sambojjhaṅga)

담마의 성취에 장애가 되는 들뜸, 불안, 탐욕, 갈애, 두려움 등의 마음을 완전히 평정시켰기 때문에, 마음은 고요하고 편안하다.[16] 이것이 경안각지의 특성이다.

(6) 정각지(定覺支, samādhi-sambojjhaṅga)

장애가 사라졌을 때, 마음은 확고하고, 조용하고, 순수하고, 집중되어 있다.[17] 이것이 정각지의 특성이다.

(7) 평등각지(平等覺支, upekkhā-sambojjhaṅga)

희열을 체험할 때, 마음은 모든 깨달음의 요소들을 확고히 하면서 주의 깊게 반조한다.[18] 이것이 평등각지의 특성이다. 평등각지는 완전한 깨달음을 이룰 때까지 계속 존재한다.

---

14) 정진 노력(paggahaṭṭhena viriya-sambojjhaṅga)이라는 의미에서의 정진각지.
15) 충만한 기쁨이라는 의미에서의 희각지(pharaṇaṭṭhena pīti-sambojjhaṅga).
16) 편안함이라는 의미에서의 경안각지(upasaṭṭhena passaddhi-sambojjhaṅga).
17) 산만하지 않고 집중되어 있다는 의미에서의 정각지(avikkhepaṭṭhena samādhi- sambojjhaṅga).
18) 반조라는 의미에서 평등각지(patisaṅkhānaṭṭhena upekkhā-sambojjhaṅga).

생각해보면 이와 같은 7각지, 즉 깨달음의 요소들은 출세를 위한 공부나 연구 등과 같은 세속적인 성공을 위해서도 유용하다는 것을 알 수 있다. 7각지는 마음이 가장 정련된 방식으로 기능할 수 있도록 마음을 부드럽고 숙련되게 만드는 원리에도 직접 적용될 수 있다. 바르게 수련된 마음은 보통사람들이 상상하는 것보다 훨씬 뛰어난 능력을 가지고 있다.

'깨달음의 요소들〔七覺支〕'이라는 용어를 5근 및 5력에 비교해 보면, 문자적으로 7각지가 깨달음에 더 직접적으로 연관되어 있고, 5근 및 5력은 깨달음의 배경과도 같은 것이라는 것을 알 수 있다. 사실, 7각지의 특성은 5근 및 5력의 특성과 같다. 그러나 7각지는 말하자면, 글자 그대로 깨달음의 성취에 더 근접한 것이다. 그러나 7각지와 5근과 5력은 모두 본질적으로는 같으며, 차이점은 단지 7각지가 보다 더 미묘한 수준의 것이라는 점이다.

5근처럼 7각지는 그 영역을 알고 사맛타(samattha, 고요함의 유익)를 꿰뚫을 정도로 분명하게 이해되어야 한다. 수행의 이론에 관심이 있는 사람들은 때때로 7각지 및 5근의 영역과 사맛타를 다시 공부해야 한다.

항상 올바르게 수행하고 있을 때, 수행자는 모든 것을 스스로 볼 수 있다.

4) 8정도의 함양

수행자가 날숨과 들숨에 대해 마음챙김하며 위에서 말한 방식대로 희열을 체험하는 동안 정견(正見)에서부터 정정(正定)에 이르는 8정도(八正道)가 함양(계발)된다. 정견에서부터 정정까지의 연결고리는 그 용어를 살펴보면 잘 알 수 있다.

그러면 이제 희열 또는 느낌을 체험할 때, 8정도 즉 상호 유기적으로 연결되는 여덟 가지 도(道)의 요소들이 어떻게 분명히 나타나는가를 살펴보자.

수행자가 숨을 내쉬고 숨을 들이쉬며, 느낌이 무상·고·무아라는 것을 위에서 말한 바와 같이 명확히 이해할 때, 그는 다음과 같이 8정도(八正道)의 특성 또는 의미를 관찰한다.

(1) 정견(正見, sammā-diṭṭhi)

숨을 내쉬고 숨을 들이쉬며 느낌을 있는 그대로 관찰할 때, 수행자는 일어남〔苦〕과 일어남의 원인〔集〕을 보고, 소멸〔滅〕과 소멸로 이끄는 길〔道〕을 본다.[19] 이와 같이 보거나〔見〕 아는 것〔慧〕을 정견이라 한다. 숭고한 의미에서 이것은 사성제를 정확하게 보았음을 의미하거나, 적어도 사성제의 서광인 고(苦)와 고의 원인〔集〕과 고의 멸(滅)과 고의 멸로 이끄는 길〔道〕을 보았음을 의미한다.

(2) 정사유(正思惟, sammā-saṅkappa)

숨을 내쉬고 숨을 들이쉬며 느낌을 있는 그대로 관찰할 때, 범부에게는 발견되지 않는 가장 숭고한 덕목을 향해 나아가는, 즉 올바른 사유가 수행자에게는 존재한다.[20] 그것은 바로 닙바나를 향함, 즉 닙바나를 이루려는 성향 또는 결심이다. 일반적인 의미에서도 자신을 감각적인

---

19) 본다는 의미에서의 정견(dassanaṭṭhena sammā-diṭṭhi).

20) 기울인다(focussing, impanting)는 의미에서의 정사유(abhiniropanaṭṭhena sammā-saṅkappa).

욕망과 악의로부터 그리고 자신과 타인을 고해(苦海)로부터 완전히 해방시키려는 덕목이다. 이러한 성향은 세속적인 범부에게서는 기대할 수 없는 숭고한 것이다. 그것은 고의 종식, 즉 닙바나로 직접 이끄는 요소이다. 이와 같이 열망하고 닙바나를 향해 나아가는 마음상태를 정사유*라고 한다.

(3) 정어(正語, sammā-vācā)

숨을 내쉬고 숨을 들이쉬며 느낌을 있는 그대로 관찰할 때, 특히 언어[語]의 기능과 관련한 마음부수(cetasika, 心所)들이 수행자로 하여금 올바른 말을 하게 한다.[21] 그가 말을 할 때 그것은 정어가 될 것이고, 그가 침묵할 때 그의 마음은 정어로 나타날 수 있는 잠재적 마음부수들을 유지할 것이다.[22] 이러한 마음상태는 말을 하고 하지 않고에 상관없이 모두 정어가 된다.

(4) 정업(正業, sammā-kammanta)

숨을 내쉬고 숨을 들이쉬며 느낌을 있는 그대로 관찰할 때, 마음은 자신이나 남에게 해를 끼치지 않는 올바른 행동을 일으키는[23] 마음부수(cetasika, 心所)를 갖는다.[24] 이 마음부수가 밖으로 표출되면, 그것은 어떤

---

* 남방 선사들은 정사유를 올바른 의도로 설명하기도 한다. 정견이 확고하면 탐·진·치에 관련된 생각이 일어나는 순간 즉각 알아차려 '지혜와 자비로운 마음'으로 전환한다.

21) 경전에 따르면, 마음부수들이란 위따까(vitakka, 기울인 생각)와 위짜라(vicāra 지속적 고찰)를 말한다. 그리고 논장에 따르면, 삿된 말의 자제(micchā-vācā-virati)를 말한다. 위라띠(virati)는 문자적으로 자제를 의미하며, 여기서는 분명한 양심이나 의도(cetanā), 즉 어떤 상황에서도 그릇된 행동을 하지 않는 자연적 성향이라는 의미도 함축하고 있다.

22) 유지한다는 의미에서의 정어(pariggahaṭṭhena sammā-vācā).

작은 잘못도 범하지 않는 올바른 행동이 된다. 이러한 알아차림과 마음 상태를 정업(正業)이라고 하며, 이는 더욱더 성스러운 행동으로 이끈다.

(5) 정명(正命, sammā-ājīva)

숨을 내쉬고 숨을 들이쉬며 느낌을 있는 그대로 관찰할 때 수행자는 청정한 직업을 확고히 다져 나간다.[25] 다시 말하면, 생활의 필수적 수단(paccaya)이 순수해진다. 생계수단에 관한 순수함이 너무나 강력하여 그는 설령 죽을지언정 삿된 수단을 통하여 살아가거나 삿된 직업(micchā-ājīva)에 의지하지 않는다.

이러한 마음부수(cetasika, 心所), 즉 생계수단의 청정함에 따라 일어난 마음의 상태는 밖으로 드러나든 드러나지 아니하든 여기서 정명이라고 불린다. 그러므로 고요히 정좌하고 있는 수행자는 정명을 가진 자라고 말해진다.

(6) 정정진(正精進, sammā-vāyāma)

숨을 내쉬고 숨을 들이쉬며 느낌을 있는 그대로 관찰할 때 수행자는 올바른 정진에 계속 전력하는 것이다. 이 노력이 외적으로 표현된 것이 4정근(四正勤, 四正斷, sammappadhāna)이다.[26] 이러한 현상은 고(苦)를 종식시키거나 극복하려는 전력투구가 있다. 이러한 마음상태가 정정진이며, 남들이 그것을 알아주건 몰라주건 그것은 중요하지 않다.

---

23) 일으킨다는 의미에서의 정업(samuṭṭhānaṭṭhena sammā-kammanta).
24) 이것은 삿된 행동의 자제(micchā-vācā-virati) 또는 자제하려는 의도를 말한다.
25) 청정함이라는 의미에서의 정명(vodānaṭṭhena sammā-ājīva).

(7) 정념(正念, sammā-sati)

숨을 내쉬고 숨을 들이쉬며 느낌을 있는 그대로 관찰할 때 느낌이라는 대상(명상주제)에 대한 삿띠, 즉 마음챙김이 완전히 확립된다.[27] 그와 동시에 여러 다른 대상(명상주제)들도 무상하여 괴로우며, 그 실체(實體)가 존재하지 않는 무아인 것으로 관찰된다. 삿띠는 네 가지 마음챙김의 확립(satipaṭṭhāna, 四念處)으로 나눌 수 있지만, 그 본질은 동일하여 모두 무상·고·무아를 관찰하게 된다. 이 마음챙김, 즉 삿띠는 이러한 의미에서 정념이라 불린다.

(8) 정정(正定, sammā-samādhi)

숨을 내쉬고 숨을 들이쉬며 느낌을 있는 그대로 관찰할 때, 수행자의 마음은 전혀 흐트러지지 않고, 오로지 5근, 5력, 7각지, 정견, 정사유, 정어, 정업, 정명, 정정진, 정념, 그리고 스물아홉 가지 마음상태(dhammas)에 집중된다.[28]

이와 같은 마음의 집중을 정정이라고 한다. 희열 또는 느낌을 체험하는 수행자에게는 행주좌와(行住坐臥)에 있어 항상 올바른 집중(정정)이 여여(如如)하게 현전한다.

이상의 8정도를 간단히 요약하면 다음과 같다.

• 모든 현상들(諸法, dhammas)을 올바로 보는 것을 정견(正見, sammā-

---

26) 4정근 또는 4정단이란 다음과 같다. 이미 생긴 악을 없애려고 힘쓰는 것(斷勤, 斷斷), 악이 생기지 않도록 힘쓰는 것(防護勤, 律儀斷), 선이 생기도록 힘쓰는 것(隨護勤, 隨護斷), 이미 생긴 선을 늘리도록 힘쓰는 것(修勤, 修斷) 등이다.

27) 확립이라는 의미에서의 정념(upaṭṭhānaṭṭhena sammā-sati).

28) 흐트러지지 않는다는 의미에서의 정정(avikkhepaṭṭhena sammā-samādhi).

diṭṭhi)이라고 한다.

- 최고의 덕목을 계발하는 것을 정사유(正思惟, sammā-saṅkappa)라고 한다.
- 항상 올바르게 정당한 것만을 말하는 것을 정어(正語, sammā-vācā)라고 한다.
- 숭고한 진보로 바르게 이끄는 행동을 정업(正業, sammā-kammanta)이라고 한다.
- 생계의 순수함을 정명(正命, sammā-ājīva)이라고 한다.
- 올바른 방향으로 전력하는 것을 정정진(正精進, sammā-vāyāma)이라고 한다.
- 하나의 대상에 대한 마음챙김을 확고히 하는 것을 정념(正念, sammā-sati)이라고 한다.
- 전혀 흐트러지지 않고 집중되어진 마음을 정정(正定, sammā-samādhi)이라고 한다.

숨을 내쉬고 숨을 들이쉬며 희열(기쁨) 또는 느낌을 있는 그대로 관찰할 때 수행자에게는 위와 같은 8정도의 특성들이 모두 현전한다.

유기적으로 연결되는 8정도의 각 고리를 관찰하면 5근 및 5력 등으로 분류된 모든 법(諸法, dhammas)이 8정도 속에 포함됨을 알 수 있다. 이를테면, 염근과 염력은 정념과 정근과 정력은 정정과 각각 동일한 범주에 속한다. 혜근과 혜력은 정견 및 정사유와 동일한 범주에 속하며, 신근과 신력도 정견 및 정사유와 동일하다. 정진근과 정진력은 정어·정업·정명과 본질적으로 동일하다. 이처럼 서로 부합되는 제법들(諸法, dhammas)은 본질적으로는 같은 범주에 속해 있으며, 단지 그 각각이 속하는 범주의 기능이 다를 뿐이다. 여기서 5근은 고(苦)를 직접적으로 빠르게 종식시키는 특유한 방편이 되기 때문에, '도의 요소들(magganga)'이라고 도 불린다.

이와 같이 마음챙김, 집중, 지혜, 믿음, 노력 등의 제법(諸法, dhamma)은 보는 각도에 따라 5근, 5력, 7각지, 8정도 등 다양한 기능을 하는 것이다. 중요한 점은 수행자가 수행을 통해 모든 바람직한 특성들을 직접 계발해야 한다는 것이다.

5근, 5력, 7각지 그리고 팔정도까지 살펴보았고, 이제 스물아홉 가지 마음의 명상주제를 하나씩 논의할 차례이다.

5) 스물아홉 가지 마음의 명상주제들을 성취함

(1) 관찰기법의 향상을 가져오는 여러 가지 법들의 함양(계발)

수행자가 희열 또는 느낌을 체험하는 동안 수행자에게는 5근, 5력, 7각지, 8정도 이외에 또 다른 법(法, dhamma)의 현상들이 나타난다. 이러한 사실을 통해 우리는 아나빠나삿띠 제5단계의 수행이 수행자에게 많은 결과를 가져다준다는 사실을 알 수 있다. 수행자는 이런 수십 가지 결과들이 갖고 있는 각기 다른 차별성을 알고 그 법의 특성들을 구별할 수 있다. 간혹 이러한 분석적 구별이 이론적이라는 이유로 수행자가 그의 수행결과에서 분석되어야 할 법(dhamma)에 대해 반드시 알아야 할 필요가 없다는 생각을 가진 사람들도 있다.

그러나 수행자가 수행에서 일어나는 많은 현상들과 그에 따른 여러 종류의 명상주제들을 관찰하기 위해 수행의 묘(妙)법을 터득하는 것은 매우 유효하며, 이런 폭넓은 공부는 수행을 돕는 중요한 단서이기도 하다. 그러므로 관찰 기법의 향상을 위해 이러한 법(dhamma)들에 대해 설명하겠다.

먼저 수행자가 느낌에서 마음의 명상주제(대상)들을 이끌어 내는 수행법을 살펴보자. 수행자는 느낌이 일어나서 현전하다가 사라지는 현상을 통해 무상·고·무아를 철견한다. 이때 느낌(vedanā)은 매우 분명하게 현전하며, 앞 단계의 수행에서 또렷하게 나타난 표상(nimitta)과 유사하다. 이렇게 될 때 느낌은 명상주제인 대상(ārammaṇa)으로 존재하게 되며, 이것을 기초로 여러 다른 법(dhamma)들이 한데 모아지기 시작한다. 이처럼 느낌을 분명히 체험할 때, 마음은 고(苦)의 멸(滅)이라는 목표를 비추어 반영하며 이로 인해 어떤 변화들이 일어났는지에 대해 수행자는 분명히 볼 수 있다. 경전에는 마음수행을 향상시키기 위한 스물아홉 가지 법(dhamma)이 기술되어 있다.

① 숨을 내쉬고 숨을 들이쉬며 느낌을 있는 그대로 관찰할 때, 다섯 가지 주도적인 법, 즉 5근이 모든 법의 선두에 현전한다.[29] 이것을 5근의 함양(samodhāna)이라 한다. 사모다나(samodhāna)는 수행자에게 그것을 함양할 힘이 있음을 뜻한다.

② 숨을 내쉬고 숨을 들이쉬며 느낌을 있는 그대로 관찰할 때, 그릇

---

29) 주도적이라는 의미에서 5근(adhipateyyachena indriyāni).

되고 부정적인 성향의 힘들을 격퇴하여 이로 인해 여여부동하여 움직이지 않는 힘이 현전한다.[30] 이것을 5력(bala)의 함양(samodhāna)이라 한다.

③ 숨을 내쉬고 숨을 들이쉬며 느낌을 있는 그대로 관찰할 때, 깨달음의 요소들이 작용하는 법(dhamma)이 현전한다. 그 법의 각 요소는 번뇌의 미혹과 고통스러운 윤회의 소용돌이(vaṭṭa-saṁsāra)로부터 벗어나는 수단 및 탈출구의 역할을 한다.[31] 이것을 7각지(bojjhaṅga)의 함양(samodhāna)이라 한다.

④ 숨을 내쉬고 숨을 들이쉬며 느낌을 있는 그대로 관찰할 때, 고에서 벗어나는 길(道)의 역할을 하는, 즉 성스러운 길과 밝은 지혜로 이끄는 원인이 되는 법(dhamma)이 현전한다.[32] 이것을 8정도(ariya aṭṭhaṅgika magga)의 함양(samodhāna)이라 한다.

⑤ 숨을 내쉬고 숨을 들이쉬며 느낌을 있는 그대로 관찰할 때, 끊어지지 않고 면면히 이어지는 알아차림의 확립, 즉 마음챙김이 정점에 도달하여 계속 유지된다.[33] 이것을 마음챙김 확립(satipaṭṭhāna, 四念處)의 함양(samodhāna)이라 한다.

⑥ 숨을 내쉬고 숨을 들이쉬며 느낌을 있는 그대로 관찰할 때, 불퇴

---

30) 여여부동하여 흔들리지 않는다는 의미에서 5력(akampiyaṭṭhena balāni).
31) 탈출구라는 의미에서 7각지(niyyānaṭṭhena bojjhaṅgāni).
32) 원인이라는 의미에서의 도(hetaṭṭhena magga).
33) 계속 이어지는 알아차림이라는 의미에서 마음챙김의 확립(upaṭṭhānaṭṭhena satipaṭṭhāna).

전의 정진력이 발휘된다. 즉 노력이라는 말로 함축될 수 있는 용기, 전력투구, 불굴의 의지, 결단력과 단호함 등이 있다.[34] 이것을 4정근(四正勤, 四正斷, sammappadhāna)의 함양이라 한다.

⑦ 숨을 내쉬고 숨을 들이쉬며 느낌을 있는 그대로 관찰할 때, 네 가지 성취수단을 의미하는 열의〔欲如意足〕, 정진〔精進如意足〕, 정〔定如意足〕, 혜〔慧如意足〕 등 이른바 4여의족(四如意足, iddhipāda)이 현전한다.[35] 이 단계에서 4여의족은 특정한 단계, 특정한 순간에서 해야 할 기능을 수행하며, 그 다음 단계에서 실행해야 할 역할이 준비된 상태이다. 이것을 4여의족(iddhipāda)의 함양(samodhāna)이라 한다.

⑧ 숨을 내쉬고 숨을 들이쉬며 느낌을 있는 그대로 관찰할 때, 모든 것의 실상(實相), 즉 '있는 그대로의 여여한 모습(tathā)인 진리〔眞如〕'의 법이 현전한다.[36] 수행자는 느낌을 체험하는 동안 진리를 직접 본다. 이것을 진리(sacca, 諦)의 함양(samodhāna)이라 한다.

⑨ 숨을 내쉬고 숨을 들이쉬며 느낌을 있는 그대로 관찰할 때, 마음의 번뇌나 장애(nīvaraṇa)에 흐트러지지 않는 고요한 집중이 있다.[37] 이러한 마음상태를 바위의 비유로 설명할 수 있다. 가령, 서른두 뼘이나 되

---

34) 불퇴전의 노력이라는 의미에서 정근(padahanaṭṭhena sammappadhāna).
35) 성취라는 의미에서 여의족(ijjhanaṭṭhena iddhipāda).
36) 실상(實相, tathaṭṭhena)이라는 의미에서의 진여(tathaṭṭhena sacca) (여기서 tatha 또는 tathā라는 용어는 조건지어진 것(현상)과 조건지어지지 않은 것(본성, 실체)을 모두 포함한다).
37) 흐트러지지 않는다는 의미에서 고요한 집중(avikkhepaṭṭhena samatha).

는 큰 바윗덩어리가 있어 절반은 땅 속에 박혀 있고 나머지 절반은 땅 위에 드러나 있을 때, 그 바위는 사방에서 비바람이 몰아쳐도 흔들리지 않을 것이다. 숨을 내쉬고 숨을 들이쉬며 느낌을 있는 그대로 관찰할 때, 마음은 가장 굳건하게 확립되어 조금도 흔들림이 없다는 뜻이다. 이 것을 고요한 집중(samatha)의 함양(samodhāna)이라 한다.

⑩ 숨을 내쉬고 숨을 들이쉬며 느낌을 있는 그대로 관찰할 때, 수행 자는 꿰뚫어 보는 관인 지혜의 눈(ñāṇa-cakkhu)과 지혜의 빛(paññā-obhāsa) 을 통해 밝은 통찰 지혜를 갖는다.[38] 무엇을 관찰하든, 수행자는 모든 사 물과 현상을 있는 그대로 본래성품을 꿰뚫어본다. 특히, 그는 인연에 의 해 조건 따라 형성된 것(saṅkhāra, 行)은 모두 무상·고·무아이며 그 실체 가 없음을 본다. 이런 각성은 혐오감을 불러일으키며 이것을 위빠싸나 (vipassanā)의 함양(samodhāna)이라 한다.

⑪ 숨을 내쉬고 숨을 들이쉬며 느낌을 있는 그대로 관찰할 때, 고요 한 집중(samatha)과 통찰 지혜(vipassanā)는 하나의 본질로 통합된다.[39] 이 두 가지가 분리되지 않은 상태일 때, 이들 각각은 최고의 힘을 발휘하게 된다. 이들 두 가지 사마타-위빠싸나(samatha-vipassanā)가 상호 배타적이 지 않은 상태로 통합될 때 고요한 집중과 통찰 지혜의 결합(定慧双修, 止 觀一如)이라 부른다. 여기서 '사마타(samatha) 그리고 위빠싸나(vipassa- nā)'와 '사마타-위빠싸나(samatha-vipassanā)'는 의미가 동일하지 않음에

---

38) 관찰·수관(隨觀)이라는 의미에서의 통찰 지혜(anupassaṇṭhena vipassanā).
39) 하나의 본질이라는 의미에서 사마타-위빠싸나(ekarasaṭṭhena samatha-vipassanā).

주의해야 한다.

⑫ 숨을 내쉬고 숨을 들이쉬며 느낌을 있는 그대로 관찰할 때, 두 개의 법이 한 쌍으로 결합한다. 가령, '마음챙김(sati, 念)과 분명한 앎(sampajañña, 明智)', '고요한 집중(samatha, 止, 定)과 통찰 지혜(vipassanā, 觀, 慧)' 등과 같이, 두 개의 법들이 법(dhamma)의 결합적 기능으로 인해 한 쌍으로 결합한다. 이때 수행자는 법들이 본질적으로 서로 밀접하게 연관된 짝들과 결합함을 알 수 있는데, '마음챙김과 분명한 앎'이 한 쌍으로 결합하고, '부끄러워함과 두려워함(hiri-ottappa)'이 한 쌍으로 결합하며, '관용과 온화함(khanti-soracca)'이 한 쌍으로 결합한다는 것을 알 수 있다.

만약, 어느 한 쪽의 법이 다른 쪽보다 과도하거나 우세하여 어떤 쌍의 균형이 맞지 않을 때 그것들은 각각의 본래 기능을 최대한 실행할 수 없게 된다. 그러나 이제 수행자에게는 통찰 지혜가 생겨나서, 어느 한 쪽의 법이 그 짝이 되는 법보다 과도하거나 우세하지 않는, 균형이 잡힌 쌍의 상태가 현저하게 나타난다. 수행자의 수행이 정점에 이르렀을 때 이런 짝짓기의 기능 역시 정점에 이르게 되는 것이다.[40] 이때 특히 분명하게 현전하는 쌍은 '믿음과 지혜', '노력과 집중', '평등심과 심일경성' 등이다. 이러한 모든 것을 짝짓기(yuganaddha)의 함양(samodhāna)이라 한다. 두 마리의 황소들이 하나의 멍에에 함께 메어져 밭을 경작하듯이, 두 개의 요소가 균형을 갖추어 한 쌍으로 묶이는 법(dhamma)들은 마음을 함

---

40) 한 쌍에서 어느 한 쪽이 다른 쪽보다 과도하지 않고 균형있게 결합된다는 의미에서 '짝짓기(anativattanaṭṭhena yuyuganaddha).'

양한다.

⑬ 숨을 내쉬고 숨을 들이쉬며 느낌을 있는 그대로 관찰하고 체험
할 때, 수행자는 자신을 제어하여 계(戒, sīla)를 지키므로 계의 청정(戒淸
淨)을 확립한다.[41)

즉 계목(pātimokkha-saṁvara-sīla)의 준수, 감각의 제어(indriya-saṁvara-
sīla), 생계수단의 순수성(ājīvapārisuddhi-sīla), 삶의 4대 필수요소(paccaya-
sannissita-sīla)에 대한 윤리성, 또는 그 밖의 다른 어떤 것으로 받아들이
건, 느낌을 관찰하고 체험하는 수행자는 계를 지키고 있는 것이다. 이것
을 계 청정(戒淸淨, sīla-visuddhi)의 함양(samodhāna)이라 한다.

⑭ 숨을 내쉬고 숨을 들이쉬며 느낌을 있는 그대로 관찰하고 체험
할 때 수행자는 마음의 청정〔心淸淨〕을 확립한다. 즉 고요한 선정의 힘
으로 그의 마음은 5장애(nīvaraṇa)에서 벗어난다. '마음의 정화' 란 마음
이 번뇌와 장애에 의해 산만해지거나 흔들리지 않음을 뜻한다.[42) 다시
말하면, 마음이 번뇌의 영향을 받아 감각적 대상인 형체·소리·맛·냄
새·촉감 등〔六境〕에 의해 휩쓸리는 일이 없다. 이것을 심청정(心淸淨,
citta-visuddhi)의 함양(samodhāna)이라 한다.

⑮ 숨을 내쉬고 숨을 들이쉬며 느낌을 있는 그대로 관찰하고 체험
할 때, 수행자는 믿음을 포함하여 견해의 청정〔見淸淨〕을 확립한다. 수

---

41) 제어라는 의미에서의 계 청정(saṁvaraṭṭhena sīla-visuddhi).
42) 산만하여 이끌리지 않다라는 의미에서 마음의 정화(avikkhepapaṭṭhena citta- vissuddhi).

376

행자가 모든 것이 인과법에 의해 지배됨을 믿지 않고, 무상한 것을 마치 영원한 것처럼 보고, 고(苦)를 낙(樂)으로 보고, 무아를 자아가 있는 것으로 보고, 순수하지 않은 것을 마치 즐길 만하며 집착할 만한 아름다운 것으로 본다면 이는 견해가 청정하지 않기 때문이다. 그러한 모든 오해들은 견해의 청정하지 않음, 삿된 견해(micchā-diṭṭhi), 왜곡된 견해(diṭṭhi-vipallāsa) 등 여러 가지 이름으로 불린다.

아나빠나삿띠 제5단계의 느낌 관찰을 통해 수행자는 다음의 세 가지를 본다. 첫째, 수행자는 무상·고·무아를 분명히 본다. 둘째, 수행자는 여러 현상이 인과법에서 벗어나지 못하며 그것들은 홀로 독립적으로 존재할 수 없으며, 서로 조건짓고, 조건지어져 생과 멸을 반복함을 분명히 본다.[43] 셋째, 수행자는 그러한 모든 현상들을 즐길 만하거나 만족할 만한 매력적인 것으로 보지 않고, 오히려 혐오스러워할 만한 것으로 보게 되어 그것들로부터 초연하게 된다. 수행자의 견해(diṭṭhi)가 이와 같이 바르게 정화될 때, 이를 정견(正見)이 확립됨이라고 정의할 수 있다. 이것을 견청정(見淸淨, diṭṭhi-visuddhi)의 함양(samodhāna)이라 한다.

지금부터 다루게 될 항목들은 높은 단계에서 나타나는 수행결실에 직접 관련된 것들이다.

⑯ 숨을 내쉬고 숨을 들이쉬며 느낌을 있는 그대로 관찰하고 체험할 때, 수행자의 마음은 깨끗하고 순수해진다. 그의 마음은 장애와 번뇌의 족쇄에서 자유롭게 해방되었기 때문에 어둡지 않다.[44] 이러한 상태는

---

43) 본다는 의미에서 견 청정(dassanatthena diṭṭhi-visuddhi).

해탈(vimokkha)*이 함양(samodhāna)될 때 실제로 현전하므로, 마음의 해탈[心解脫]이라고 불린다.

⑰ 숨을 내쉬고 숨을 들이쉬며 느낌을 있는 그대로 관찰하고 체험할 때 수행자는 진리를 가리는 장막이나 구름을 꿰뚫어 본질을 보는 밝음(明)**을 갖는다.[45] 무지의 어두운 구름과 착각의 안개는 사라지고, 바른 이해[正見]의 빛이 나타난다. 예전에는 무미건조하고 이론적이었던 지식이 수행을 통해 살아있는 지혜로 바뀌기 때문이다. 듣거나 읽어서 알았던 지식이 체험적인 깨달음으로 바뀐다. 이제 수행자는 타인들의 주장이나 지식을 믿을 필요가 없고, 논리적 추론에 근거한 자기 자신의 추측 또한 믿을 필요가 없게 된다. 이것을 분명한 견해(vijā, 明知)의 함양(samodhāna)이라 한다.

⑱ 수행자는 예전에 집착했던 것들을 포기하거나 내려놓게 된다. 그는 이제 느낌에 대한 어떤 갈망이나 삿되고 왜곡된 견해를 갖지 않는다. 즉 마음은 번뇌를 버리고, 좋아하거나 싫어하는 간택의 족쇄에서 완전히 벗어난다.[46] 수행자가 이러한 마음상태를 성취하는 것을 해탈(vimutti)의 함양(samodhāna)이라 한다.

---

44) 해방이라는 의미에서 해탈(muttatthena vimokkha).
* 니까야 경전에 의하면, 해탈은 번뇌로부터 해방되는 것뿐만 아니라 초선정, 이선정 등으로 나아가는 것도 해탈이라 할 수 있는 반면, 열반은 탐 · 진 · 치에서 완전히 벗어남을 뜻한다.
** 밝음(vijjā, 明)은 무명(avijjā, 無明)의 반대이다.
45) 꿰뚫음이라는 의미에서의 밝음(pativedhatthona vijjā).
46) 버린다는 의미에서의 해탈(pariccāgatthena vimutti).

⑲ 수행자는 여러 가지 모든 마음상태들, 특히 희열(기쁨)의 느낌이 어떻게 사라져 가는지를 본다. 수행자에게 지혜(ñāṇa)가 일어날 때, 수행자는 현상에서 무상·고·무아를 철견함으로써 '사라짐'을 보게 되는데 이때, 수행자는 모든 조건지어진 현상들을 무상하고 고통스럽고 실체가 없는 것으로 파악하며, 모든 것이 인연 따라 일어났다 사라져 가는 것임을 보게 된다.

달리 말하면, 가장 평범한 것에서부터 가장 매력적이고 세련된 것에 이르기까지 이 모든 현상들은 단지 여러 가지 수준 차이로 일어나는 즐거운 느낌들에 지나지 않는다. 그러나 수행자가 느낌에 대한 욕망을 버림에 의해[47] 모든 느낌들을 잘라 버리거나[48] 거부했을 때, 그런 모든 느낌들을 놓아 버릴 수가 있다. 이렇게 놓아 버리는 이유는 조건지어진 모든 것은 사라진다는 사실을 보기 위함이다. '사라지는 것을 본다는 것'은 모든 것이 원인과 조건에 따라 끝없이 반복하여 일어났다 사라지는 것을 분명하게 보는 것이다.

수행자가 기쁨과 같은 느낌을 관찰할 때 그 느낌을 조건짓는 요인들에 따라, 어떤 순간에는 그 느낌이 수행자에게 존재하지 않는 것으로 보이다가, 다음 순간에는 그 느낌이 일어나 거기에 몰입하게 되고, 또 존재하지 않다가 다시 일어나는 과정이 끝없이 반복됨을 분명히 보게 된다. 이와 같이, 수행자는 이 단계에서 일어났다 사라짐을 계속 반복하는 이러한 가변적인 느낌에 대해 이는 모두 조건지어진 것이며 환영(幻

---

47) 앞에서 다루었던 수관(隨觀, anupassanā) 7단계와 비교해 보라. 그 단계에서 수행자는 느낌을 포기(paṭinissajjati)한다. 즉 그는 느낌들에 집착하지 않으므로, 집착(ādāna)을 놓아 버리게 된다.
48) 잘라 버림이라는 의미에서 사라짐을 아는 지혜(samuccedaṭṭhena khaye-ñāṇa).

影)과 같다는 사실을 알게 된다. 이것을 사라짐을 아는 지혜(khaye-ñāṇa)의 함양(samodhāna)이라 한다.

⑳ 수행자는 모든 조건지어진 것들(saṅkhāra)이 끊임없이 변화하는 무상한 것이며 실제로 존재하는 것이 아니라는 의미에서, 모든 조건지어진 것이 더 이상 일어나지 않는 소멸(消滅)을 본다. 모든 조건지어진 것의 본성이 환영(幻影)과 같음을 꿰뚫어보아, 수행자는 '존재한다' 라는 잘못된 견해를 가라앉힌다.[49] 수행자는 마음에서 일어나는 현상들을 '나' 또는 '나의 것' 으로 동일시하는 그릇된 습관을 가라앉힌다. 이는 곧 '나' 또는 '나의 것' 이라는 집착에서 벗어남을 의미한다. 이것을 일어나지 않음을 아는 지혜(anuppāde-ñāṇa, 不生智)의 함양(samodhāna)이라 한다.

㉑ 수행자의 마음속에서 담마, 즉 닙바나를 성취하려는 최고의 간절한 열의(chanda)가 일어난다. 수행과 관련된 모든 담마의 근원인 열의(chanda)는 그 본래적인 의미 외에도 담마의 환희(dhamma-nandi, 法悅)와 담마의 즐거움(dhamma-rāga) 등을 의미하기도 한다.[50]
그러나 열의의 본질적인 의미가 무엇인지에 상관없이, 숨을 내쉬고 숨을 들이쉬며 느낌을 있는 그대로 관찰하고 체험할 때, 담마에 대한 최고로 간절한 열의가 현전한다. 이것을 열의(chanda)의 함양(samodhāna)이라 한다.

---

49) 가라앉힘이라는 의미에서 일어나지 않음을 아는 지혜(paṭippasatthena anuppāde-ñāṇa).
50) 근원이라는 의미에서 열의(mūlatthena chanda).

㉒ 숨을 내쉬고 숨을 들이쉬며 느낌을 있는 그대로 관찰하고 체험할 때 완전한 주의(manasikāra, 作意, 마음에 잡도리함)의 상태가 현전한다. 즉 수행자가 진정으로 마음이 담마로 향하도록 주의를 기울일 때 이러한 완전한 작의는 담마를 불러일으키는 토양의 역할을 한다.[51] 다시 말하면, 여러 가지 담마들이 함양되고 신중하게 유지되어 마침내 계발된다. 이것을 작의(manasikāra)의 함양(samodhāna)이라 한다.

㉓ 숨을 내쉬고 숨을 들이쉬며 느낌을 있는 그대로 관찰하고 체험할 때 마음이 담마와 접촉하거나, 그 반대로 담마가 마음과 접촉하는 특성(dhamma-samphassa)을 가진 현상이 현전한다. 즉, '접촉'이라는 용어는 마음속에 여러 가지 담마들을 함양함을 뜻한다.[52] 이것을 접촉(phassa)의 함양(samodhāna)이라 한다.

㉔ 담마의 맛으로 비유할 수 있는 마음상태, 또는 마음의 음식을 먹는 것과 같은 마음상태가 현전한다. 이것은 담마에서 나오는 일종의 느낌(vedanā)이거나, 담마를 대상(ārammaṇa)으로 하는 일종의 느낌이다. 이러한 느낌은 담마가 마음과 접촉한 직접적인 결과이며, 그것은 여기서 담마와 마음이 함께 만난 모양을 갖는다.[53]

㉕ 지혜와 분리할 수 없는 선정〔집중, 三昧〕의 힘에 의해 확고하고 고

---

51) 불러 일으킨다는 의미에서 마음 작의(samuṭṭhaṭṭhena manasikāra).
52) 함양이라는 의미에서 접촉(samodhānaṭṭhena phassa).
53) 함께 만남이라는 의미에서 느낌(samosaraṭṭhena vedanā).

요한 마음상태가 최고의 경지에 이른다.[54] 여기서 말하는 선정(집중)은
그다지 분명하지 않은 선정(집중)과는 구별해야 한다. 즉 선정은 ㉓에서
의 '접촉(phassa)'과 ㉔에서의 '느낌(vedanā)'과 같이 특별한 의미를 가진
선정의 함양을 뜻한다. 이러한 선정(집중)이 특별한 이유는 그것이 일반
적인 선정과는 달리, 실제적인 담마를 그 대상으로 갖거나, 그 안에서
담마의 맛을 진정으로 체험하기 때문이다. 이것을 선정(samādhi)의 함양
(samodhāna)이라 한다.

㉖ 숨을 내쉬고 숨을 들이쉬며 느낌을 있는 그대로 관찰하고 체험
할 때, 총괄하는 마음챙김이 분명히 현전한다.[55] 마음챙김은 권좌에 앉
아서 명령을 내리는 총사령관에 비유할 수 있다. 즉 총사령관은 모든 일
을 통제한다. 이와 마찬가지로 모든 것을 지배하는 마음챙김(sati)의 현
전을 마음챙김의 함양(samodhāna)이라 한다.

㉗ 분명한 앎은 마음챙김과 짝을 이룬다. 그래서 그 쌍은 단순한 마
음챙김을 능가하는 월등하고 중요한 것이 된다.[56] 이것은 해탈로 이끄는
담마의 기능이 완벽함을 보여주는 것인데 이때, 담마가 퇴보나 동요의
가능성 없이 더욱더 굳게 확립되는 까닭에, 마음챙김이 보다 더 수승한
상태임을 의미한다. 이것을 마음챙김과 분명한 앎(sati-sampajañña)의 함
양(samodhāna)이라 한다.

---

54) 최고의 경지라는 의미에서 선정(pamukhacna samādhi).
55) 총괄적인 지배라는 의미에서의 마음챙김(adhipateyyaṭṭhena sati).
56) 능가라는 의미에서 마음챙김과 분명한 앎(taduttaraṭṭhena sati-sampajañña).

㉘ 성스러운 삶〔淸淨梵行, brahma cariya〕의 궁극적 본질인 담마, 즉 본질적인 모든 것의 정수를 성취한 상태가 있다. 이를 일러 완전한 해탈(vimutti)이라 한다. 일체지자인 부처님은 당신의 가르침(dhamma-vinaya, 律法) 또는 당신께서 말씀하신 청정범행은 그 본질이 계정혜(戒定慧) 또는 봄과 앎(ñāṇa-dassana, 智見) 등이 아니라, 완전한 해탈이라고 선언하셨다.[57] 계정혜의 삼학(三學)은 모두 완전한 해탈이라는 핵심을 둘러싸고 있는 외피, 내피, 백목질과 같다고 부처님께서는 비유하셨다.[58]

그러므로, 여기 ㉘에서 말하는 완전한 해탈(vimutti)이라는 용어는 청정범행의 정수인 완전한 해방, 즉 대자유를 성취함을 의미한다. 반면에 ⑱에서 말하는 완전한 해탈이란 번뇌를 완전히 버리는 행위 또는 과정이라는 의미에서의 완전한 해방을 의미한다.[59] 이와 같이 완전한 해탈이라는 용어는 위의 두 경우처럼 그 함축된 의미가 달리 사용된다. 이것을 완전한 해탈의 함양(samodhāna)이라 한다.

㉙ 숨을 내쉬고 숨을 들이쉬며 느낌을 있는 그대로 관찰하고 체험할 때 마음은 불사(不死)의 경지, 즉 닙바나(Nibbāna, 涅槃)로 뛰어드는 상태[60]에 있다. 닙바나는 고(苦)의 종식, 또는 모든 악의 제거를 의미한다. 닙바나의 체험이 단지 부분적인 체험일 수도 있고, 완전한 체험일 수도

---

57) 본질이라는 의미에서의 완전한 해탈(sāraṭṭhena vimutti)

58) 명예와 명성을 얻는 것은 나뭇가지와 나뭇잎을 얻는 것과 같다. 계(戒)는 외피와 같고, 정(定)은 내피와 같고, 혜(慧)와 지견(智見)은 부드러운 나무 속과 같으며, 완전한 해탈은 정수와 같다(Majjhima Nikāya〔中部阿含〕29절, 30절)

59) (18)에서의 완전한 해탈(vimutti)은 행위를 의미하는 반면에, (28)에서의 완전한 해탈(vimutti)은 결실, 또는 결과를 의미한다.

있지만, 그 본질은 동일하다. 이것은 종결 또는 성공적인 담마 수행의 정점으로 간주된다.[61] 이러한 사실은 아나빠나삿띠의 제5단계와 같은 초기 단계에서도 불사의 경지를 체험할 수 있다는 것을 분명히 해준다. 그 이유는 느낌을 관찰하는 동안 마음이 체험하는 맛이 닙바나의 맛과 동일하기 때문이다. 다른 점이 있다면, 이 단계에서는 닙바나를 단지 살짝 맛보는 것이어서 완전한 체험이 아니라는 것이다. 이것을 불사의 경지인 닙바나(amatogadha nibbāna)의 함양(samodhāna)이라 한다.

이제 이러한 여러 가지 담마들의 계발 즉 함양(samodhāna)이라는 전체 주제를 간략하게 요약해 보자. 수행자가 숨을 내쉬고 숨을 들이쉬며 느낌을 있는 그대로 체험하거나 관찰하여 무상·고·무아를 철견할 때, 마음은 담마를 성취한다. 즉 위에서 언급한 스물아홉 가지의 마음상태〔境界〕들을 성취하게 된다. 수행자는 이 모든 경계들이 마음속에 분명히 현전하는 것을 볼 수 있는데, 이것은 우리가 수행에서 느낌을 꿰뚫어보는 것이 매우 흥미로운 것임을 보여주는 대목이다. 또 우리가 수행에서 어떠한 어려움이 있어도 감내하며 이것을 열심히 수행해야 할 절대필요성의 이유를 확인할 수 있는 대목이기도 하다. 우리는 보다 정밀한 방법에 의해서 느낌을 밀밀하게 이해할 수 있도록 주의를 기울여야 한다. 이렇게 더욱더 섬세한 느낌을 관찰하는 방법은 아나빠나삿띠의 현 단계(제5단계)에서 매우 중요한 것이므로 따로 분리하여 세밀하게 살펴보려 한다. 이것은 명확하고 철저하게 느낌을 관찰하는 방법들이다.

---

60) 'amata-ogadha' 라 하며, 불사(不死)의 경지로 뛰어듦을 뜻한다.
61) 종결이라는 의미에서의 불사의 닙바나(pariyosānaṭṭhena amato-gadha nibbāna).

나) 명확하고 철저한 느낌 관찰의 방법

수행자가 느낌을 관찰하거나 느낌을 여러 가지 방식으로 정밀하게 보고자 할 때 수행자는 느낌을 여러 가지 측면에서 명징하게 볼 수 있게 된다. 다시 말해 수행자는 기쁨 등의 느낌이 어떠한 것인지, 그 특성들은 무엇인지, 언제 그 느낌이 일어나는지, 그 느낌이 호흡과는 어떻게 연관되는지, 그 대상은 무엇인지, 그것을 관찰하기 위해 어떤 수단들이 이용되는지, 그 속에는 어떤 진리가 실재하는지, 진리를 보았을 때 그 결실은 무엇인지 등을 알게 되는 것이다. 여기서 가장 중요한 것은 스물 아홉 가지 담마들을 불러 모으는 형식으로 완전한 수행의 결실을 성취하기 위해, 느낌을 어떻게 관찰해야 하는 지를 수행자가 이해해야 한다는 것이다.

그러므로 지금 우리는 느낌을 명확하고 철저하게 관찰하는 방법을 자세히 고찰하고자 한다. 이런 방법은 느낌을 면밀하게 관찰하는 일종의 수관(隨觀)으로서, 여러 가지 담마를 성공적으로 함양(samodhāna)하도록 이끌기 때문이다. 일반적으로 말해서, 어떤 것의 진실한 모습, 즉 실상(實相)을 본다는 것은 그것이 무상(無常)하고, 본질적으로 고(苦)이며, 영원한 실체가 없거나〔無我〕, 비어있는 것〔空〕이고, 집착할 만한 가치가 없다는 것을 보는 것이다.

어떤 것의 본질, 즉 실상(實相)을 자세히 보기 위해 우리는 세 가지 요점들을 고찰해야 한다. 그것은 일어남(uppāda, 生), 일시적 머묾(upaṭṭhāna, 住), 그리고 사라짐(attaṅgama, 滅)이다. 그것이 어디에서부터 생겨나고 그것이 유지되는 동안 어떤 특징들이 현전하고 어떻게 사라지는지 등을 주의 깊게 살펴 보아야 한다. 우리는 또한 당면한 관찰대상과 연관되어 있는 것들도 동일한 방식으로 고찰해야 한다. 관찰대상이 느낌인 경우, 그 느낌에 연관되는 것은 두 가지, 즉 인식(saññā, 想)과 일으킨 생각(vitakka, 尋)이다. 그러므로 우리는 이러한 세 가지, 느낌(vedanā, 受)과 인식(saññā, 想)과 일으킨 생각(vitakka, 尋) 모두에 있어서도 일어남〔生〕과 일시적 머묾〔住〕과 사라짐〔滅〕의 세 가지 역시 고찰하여 설명해야 한다.

다) 인식(saññā, 想)과 일으킨 생각(vitakka, 尋)에 연관된 느낌

먼저, 느낌(vedanā, 受)이 어떻게 인식(saññā, 想)과 일으킨 생각(vitakka, 尋)에 연관되는지 살펴보자. 이러한 연관성은 현대 심리학의 설명에서도 찾을 수 있다. 사람들은 흔히 즐겁거나 즐겁지 않은 어떤 느낌이 일어날 때 그 느낌을 ‘자아’와 동일한 것으로, 나 하나의 실체로, 그래서 ‘나의 느낌’으로 인식하는 경향이 짙다. 이러한 느낌에 대한 인식을 연관된 인식(saññā, 想)의 일어남이라 한다. 이와 같은 인식이 일어났을 때 수행자는 인식이 촉발되는 순간 그 느낌이 좋은 것인지 아니면 나쁜 것인지를 생각하고 분별하게 된다. 이때의 생각을 일으킨 생각(vitakka, 尋)이라 한다. 일으킨 생각은 느낌과 인식에 연관되어 일어나는 생각이다.

이와 같은 방식으로 느낌, 인식, 일으킨 생각의 세 가지가 함께 일어날 때, 그것들이 하나의 자의식을 확대시키며 강한 힘을 발휘한다는 사실에 대해 고찰해 볼 필요가 있다. 즉 세 가지가 한 무리로 결합될 때, 그것들을 관찰하고 소멸시키려는 우리의 노력에 대항해 그것들이 집단적으로 저항한다는 것을 알지 못한다면, 그것들을 제거하는 것이 얼마나 어려운 것인지를 또한 깊이 숙고해 보아야 한다는 것이다. 그러므로

386

최선의 방법은 그들을 약화시키는 것이다. 즉 우리가 실상을 보지 못하도록 가리는 그들의 힘을 약화시키기 위해, 첫째로 그것들을 느낌, 인식, 그리고 일으킨 생각으로 분리시킨 후, 둘째로 그것들을 개별적으로 고찰하여야 한다.

(1) 느낌(vedanā, 受) 알아차리기

세 가지 중 첫 번째인 느낌의 경우는 다음과 같다. 날숨과 들숨의 관찰에 의해 일념의 상태인 심일경성과 마음이 집중될 때 느낌의 일종인 희열이 분명히 나타난다는 것을 우리는 알고 있다. 느낌이 이와 같이 분명히 나타날 때, 우리는 그 느낌의 일어남과 일시적으로 현전함과 분명히 사라지는 것을 알아차림하여야 한다.

㉮느낌의 '일어남'에 대하여 수행자는 다음과 같이 질문해야 한다. 무엇이 일어나므로 느낌이 일어나는가? 무엇에 의해 조건지어져서 느낌이 일어나는가? 그리고 이에 대한 답은 다음과 같다.

무명(無明)과 갈애(渴愛)와 업(kamma, 業)과 감각접촉(phassa, 觸) 등이 일어남에 의해서 또는 그러한 것들에 조건지어져서(因緣) 느낌(vedanā, 受)이 일어난다. '무명(avijjā, 無明)'이란 실상을 알지 못하거나 잘못 알아 착각하는 것을 말한다. 생겨나는 모든 현상들은 무명이 근원이다. 여기에 예외는 없다. 무명은 모든 조건지어진 것(saṅkhāra, 行)의 근원적 뿌리라고 말할 수 있다. 이와 같은 설명에서, 느낌이 있는 것은 무명 때문이라는 것을 알 수 있다. 이것이 수행자가 첫 번째 고찰해야 할 요점이다.

그리고 더 자세히 고찰해야 할 두 번째 요점은 다음과 같다. 우리가 느낌의 허망한 가치나 의미에 현혹되어, 환영(幻影)에 불과한 느낌이 영원한 실체가 있는 것처럼 생각하고 집착하게 되는 것은 바로 무명(無明)이 있기 때문이라는 것이다. "무명이 일어날 때, 그와 함께 느낌이 또한 일어난다."라는 말은 바로 이러한 것을 의미한다.

갈애(taṇha, 渴愛)로부터 느낌〔受〕이 일어난다는 것은 준비단계와 밀접하게 관련된 조건화의 방식을 말하는 것이다.[62] 어떤 종류의 느낌을 경험하기를 갈망할 때, 우리는 찾거나 행동하여 바라는 느낌을 불러일으킨다. 일반적인 12연기(緣起)의 순서에 따르면, "갈애〔愛〕는 느낌〔受〕에 의해 조건지어진다."라고 말해진다. 이 말은 일단 어떤 느낌이 일어나면 그 느낌에 관련한 다양한 종류의 갈애, 즉 욕망이 일어난다는 것이다. 예를 들면, 그 느낌〔受〕에 열광적으로 빠지고 싶고 계속 그것을 지속하고 싶은 욕망〔愛〕이 일어나고, 그다음에 그 욕망은 집착(upṭṭdāna, 取)을 일으킨다고 말해진다.

그러나 여기서 우리는 이와는 정반대의 방식으로 생각하고 있다. 즉 느낌〔受〕이 갈애〔愛〕에 의해 조건지어진다는 것이다. 우리는 이점을 분명히 이해해야 한다. 그렇지 않으면 그것을 모순된 것으로 보게 될 위험이 있다. 느낌이 업(業, kamma)에 의해 야기된다는 것은 그것이 바람직한 것이건 바람직하지 않은 것이건 상관없이 과거 업의 과보(果報, vipāka)가 느낌을 일으키는 역할을 한다는 말이다.

마지막으로, 느낌이 감각접촉(phassa, 觸)으로부터 일어난다는 사실은 '자신의 코 밑에서 일어나는' 마음의 법칙을 말함이며, 느낌의 가장 가까운 원인이다. 우리들 대부분은 세 가지의 접촉, 즉 감각기관〔六根〕,

---

62) 즉 어떤 종류의 느낌을 경험하려는 갈애〔愛〕가 먼저 있고, 그 다음에 그러한 갈애에 의해 조건지어진 느낌〔受〕이 일어난다.

감각대상[六境] 그리고 의식[六識]의 접촉이 느낌을 일으킨다는 것을 알고 있다. 느낌의 네 가지 원인인 무명, 갈애, 업, 감각접촉의 상호관계를 고찰하면, 느낌이라는 것이 그것들의 결합기능에서 일어나기 시작한다는 것을 분명히 볼 수 있다. 즉 무명은 느낌의 보편적 근원(根源)이고, 갈애는 느낌의 방향을 지시하는 동인(動因)이 되고, 업은 중간에서 느낌을 지탱시키는 원인(原因)이며, 감각접촉은 느낌의 가장 가까운 원인[近因]이 된다. 수행자가 '느낌이 분명히 일어나는 것'을 명확히 볼 때, 그는 숨을 내쉬고 들이쉬는 동안 일어나는 느낌을 또렷하게 알아차리게 된다.

⑭ 수행자는 느낌이 여러 가지 인연에 의해 일시적으로 나타나 '현전(現前, upaṭṭhāna)'하는 것을 무상하고, 고통스럽고, 실체가 없는 것으로 보게 된다. 이러한 관찰은 그 결실을 성취할 때까지 계속 계발해야 한다. 다시 말해, 수행자는 무상(無常)의 관찰을 통하여 소멸의 현전[63]을 분명하고 직접적으로 알 때까지, 고(苦)의 관찰을 통하여 두려움의 현전[64]을 분명하고 직접적으로 알 때까지, 그리고 무아(無我)의 관찰을 통하여 일체가 비어 있음, 즉 공(空)의 현전[65]을 분명하고 직접적으로 알 때까지 계속하여 이러한 관찰을 계발해야 한다.

이러한 세 가지 것들, 즉 소멸, 두려움, 그리고 비어 있음은 경전연구를 통해서 무상과 고와 무아를 관념적으로 이해하려는 사람의 마음

---

63) khayatupaṭṭhāna. 이 용어는 문자적으로 두 가지로 번역됨. 1. 소멸의 출현 또는 현전, 2. 소멸로서의 출현 또는 현전.

64) bhayatupaṭṭhāna. 1. 두려움의 출현 또는 현전, 2. 두려움으로서의 출현 또는 현전.

65) suññatupaṭṭhāna. 1. 공(空)의 출현 또는 현전, 2. 공(空)으로서의 출현 또는 현전.

에는 전혀 나타나지 않는다. 그것들은 수행을 통해 마음 안에서 직접 체험해야 하는 것이며, 책을 읽어서 얻게 되는 무미건조한 지식이 아니다. 이런 체험들은 철학이나 논리학적인 수준의 이성적이고 분석적인 사고를 통해서는 체험되지도 나타나지도 않는다. 진리의 체험은 이성적 추론의 범위를 넘어서기 때문이다. 이성적 추론으로 진리에 도달할 수는 없다. 단순한 이성적 추론만을 통해 무상·고·무아를 확인하고자 하는 사람이 있다면, 그에게는 느낌〔受〕의 출현 또는 현전(upaṭṭhāna)이 결코 분명하게 나타나지 않는다.

이 세 가지 진리는 느낌〔受〕을 계속 올바르게 밀밀성성(密密惺惺)하게 꾸준히 관찰하여 무상·고·무아에 대한 통찰 지혜를 얻는 사람에게만 현전하는 것이다. 그리고 이러한 통찰 지혜는 느낌의 일어남과 일시적 현전과 사라짐의 본질을 꿰뚫어 보는 것을 바탕으로 일어난다.

"수행자가 소멸의 현전을 분명하게 본다."라는 말은 모든 현상들이 매우 정확하고 냉정하고 도도하게 소멸하면서 계속 변해서 흘러가고 있음을 분명하게 내관(內觀)하여 진실로 감응(saṁvega)한다는 것을 뜻한다.

이러한 통찰 지혜는 철학적 지성이나 이성적 추론을 통해 얻을 수 있는 것이 아니다. 그것은 여러 가지 명상주제들, 특히 느낌〔受〕의 맛과 미묘한 엉킴을 깨닫거나 실제로 체험함으로써 얻을 수 있다.

두려움도 위에서 다룬 소멸과 같은 방식으로 이해할 수 있다. 그러나 다른 점은 하나의 실제적인 느낌으로서의 두려움은 지성적인 지식이나 이성적 추론에 의해서는 도저히 일으킬 수 없다는 것이다. 두려움은 다름 아닌 관련된 조건들에 의해 체험적으로 일어나는 것이기 때문이다. 가령, 호랑이가 두려운 동물이라는 것은 모든 사람이 알고 있으며, 그와 같이 호랑이가 두려운 동물이라고 모두가 믿는 것은 타당한 것이다. 그러나 진정한 두려움은 고립된 지역에서 무방비 상태로 호랑이를 눈앞에서 직접 마주하고 나서야 비로소 알 수 있게 된다.

이것은 고(苦, dukkha)에 대한 두려움이 학문이나 철학적 추론을 통해서는 도저히 일어날 수 없다는 것을 예증해준다. 진정한 두려움은 고(苦)의 특성을 직접 체험하게 하는 담마의 실천을 통해서 일어난다. 요약하면, 수행의 기법들을 적용하여 모든 것의 실상을 여실하게 보고 알아차리고 깨달아야, 수행자는 느낌을 고(苦)로 관찰하면서 진정으로 눈앞에 현시된 두려움을 볼 수 있다는 것을 스스로 올바르게 알게 된다.

'공(空)의 현전'이라는 것은 무아(無我)를 내관함으로써 볼 수 있으며, 이는 수행자가 모든 현상들을 직면할 때, 그 속성들이 사실은 실체가 없는 텅 비어 있는 것으로 본다는 뜻이다. 모든 관습주의(sammuti)와 관념화는 무지와 갈애 등에 의해 지배되는 느낌으로부터 생겨난다. 갈애 등에 의해 압도당하는 이런 종류의 느낌은 결코 우리가 공(空)을 체험적으로 느끼도록 이끌지 못한다. 오히려 이러한 종류의 느낌은 공(空)과 정반대되는 사유방식으로 이끄는 경향이 있다.

사람들은 각자 개인적 경험을 토대로 형성된 안목 내지 고정관념을 통해 어떤 고정된 실체가 있다는 생각에 관습적으로 얽매이게 된다. 이런 관습적 인식은 속성과 본질에 대한 여러 잘못된 견해[邪見]에서 비롯된다. 범부들은 모든 것들이 비어 있다는 것을 믿지 않고, 오히려 그 반대로 모든 현상은 실체가 있고, 견고하고, 본래 있는 것이고, 타당하고, 크거나 작은 가치가 있는 것이라고 굳게 믿고 있다.

이는 실상을 보지 못하는 무지로부터 기인한 범부의 사유이다. 보통 범부들은 무지로 인해 완전히 눈이 멀어 있기 때문에 모든 것이 본질적으로 비어 있다는 것을 전혀 보지 못한다. 그들은 실상을 보지 못하는 무명 속에서, 그들이 느끼는 모든 것이 실체가 있는 것이라는 미혹에 빠져 있다. 그러나 그들은 자신들이 실상을 잘못 보고 있다고 느끼지 않는다. 그들은 그것이 사실이며, 실제로 존재하는 것임을 확신한다.

결론적으로 이런 이유로, 범부들의 추론에서 나오는 모든 지식은 그들로 하여금 공(空)을 깨닫게 하지 못하며, 오히려 그 반대로 그들을 미망 속에 빠뜨린다. 수행자는 범부들이 가질 수 있는 허상의 실체를 고집하는 어리석고 끈질긴 집착에 맞서서, 모든 것에 '자아' 또는 '개체'란 없다는 진리를 꿰뚫어 보기 위해 충분한 힘과 능력을 얻을 수 있는 방법을 찾아 수행해야 한다.

주의할 것은 여기서 공(空)이라는 것이 허무주의, 또는 물질적이거나 정신적인 현상이 존재하지 않음을 의미하는 것이라고 이해해서는 안 된다는 것이다.

공(空)이란 단지 모든 물질적이거나 정신적인 현상에 '자아' 나 '영혼' 과 같은 것은 없으며, 모든 현상에 적용되는 주(主) 또는 객(客)과 같은 것도 없으며, 모든 현상이나 그 너머 어딘가에 존재한다고 생각하는 영원한 실체라는 것도 없다는 것을 의미한다. 실제로 '영혼' 이라는 것은 없으며, 단지 계속 변해가는 상태에 있는 물질적이고 정신적인 현상들이 인연 따라 일어나서, 일시적으로 존재하다가, 사라져가는 흐름이 있을 뿐이다. '영혼' 또는 '영혼들' 이라는 것은 무명(無明)에서 시작되어 파생되는 전도된 몽상에 불과할 따름이다.

무명의 발현이 '자아' 가 실제로 비어 있다는 사실을 완전히 가리게 되므로 범부는 이를 보지 못할 뿐이다. 올바른 수행으로 지혜의 눈을 떠서, '자아' 가 있다는 생각이 착각이라는 것을 알아차릴 때마다, 공(空)의 발현과 현시는 지금 여기서 분명해진다. 그렇게 되면 고통, 고통 받는 자, 두려운 것 등의 실체는 더 이상 존재하지 않는다. 이와 같이 비어 있음, 즉 실상이 공(空, suññata)이라는 것을 깨닫기 때문에 일체 수행상의 문제들은 전광석화처럼 끝나게 된다.

요약하면, 느낌이 분명히 현전(現前)하는 것을 알아차림하면서, 우리는 느낌에서 소멸이 현전할 정도로 무상(無常)을 보아야 하고, 느낌에서 두려움이 현전할 정도로 고(苦)를 보아야 하며, 느낌에서 공(空)이 현전할 정도로 그 본질이 무아(無我)라는 것을 철저히 보아야 한다.

㉯ 느낌의 관찰에서 '사라짐' 에 대한 원리는 다음과 같다. 무명의 사라짐과 함께 느낌이 사라진다. 갈애의 사라짐과 함께 느낌이 사라진다. 업의 사라짐과 함께 느낌이 사라진다. 이 모든 것의 설명은 ㉮와 같은 방식을 따르지만, 일어나는 순서는 반대이다.

그러나 우리는 ㉮와 ㉯를 함께 고찰하여 그들을 또 다른 각도에서 조명해 볼 수도 있다. 즉 무명이 보편적 근원이므로 갈애와 업과 감각접촉 등이 각각 일어나거나 사라지는 것은 바로 무명이 일어나거나 사라지기 때문이다. 무명이 아직 존재한다면 갈애와 업과 감각접촉도 또한 존재한다. 왜냐하면 온갖 현상들에 대해 가치를 부여하고 애호하고 집착하여, 그 결과로 갈애가 일어나고, 업이 발생하고, 감각접촉이 작용하는 것은 바로 무명으로 인한 것이기 때문이다. 무명이 없다면 갈애와 업과 감각접촉 그리고 그 외의 모든 다른 것들도 무의미해지고 힘을 잃게 된다. 그러나 무명이 있다면 그 반대 상황이 일어난다.

자세히 설명하면, 마음이 무명에 의해 지배되지 않으면 눈[眼]과 형체[色], 귀[耳]와 소리[聲] 등이 접촉할지라도 감각접촉[觸, phassa]은 의미가 없어진다. 그래서 고(苦)의 원인이 되는 느낌도 일어날 수 없다. 이와 같은 식으로 우리는 감각접촉이 사라지고 느낌 또한 사라지는 것은 무명이 사라졌기 때문이라고 말할 수 있다. 무명이 사라졌기 때문에 갈망이 일어나거나 스며들 수 없고 업이 얽혀질 수 없으며, 그 결과 느낌은 사라지게 된다. 무명 등이 사라지기 때문이라는 말은 무명 등이 나타나서 작용하여 감각을 조건화하지 않기 때문이라는 뜻이다.

수행자가 느낌의 여러 특성을 느낌의 생멸 조건들과 함께 철견할 때 그에게 느낌은 다음과 같이 분명하게 현전한다.

느낌이 어떻게 일어나는가 하는 것이 그에게 분명해지고, 느낌이 어떻게 현전하며 느낌이 어떻게 사라지는가 하는 것이 분명해진다. 각각의 경우에 느낌은 분명하게 현전한다. 느낌이 이와 같이 현전하는 수행자는 숨을 내쉬고 숨을 들이쉬는 동안 내내 마음챙김과 함께 희열이라는 느낌을 내관하는 자라고 말할 수 있다.

이와 같은 방식으로 느낌을 밀밀성성하게 관찰하거나 알아차림할 때, 수행자에게는 여러 가지 법(法, dhamma)들이 함양되고, 담마가 명징하게 현전하게 된다. 그 결과 수행자는 계속 용맹정진하며 알아차림을 지속함으로써 무명이라는 뿌리를 가진 번뇌들을 서서히 시들게 하여 마침내 완전히 제거한다. 이것이 완전한 의미의 느낌 관찰(vedanānu-passanā)이다.

(2) 인식(想, saññā) 알아차리기

인식〔想〕을 알아차림하거나 관찰하는 것은 느낌〔受〕을 알아차림하는 것과 같은 방식을 따른다. 단지 느낌〔受〕의 근인(近因)이 감각접촉(觸)인 반면, 인식〔想〕의 근인은 느낌〔受〕이라는 점이다.[66] 느낌은 무명, 갈애, 업, 감각접촉 등에 의해 조건화된다. 반면에 인식은 무명, 갈애, 업, 그리고 바로 느낌을 인연으로 하여 일어난다. 그러므로 무명과 갈애와 업과 느낌이 사라질 때 인식도 사라지게 된다. 여기서 우리는 인식과 느낌은 조건 인자들이 동일하나, 단지 인식은 그 근인(近因)이 감각접촉이 아닌 느낌이라는 점에 주목해야 한다.

'인식〔想〕의 현전(現前)을 관찰' 한다는 것은, 느낌의 출현 또는 현전의 경우와 마찬가지로 소멸과 두려움과 비어 있음〔空〕이 모두 분명히 현전할 정도로, 인식〔想〕의 본성이 무상(無常)·고(苦)·무아(無我)임을 내관(內觀)하고 분명하게 알아차림한다는 것을 말한다.

이러한 관찰에 있어, 수행자가 특히 주목해야 할 점은 자신이 그때 단지 그러한 '느낌〔受〕' 을 체험하고 있는 것인지, 아니면 '느낌〔受〕과 은밀하게 꽉 달라붙어서 뒤엉킨 인식〔想〕' 을 체험하고 있는 것인지를 분명히 알아차려야 한다는 것이다. 수행자는 이제까지 지적한 모든 세부적인 관찰방법의 수행을 통해 있는 그대로 명확하게 보아야만 느낌과 인식을 모두 분명하게 이해할 수 있다.

---

66) 『무애해도(Patisambhida-magga)』에서는, 인식〔想〕을 일으키는 네 가지 조건들이 느낌의 경우와 같다고 본다. 인식의 근인이 느낌이라고 하든, 감각접촉이라고 하든 큰 상관은 없다. 그러나 느낌이라고 하는 것이 더욱더 논리적이고 이해하기가 쉽다. 게다가, 붓다다사 스님의 말씀은 경전과 일치한다.

(3) 생각〔尋, vitakka, 위따까〕 알아차리기

마지막으로 생각〔尋, vitakka, 위따까〕을 알아차림하는 것은 느낌이나 인식을 알아차림하는 것과 한 가지만 제외하고 모든 점에서 동일하다. 그 유일한 차이점은, 현상의 일어나고 사라짐을 원인 짓는 네 가지 조건 인자들 중에서 생각〔尋, vitakka〕의 근인이 감각접촉〔觸〕이나 느낌〔受〕이 아닌 인식〔想〕이라는 점이다. 생각〔尋〕이 일어나고 사라지는 것은 무명(無明)과 갈애〔愛〕와 업(業)이 일어나고 사라지는 것에 의해 조건지어지며 직접적인 근인(近因)이 인식임을 수행자는 명심해야 한다.[67]

앞에서 살펴보았듯이, 생각이나 사고 작용이 일어나는 원인은 '나' 또는 '나의 것'이 실제로 스스로 존재한다고 인식하기 때문이다. 무명과 갈애와 업이 생각〔尋, 위따까〕의 일어남과 사라짐을 어떻게 조건짓는가 하는 것은 느낌과 인식의 경우와 같으므로 여기서는 생략하기로 한다. 마찬가지로, 생각의 일시적인 출현 또는 현전에 대한 관찰은 느낌이나 인식의 현전에 대한 관찰과 동일하며, 조건화되면서 현상으로 발현되는 특성 또한 느낌과 인식의 일으킴에 대한 과정의 특성과 동일하다.

처음에 지적했듯이, 우리는 느낌, 인식, 생각(위따까)이라는 세 가지 현상들은 서로 연관되어 있다는 것을 잊어서는 안 된다. 그리고 인식은 느낌을 그 근거로 하거나 느낌과 관련되어 일어나므로, 인식을 알아차림하기 위해서는 먼저 느낌을 잘 관찰해야 한다는 것을 잊어서는 안 된다. 마찬가지로, 생각(위따까)은 느낌과 관련하여 일어나거나 느낌 또는

---

67) 『중부아함경(中部阿含經 Majjhima Nikāya)』18에 "그가 느끼는 것을 그는 인식한다. (…yaṁ vedeti taṁ sañjānāti)."라는 표현이 있다.

느낌 속에서부터 일어나므로, 생각(위따까)을 보기 위해서는 느낌을 잘 관찰해야 한다.

인식은 느낌에 의지하여 일어나고 그 관계 속에서 느낌과 연루되어 있다. 생각은 느낌을 통하여, 또는 느낌과 연결되어 일어난다. 느낌, 인식, 생각이라는 세 가지 현상들의 구별되는 특성들과 아울러, 그 현상들의 상호 연관성을 분명히 알기 위해서는 먼저 느낌을 철저하고 완전하게 관찰해야 한다.

전체를 요약하면, 앞선 세 가지 조건들(paccaya), 즉 무명과 갈애와 업은 느낌〔受〕, 인식〔想〕 그리고 생각〔尋〕의 경우에 동일하게 있다. 그러나 네 번째 조건은 각각 달라서, 느낌의 경우에는 감각접촉〔觸〕이고, 인식의 경우에는 느낌〔受〕이며, 생각의 경우에는 인식〔想〕이다. 그 이유는 감각접촉은 느낌을 일으키고, 느낌은 인식을 일으키고, 인식은 생각을 일으키기 때문이다.

이와 같이 느낌, 인식, 생각이라는 세 가지 현상들은 각각 공통된 조건인자들과 특정한 조건인자라는 두 부류의 원인들을 가지고 있다. 느낌, 인식, 생각 등이 일어나고 사라지는 조건들을 명확히 알아차림하면서, 그것들에 대한 두려움과 그것들의 비어 있음〔空〕을 분명히 볼 수 있도록 수행자가 명상수행을 한다면 그 수행은 올바르게 성취되어간다고 말할 수 있다.

왜냐하면, 그와 같이 수행할 때 아나빠나삿띠의 제5단계에서 의도된 바와 같이 느낌의 일어남〔生〕과 일시적 머묾〔住〕과 사라짐〔滅〕이 참으로 분명하게 현전하기 때문이다. 〔아나빠나삿띠 제5단계의 안내지침은 '희열을 체험하면서 숨을 내쉰다.' 라고 다잡아 자신을 수련하고, '희열(기쁨)을 체험하면서 숨을 들이쉰다.' 라고 자신을 다잡아 수행한다.〕이다.

　　요약하면, 느낌을 분명하고 완전하게 관찰하는 올바른 방법은 느낌의 일어남과 일시적 머묾〔現前〕과 사라짐 각각의 조건들을 보는 것이며 느낌과 연계되어 촉발되는 인식과 생각의 실체를 보는 것이다.

14

Ānapanasati

감각관찰 나머지 세 단계
(6단계~8단계)

1. 제6단계 : 행복을 체험하기

아나빠나삿띠 수행 제6단계의 안내지침은 다음과 같다.

'행복을 체험하면서, 숨을 내쉰다.' 라고 자신을 다잡아 수행하고, '행복을 체험하면서, 숨을 들이쉰다.' 라고 자신을 다잡아 수행한다.

제6단계의 설명은 거의 모든 점에서 바로 앞의 제5단계의 설명과 유사한 방식을 따르고 있다. 유일한 차이점은 제6단계의 경우, 수행자가 희열(삐띠, 喜)과 흡사한 행복(수카, 樂)을 관찰한다는 것이다. 희열과 행복은 둘 다 느낌이므로, 이 둘을 함께 묶어서 하나로 취급할 수도 있다. 행복을 관찰하는 방법은 희열의 관찰과 유사하다. 고려할 만한 유일한 차이점은 희열과 행복의 특성상 차이점이다.

가. '행복' 이라는 용어

빠알리어로 행복을 의미하는 용어는 수카(sukha)이다. 수카에는 두 가지 종류의 즐거운 느낌, 즉 몸의 즐거운 느낌과 마음의 즐거운 느낌이 있다. 육체적 행복감은 그 뿌리가 바로 몸 또는 물질적 대상(rūpa-dhamma)에 있으며, 대개 몸 안이나 몸을 통하여 현전한다. 반면, 정신적 행복은 육체적 행복보다 더 섬세하고 더 미묘하다. 그리고 정신적 행복 감은 그 뿌리가 주로 정신적 대상(nāma-dhamma 또는 dhammārammaṇa)에 있고, 특히 마음 안이나 마음을 통해서 현전한다. 또한 정신적 행복은 자연히 몸에 영향을 끼쳐서 육체적 행복을 일으키는 원인으로 작용한 다. 그러나 우리는 지금 마음에서 일어나는 행복(cetasika-sukha)을 관찰 해야 한다.

수카(sukha), 즉 아나빠나삿띠를 수련하는 동안 체험되는 지극한 행 복감의 문자적 의미는 행복(happiness)이며, 그것은 삐띠(희열)와 함께 선 정의 한 요소이다.[68] 이와 같은 수카(행복)는 여기서는 오직 마음에서 경 험되는 행복을 뜻하며, 제5단계의 명상주제인 삐띠(희열)*를 느낌의 일 종으로 간주하였던 것과 같은 방식으로 제6단계의 명상주제인 수카(행 복) 역시 느낌의 일종으로 관찰되어야 한다.

나. '행복' 을 다루는 방법

이러한 제6단계의 수행에 있어 수행자는 선정의 요소들을 다시 한 번 분명히 알아차림하기 위해, 다시 제4단계의 관찰로 돌아가서 자신을

---

68) '수카(sukha)' 라는 용어는 선정을 이루는 한 요소로 사용되기도 하고, 제6단계에서 관찰해야 할 대 상(명상주제)으로 사용되기도 한다. 그러나 이 수카(sukha)라는 용어를 영어로 번역할 때, 그것이 선 정의 요소로 사용되는 경우에는 'happiness(행복)' 라고 번역하고, 관찰 대상으로 사용되는 경우에는 'bliss(지극한 행복감)' 라고 번역한다.

* 삐띠가 오아시스의 물을 먹고 솟아나는 희열이라면 행복감은 물을 먹은 후, 그늘에 앉아 쉬면서 느끼 는 행복감이다.

수련해야 한다. 선정의 요소들이 모두 분명히 현전할 때, 수행자는 제5 단계에서 설명된 삐띠(희열)의 관찰과 동일한 방식으로 수카(행복감)의 관찰에 집중해야 한다. 수카의 관찰에서 수행자는 자신에게 다음과 같이 되물으며 수행의 방법을 익히고 관찰해 나갈 수도 있다.

1) 수카(행복감)란 무엇인가? 그 특징들은 무엇인가?

2) 언제 수카가 일어나는가?

3) 수카는 무엇의 결과로 생기는 것인가? 수카를 일으키려면 어떤 수행을 해야 하는가?

4) 수카가 일어난 후에, 지혜(ñāṇa)와 마음챙김(sati)은 어떻게 일으키는가?

5) 수행자는 어떤 방식으로 수카를 관찰해야 하고, 그렇게 함으로써 그는 무엇을 버리거나 포기하는가?

6) 수카의 관찰이 마음챙김의 계발(satipaṭṭhāna-bhāvanā)이라 불리는 것은 어떤 의미에서인가?

7) 여러 가지 법(dhamma)이 함양(samodhāna)될 때, 수행자는 어떻게 그 영역을 알며 그 고요함의 유익함(samattha, 사맛타)을 꿰뚫어 보는가?

8) 함양(계발)되는 법(dhamma)은 구체적으로 어떤 것들인가?

9) 일반적으로 말해서 얼마나 많은 법(dhamma)이 함양되는가?

10) 수카의 일어남과 현전함과 사라짐을 명확하고 철저하게 관찰하기 위한 방법은 무엇인가?

이러한 질문들에 대해 다음과 같이 답할 수 있다. 이러한 답은 수행의 전(全) 체계를 이해하는 데 필수적으로 알아야 할 방법의 핵심들을 수행자에게 제공해 줄 것이다.

1) 수카(행복감)란 정신적 행복감(cetasika-sukha)을 의미한다. 그 특성은 시원함이며, 그 특징은 편안함(輕安, passaddhi)과 집중(samādhi)의 토대가 된다는 것이다.

2) 아나빠나삿띠 수행과 연관된 일종의 느낌인 수카는 수행의 제1단계에서부터 바로 일어날 수 있으며, 제2단계와 제3단계에도 계속 이어져, 그 다음 제4, 5, 6단계에서는 완전히 계발된 지극한 행복감으로 발전한다. (자세한 사항들을 알고자 하면 수행의 앞 단계, 특히 선정의 요소들을 다룬 제4단계에 대한 설명을 다시 한번 살펴보라.)

3) 수카는 제5단계에서 설명한 희열을 발생시키는 방법들, 즉 호흡을 관찰하는 힘에 의해 '마음이 하나로 모아지는 것을 알아차리기(pajānanā)'에서 '깨달아야 할 것을 깨닫기(sacchikātabbaṁ sacchikaroto)'에 이르는 16가지 방법 중 한 가지에 마음을 지혜롭게 기울일 때 일어난다. (수카를 일으키는 이 모든 열여섯 가지 방법들은 앞의 희열을 일으키는 열여섯 가지 방법과 일치함)

4) 열여섯 가지 방법 중 어느 하나에 의해 수카가 일어날 때 들숨과 날숨에 의해 그 수카를 체험한다. 이때 마음챙김은 단순한 '마음챙김'으로서의 기능 이외에도 선정〔定〕으로 이끄는 관찰의 기초가 되고, 또한 봄〔隨觀〕과 앎〔智, anupassanā-ñāṇa, 智見〕으로도 기능하게 된다. 이로써

수카는 분명하게 현전하게 되며, 관찰의 대상인 명상주제가 된다. 이어서 마음챙김은 이 수카라는 대상(명상주제)을 관찰하는 수단으로 분명하게 나타난다. 이제 수행자는 선정으로 이끄는 마음챙김과 통찰로 이끄는 지혜에 의해 수카를 체험한다.[69] (상세한 사항은 앞 장의 '희열의 체험'에 대한 설명과 동일하다.)

5) 수행자는 수카(행복감)를 무상·고·무아로 관찰한다. 그렇게 관찰함으로써 그는 영원하다는 인식과 즐겁다는 인식, 자아가 있다는 인식을 모두 여읜다. 그는 느낌인 수카에 대해 혐오를 일으키고, 그 결과 수카를 즐기는 것을 여읜다. 수행자는 초연해지며 갈망을 여읜다. 그는 드디어 갈망을 종식시키고 그것의 일어남을 여읜다. 그는 수카(행복감)를 포기하고 수카에 대한 집착을 여읜다. (상세한 사항은 앞 장의 '희열의 관찰' 부분을 참조하라.)

6) 수행자는 수카(행복감)를 무상·고·무아로 관찰하며, 수카의 관찰은 다음과 같은 네 가지 의미에 의해 마음챙김의 계발(satipaṭṭhāna-bhāvanā)이라

---

69) 아나빠나삿띠의 수행이 선정〔定〕과 지혜〔慧〕를 모두 포함하게 되는 것은 마음챙김이 두 가지 방식으로 대상(명상주제)을 관찰하는 수단으로 쓰이기 때문이다. 첫째, 마음챙김을 통하여 그 대상이 하나의 표상(nimitta)으로 관찰되고, 그 결과로 심일경성인 집중이 이루어진다. 둘째, 그 하나의 대상(명상주제)의 특성이 무상·고·무아라는 것을 철견함에 의해 대상에 대한 집중이 이루어지고, 그 결과 통찰 지혜가 생겨난다. 첫 번째 경우, 마음챙김은 단순히 마음챙김이라고 불리지만, 두 번째 경우는 지혜(ñāṇa)라고 불린다. 그러나 한 대상에 대한 이 두 가지 관찰 방법들은 아나빠나삿띠의 모든 수행을 통하여 함께 진행되며, 특히 제5단계~제16단계에서는 더욱더 현현해진다. "바로 그 마음챙김과 지혜에 의하여 희열(여기서는 행복으로 대체할 수 있음)이 체험된다."라는 표현이 『무애해도(無碍解道, Patisambhida-magga)』에 나와 있는 것은 바로 이러한 이유 때문이다.

불린다.

첫째, 관찰을 통해서 일어난 마음상태가 중도를 벗어나지 않는다.

둘째, 마음챙김에 의한 관찰력을 통해 5근 등이 동일한 목표를 위해 함께 기능한다.

셋째, 5근을 포함하는 여러 마음상태와 순응하여 정진력을 일으킬 수 있다.

넷째, 수행자가 전심전력으로 멈춤없이 계속 수행해 나간다.

7) 위와 같은 네 가지 의미를 포괄하는 마음챙김의 계발(satipaṭṭhāna-bhāvanā)이 최고조로 진행될 때, 5근 등의 여러 마음상태가 함양되고 함께 모인다. 그러한 마음상태들이 일어나 관찰에 의해 현전함이 지속되는 동안, 수행자는 그들의 영역(gocara) 또는 대상(ārammaṇa)을 알게 되고, 마음의 대상(명상주제)들을 함께 불러 모은 결과로 생겨나는 '고요함의 유익함(samattha)'을 꿰뚫어 본다.(상세한 사항은 앞 장의 '5근의 영역'과 '고요함의 유익함(samattha, 사맛타)을 꿰뚫음' 참조)

8) 수행자는 네 가지 부류의 법(法, dhamma)들, 즉 5근, 5력, 7각지, 8정도 등을 함양하며, 이들은 각각 그 자체로서 중요한 의미들이 있다. 이 네 부류의 법들은 전체 수행에 부합하는 그 각각의 특정한 기능들을 가지고 있다(자세한 사항은 앞 장의 '담마의 함양' 참조).

9) 일반적으로 말해서, 5근에서부터 불사(不死)의 경지인 닙바나(Nibbāna)에 이르기까지 수행자가 여러 담마들을 함양함에 의해, 모두 스물

아홉 가지의 담마들이 현전한다(자세한 사항은 앞 장의 '29가지 담마들' 참조).

    10) 수카(행복감)의 일어남[生]과 머묾[住], 사라짐[滅]을 명확하고 철저하게 관찰하는 방법은 바로 수카의 생주멸(生住滅) 변화에 뒤따라 일어나는 인식[想]과 생각[尋] 등을 함께 알아차림하는 것이다. 일어남[生]의 경우, 수행자는 한 다발로 일어나는 수카[樂]와 인식[想]과 생각[尋]에서 그 각각의 일어나는 조건과 사라지는 조건을 개별적으로 알아차림한다. 수행자는 수카와 인식[想]과 생각[尋]이라는 세 가지가 한 묶음으로 현전할 때 그 각각의 요소를 소멸과 두려움과 비어있음[쏘]으로 각각 분명하게 나뉘어져 현전할 정도로 세밀하게 관찰하여, 그들을 무상하고 고통스럽고 실체가 없는 것으로 밀밀성성하게 알아차림한다.(자세한 사항은 앞 장의 '느낌의 알아차림'을 참조하라.)

    요약하면 아나빠나삿띠의 제6단계 수행은 모든 점에서 제5단계와 일치한다. 유일한 차이점은 제6단계의 경우는 관찰대상이 수카(행복)라는 느낌이고, 제5단계의 경우는 그것이 희열(기쁨)이라는 점이다. 수카가 삐띠보다 훨씬 더 강한 집착의 원인이 되므로 수카의 관찰을 따로 다룬 것이다. 이런 이유 때문에 수카 관찰의 공덕은 삐띠 관찰의 공덕보다 더 수승하다. 그리고 느낌은 이와 같은 전체 과정 속에서 체험된다.

2. 제7단계 : 마음의 형성을 체험하기

아나빠나삿띠 수행 제7단계의 안내지침은 다음과 같다.

'마음의 형성〔心行〕을 체험하면서 숨을 내쉰다.' 라고 자신을 다잡아 수행하고, '마음의 형성〔心行〕을 체험하면서 숨을 들이쉰다.' 라고 자신을 다잡아 수행한다.

여기서 조사해야 할 중요사항은 '마음의 형성〔心行, citta-saṅkhāra〕이란 무엇인가? 언제 그리고 누구에게 그것이 나타나는가? 어떤 방식으로 그것이 체험되는가? 등이다.

가. 마음의 형성〔心行, citta-saṅkhāra〕이란 무엇인가?

여기서 마음의 형성〔心行〕이란 인식〔想〕과 느낌〔受〕이다. 인식과 느낌은 마음에 묶여진 현상〔心所法, cetasika-dhammā〕의 범주에 속한다. 인식〔想〕과 느낌〔受〕은 마음을 조작하거나 조건화(saṅkharoni)하기 때문에 마음의 형성〔心行〕이라 불린다. 제5단계와 제6단계에서는 느낌〔受〕, 인식〔想〕, 생각〔尋〕이라는 세 가지가 한 조로 다루어졌지만, 이제 제7단계에서는 오직 느낌〔受〕과 인식〔想〕이라는 두 가지 이름만 다루어지고, 생각(尋)은 제외된다. 그것은 제7단계에서 생각(尋, vitakka)은 마음(citta) 자체에 포함되어, 하나의 조건 인자로 기능을 하지 않기 때문이다.

이 점을 보다 분명하게 설명하면 다음과 같다. 우리가 살펴본 것처럼 느낌(受)은 인식(想)의 특정한 근인(近因)이고, 인식(想)은 생각(尋)의 특정한 근인(近因)이다. 그러므로 생각(尋) 즉 '사고 작용' 혹은 여기서 '마음'이라고 불리는 것의 조건 인자는 느낌과 인식 두 가지이다.

제6단계에서 언급했듯이, 느낌(受)의 발생과 함께 인식(想, saññā)이 발생한다. 인식에는 두 가지 국면이 있다.

첫째는 그 느낌이 어떤 종류의 느낌인지에 대해 지각하고 주시하는 알아차림의 국면이다.[70] 둘째는 그렇게 지각한 후, 느낌을 집착과 함께 하나의 실체가 있는 '자아' 또는 '나', '나의 것' 등으로 인식하는, 즉 잘못 이해하는 국면이다.

첫 번째 국면의 인식은 5온(五蘊, pañcakkhandhā)에 대한 인식을 말하며, 이것은 어떤 감각기관들(六根) 중 하나가 그것에 상응하는 대상(六境)과 접촉했을 때마다 자동적으로 그리고 자연적으로 일어난다. 이 국면의 인식은 아직 의도(cetanā)를 포함하고 있지 않으므로 유익한(善, kusala) 것도 아니고 해로운(不善, akusala) 것도 아니다.

그러나 두 번째 국면의 인식은 이와 반대로 명확하게 번뇌(煩惱, kilesa)이다. 이것은 어리석음(痴, moha)에 그 뿌리가 있으므로 해로운(不

---

70) 태국어로 번역할 때, 싼냐(saññā, 인식)는 다른 많은 빠알리어의 용어들처럼 하나의 복합어로 번역된다는 것이 흥미롭다. 빠알리어인 싼냐(saññā, 인식)의 태국어 번역을 다시 영어로 번역하면, 'remembering(기억하기), marking(새김), knowing(알아차리기)'이며, 이 모든 것들은 태국어의 싼냐(saññā, 인식)가 나타내는 의미이다. 복합어의 사용은 태국어의 한 가지 특징이라고 말할 수 있다.

善, akusala〕 것이다. 어리석음에 그 뿌리가 있으므로, 그 인식은 어떤 업
(業)을 짓게 한다. 특히 의업(意業, mano-kamma)을 짓게 한다. 의업을 짓
는다는 것은 어떤 방식으로 의도하는 생각〔尋〕을 품는 것을 의미한다.
생각이 일어남과 함께 의업이 이루어진다. 바로 이 의업을 짓는 행위는
마음이 인식과 느낌을 통하여 그러한 업을 짓도록 조건화되었다는 것
을 전제로 한다. 이것은 육체적 업〔身業, kāya-kamma〕이나 입으로 짓는
업〔口業, vacī-kamma〕이 행해지든 행해지지 않든 상관없이 이루어진다.

인식과 느낌이 '마음의 조건 인자들'이라고 불리는 것은 다름 아닌
의업과 관련된 행위가 있을 경우이다. 왜냐하면, 인식과 느낌이 모두 없
다면 어떤 생각〔尋〕이나 사고 작용도 일어나지 않기 때문이다.

여기서, 현재 특정시점의 인식과 느낌이 마음을 조건화하는 것과
마찬가지로, 과거의 인식과 느낌도 역시 마음을 조건화한다는 점에 주
목해야 한다. 그 모든 것들은 마음 발생의 근인(近因) 또는 근원(根源)이
라고 불린다.

또한, 그 배경에는 간접적인 원인들이나 조건들도 있다. 이는 여러
가지 방식이나 형태로 부가적 역할을 하는 다양한 형태의 인식들을 말
한다. 그러한 인식들은 영원하다는 인식(nicca-saññā), 즐거움이라는 인식
(sukha-saññā) 등의 이름으로 불린다.

이러한 형태의 인식들은 모양〔色, rūpa-saññā〕, 소리〔聲, sadda-saññā〕,
냄새〔香, gandha-saññā〕, 맛〔味, rasa-saññā〕, 촉감〔觸, phoṭṭhabba-saññā〕, 법
〔法, dhmma-saññā〕 등의 인식에 결합되어 섞이게 되어, 그 결과 모양·소
리·냄새·맛·촉감·법 등을 '그', '나', '그의 것', '나의 것' 등과 같은
실체로 인식하거나 생각하게 한다. 두 종류의 인식, 즉 영원하다는 등의

인식과 모양의 실체가 있다는 인식이 서로 상호 작용할 때 여러 가지 생각과 사고 작용이 발생하게 된다. 이것은 모든 종류의 인식들이 곧 마음의 조건(citta-saṅkhāra)들임을 보여준다.

여기서 특히 주목할 가치가 있는 것은 아나빠나삿띠 제7단계 수행에서 인식〔想〕이 느낌〔受〕보다 앞에 위치한다는 것이다. 대부분의 경우, 느낌은 인식의 앞에 놓이는 것이 일반적이다. 예를 들면, 제5단계에서 다루어진 느낌〔受〕, 인식〔想〕, 생각〔尋〕이라는 세 가지 다발의 순서를 보라.

제7단계에서, 인식이 느낌 앞에 위치한다는 사실은 마음의 궁극적인 조건이 인식 그 자체라는 것을 보여준다. 느낌이 인식에서 자유롭거나 인식을 포함하지 않는다면, 즉 느낌이 인식을 일으키지 않는다면, 아라한이 느끼는 느낌의 경우처럼 느낌은 단지 느낌만으로 존재할 뿐 마음을 조건지을 수 없다.[71]

요약하면, 마음의 조건 인자로 기능을 하는 것은 인식과 연결된 느낌 또는 느낌과 연결된 인식뿐이다. 느낌이 없다면 인식은 일어날 수 없다. 그러므로 마음을 조건짓는 것이 없다. 이것은 느낌에 대해서도 마찬가지이다. 느낌은 일어나지만 그것이 인식을 조건짓지 않으면 결국 그 느낌은 마음을 조건짓지 않는다. 반면, 느낌이 인식의 발생을 조건짓거나 또는 인식을 발생시키는 조건이 된다면 그 느낌은 실제로 조건화된 상태의 마음을 만들게 된다. 이러한 방식으로 인식과 느낌은 마음을 형성〔心行, citta-saṅkhāra〕하는 능력을 행사한다.

현 단계에서 느낌은 마음을 조건짓는 한 요소로 관찰된다. 이것은

---

71) 아라한에게도 느낌〔受〕은 있지만, 그는 '조건화되지 않는 상태〔無爲〕로 가버린 마음(visaṅkhāra-gataṁ cittaṁ)'의 작용에 의해 더 이상 어떤 의도, 마음의 업 또는 그 외의 것들을 짓지 않는다.

느낌을 단순히 느낌으로 관찰했던 앞의 두 단계와는 다른 것이다. 5단계에서는 느낌이 희열(삐띠)의 형태로 관찰되었다. 7단계에서는 느낌을 다음과 같이 관찰한다. 첫째, 느낌이 어떻게 인식을 조건짓는지를 면밀히 주시하고, 둘째, 그렇게 함으로써 결국 느낌과 인식이 마음을 조건짓게 되는 방식을 철저히 관찰해야 한다. 수행자는 이와 같은 느낌과 관련된 여러 수준의 관찰법에 대한 각각의 일련의 과정과 차이점을 명확히 이해해야 한다. 그렇게 하지 않으면 희열, 행복감 등 사용되는 명칭이 엇비슷하고 각 단계에서 요구되는 관찰방법이 일반적 원칙을 근거로 해서 각기 다른 방식으로 세분화되어 있어서 수행자는 자칫 혼동을 일으킬 수 있기 때문이다.

나. 언제, 그리고 누구에게 마음의 형성〔心行〕이 나타나는가?

이제 다음에 살펴볼 요점은 언제, 그리고 누구에게 마음의 형성〔心行〕이 분명히 현전하는가이다.

아나빠나삿띠 전(全) 과정의 근저가 되는 중요한 원리, 즉 각 단계에서 관찰되어야 할 대상들이 처음부터 현시점까지 수행자에게 분명하게 현전해야 한다는 원리를 수행자는 명확히 이해하고 있어야 한다. 현 단계에서 관찰의 대상인 느낌〔受〕에 대해서 말하자면, 길게 숨을 내쉬고 길게 숨을 들이쉬는 것을 있는 그대로 관찰하는 1단계에서부터, 현 7단계에 이르기까지, 느낌은 항상 분명히 현전하고 있다고 말할 수 있다. 그러나 1단계를 수행할 때, 수행자는 관찰하는 행위의 결과로 일어나는 느낌을 관찰하기보다는 있는 그대로의 날숨과 들숨에 주의를 기울이고 초점을 맞춘다. 첫 단계에서 관찰되는 느낌[受]은, 그것이 희열(삐띠)이든 아니면 행복감(수카)이든 아직 명상 수행의 초기 단계라서 매우 미약하고 보잘 것 없지만, 그럼에도 불구하고 그것은 다소 분명한 느낌[受]이다. 그래서 수행자는 '날숨과 들숨' 등을 관찰하는 과정들을 1단계부터 철저히 체험하여 현 7단계까지 도달한 후, 그는 다시 처음으로 돌아가서 1단계부터 계속해서 관찰하도록 권장한다.

그러나 이번에는 호흡을 호흡으로 관찰했던 이전과는 달리 1, 2, 3, 4, 5 단계 등의 각 단계에서 느낌들이 어떠한가를 알기 위해 느낌을 대상으로 관찰해야 한다. 이와 같이 해서 수행자는 행복의 느낌이 계속 계발되어 제4단계에서 충분히 계발된다는 것을 보게 된다.

제4단계에서 느낌이 충분히 계발되면서, 수행자는 그 다음 5단계와 6단계에서는 앞서 기술되었듯이 다른 방식으로 느낌을 더욱 더 심오하게 관찰하게 된다. 7단계에 도달할 때, 수행자는 느낌이 마음의 조건인 자라고 관찰하거나 또는 윤회의 소용돌이(vaṭṭa-saṁsara) 속에서 존재[有]에 대한 미묘하고 강한 집착으로 우리를 미혹시키는 마라(Māra), 즉 악마임을 관찰한다.[72]

수행자는 이제 느낌이 실제로 모든 단계에서 현전한다는 것을 확인했다. 이제 수행자는 각각의 모든 단계에서 느낌을 면밀하게 관찰하는

---

72) 여기서 '윤회하는 소용돌이 속에서 존재에 대한 집착'이란 즐거운 느낌을 계속 반복하여 경험하고, 그 맛에 집착하고 싶은 욕망을 말하며, 따라서 욕망과 느낌과 맛 등의 악순환적인 연기(緣起)에 관련된 '존재[有]'에 대한 집착을 말한다.

것이 바람직하다는 것을 그릇됨 없이 알게 되었다. 수행자는 또한 느낌이 모든 단계에 현전할지라도 각 단계마다 다르게 관찰해야 한다는 것을 분명히 알게 되었다.

수행자는 긴 호흡을 관찰하는 것에서 시작하여, 그 다음으로 짧은 호흡을 관찰하고, 그리고 호흡의 모든 과정에 대해 관찰한다. 그러고 나서 수행자는 호흡을 점점 더 고요하게 하고, 그로 인해 발생한 희열(기쁨)이라는 특정한 느낌을 관찰하고, 그 다음으로 행복감이라는 느낌을 관찰하고, 마지막으로 마음의 한 조건 인자로서의 느낌을 관찰한다.

수행자가 느낌을 무상하고 불만족스럽고 자성이 없는 것으로 관찰하는 수행의 단계에 도달했을 때, 그는 다시 처음으로 돌아가서 새롭게 제1단계에서부터 현 단계(즉 5, 6, 7, 8단계들 중 하나)에 이르기까지 점진적으로 모든 단계에서 느낌을 관찰해야 한다. 수행자는 1, 2, 3단계에서뿐 아니라, 4단계에서도 느낌이 무상·고·무아라는 것을 분명히 보도록 다음과 같이 수행해야 한다.

- 제4단계에서의 느낌이 아무리 숭고하고 완벽할지라도 그것은 여전히 무상·고·무아인 것이다. -

느낌을 이와 같이 무상·고·무아로 보게 됨에 따라, 수행자는 연속해서 더욱 더 많은 감명(saṁvega, 感銘)을 받는다. 그것은 느낌이 더욱 더 정제되고 섬세해지는 것에 비례한다.

수행자가 제5단계와 제6단계에 이르러 최고조로 즐거운 느낌에 흠뻑 젖었을 때 무상·고·무아라는 냉엄한 사실은 아주 분명해진다. 즉 긴 호흡 등을 관찰하던 이전 단계들과는 비교할 수 없을 만큼 더욱 분명해지는 것이다.

그러므로 "언제, 그리고 누구에게 마음의 형성인 인식과 느낌이 분명하게 현전하는가?"라는 물음에 대한 답으로, 우리는 다음과 같이 말할 수 있다. "인식과 느낌은 처음의 1단계에서부터 현 7단계에 이르는 모든 단계에서, 수행자가 날숨과 들숨을 관찰하며 자신을 수련할 때 일어나서 분명하게 현전한다."

수행자는 처음의 1단계에서 아직은 희미한 즐거운 느낌을 본다. 그리고 3단계를 거친 후 그는 심일경성 또는 마음의 집중을 수반할 정도로 높이 계발된 느낌을 체험한다. 그리하여 그 느낌은 선정의 요소에 속하는 희열이나 행복의 형태로 확고하게 안정되는데, 이는 특히 그것이 완전히 성숙되고 가장 또렷해지는 3선정에서 그러하다. 느낌이 더욱더 분명하게 현전할수록 그 느낌이 무상·고·무아라는 것도 더욱 분명해진다. 이러한 세 가지 특성들(三法印)이 분명하게 나타나야 비로소 진정한 의미에서 느낌(受)을 보았다고 말할 수 있다.

요약하면, 일반적인 의미의 느낌이든 혹은 마음을 형성(citta-saṅkhāra)하는 조건자로서의 느낌이든 느낌은 1단계에서부터 7단계, 그리고 무상·고·무아의 삼법인이 보이는 시점에 이르기까지 아나빠나삿띠 수행의 모든 단계에서 수행자에게 분명히 현전한다.

다. 마음의 형성(心行, citta-saṅkhāra)은 어떤 방식으로 체험되는가?

이제부터는 마음의 형성인 인식과 느낌이 어떤 방식으로 체험되는

지에 대해 살펴보자.

'마음의 형성을 체험하면서'라는 안내지침은 앞의 두 단계에서 다루었던 '희열과 행복을 체험하기'의 경우와 같은 수행 방식을 따른다. 즉 수행의 방식은 동일하다고 말할 수 있다.

수행자가 날숨과 들숨에 의해 열여섯 가지 방법, 즉 ①알아차림, ②정관(靜觀), ③분명한 지각, ④분명히 봄, ⑤자세히 반조, ⑥결정심, ⑦확신, ⑧정진, ⑨마음챙김의 확립, ⑩마음의 집중, ⑪지혜를 통한 분명한 앎, ⑫보다 높은 지혜를 통해 곧 바로 앎, ⑬분명히 알아야 할 것을 분명히 앎, ⑭버려야 할 것을 버림, ⑮계발해야 할 것을 계발함, ⑯깨달아야 할 것을 깨달음 등으로 마음을 적용시킬 때, 그에게는 느낌과 인식이 모두 마음의 형성으로서 분명히 현전한다. 날숨과 들숨에 의해서, 그는 인식과 명백히 결합된 느낌이 마음을 조건짓는 것을 내적으로 분명히 체험한다. 마음을 적용시키는 열여섯 가지 방식들의 각 국면에서, 느낌은 마음을 조건짓는 기능으로 분명히 현전한다는 사실, 즉 그것은 제5, 6단계에서와 동일하다는 것을 주목해야 한다.

요약하면, 어떤 단계, 어떤 방식으로든, 숨을 내쉬고 숨을 들이쉬는 동안 수행자는 마음을 조건짓는 능력을 가진 느낌을 항상 체험한다. 느낌의 특성들에 관해서는 제5단계에서 이미 언급하였다.

다음으로 고찰해야 할 점들은 ①마음챙김(sati)과 지혜(ñāṇa)가 어떻게 일어나서 각각의 기능을 최고조로 수행하는가?[73], ②어떤 의미에서 느낌의 관찰로 마음챙김을 확립하는 사념처 중 수〔受〕념처 계발

---

73) 제13장의 희열(기쁨)의 체험 참조.

(Vedanānupassanā-satipaṭṭhāna-bhāvanā)이라고 부르는가?[74], ③5근 등과 같은 여러 가지 담마들[75], 특히 29가지 담마들[76]이 어떻게 함양되는가?, ④ 수행자는 영역(gocara)을 어떻게 알고, 그러한 담마들에서 오는 고요함의 유익함(samattha, 사맛타)을 어떻게 꿰뚫는가?[77] 등인데, 이러한 모든 것들은 제5단계의 끝부분에서 이미 고찰되었다.

이와 같이 제7단계의 모든 주제는 수행의 방법에 있어 제5, 6단계에서 설명되어진 것과 똑같다. 유일한 차이점은, 수행자가 느낌이 무엇인지를 단순히 관찰하는 이전 단계에 비해, 현 7단계에서는 느낌이 인식과 함께 어떻게 마음을 조건짓는가를 관찰한다는 것이다.

---

74) 제13장의 희열(기쁨)의 체험 참조.
75) 제13장의 5근의 함양 참조.
76) 제13장의 담마의 함양 참조.
77) 제13장의 5근의 영역, 고요함의 유익함(samattha, 사맛타)을 꿰뚫음 참조.

3. 제8단계 : 마음의 형성을 고요히 하기

제8단계의 수행지침은 다음과 같다.

'마음의 형성을 고요히 하면서, 숨을 내쉰다.' 라고 자신을 다잡아 수행하고,

'마음의 형성을 고요히 하면서, 숨을 들이쉰다.' 라고 자신을 다잡아 수행한다.

여기서 고찰해야 할 점은 '마음의 형성을 고요히 하면서' 이다. 왜냐하면, 이 단계의 나머지 부분은 이전 단계들, 특히 5, 6, 7단계에서 설명된 것과 동일하기 때문이다.

마음의 형성(citta-saṅkhāra)을 고요하게 하는 것은 호흡을 의미하는 몸의 형성(kāya-saṅkhāra)을 고요하게 하는 것과 연관되어 있다. 그러므로 마음의 두 가지 조건인자들인 인식〔想〕과 느낌〔受〕을 고요하게 하기 위해서, 수행자가 지혜롭게 자신의 호흡을 고요하게 만드는 것이 바람직하다. 만약 인식과 느낌의 힘에 압도당하여 어떤 종류의 생각〔尋, vitakka〕에 ─ 그것이 비록 건전한(kusala) 것일지라도 ─ 빠져있다면, 그는 호흡을 고요히 하는 것에 의지해야 한다.* 거친 호흡이 점차 고요해

짐에 따라, 그에 비례하여 인식과 느낌의 힘도 점차 고요해진다. 그리고 마침내 생각과 사유 또한 고요해진다. 일반적으로 이러한 것이 마음의 형성을 고요하게 하는 기본적 방편인 묘도(妙道, upāya)들이다.

수행 방법에 대한 암시를 조금 더 하면 다음과 같다. 수행자는 인식과 느낌의 강도에 대해 알아차림하면서 관찰의 초점을 맞추어야 하는데, 이때 강도 그 자체를 관찰의 대상 또는 표상(nimitta)으로 삼아야 한다. 수행자는 인식〔想〕과 느낌〔受〕이 수행의 시작단계에서는 얼마나 강렬한지, 연후에는 그가 자신의 호흡을 점차 통제하여, 호흡이 더욱더 미묘하고 섬세해짐에 따라 인식〔想〕과 느낌〔受〕이 얼마나 더 계속해서 고요해지거나 섬세해지는가를 분명히 알아차림해야 한다.

대체로, 호흡을 통제함에 따라 인식과 느낌이 저절로 제어된다는 것을 분명히 체험하고 이해해야 한다. 만약 수행자가 호흡을 점차 더욱 고요하게 조절할 수 있다면 수행자는 당연히 인식과 느낌의 강도 또한 약화시킬 수 있다. 그러나 현 단계에서 수행자는 점차 고요해지는 호흡을 명상주제로 관찰하는 것이 아니라, 호흡을 고요하게 하는 것을 통하여 점차 고요해지는 인식〔想〕과 느낌〔受〕의 조건성을 명상주제로 삼는다는 것을 명심해야 한다. 이처럼 수행자는 마음의 형성을 고요하게 하면서 자신을 다잡아 수행하는 것이다.

여기서 주요한 원리는 다음과 같다. 호흡이 더욱더 섬세해질수록 인식과 느낌이 더욱더 고요해지고, 그 결과로 마음도 한층 더 고요해져서 산만함 없이 집중된다는 것이다. 인식과 느낌이 고요해지기 때문에

---

* 실 수행에 있어 이 부분은 대단히 중요하다. 감각 관찰이나 마음 관찰 수행을 위주로 하는 선원에서 호흡이나 몸을 병행해서 수행하는 것을 경시하면 분석적인 수행으로 빠지는 오류를 범할 수도 있다.

마음에 산만함 없이 집중에 도달한다는 원리, 또는 인식과 느낌을 명상
주제로 관찰하기 때문에 마음에 산만함이 없이 집중에 도달한다는 원
리에 근거하여, 수행자는 느낌 그 자체를 명상주제로 삼는다. 이때의 느
낌은 마음의 근인(近因), 즉 찌따 상카라(citta-saṅkhāra)가 되어 점점 더 고
요해진다고 말할 수 있다.

이와 같이 날숨과 들숨은 아주 또렷하게 현전하게 되고, 호흡이 고
요해짐에 따라 서서히 고요해지는 느낌에 대한 마음챙김은 완전하게
확립되며, 이 모든 결과로서 마음은 완전하게 집중되거나 한 점에 모이
게 되는 것이다.

이러한 방식으로, 인식과 느낌이라는 마음의 조건 인자들에 대한
관찰을 통해 마음챙김과 집중(定)은 완성된다.

아나빠나삿띠 수행의 제8단계와 연관된 통찰, 즉 봄(見, 觀)과 앎(慧,
anupassanā or ñāṇa)에 관해서 말해보자. 수행자는 점점 더 고요해지는 느
낌을 무상하고 불만족스럽고 자성이 없는 것으로 보게 된다.

그렇게 될 때, 그는 영원하다는 인식과 즐겁다는 인식과 자아나 영혼
이 있다는 각각의 인식(想, saññā)들을 모두 버린다. 이것은 봄과 앎의 통
찰지혜인 동시에 느낌이 '영원하고, 즐겁고, 자성이 있다는 인식'에 대
한 놓아버림이다. 이런 방식으로 지혜(ñāṇa)와 마음의 형성(citta-saṅkhāra)
을 고요하게 하는 것은 함께 진행된다. 그 결과, 수행자는 느낌에 대해
혐오감을 갖게 되고, 느낌에 대한 열정이 사라진다. 그렇게 수행자는 멸
(滅)을 실현함으로써 느낌을 놓아 버린다. 느낌에 대한 열정이 사라지므
로 그는 또한 느낌에 대한 욕망을 버린다. 멸(滅)을 실현하면서, 그는 원
함을 포기하고 또한 포기하면서, 그는 느낌에 대한 집착을 버린다.

이 모든 과정은 제5단계에서 자세히 살펴보았던 내용과 똑같은 방식으로 일어난다. 그리고 바로 이런 점에서, 느낌 관찰의 계발은 계발(bhāvanā)이라는 용어의 완전하고 참된 의미에서 느낌의 관찰로 마음챙김을 확립하는 사념처(四念處) 중 수념처 계발(受念處 修行/啓發, vedanānu-passanā-satipaṭṭhāna-bhāvanā)이라고 불린다.[78] 그리고 이때 느낌 관찰의 계발은 최고조에 이르게 되므로, 5근으로 시작하여 불사(不死)의 경지인 닙바나(amatogadha Nibbāna)에서 정점을 이루는 여러 가지 담마들의 함양이 있다. 그리고 이런 모든 것들 역시 제5단계에서 설명한 것과 동일한 방식으로 일어난다.

‘고요하게 하기’ 라는 용어의 의미는 점차 청량하게 하여 마침내 완벽한 고요함이 나타나게 함을 뜻한다. 이것의 과정은 느낌이 처음에는 연속적으로 점점 약해져 현전하기를 그치고, 그 결과 느낌이 마음을 조건짓게 되는 강도가 점차 약화되어, 최종적으로는 마음을 조건짓는 것이 전혀 없어지게 되는 것이다. 이것을 ‘마음의 형성을 고요하게 하기’ 라고 부르는데, 이와 같이 점진적으로 고요해지는 것은 수행자가 호흡을 조절함으로써 인식과 느낌이 통제된 결과이다.

처음에 마음챙김의 도움으로 인식과 느낌은 점차 고요해진다. 그러고 나서 집중〔定〕에 의해 인식과 느낌은 더욱 고요해지고 점점 사라진다. 그리고 마침내 수관(anupassanā) 또는 지혜(ñāṇa)[79]의 힘으로, 인식과

---

78) 느낌의 관찰에 근거하는 마음챙김 확립의 계발에 대한 상세한 설명은 13장의 ‘희열(기쁨)을 체험하기’ 부분을 참조하라.

79) 이것은 마음의 형성(citta-saṅkhāra)이 무상하고 고통스럽고 자성이 없음을 관찰하는 수관 1단계에서부터, 위대한 포기에 이르는 수관 7단계에 이르기까지, 아누빠사나(隨觀, anupassanā) 7단계 모두를 언급한다.

느낌이 마음을 조건짓는 힘은 중화되고 그 기능은 효력을 잃어버린다. 이 단계에서 수행자가 관찰을 계발하는 동안 내내 마음의 형성으로써 작용하는 인식[想]과 느낌[受]은 존재하지 않는다.

요약하면, 여기서 계발(bhāvanā)을 구성하는 마음챙김, 집중[定], 관찰 즉 수관(隨觀, anupassanā) 등은 날숨과 들숨에 의해 계발된다. 그리고 그것들은 인식과 느낌을 조절하는 것과 같은 방식으로 호흡을 조절한다.

이와 같이 인식과 느낌을 조절하는 수행의 계발을 아나빠나삿띠(入出息念, ānāpānasati), 즉 '호흡에 대한 마음챙김'이라고 부르는데, 이는 앞의 모든 단계들에서 보듯이, 인식과 느낌의 조절이 날숨과 들숨을 통한 수행에 의해 계발되고 연관되기 때문이다.

다시 말하지만, 이러한 수행의 계발을 사념처(四念處) 중 수념처의 계발(受念處 修行/啓發, vedanānupassanā-satipaṭṭhāna-bhāvanā)이라고 부르는 것은 그것이 느낌[受]을 관찰함으로써 마음챙김을 확립하는 것과 밀접한 관련이 있기 때문이다. 또한, 이러한 수행의 계발이 각각의 날숨과 들숨에 관련된 까닭에, 그것을 삿띠빠따나-바와나(satipaṭṭhāna-bhāvanā, 四念處 修行)라고도 부르고, 아나빠나삿띠(ānāpānasati, 入出息念)라고도 부른다.

이상이 느낌을 명상주제의 대상으로 삼는 제8단계 수행에 대한 설명이다.

제8단계 수행에서 한 가지 더 부연하자면, 아나빠나삿띠 수행의 두 번째 네 단계(5~8단계)에서 우리는 관찰에 관한 여덟 종류의 지혜(ñāṇa)[80]

---

80) Aṭṭha anupassana ñāṇani.

와, 여덟 종류의 마음챙김의 확립[81]이 있다는 것을 이해하는 것이 바람
직하다는 것이다. 이것은 수행자가 다음과 같이 해야 한다는 의미이다.

(1) 희열(기쁨)을 체험하면서, 마음챙김하여 숨을 내쉰다.

(2) 희열(기쁨)을 체험하면서, 마음챙김하여 숨을 들이쉰다.

(3) 행복을 체험하면서, 마음챙김하여 숨을 내쉰다.

(4) 행복을 체험하면서, 마음챙김하여 숨을 들이쉰다.

(5) 마음의 형성을 체험하면서, 마음챙김하여 숨을 내쉰다.

(6) 마음의 형성을 체험하면서, 마음챙김하여 숨을 들이쉰다.

(7) 마음의 형성을 고요하게 하면서, 마음챙김하여 숨을 내쉰다.

(8) 마음의 형성을 고요하게 하면서, 마음챙김하여 숨을 들이쉰다.[82]

수행자가 이와 같은 여덟 가지 종류의 봄〔觀, 見〕과 앎〔智慧〕을 갖추
었을 때, 아나빠나삿띠의 두 번째 네 단계(5~8단계)의 수행은 완성된다.

---

81) Aṭṭha upaṭṭhānānussatiyo.
82) 제13장의 '희열(기쁨)을 발생시키는 16가지 방법' 부분 참조.

15

Ānapanasati

마음관찰의 네 단계
:제9단계~제12단계

-마음의 특성들을 관찰하기에서부터,
마음을 구속하는 것들로부터 마음을
자유롭게 하기까지-

제9단계 : 숨을 내쉬고 숨을 들이쉬면서, 마음을 체험하기.

제10단계 : 숨을 내쉬고 숨을 들이쉬면서, 마음을 기쁘게 하기.

제11단계 : 숨을 내쉬고 숨을 들이쉬면서, 마음을 집중하기.

제12단계 : 숨을 내쉬고 숨을 들이쉬면서, 마음을 자유롭게 하기.

앞에서 살펴보았던 두 번째 네 단계(5~8단계)가 '느낌'을 다룬 것과는 대조적으로, 이 세 번째 네 단계(9~12단계)는 '마음'을 다룬다. 이는 위의 설명을 보면 명확히 알 수 있다.

1. 제 9단계 : 마음을 체험하기

아나빠나삿띠 수행의 제9단계에 대한 수행지침은 다음과 같다.

'마음을 체험하면서, 숨을 내쉰다.' 라고 자신을 다잡아 수행하고,

'마음을 체험하면서, 숨을 들이쉰다.' 라고 자신을 다잡아 수행한다.

여기서 설명해야 할 필수적인 요점들은 첫째, '자신을 다잡아 수행한다.', 둘째, '마음을 체험하면서', 셋째, '수행에 의해 계발되는 지혜(ñāṇa)와 마음챙김(sati), 그리고 그 밖의 담마들' 등이다. 이들에 대한 설명은 다음과 같다.

'첫 번째 요점' 인 '자신을 다잡아 수행한다.' 라는 표현은 아나빠나삿띠 수행의 제3단계 이후부터 계속 언급되는데, 그 의미들은 동일하다.[83] 일반적으로, 어떤 단계의 수행을 하는 동안에는 수행자는 어떤 잘못된 언행도 일으키지 않으며, 자신을 제어하여 윤리적 계율(sīla)을 지킨다. 이처럼 수행자는 더 높은 계의 수행(adhi-sīla-sikkhā)을 확립한다. 이때 그의 마음은 산만하지 않으므로 그는 더욱 높은 집중의 수행(adhi-citta-sikkhā)을 확립한다.[84] 그가 명상주제를 - 그 상황에 따라, 그것이 호흡이든, 느낌이든, 또는 마음이든 - 관찰할 때, 그는 그것이 무상·고·무아라

---

83) 제3단계에 대한 설명 및 제11단계에 대한 설명 참조.

84) adhi-citta-sikkhā는 문자적으로 '더 높은 마음의 수행' , 즉 '집중된 마음의 수행' 을 의미한다.

는 것을 보기 때문에 더 높은 지혜의 수행(adhi-paññā-sikkhā)을 확립한다. 그러므로 어떤 단계에서 자신을 수행하든 수행자는 계(戒)·정(定)·혜(慧)의 삼학(三學)을 모두 완전하게 수행하고 있다고 말할 수 있다.

여기서 수행자가 어떤 명상주제에 대해서 수행하는가, 그리고 어떤 단계에서 자신을 수행하는가는 중요하지 않다는 점에 주목해야 한다. 왜냐하면, 각각의 모든 경우에서, 그는 계·정·혜의 삼학에 의해 자신을 다잡아 수행하기 때문이다. 이후의 나머지 단계에서도 나오는 "그는 자신을 다잡아* 수행한다."라는 표현은 '삼학(三學)의 수행'이라고 보는 관점에서 동일한 의미이다.

'두 번째 요점'인 '마음을 체험하며'라는 표현에서는, '체험하는 것'과 '마음'을 따로 살펴보아야 한다.

'체험하며'라는 것은, 앞 단계에서의 설명과 동일한 의미를 지니고 있다. 그것을 잠시 요약해보자면, 어떤 것을 '체험한다'는 것은, 그것을 불러일으키고, 그것을 하나의 대상(명상주제)으로 관찰한다는 것이며, 관찰로써 그것이 무엇이며 어떤 특성들을 가지고 있는지 등을 철저히 안다는 것이며, 그 결과 수행자는 계속해서 숨을 내쉬고 숨을 들이쉬는 동안 그것에 대한 혐오감을 불러일으키고 초연해지는 것을 뜻한다. 불러일으키고 결국 놓아버림으로써, 지금 '체험하는' 그 모든 과정은 '마음'에 적용된다.

여기서, 마음이라는 뜻으로 사용되는 단어들에 대해 좀 더 알아둘 필요가 있다. 마음**을 일컫는 용어는 여러 가지로서, ①마노〔意, mano〕[85],

---

* '다잡아(sikhati)'에는 수행에 대한 결정심이 내포되어 있다.
** 여기서 마음들은 현상적인 마음이다. 북방 유식에서는 무의식인 8식을 심(心, citta), 7식을 의(意, viññāṇa)라 한다. 남방에서 citta는 모든 마음을 다 포함한다.

②마나삼(manasaṁ)[86], ③하다얌〔心, hadayṁ〕, ④빤다람〔精神, paṇḍaraṁ〕, ⑤마나야따남〔意根, manāyatanaṁ〕, ⑥마닌드리얌〔意機能, manindriyaṁ〕, ⑦위냐남〔識, viññāṇaṁ〕[87], ⑧윈냐나칸도〔識蘊, viññāṇakhandho〕, ⑨마노-위냐나-다투〔意識界, mano-viññāṇa-dhātu〕[88] 등이 있다. 이 모든 용어들이 찌따(citta), 즉 마음을 언급하거나, 찌따(citta, 마음) 대신에 언급될 수 있다. 이 가운데, 신체의 장기들 중 하나인 심장을 뜻하는 '하다얌〔心, hadayṁ, 심장〕이라는 단어가 이 목록에 포함되는데, 그것이 심장이 아닌 마음을 은유적으로 의미하는 경우가 있다는 것을 파악해야 한다. 따라서, 마음을 뜻할 때 사용되는 모든 용어들의 의미를 잘 알고, 그것들을 통해 마음, 즉 찌따(citta)에는 다른 여러 가지 특성이 있다는 것을 이해해야 한다. 남방에서 찌따는 모든 마음을 다 포함한다.

그렇다면, 마음은 어디에서 체험될 수 있는가? 아나빠나삿띠를 수행하는 사람들은 마음이 아나빠나삿띠 각각의 모든 단계에서 체험될 수 있다는 것을 잘 안다. 따라서 지금 9단계에 도달한 수행자는 앞선 여덟 단계의 수행들을 각각 행하는 동안 각 단계에서 나타나는 마음 상태를 주시해야 한다. 그는 맨 처음 단계에서부터 다시 새롭게 시작해서,

---

85) mano(마노, 意)는 의식의 지적 기능을 의미한다. 반면에 viññāṇa는 의식과 의식 반응을 의미한다. 그리고 citta는 의식의 주관적인 측면을 의미한다. 이와 같이 '마음' 이라는 단어는 그것이 함축하는 대부분의 것을 의미하며, 때로는 '생각' 이라고 해석되기도 한다. (PTS 사전 ; 빠알리성전협회(PTS)의 빠알리어 사전)

86) 6근(六根)들 중에서 manasa(意)는 다른 5가지 순수하고 단순한 의식〔5根, 5識(眼 · 耳 · 鼻 · 舌 · 身)〕들을 통제하는 지위를 가지고 있다. (PTS 사전)

87) 문자적으로 번역하면, viññāṇa는 '구체적으로 아는 현상' 이다. 영어로는 cognition(識, 알음알이)이다. (PTS 사전)

88) mano-viññāṇa-dhātu(意識界)는 대표적인 사고, 마음, 인지 등의 요소로서, viññāṇa-dhātus(識界), 즉 외적 및 내적인 의식의 관계들인 12처(6根, 6境) 중에서 여섯 번째 것이다. (PTS 사전)

차례대로 8단계까지 진행해야 하며, 그 각각의 수행시점에서 마음의 상
태를 알아차려야 한다.

수행자는 다음과 같이 수행하는 동안 마음의 상태가 어떠한지를 명
확하게 볼 것이다.

1) 긴 호흡을 관찰하는 동안

2) 짧은 호흡을 관찰하는 동안

3) 온몸을 관찰하는 동안

4) 몸의 형성을 고요하게 하는 동안

5) 희열(삐띠)을 체험하는 동안

6) 행복(수카)을 체험하는 동안

7) 마음의 형성〔心行〕을 체험하는 동안

8) 마음의 형성〔心行〕을 고요하게 하는 동안

이와 같이 수행하는 동안 각각의 모든 단계에서 마음 상태의 차이
점들을 알아차리면서, 수행자는 마음이 무상하고 불만족스럽고 자성이
없다는 것을 꿰뚫어 본다. 이렇게 삼법인을 철견하고 난 후, 그는 마음
이 영원하고, 즐길 만하고 자아가 있다는 인식을 버린다. 그 결과, 그는
혐오감을 일으키고 마음에 대한 갈망을 갖지 않는다. 그는 '마음의 멸
(滅)'에 도달하여, 마침내 마음을 놓아버린다. 이 모든 점진적인 수행은
수행자가 열여섯 가지 방법으로 점차 더욱 미묘한 관찰을 함으로써 가
능해진다.

제13장(희열을 발생시키는 16가지 방법들)에서 다루어진 내용을 여기서
다시 요약해보면 다음과 같다. 수행자가 열여섯 가지 방법, 즉 ①알아차
림, ②정관(靜觀), ③분명한 지각, ④분명히 봄, ⑤자세히 반조, ⑥결정

심, ⑦확신, ⑧정진, ⑨마음챙김의 확립, ⑩마음의 집중, ⑪지혜를 통한 분명한 앎, ⑫보다 높은 지혜를 통해 곧바로 앎(abhiññāya abhijānato), ⑬ 분명히 알아야 할 것을 분명히 앎, ⑭버려야 할 것을 버림, ⑮계발해야 할 것을 계발함, ⑯깨달아야 할 것을 깨달음 등으로 날숨과 들숨에 대해 관찰할 때, 마음(citta)은 그 각각의 단계에서 수행자에게 분명하게 현전 하게 된다고 말할 수 있다.

이 같은 방식으로 수행자가 날숨과 들숨의 각 단계에서 자신의 마음을 한 곳에 모아서 마음이 흐트러지지 않을 때, 마음은 전반에 걸쳐 복합적이고 형성(saṅkhata, 有爲)된 것으로서, 또한 그렇기에 무상하고 불만족스럽고 자성이 없는 것으로서 그에게 분명하게 현전하게 된다.

이것이 '마음을 체험하며' 라는 표현이 의미하는 것이다.

위의 설명과는 별개로, 대념처경(Mahcsatipaṭṭhāna-Sutta), 장부아함경 (Dīgha Nikāya) 등과 같은 경전에는 마음의 특성들을 관찰하는 것에 대한 다른 방법이 나와 있다. 이 방법 역시 마음을 이해하기 위한 원리이므로, 부가적으로 고려해볼 가치가 있다. 그 방법은, 다음 1)~8)의 사항들을 살펴보는 것이다.

1) 마음에 탐욕이 있는지 없는지

2) 마음에 증오가 있는지 없는지

3) 마음이 미혹되었는지 미혹되지 않았는지

4) 마음이 무기력한지 산란한지

5) 마음이 계발되었는지 계발되지 않았는지

6) 마음이 우월한 마음을 가졌는지 열등한 마음을 가졌는지

7) 마음이 집중〔定〕되었는지 집중되지 않았는지

8) 마음이 자유로운지 자유롭지 않은지

그러나 마음이 비록 이 모든 것들 중 어떤 상태에 있을지라도 수행자는 아나빠나삿띠의 수행을 통해 모든 현상과 모든 마음의 현상이 무상·고·무아라는 보편적인 특성을 가지고 있다는 사실을 알게 된다. 어떤 측면에서 마음을 보더라도 결과는 이와 같이 똑같다는 사실을 체험하게 된다.

'세 번째 요점', 즉 '수행의 결과로 계발되는 지혜(ñāṇa)와 마음챙김(sati), 그리고 그 밖의 담마들'에 관한 설명은 앞의 단계들과 동일하다. 그 요지는 다음과 같다.

수행자가 열여섯 가지 방법들 중 하나로 마음을 관찰하고 체험할 때, 날숨과 들숨에 의해 마음은 분명하게 현전하고, 마음챙김이 확립되어, 즉 봄〔觀〕과 앎〔慧, anupassanā-ñāṇa〕의 기능을 수행한다. 수행자는 이 마음챙김과 지혜에 의해서, 들숨과 날숨을 통한 마음의 체험을 제1단계부터 제8단계까지 각 단계에서 알아차린다.

이 같은 방식으로 마음챙김의 확립은 정점에 이르는데, 이를 마음관찰에 의해 마음챙김을 확립하는 '4념처 중 심념처 계발〔四念處 中 心念處 啓發, cittānupassanā-satipaṭṭhāna-bhāvanā〕'이라고 부른다. 왜냐하면, 수행계발(bhāvanā)의 네 가지 정의 또는 의미에서 볼 때, 그것은 '완전한' 계발(bhāvanā)이기 때문이다. 즉 ①마음챙김의 확립(satipaṭṭhāna) ②5근 등이 함께 기능하여 같은 결과를 가져옴 ③5근과 그 밖의 담마들과 일치하는 노력 ④마음의 즐거움 등을 통하여 일어난 마음상태가 도에 지나치지 않는다〔中道, 均衡〕는 의미에서 완전한 계발이기 때문이다.

제5단계의(제13장, 3. 수행계발(bhāvanā)을 참조하라.) 삿띠빠따나 바와나(satipaṭṭhāna-bhāvanā), 즉 마음챙김 확립의 계발이 충분하게 성숙될 때, 스물아홉 가지 담마들의 함양(samodhāna)이 있다. 즉 5근, 5력, 7각지, 8정도, 4념처에서부터 해탈 그리고 불사(不死)의 닙바나에 이르는 담마의 함양이 있다.

다시 말하지만, 여러 가지 담마들을 함양하는 것과 함께, 수행자는 항상 그 각각의 담마들과 담마 부류들의 영역(gocara)에 대해 알아야 하고, 고요함의 유익(사맛타, samattha)을 꿰뚫어 봐야 한다. 간단히 말하자면, 마음챙김이 일어나서 관찰의 기능을 수행하고, 그와 함께 지혜(ñāṇa)가 일어난다. 그리고 계발(bhāvanā)은 최고조에 이르고, 29가지 종류의 담마들이 함께 나타나고, 마음에 대한 혐오감, 초연함, 멸(滅), 놓아버림 등의 상태가 분명하게 현전한다. 이 모든 것들은 희열(기쁨)이나 행복감 등을 관찰하는 경우와 동일하다.

이와 같이, 수행자가 여러 종류의 마음을 관찰 대상으로 면밀하게 알아차림하는 현 단계의 힘에 의해서 지혜와 마음챙김 등이 생겨난다. 수행자는 아무리 많은 종류의 마음이 있을지라도 그 모든 마음의 현상은 무상·고·무아의 법칙을 벗어나지 않는다는 진리를 통찰하게 된다.

이제 이러한 중요한 국면에서 우리는 지금까지 살펴본 몸, 감각, 마음 각각의 네 단계를 조감해 봄으로써 그들 사이의 차이점들을 알아보아야 한다. 앞의 세 부류를 비교해 볼 때, 첫 번째 부류의 네 단계(1단계~4단계)는 '호흡'을 여러 가지 방식으로 알아차림하고 조절하는 것을 다루고 있다는 것을 분명히 알 수 있다. 두 번째 부류의 네 단계(5단계~8단계)는 '느낌'을 여러 가지 방식으로 알아차림하고 자제하는 것을 다루고 있음을 분명히 볼 수 있다. 그리고 세 번째 네 단계는 더 나아가 '마

음' 을 여러 가지 방식으로 알아차림하고 자제하는 것을 다루고 있다는
것을 분명하게 알 수 있다.

여기서 '알아차림' 이라는 용어는 각 단계의 모든 경우에 있어, 관찰
의 대상들이 진정 무엇을 그 특성으로 가지고 있는지, 그들이 무엇을 인
연으로 해서 일어나는지, 그들이 어떻게 사라지는지 등을 '있는 그대로
봄' 을 의미한다. 그리고 '통제하기' 라는 용어는 각 단계의 모든 경우에
있어, 관찰의 대상들이 연속적으로 더 미묘해지고 섬세해지고 약해지
다가 결국 힘을 잃어 어떤 것도 조건짓지 못하게 함으로써, 또는 점점
집착하지 않게 만들어 결국 그들에 대한 집착(ādāna)을 모두 놓아버림으
로써 그들을 고요하게 만듦을 의미한다. 이 모두가 아나빠나삿띠 까마
따나(ānāpānasati-kammaṭṭhāna)[89)]를 수행하는 주된 목적이다.

요약하면, 수행자는 마음챙김과 지혜에 의해 마음을 체험하고, 아
나빠나삿띠 수행에서 분명하게 현전하는 모든 마음상태들을 철저히 조
사해야 한다. 그 결과 그는 마음을 어떤 형태가 있는 자아(自我, ego)로는
결코 생각하지 않게 된다. 그는 마음에 집착하는 것, 즉 예전처럼 마음
을 자아(自我, ego)로 간주하는 것에 대해 혐오감을 일으켜서 결국 그로
부터 초연하게 된다.

---

89) 호흡을 통한 마음챙김으로 이루어진 명상주제.

2. 제10단계 : 마음을 기쁘게 하기

아나빠나삿띠의 제10단계 수행에 대한 안내지침은 다음과 같다.

'마음을 기쁘게 하면서, 숨을 내쉰다.' 라고 자신을 다잡아 수행하고,
'마음을 기쁘게 하면서, 숨을 들이쉰다.' 라고 자신을 다잡아 수행
한다.

여기서 '자신을 다잡아 수행한다.' 라는 표현은 앞의 단계들에서 했
던 설명들과 동일하다.[90]

이 단계에서 고찰해야 할 요점은 '마음을 기쁘게* 하면서' 이다. 즉
'언제' 마음의 기쁨이 일어나는가? 마음의 기쁨은 어떠한 것인가? 등이
다. 이에 대한 설명은 다음과 같다.

정확히 말하자면, 아나빠나삿띠의 어떤 단계를 수행하더라도 담마
를 통해 건전해진 마음의 기쁨을 유도할 수가 있다. 그러므로 현 단계의

---

90) 특히 제3단계를 참조하라.
* '기쁘게 하면서' 의 빠알리어는 'abhippamodayaṃ' 이다. 담마에서 오는 기쁨으로 자·비·희·사에서
  '희' 의 의미와도 통한다.

수행을 시도하는 수행자는 앞의 각 단계들에 있어서도 마음을 기쁘게 하기 위해 노력해야 한다. 그는 다시 시작 단계로 돌아가서 9단계까지 계속 수행해야 하며, 항상 마음을 기쁘게 하기 위해 노력하여 다음처럼 각각의 연속적인 단계마다 기쁨이 분명하게 현전하고 점점 더 미묘하게 될 수 있도록 해야 한다.

1) 길게 숨을 내쉬고 들이쉼에 의해 마음에서 일념(심일경성)과 흐트러지지 않은 마음상태를 분명히 알아차림하는 동안 마음의 기쁨이 일어난다.

2) 짧게 숨을 내쉬고 들이쉼에 의해 마음에서 일념과 흐트러지지 않은 마음상태를 분명히 알아차림하는 동안 마음의 기쁨이 일어난다.

3) 온몸이나 혹은 호흡의 전 과정을 체험함에 의해 마음에서 일념과 흐트러지지 않은 마음상태를 분명히 알아차림하는 동안 마음의 기쁨이 일어난다.

4) 몸의 형성을 고요하게 함에 의해 마음에서 일념과 흐트러지지 않은 마음상태를 분명히 알아차림 하는동안 마음의 기쁨이 일어난다.

5) 희열(삐띠)을 체험하면서 마음에서 일념과 흐트러지지 않은 마음상태를 분명히 알아차림 하는동안 마음의 기쁨이 일어난다.

6) 행복(수카)을 체험하면서 마음에서 일념과 흐트러지지 않은 마음상태를 분명히 알아차림 하는동안 마음의 기쁨이 일어난다.

7) 마음의 형성〔心行〕을 체험하면서 마음에서 일념과 흐트러지지 않은 마음상태를 분명히 알아차림하는 동안 마음의 기쁨이 일어난다.

8) 마음의 형성〔心行〕을 고요하게 하면서 마음에서 일념과 흐트러지지 않은 마음상태를 분명히 알아차림하는 동안 마음에 기쁨이 일어

난다.

9) 마음을 체험하면서 마음에서 일념과 흐트러지지 않은 마음상태를 분명히 알아차림 하는동안 마음에 기쁨이 일어난다.[91]

수행이 이와 같이 진행될 때, 이를 아나빠나삿띠의 제10단계 수행이라고 부른다. 이 단계의 의의는 각 단계에서 어떻게 마음을 기쁘게 하는지를 아는 것뿐만 아니라 그러한 능력을 얻어서, 마음을 기쁘게 하는 것 그 자체를 무상하고 불만족스럽고 자성이 없는 하나의 명상주제로 관찰하는 것에 있다.

마음을 기쁘게 하는 것은, 그 원인과 조건이 되는 요소들을 조절하여 일으키는 능력이 계발되면 수행자는 항상 여러 가지 많은 방식에 의해 기쁨을 유도할 수 있다. 아나빠나삿띠의 경우, 즐거운 마음의 기쁨은 다음과 같이 아홉 가지 단계들과 관련된 다양한 방식으로 불러올 수 있다.

1)~2) 아나빠나삿띠의 제1단계와 제2단계에서, 기쁨 또는 기쁜 마음은 첫째로, 그 수행의 결과로 나오는 만족감이나 부처님이 말씀하신 고(苦)에서 벗어나도록 이끄는 방법을 수행할 기회를 얻었다는 생각 때문에 일어난다.[92] 그리고 둘째로, 긴 호흡과 짧은 호흡에 대한 수행이 모두 성공적으로 이루어졌기 때문에 즐거움이 일어난다.

3) 제3단계에서, 호흡에 대한 관찰이 예전보다 더욱더 미묘해지기

---

91) 정확히 말하자면, 이러한 아홉 가지 단계들을 다음과 같이 설명할 수 있다. : 첫 번째 및 두 번째 네 단계(1~8단계)의 여덟 가지 각 형태와, 세 번째 네 단계(9~12단계) 중 9단계에서, '들숨과 날숨'에 의해 마음에서 심일경성과 흐트러지지 않은 마음상태를 분명히 알아차림하는 동안, 마음의 기쁨이 일어난다.

92) Nīyānika 또는 Niyyānika : 경장 중 도론(導論).

때문에 더욱더 섬세한 기쁨이 일어난다. 이때, 가령 열의(chanda) 등과 같은 제3단계에 연관된 마음의 대상들이 더욱 깊이 관찰되므로 기쁨 또한 더욱 더 깊고 섬세해진다.

4) 제4단계에서, 관찰 수행은 선정(Jhāna)이 일어날 정도로 진전한다. 기쁨의 발생은 여러 곳에서 행복을 체험함(diṭṭha-dhamma-sukhavihāra)에 의해 더욱 섬세해진다.

5) 제5단계에서, 수행자는 명백히 선정의 한 요소인 희열(삐띠)을 체험하고, 기쁨 그 자체에 매우 가까이 다가가게 된다. 이와 같이 오로지 기쁨을 관찰하게 되고, 즐거움은 예전보다 더욱 분명하게 보인다. 이때, 기쁨은 여러 느낌을 모두 무상·고·무아로 꿰뚫어 보는 통찰 지혜와 더 많이 관련되어 일어나게 된다.

6) 제6단계에서, 기쁨 또는 마음의 기쁨은 더욱 더 섬세해지지만 그 특성들은 제5단계와 유사하다. 왜냐하면, 그것은 행복감(수카)이라는 선정 요소의 형태로 관찰되거나 체험되기 때문이다.

7) 제7단계에서, 기쁨은 통찰의 계발이 진전함에 따라 점점 더 섬세해지며, 수행자는 다양한 느낌들이 마음의 조건 인자들이라는 것을 알아차림하게 된다. 이처럼 느낌을 알아차림할 때, 수행자는 어떻게 여러 가지 요인들이 갈애(taṇhā), 집착(upādāna) 등을 조건짓는지 매우 분명하게 알게 되어 고(苦)에서 벗어나는 길을 더욱더 분명하게 보게 된다. 그

러므로 기쁨의 함양은 분명하게 보는 것과 비례한다.

8) 제8단계에서, 마음은 충만하게 기뻐지고 수행자는 마음의 형성〔心行〕을 고요하게 할 수 있다. 이러한 능력 때문에 그는 번뇌를 스스로 제어할 수 있게 되었다는 확신을 갖게 된다.

9) 제9단계에서 기쁨의 발생은 다음과 같다. 즉 수행자가 '나는 마음을 제어할 수 있다.' 라고 확신할 정도로 마음이 어떻게 일어나고 어떻게 사라지며 마음이 무엇에 기뻐하는지 등을 앎에 의해서, 마음에 대한 모든 것을 분명하게 이해하기 때문에 기쁨이 일어난다.

마지막으로, 제10단계에서 수행자는 앞의 모든 종류의 기쁨들을 알아차림과 관찰로써 이해하게 되므로 다음과 같은 확신감에 의해 더욱더 큰 기쁨을 갖게 된다. '이제 나는 자유자재하게 마음을 제어할 수 있다. 나는 지금 능숙하게 마음을 제어할 수 있고, 마음대로, 그리고 더없이 넓은 범위로 다양한 형태의 기쁨을 함양할 수 있다.' 이처럼 그의 마음은 넓은 포용력과 가장 숭고한 기쁨을 통해 기쁨으로 가득 차게 된다.

이제, '마음의 기쁨이란 어떤 것인가' 에 대해 두 가지 측면으로 설명해볼 수 있다. 첫째 '그 의미는 무엇인가? 와 둘째 '얼마나 많은 방식으로 마음의 기쁨이 일어나는가? 이다.

첫째 마음의 기쁨, 즉 '찌따 아비빠모도(cittassa abhippamodo)' 의 의미를 알아보기 위해 그 동의어를 살펴보면 아모다나(āmodanā, 기뻐함), 빠모다나(pamodanā, 기쁨), 하소(hāso, 유쾌함), 빠하소(pahāso, 큰 기쁨), 찌따사 오다감(cittassa odagyaṁ, 마음의 고양), 찌따사 아따만타(cittasa attamantā,

마음의 만족) 등이 있다. 이 모든 용어들은 마음의 상태를 다른 여러 각도에서 파악해볼 수 있게 해준다.

일반적으로 말해서, 마음의 기쁨은 희열(삐띠)과 행복(수카)처럼 감각의 즐거움(geha-sita)[93]에 의해 유도될 수 있고, 또한 감각적 즐거움의 포기(nekkhamma-sita)에 의해 유도될 수도 있다. 그러나 여기서 마음의 기쁨은 담마, 즉 감각적 즐거움의 포기와 관련이 있다. ‘기쁨’ 또는 ‘마음의 기쁨’이라는 표현은 위의 두 경우에 모두 쓰이지만, 각각의 의미는 전혀 다르다는 사실을 이해해야 한다.

둘째 ‘얼마나 많은 방식으로 담마와 관련된 마음의 기쁨이 일어나는가?’ 하는 점에 대해서 말하면 다음과 같다. 즉 아나빠나삿띠 수행을 통해 마음의 기쁨은 두 가지 방식으로 명백하게 일어난다. 마음의 기쁨은 우선, 고요(사마타), 즉 집중과 연관되어 일어나고 그 다음으로, 통찰 지혜(위빠싸나)와 연관되어서 일어난다.

집중된 고요(사마타)와 관련된 마음의 기쁨은 각각의 수행 단계에서 일념, 즉 심일경성(에까가따)과 마음이 산만하지 않음의 결과로 명백하게 생겨나는 선정의 요소들인 희열(삐띠)과 행복(수카)을 의미한다. 이것들은 선정(Jhāna)에서 생겨나는 행복을 말한다. 심지어 수행이 성취됨으로써 발생되는 강한 만족감 역시 마음의 만족감으로 간주되어야 한다. 왜냐하면, 그것 역시 집중 또는 고요에 근거하고 있기 때문이다.

통찰 지혜(위빠싸나)와 관련된 마음의 기쁨은, 더욱더 미묘하고 숭고하며, 더욱더 가치가 있다. 그것은 수행자가 모든 조건지어진 것들

---

93) 문자적으로 가정이나 세속에 연결됨을 뜻한다.

(saṅkhāra)의 느낌인 기쁨 그 자체를 관찰하여, 그것이 무상·고·무아임을 볼 때 일어난다. 무상·고·무아의 관찰은 마음을 기쁘게 한다. 왜냐하면, 수행자가 이제 담마를 깊이 이해하게 되었음을 스스로 알게 되었기 때문이며, 이것은 순수하게 담마의 힘을 토대로 한 마음의 기쁨이다.

이 점을 분명하게 이해하도록 희열(삐띠)을 예로 들어 설명해 보자. 선정의 한 요소인 희열(삐띠)은 고요(사마타)와 관련된 마음의 기쁨으로 간주된다. 그러나 희열(삐띠)이 모든 느낌들과 마찬가지로 무상하고 불만족스럽고 자성이 없는 것으로 관찰될 때 또 다른 기쁨이 일어나는데, 이는 지혜와 관련된 더욱 높은 수준의 순수한 담마에 근거한 기쁨이다. 이와 같이 기쁨에는 두 가지 수준이 있게 된다.

요약하면, 하나는, 마음에 집중된 고요가 있을 때 일어나는 마음의 기쁨이고 또 다른 하나는, 마음이 지혜를 얻었을 때 일어나는 마음의 기쁨이다.

이러한 두 가지 마음의 기쁨은 아나빠나삿띠의 수행 단계마다 수행자에게 스며들거나 보다 긴밀히 관련되는데, 이 두 가지 마음의 기쁨은 동시에 존재한다. 수행상 아나빠나삿띠의 수행이 집중(samādhi, 三昧)에 의해 지배되면 이때 마음의 기쁨은 그 집중과 관련된다. 또 한편으로, 아나빠나삿띠의 수행이 통찰 지혜에 의해 지배되면 그때의 마음의 기쁨은 그 통찰 지혜와 관련된다.

이런 식으로 수행자는 지금까지의 9가지 단계에서 함양시킨 모든 힘에 의해, 마음의 기쁨에 도달하는 제10단계를 계발하게 되는데 이때의 기쁨은 앞서 언급한 오직 두 가지 종류인 마음의 기쁨을 가리킨다. 여기서 의미하는 기쁨이란 오직 포기(nekkhamma)와 관련된 그 두 경우의 기쁨을 말하며, 세속(geha-sita)이나 감각적 즐거움(kāma)과 관련된 즐거움을 뜻하는 것이 아니다.

여기서 살펴보아야 할 요점은 다음과 같다. 제10단계의 수행이 앞의 모든 단계들보다 훨씬 더 재미가 있다고 할 수 있는데 이는 이 단계의 수행은 '자신을 기쁘게 함'을 뜻하기 때문이다. 이것은 곳곳에서 여러 행복감을 즐기는 재미있는 '명상 놀이(jhāna-kīla)'라고 표현해볼 수 있다. 한 번은 이러한 관찰 대상을 가지고, 또 한 번은 저러한 관찰 대상을 가지고, 때로는 가까이서 때로는 멀리서 오고가고 놀면서, 무수한 방법으로 자신을 스스로 기쁘게 할 수 있다. 말하자면, 이것은 수행자에게 재미있는 놀이와 같은 것이 된다.

제10단계는 이런 이유 때문에 가장 두드러지며 아나빠나삿띠의 전체 수행 단계 중에서도 특히 돋보인다. 심지어 마음을 기쁘게 할 수 있는 아나빠나삿띠 수행의 결실을 이만큼 수확하는 것만으로도 그는 담마의 보석(dhamma-ratana)을 성취했다고 말할 수 있다. 수행자는 지금 한량없는 담마의 보석들로 충만한 상태이다. 이제 수행자는 아나빠나삿띠 수행에 대단히 흥미를 갖게 될 뿐만 아니라, 실제로 자신의 수행에서 결실을 얻어 일거양득이 되는 두 개의 수행 기둥을 갖게 된다.

마지막으로 살펴볼 점은, 지혜(ñāṇa)와 마음챙김(sati) 그리고 그 밖의 다른 담마들이 어떻게 앞 단계들의 설명과 일관성을 유지하며 통일성을 갖도록 설명될 수 있는가 라는 점이다. 특히 제10단계와 관련하여 특별히 이해해야 할 점은, 각각의 단계에서 심일경성(일념)과 산만하지 않은 마음의 힘에 의해 함양된 기쁨을 관찰하는 것이 이른바 마음챙김의 확립 또는 토대라는 것이다.

　마음챙김 또는 수념(隨念)은 수행자가 기쁨을 밀밀성성하게 관찰하여 그것이 무상·고·무아라는 것을 볼 수 있도록 적용될 때, 통찰 지혜[94]라고 불리고, 줄여서 지혜라고 부른다. 수행자는 그러한 마음챙김의 확립(satipaṭṭhāna)과 통찰 지혜를 통해 여러 가지 종류의 기쁨을 얻는 마음 관찰의 능력을 계발한다.

　그리고 이러한 수행은 마음 관찰로 마음챙김을 확립하는 '사념처 중 심념처의 계발(cittānupassanā-satipaṭṭhāna-bhāvanā, 四念處 중 心念處 啓發)'이라고 불린다. 이것은 제5단계에서 설명한 수행계발(bhāvanā)의 네 가지 정의[95]를 완전하게 계발(bhāvanā)하는 것이다. 이때 마음은 날숨과 들숨에 의해 심일경성과 산만하지 않음을 이루기 때문에, 수행자는 스물아홉 가지 담마들을 변함없이 함양할 수 있고, 그 영역(gocara)을 알 수 있으며, 고요의 유익(samattha)을 변함없이 꿰뚫어 볼 수 있다.[96]

---

94) Satianupassanā-ñāṇaṁ, 즉 마음챙김은 앎과 봄의 통찰 지혜이다.

95) 제13장 '3. 수행계발(bhāvanā)' 참조.

96) 제13장 '나. 담마의 함양(Dhamma-samodhāna)' 참조.

3. 제11단계 : 마음을 집중하기

아나빠나삿띠의 제11단계 수행의 안내지침은 다음과 같다.
'마음을 집중하면서, 숨을 내쉰다.' 라고 자신을 다잡아 수행하고,
'마음을 집중하면서, 숨을 들이쉰다.' 라고 자신을 다잡아 수행한다.

'자신을 다잡아 수행한다.' 라는 말의 핵심은 제10단계와 동일하며, 특히 제3단계에서 다루었던 것과 모든 점에서 동일하다. 특히 현 단계에서 잘 이해해야 할, 삼학(三學)의 수행과 관련되는 요점은 다음과 같다.

가. 삼학(三學)의 실현

수행자는 보다 높은 윤리적 계(戒)를 실천하는 것이, 어떻게 제11단계의 수행과 관련되는지를 올바로 알고 조사해야 한다. 기본적으로 수행자는 욕망에 대한 자제력을 갖게 된다. 그는 여러 단계에서 산만하게 작용하는 욕망과 무지에 의해 마음이 관찰 대상에서 벗어나지 않도록 함으로써, 마음에 대한 통제력을 갖는다. 이것을 실라(sīla, 戒)라고 부른다. 마음〔意業〕이 통제될 때마다 신구의(身口意)에 의해 어떤 그릇된 일

이 행해지지 않고 삼업이 행해지지 않으므로 이를 윤리적 계(戒)의 실천이라 부를 수 있는 것이다. 이것을 통하여 우리는 집중과 지혜에 의해 정점에 이르는 이 높은 단계의 수행에서 계가 존재하지 않는다거나 불필요하다는 잘못된 생각을 버리게 된다. 이것은 수행자에게 유용하며 수행을 돕는 역할을 한다. 결국, 일반적으로 어떤 방법으로든 마음챙김의 힘(sati-samvara)에 의해 마음을 자제할 때, 바로 그 자제하는 행위에 의해 윤리적 계(戒)의 수행이 완전히 이루어진다는 것을 명심해야 한다. 가령 우리가 현 단계와 같은 높은 수준의 아나빠나삿띠 수행에 몰두할 때, 윤리적 계의 자제는 변함없이 그 역할을 완전히 다하고 있는 것이다. 이와 같이 담마들의 조화로운 통일(dhamma-samaṅgī)에 의해 삼학의 수행은 완전히 이루어지고 있다.

그러므로 '자신을 다잡아 수행한다.' 라는 말은 이 단계에서, 그리고 나머지 모든 남아있는 단계들에 있어서, 계(戒) · 정(定) · 혜(慧)인 삼학(三學)을 스스로 완전하게 수행한다는 뜻을 갖는다.

집중〔定〕과 지혜〔慧〕의 경우, 이러한 완성 상태는 더욱 분명하게 드러난다. 모든 단계, 특히 제3단계 이후로 계속 보아왔듯이, 마음은 집중〔定〕으로 이끄는 각각의 대상(명상주제)들에 초점이 모아지고, 그와 동시에 그 대상들이 무상·고·무아라는 것을 철견하는 지혜〔慧〕가 생겨나게 된다.[97] 그러나 계(戒, sīla)의 경우는 보이지 않게 존재하므로 그것을 분명하게 검사하는 방법을 알아야 한다. 아나빠나삿띠의 첫 번째 1~3단계

---

97) 이와 같이 마음챙김은 삼학의 완성으로 이끈다. 수행자의 마음챙김이 마음의 제어에 적용될 때 계(戒)의 완성으로 이끌고, 마음의 집중에 적용될 때 정(定)의 완성으로 이끌며, 통찰에 적용될 때 혜(慧)의 완성으로 이끈다. (9단계 마음관찰 참조)

에서, 수행자는 여러 가지 형태(mode)와 방식으로 마음을 호흡에 적용시키기 위하여, 알아차림으로 마음을 통제함으로써 스스로를 제어한다. 이러한 제어는 그로 하여금 계를 저절로 준수할 수 있게 한다. 제4단계에서는, 호흡을 점진적으로 고요하게 만드는 노력을 기울임으로써, 예전보다 더 어려운 제어가 분명하게 현전한다. 제5단계 및 제6단계에서는, 수행자가 희열(삐띠) 및 행복감(수카)을 알아차림하면서도, 그것에 미혹되지 않는 확고부동함에 의해, 즉 희열과 행복감의 유혹에 굴복하지 않음에 의해 제어가 분명히 현전한다.

제7단계에서는 느낌들이 마음을 조건짓는다는 것을 밀밀성성하게 알아차림할 때, 제어가 자연적으로 현전함을 볼 수 있다. 제8단계에서는 느낌들이 마음을 조건짓지 않게 하거나, 설령 조건짓더라도 최소한으로 약화되도록 통제하는 정진의 형태로 제어가 분명히 현전한다.

제9단계에서는, 여러 가지 마음 상태들을 면밀하게 알아차림하고 관찰하는 것과 제어가 융합된다. 제10단계에서는, 마음의 즐거움이 일어나도록 고무하는 것과 제어가 융합되지만, 여러 가지 종류의 즐거움들이 모두 무상·고·무아인 것으로 관찰하여 그것들에 도취되지 않음으로 계가 분명히 현전한다. 제11단계에서는, 마음이 여러 가지 방식으로 계속 집중을 지속시키며 정진할 때 제어가 분명히 현전한다. 이와 같이 여러 단계에서 분명히 현전하는 제어는 그 모든 각각의 경우에 있어 본질적으로 계(戒, sīla), 즉 높은 윤리적 계율(adhisīla-sikkhā)의 수련이다. 마찬가지로 윤리적 계율은 나머지 다섯 단계들(12단계 ~ 16단계)과 연관시켜 이해해야 한다. 이제부터는 필요하다고 판단되는 경우에만 특정 측면에서 설명하고 나머지는 생략하고자 한다.

나. 마음을 집중한다는 것은 무엇인가?

그 다음 요점인 '마음을 집중하면서' 라는 표현은 다음 두 가지 관점
에서 살펴보아야 한다. 즉 '마음을 집중한다는 것은 무엇이며, 언제 마
음의 집중이 일어나는가? 이다. 여기서 '마음을 집중하면서' 라는 표현
은 본질적으로 심일경성(一心)을 달성한다는 의미이다. 집중상태를 여
러 가지 다른 각도에서 볼 때, 집중이 무엇이냐는 질문은 다음과 같은
동의어들을 언급함으로써 답할 수 있다. 즉 집중이란 확립(ṭhiti), 안정
(saṇthiti), 확고함(adhiṭṭhiti), 동요하지 않음(avis' -āhāra), 산만하지 않음
(avikkhepo), 흔들리지 않는 주시(avis' -āhata-mānasatā), 평온(samatho), 정근
(定根, samādhi-indriyaṁ), 정력(定力, samādhi-balaṁ), 정정(正定, sammā-
samādhi) 등이라고 말할 수 있다. 집중에 대한 동의어들을 이 밖에도 더
있지만, 집중이 무엇인지에 대해 알기 위해서는 위에 나열한 동의어들
로 충분하다.

위의 동의어들을 명확하게 알기 위해 집중의 특성을 나타내는 위의
용어들에 대해 간략히 설명하면 다음과 같다. 우선 확립, 안정 등은 모
두 집중(samādhi)이라고 불리는 마음 상태를 언급한다는 것을 명심하면
서 이 동의어들을 하나씩 살펴보자.

(1) 확립 : 확립(ṭhiti)이란 마음이 확립되어 어떤 장애(Nīvaraṇa)에도
흔들리지 않음을 의미한다.

(2) 안정 : 안정(saṇthiti)이란 마음이 안정되고 굳게 확립되어 여러 방
해요소들을 능히 물리칠 수 있음을 의미한다.

448

(3) 확고함 : 확고함(adhiṭṭhiti)이란 마음이 불안하거나 나약하지 않아 어떤 자극에도 유혹되지 않음을 의미한다.

(4) 동요하지 않음 : 동요하지 않음(avis'-āhāra)이란 문자적으로 '독이 있는 음식물에서 벗어난 상태'를 뜻한다. 독이 있는 음식을 먹은 사람은 마치 죽을 것처럼 동요한다. 그는 자신의 행동에 동요함이 있어 어떤 일도 제대로 할 수 없고, 즐거움을 가질 수 없으며, 결코 행복할 수 없다. 마찬가지로, 그 속에 독이 있는 마음은 동요하여 어떤 일도 할 수 없으므로 아무짝에도 쓸모가 없다. 그러한 마음은 신선하지도 않고 밝지도 않은 마음이다. 그러므로 마음의 집중 상태는 독이 든 음식으로부터 벗어난 몸의 상태에 비유할 수 있는 것이다.

(5) 산만하지 않음 : 산만하지 않음(avikkhepo)이란 마음이 하나의 대상에 고정되어 감각적 대상의 밀림(密林) 속에서 방황하지 않음을 뜻한다. 산만하지 않은 마음 상태는 마치 원숭이가 굴속에 원하는 것을 충분히 가지고 있기 때문에, 먹을 것을 찾아 온 밀림을 뛰어다녀야 하는 다른 원숭이처럼 이리저리 방황하지 않는 상태에 비유될 수 있다.

(6) 흔들리지 않는 주시 : 흔들리지 않는 주시(avis'-āhata-mānasatā)란 문자적으로 '독에 오염되지 않은 마음 상태를 뜻한다. 여기서 독이란 장애들과 수많은 번뇌들을 뜻한다. 번뇌에 오염되지 않은 마음은 자연스럽게 고요함을 유지한다. 오염되지 않았다는 것은 마음이 번뇌의 자극들, 가령 탐욕과 분노 등의 자극에서 벗어났음을 뜻한다. 그러한 모든 번뇌가 마음에서 사라졌을 때, 그 마음은 고요하게 집중된다.

(7) 평온 : 평온(samatho)이란 마음에 더 이상의 갈등이 없어 고요하고 평화로운 경지를 뜻한다. 즉 갈애의 힘에서 벗어나 청량하고 오염되

지 않은 마음 상태이다.

(8) 정근 : 정근(samādhi-indriyaṁ, 定根)이란 완전히 계발되어 사령관의 기능을 하는 집중력을 말한다.

(9) 정력 : 정력(samādhi-balaṁ, 定力)이란 사실상 정근과 동일한 것으로서 완전히 계발되어 장애의 세력들을 격퇴하기 위해 하나의 힘으로 사용되는 집중력을 말한다.

(10) 정정 : 정정(sammā-samādhi, 正定)이란 적절하고 올바른 집중력을 말한다. 이것은 불교에서 설하는 8정도(八正道) 중 하나이다. 불교 밖에서도 여러 가지 종류의 집중이 말해진다. 그러나 마음을 집중하는 방법들은 다양하게 있지만, 그것은 잘못하면 세속적 욕망을 채우기 위한 삿된 집중(micchā-samādhi)을 초래할 수 있다. 여기서는 그러한 삿된 집중을 의도하지 않으므로 이를 경계해야 한다.

이러한 10가지 용어들 각각의 함축된 의미를 자세하게 성찰하였을 때, 우리는 집중(samādhi)이란 무엇인지에 대해서 철저히 이해할 수 있다.

실제적으로, 아나빠나삿띠의 관점에서 정확하게 정의하면, 집중이란 긴 호흡과 짧은 호흡에 의한 심일경성〔一心〕 및 마음의 산만하지 않음(cittassa ekaggatā avikkhepo samādhi)이라고 할 수 있다. 다시 말하면, 집중(samādhi)이란 '날숨과 들숨에 마음을 집중함에 의해, 산만함이 없이 마음이 하나로 모아지게 된 상태(samādahaṁ cittam assāsapassāsavasena cittassa ekaggatā avikkhepo samādhi)' 를 말한다.

이런 정의의 본질은 다음과 같다. 하나의 관찰 대상에 마음의 초점을 맞출 때, 그와 같이 초점을 맞추는 행위를 집중이라고 부른다. 그것이 높든, 중간이든, 낮든, 또는 보통이든, 섬세하든, 그것은 모두 집중이라고 불린다. 이상이 집중의 의미에 대한 모든 것이다.

다. 마음집중이 일어나는 시점에서의 분류

위에서 언급했듯이, 우리가 마음을 하나의 대상에 모을 때 집중은 현전한다. 이것이 집중에 대한 보편적인 사실이다. 더구나, 집중은 위빠싸나 통찰 지혜(vipassanā)를 계발하는 시점에서도 발견될 수 있다. 즉 대상(명상주제)을 관찰하여 그 성품이 무상·고·무아라는 것을 꿰뚫어 보는 순간에도 집중이 있다. 그러므로 전체를 요약하면, 세 가지 수준의 집중이 세 가지 경우에 모두 존재한다고 말할 수 있다.

- 어떤 대상에 초점을 맞추기 시작하는 시점의 집중
— 이것은 준비 삼매(parikamma-samādhi)와 근접 삼매(upacāra-samādhi)
  를 말한다.
- 마음이 고정되고 몰입에 도달한 시점의 집중
— 이것은 본 삼매(appanā-samādhi)이다.
- 어떤 대상에 대해 초점을 모아, 그것이 무상·고·무아라는 것을
  관찰하는 시점의 집중
— 이것은 반야 지혜(paññā)와 함께 진행되며 지혜〔慧〕계발과 함께
  공존하는 집중〔定〕인 아나따리카 사마디(anatarika-samādhi)라고
  불린다.

(1) 첫 번째 경우의 집중은 어떤 대상에 초점을 맞추는 초기 단계의 집중이다. 이것은 간접적이거나 암시적인 의미에서의 집중이다. 즉 '순수한' 집중이라고 부를 수 있을 만큼 충분히 높은 수준에는 이르지 못한 집중이다. 이 집중은 아직 완전히 성숙하지 않은 어린아이에 비유할 수 있다. 그러나 아직 완전히 발달되지 않았더라도 전혀 집중이 없는 상태와 비교해서 훨씬 수승하다.

이 첫 번째 수준에서의 집중의 본질은 다음과 같다. 즉 수행자가 집중 수행을 시작하자마자, 그는 시작부터 미숙한 집중(samādhi, 三昧) 상태에서 시작하여, 계속 수행해가면서 근접 삼매를 성취한다. 이것은 마음의 장애(Nīvaraṇa)가 때로는 가라앉고, 때로는 다시 솟아오르는 약한 집중 상태인데, 이는 본 삼매로 향하는 선정의 요소들이 아직 굳게 확립되지 않았기 때문이다. 그러므로 이 초기 단계의 집중은 암시적인 또는 간접적인 의미에서의 집중[三昧]이다. 그러나 앞에서 말했듯이 이것은 시도해볼 가치가 있는 것이다.

(2) 두 번째 경우의 집중인 본 삼매(appanā-samādhi)는 진정한 의미에서 순수한 집중(samādhi, 三昧)을 말한다. 집중, 즉 사마디는 그것이 형상이 있는 색계 선정(rūpa-jhāna)이든, 형상이 없는 무색계 선정(arūpa-jhāna)이든, 문자적으로 여러 수준의 몰입선정의 성취를 뜻한다. 수행자가 아나빠나삿띠를 수행함에 의해, 무색계 선정을 성취하기를 원한다면 이 11번째 단계 안에서 그렇게 할 수도 있다. 그러나 여기서 우리는 형상이 있는 것에 근거하는 색계 4선정에 대해서만 다룰 것이다.

(3) 세 번째 경우의 집중은 반야 지혜(paññā)와 불가분하게 연결된다. 이 단계에서는 반야 지혜가 집중력과 병행하여 그 기능을 압도적으

로 발휘하기 때문에, 첫 번째 경우의 집중과 같이 실제적인 의미에서 그와 같은 집중으로 간주한다.

라. 집중과 지혜의 연결과정

어떻게 집중과 지혜가 연결되는가? 이 과정은 다음과 같다. 첫째, 수행자는 주의력의 초점을 어떤 집중 대상에 맞추고, 마침내 몰입선정을 성취한다. 그는 얼마 동안, 즉 마음을 강하고 바르고 넓게 다루기 쉽게 만들기 위해 필요한 기간 동안 선정에 머물다가, 선정에서 나온다.

선정에서 나온 후, 그는 통찰(vipassanā)을 계발하기 위해 어떤 대상, 가령 느낌〔受, vedanā〕을 취하여 느낌을 관찰하고, 그것의 본 성품이 무상·고·무아라는 것을 철견한다. 이때, 집중력은 관찰하는 바로 그 행위에 관련된다. 이때 집중과 지혜는 올바른 비율로 조화롭게 융합되어 작용한다. 즉 지혜를 계발함에 의해 관찰력이 강해질 때, 집중력도 그에 비례해서 강화된다. 만약 관찰력이 약해지면 집중력도 약해진다. 이 모든 것은 수행자가 의도하지 않아도 저절로 일어난다. 이러한 종류의 집중은 통찰(vipassanā)을 계발할 때의 집중이라고 불리며, 이러한 이유 때문에 여기서 '암시적인 의미에서의 집중'이라고 불린다.

그러나 이 집중은 첫 번째 경우의 집중(초기 수준의 집중)보다 더 높은 가치가 있다. 첫 번째 경우의 집중 역시 암시적인 집중이기는 하지만, 그것은 완전한 집중이 아니기 때문이다. 앞서 언급된 세 가지 수준의 집중이 갖는 특징들로부터 수행자는 집중이 일어나는 때는 언제이며, 그것은 어떤 특성들과 기능들을 갖는지 분명하게 알게 된다. 이 모든 것들을 체험할 때 집중된 마음 상태를 완전히 이해하게 된다.

아나빠나삿띠 제11단계 수행의 주요한 원리는 날숨과 들숨에 의해 마음을 집중한다는 것이다. 그러므로 수행자는 여러 단계에서 여러 가지 특성들을 가지고 있는 마음의 집중 상태를 하나의 관찰대상으로 내관하기 위하여, 으레히 다시 처음으로 돌아가 제1단계부터 새롭게 시작하여야 한다. 이때, 수행의 본질은 아나빠나삿띠의 어떤 단계에서 자신을 수행하는가에 상관없이 집중을 주의력의 초점 대상으로 둔다는 것이다. 앞 단계들에 대한 설명에 비추어 보면, 비록 같은 명칭을 갖고, 같은 주제를 다루는 특정한 단계의 아나빠나삿띠를 수행하더라도, 관찰의 방법은 다르다는 것이다. 예를 들면, 수행자가 제1단계를 수행할 때, 그는 주의력의 초점을 날숨과 들숨 그 자체에 둔다. 그러나 그가 제11단계의 수행을 하게 될 때는 주의력의 초점을 그와 같이 직접 호흡에 두는 대신, 그 시점에 날숨과 들숨에 의한 집중의 계발이 어느 정도이건 간에 그 마음의 집중 상태에 두고 관찰해야 한다는 것이다.

이와 같은 식으로, 수행자는 제1단계에서 시작하여 이어지는 아나빠나삿띠의 모든 단계에서 마음의 집중 상태를 알아차림하고 조사하기 위해 계속적으로 진행해나가야 한다. 각각의 단계에서 그는 어느 정도의 집중이 계발되었는지, 그것이 어느 수준에 이르렀는가를 알아차림하여야 한다. 그는 어느 단계에서 어떤 방법에 의해 집중이 점차적으로 통찰(vipassanā) 또는 반야 지혜(paññā)와 융합되는지를 분명하게 안다. 이런 식으로, 그는 마침내 자신의 체험으로 모든 종류, 모든 유형의 집중을 모든 측면과 관점에서, 그리고 모든 정도와 수준에서 알게 된다.

그러므로 우리는 수행자가 제1단계에서부터 다시 시작하더라도 집중의 방식이 모두 다르다는 것을 분명히 알 수 있다.

요약하면, 제11단계의 수련은 집중된 사마타(고요, samatha)와 통찰 지혜(vipassanā)라는 두 가지 관점에서 모든 단계에 존재하는 모든 종류의 집중〔三昧〕을 수련함을 의미하며, 그 결과 수행자는 모든 방식에서 바라는 대로 마음을 능수능란하게 집중하는 데 통달하게 된다.

마. 지혜와 마음챙김으로 29가지 담마를 함양

마지막 요점, 즉 이러한 수행의 단계에서 지혜와 마음챙김이, 관련된 여러 가지 담마들과 함께 어떻게 수반되어 일어나는가 하는 점에 대하여 설명해 보자. 날숨과 들숨에 의해서 마음이 집중될 때, 집중의 수준과는 상관없이, 그 집중 상태를 관찰하면서 확립되는 분명한 마음 집중과 마음챙김이 현전한다. 그래서 분명히 아는 마음, 즉 윈냐나 - 찌따(viññāṇa-citta)[98]가 일어나며 이것은 곧, 앞에서도 말한 봄〔見, 觀〕과 앎〔慧〕의 통찰 지혜(anapassanā-ñāṇa)를 뜻한다.

그러므로 마음이 집중되었더라도 모든 단계에서 그것은 무상·고·무아라는 것을 꿰뚫어 보는 마음챙김의 힘에 의한 마음관찰이다. 이와 같은 식으로 수행이 진행될 때, 이를 마음의 관찰에 의한 마음챙김 확립의 계발〔四念處 中 心念處 修行/啓發, cittānupassanā-satipaṭṭhāna-bhāvanā〕이라

---

98) viññāṇa-citta는 문자적으로 '의식하는 마음', 또는 '의식-마음', 즉 '의식의 마음'을 의미한다.

고 한다. 이것은 네 가지 모든 정의를 갖춘 완전한 계발(bhāvanā)이다.[99]

　이러한 수행단계에는 제5단계에서 설명한 것과 같은 모든 스물아홉 가지 담마들이 함양되고, 동시에 그 영역(gocara)을 분명히 알게 되고, 고요의 유익(samattha, 사맛타)을 꿰뚫어 알게 된다.

---

99) 제13장 ‘수행계발(bhāvanā)’ 참조.

4. 제12단계 : 마음을 자유롭게 하기

아나빠나삿띠 제12단계의 수행 지침은 다음과 같다.

'마음을 자유롭게 하면서, 숨을 내쉰다.' 라고 자신을 다잡아 수행하고,

'마음을 자유롭게 하면서, 숨을 들이쉰다.' 라고 자신을 다잡아 수행한다.

이 단계의 수행에서 수행자는 수행의 세 가지 측면, 즉 삼학(三學, sikkhā)을 실현한다. 마음챙김을 함양하는 것, 마음을 여러 가지 것들로부터 자유롭게 하여 면밀하게 주시하는 것, 또는 갖가지 마음 상태의 해탈을 알아차림하는 것 등에 의해 수행자는 고도의 자제력을 계발하게 되고 관찰은 매우 섬세해진다. 현 단계의 수행에서 이러한 점들은 높은 윤리의 수행(adhi-sīla-sikkhā), 즉 계(戒)의 실현이라 할 수 있다. 그 외 삼학의 나머지 덕목인 높은 집중(adhi-citta-sikkhā, 定)과 높은 지혜(adhi-paññā-sikkhā, 慧)도 앞 단계에서 설명한 것과 같은 방식으로 현 단계에서도 실현되므로 설명은 생략하기로 한다.

현 단계에서, '마음을 자유롭게 하면서' 라는 표현은 두 가지 관점에서 관찰되어야 한다. 즉 첫째, 어떻게 마음이 자유로워지는가?, 둘째, 마음은 무엇으로부터 자유로워지는가? 이다.

가. 어떻게 마음이 자유로워지는가?

앞서 한 두 질문 중에서 첫 번째인, 어떻게 마음이 자유로워지는가는 쉽게 이해할 수 있으므로 먼저 고찰해보자. 여기서 수행자는 앞 단계들에서의 설명들, 특히 제4단계에서 다룬 '선정의 요소들에 관련된(사마타에 의한)' 설명과, 제5단계에서 다룬 '영원하다는 인식(nicca-saññā) 등의 포기에 관련된(위빠싸나에 의한)' 설명을 상기해 봄으로써 보다 명확히 이해할 수 있다.

'마음을 자유롭게 하면서' 라는 표현은 두 가지 의미가 있다. 첫 번째 의미는 우리에게 직접적인 관련이 있는 것으로서, 마음을 마음속에서 일어난 것들로부터 자유롭게 하는 것이다. 두 번째 의미는, 하나의 잠재적 성향(anusaya, 隨眠識)인 무명에서 유래하는 집착(upādāna)으로부터 마음을 자유롭게 하는 것이다. 이 모두를, '마음을 자유롭게 하면서' 라는 표현 대신에 '마음에서 제거되어야 할 것을 제거하면서' 라고 달리 말할 수 있는데, 결국 표현만 다를 뿐 같은 뜻이다.

'마음을 자유롭게 하면서' 의 첫 번째 의미인, '마음을 자유롭게 하기 또는 마음에서 제거되어야 할 것을 제거하기' 란, 초보 수준에서부터 완전한 몰입 수준에 이르기까지 집중(선정)을 계발하면서 마음을 장애(Nīvaraṇa)로부터 벗어나게 하는 것을 말한다. 몰입의 정점에 이르지 않은 집중(선정)도 그 강도에 비례하여 어느 정도의 장애는 억누른다. 아직 미숙한 집중은 흔들림이 있고 때때로 자연스레 밀물과 썰물처럼 오르내린다. 그러나 그것이 아무리 약할지라도 집중은 마음으로부터 장애를 제거하는 기능을 갖고 있다. 수행자가 현 단계에서 근면하고 진지하게 수행할 때, 마음은 장애들로부터 자유로워진다. 더 나아가서 이것은, 수행자가 제12단계에서 자신을 수행하려면 수행의 장을 넓힐 필요가 있음을 보여준다. 즉 그는 다시 앞 단계로 돌아가서, 그 각각의 단계에서 장애들이 어떻게 극복되거나 제거되는지를 관찰해야 한다는 것을 뜻한다.

그러나 사실, '마음을 자유롭게 하기'는 초기 단계에서 부분적으로 장애들을 억누르는 것을 의미하는 것이 아니라, 마음이 장애들로부터 완전히 벗어나게 하는 것을 의미한다.

여기서 잠시 장애의 부분적인 억누름을 언급해보고자 한다. 그 이유는 단지, 수행자가 수행상 어떤 지점에서 장애들이 제거되는가를 볼 수 있는지 지적해보기 위함이다.

집중된 고요(samatha)의 수준 또는 단계에서 마음을 장애들로부터 자유롭게 한다는 것은 초선정의 힘에 의한 5장애의 종식을 의미한다. 이를 마음으로부터 5장애를 제거하는 것이라고 부른다. 좀 더 높은 수준으로 올라가면서, 2선정의 힘에 의해 일으킨 생각(vitakka, 尋)[100]과 지속적 노력(vicāra, 伺)[101]이 정제된다. 한번 상상해 보라! 이때 수행자의 마음은 얼마나 맑고 깨끗하겠는가를! 수행자가 보다 더 높은 수준으로 올라가면, 3선정의 힘에 의해 희열(pīti, 삐띠)[102]이 가라앉게 된다. 마지막으로, 4선정의 힘에 의해 수행자의 마음은 모든 증애(憎愛)의 느낌들로부터 벗어난다.

---

100) 위따까(vittaka)는 영어로 'scanning', 즉 '검색하기'라고 번역할 수도 있다.
101) 위짜라(vicāra)는 영어로 'focussing', 즉 '초점을 모으기'라고 번역할 수도 있다.
102) 삐띠(piti)는 영어로 'joy', 즉 '희열, 기쁨'으로 번역할 수도 있다.

그러므로 다시 앞으로 돌아가서 초기 단계에서부터 장애들이 제거되는 과정을 계속해서 주시하는 수행을 하길 원하는 수행자는 마땅히 그렇게 실천해야 한다. 이처럼 자신을 수행함으로써 아직 오르락내리락하면서 계속 질질 끌며 잔존하던 장애들이 마침내 제거되고, 그 결과 수행자는 첫 단계부터 이후 모든 단계들에서 '마음을 자유롭게 하기' 라는 표현의 진정한 의미를 이해하게 될 것이다. 수행자는 마음이 어떻게 장애들로부터 벗어나는지, 장애에서 벗어난 마음이 어떻게 순수하게 정화되는지, 그리고 선정의 거친 요소들로부터 순차적으로 벗어남에 비례하여 어떻게 마음이 그만큼 더 순수해지는지 등을 알아차림하도록 노력해야 한다. 이와 같이 수행자는 반복적인 수련을 통해서 마음을 자유롭게 하는 다양한 방법들에 대해 자유자재하게 될 만큼 능숙해진다.

'마음을 자유롭게 하면서' 의 두 번째 의미, 즉 '무명(無明, avijjā)에서 유래하는 집착으로부터 마음을 자유롭게 하는 것' 이란, 통찰 지혜의 수준에서 마음을 자유롭게 하는 것을 말한다. 그러므로 마음이 집착(upādāna)으로부터 자유롭게 되는 수준을 살펴보도록 하자. 이것은 이러한 수준에서 마음을 해탈하게 하는 것은 어떤 물질적(rūpa) 또는 비물질적(nāma) 현상들을 관찰대상으로 취하여 그것이 무상·고·무아라는 것을 내관하는 아나빠나삿띠 수행으로써 가능하다.

수행자가 다시 앞 단계로 돌아가 제1단계에서부터 자신을 다시 수행한다면, 날숨과 들숨을 무상·고·무아라는 삼법인(三法印)의 특성들을 보기 위한 관찰대상으로 삼을 것이다. 첫 번째 네 단계(제1~4단계)의 모든 과정에서 무상·고·무아라는 것을 보기 위해 관찰대상으로 사용하는 것은 바로 다양한 모습의 호흡 그 자체이다. 두 번째 네 단계(제5~8

단계)에서의 관찰대상은 다양한 종류의 느낌〔受〕들이다. 그리고 세 번째 네 단계(제9~12단계)에서는 삼법인을 보기 위해 관찰대상이 되는 다양한 상태의 마음〔心〕들이다.

관찰대상에 대한 내관이 완전히 이루어질 때마다 삼법인을 완전히 깨달을 수 있다. 그러므로 누가 어디서 어떤 상황에서 관찰하든지, 무상(無常)을 보게 되면 그 순간 거기에서 어떤 것이 영원하다는 인식(nicca-saññā)으로부터 마음은 해방된다. 그리고 본질적인 고(苦)를 볼 때마다 바로 그 순간 거기에서 행복이라는 잘못된 인식(sukkha-saññā)으로부터 마음은 해방된다. 그리고 무아(無我)를 철견할 때마다 바로 그 순간 거기에서 자아가 있다는 인식(atta-saññā)으로부터 마음은 해방된다.

또한, 마음이 '혐오감(nibbindati)을 느낄 때', 마음은 난디(nandi), 즉 관련된 대상들을 즐기는 것으로부터 해방된다. 마음이 '초연(virajjati)해 질 때', 마음은 탐욕(raga) 또는 갈애로부터 해방된다. 마음이 '멸(niro-dheti, 滅)해 질 때', 마음을 만드는 것이 없어지므로 마음은 일어남(samudaya, 集), 즉 조건지어지는 것으로부터 해방된다.[103] 마음이 '놓아버릴(patinissajjati) 때', 마음은 집착(ādāna)으로부터 해방된다. 이상의 것들이 통찰 지혜(vipassanā)의 수준에서 마음을 자유롭게 하기가 뜻하는 것들이다. 이 같은 사항들은 제5단계에서 이미 상세하게 다루었다.

---

103) 부처님의 말씀에 따르면 다음과 같다. 'visaṅkhāra-gataṃ cittaṃ.' 이는 문자적으로 번역하면 '마음이 조건지어지지 않는 상태로 가버렸다.' 라는 뜻이다. 이러한 경우에 마음은 무엇을 만들지도 않고, 만들어지지도 않는다. 앞의 말씀에 비추어보면, 마음의 멸(滅)은 마음이 존재하지 않는다는 뜻이 아니라, 마음이 여여부동(如如不動)하여 이러저러한 것에 의한 일어남 자체를 여의어 어떠한 것도 조건짓지 않는다는 뜻이다. 이 12단계에서 마음은 그 본질적인 성품의 자연적인 흐름 속에서 일어남과 사라짐을 스스로 내려놓고 쉰다.

집중된 고요(samatha) 수준에서는 연속적으로 향상되는 몰입선정의 힘에 의해 여러 선정 요소들과 함께 마음이 장애(Nīvaraṇa)와 여러 가지 불건전한 것들로부터 자유로워진다. 이와는 대조적으로, 통찰 지혜(vipassanā) 수준에서는 어떤 것이 영원하다는 인식 등과 같은 그릇된 견해들로부터 마음이 해방된다. 그리하여 지혜의 힘에 의해 여러 미묘한 번뇌(kilesa, 煩惱)들로부터 마음이 해방된다.

이상에서 언급된 모든 내용이 바로 '어떻게 마음이 자유로워지는가?'에 대한 답이다. 여기서, 삼매(samādhi, 三昧)에 의해서 장애들을 제거하는 방법과, 지혜에 의해서 영원하다는 인식을 제거하는 방법 등의 예를 들면서, 마음을 자유롭게 하는 것이 어떠한 것인지를 예증해보았다.

나. '마음이 무엇으로부터 자유로워지는가?'

이제 '마음이 무엇으로부터 자유로워지는가?'라는 문제를 고찰해보자. 이 문제에 대한 답은 경전에서 찾을 수 있다. 즉 마음은 '번뇌(kilesa, 煩惱)들로부터' 자유로워진다. 다시 말하면, 마음은 탐욕(rāga, 貪), 증오 또는 분노(dosa, 瞋), 어리석음(moha, 痴), 자만(māna, 自慢), 그릇된 견해(diṭṭhi, 邪見), 의심(vicikicchā, 疑), 나태와 무기력(thīna-middha, 無氣力), 불안(uddhacca, 不安), 양심 없음(ahirika, 無慚), 두려움 없음(anottappa, 無愧) 등으로부터 해방된다.

그러나, 위의 답은 단지 번뇌를 편의상 분류한 것임에 유의해야 한다. 게다가, 위의 목록은 가장 강력한 번뇌에서부터 약한 번뇌에 이르기까지 내림차순으로 열거되었음에 주목해야 한다. 현대인들은 어떤 것들을 열거할 때, 보다 중요하지 않은 것에서부터 가장 중요한 것까지 오름차순으로 배열하는 방식을 선호하기도 한다. 경전에서는 번뇌들을 내림차순으로 배열하였는데, 이는 우리들로 하여금 맨 앞의 것이 가장 두려운 것임을 깨닫게 하여 그것에 우선적인 관심을 갖게 하기 위함이다. 그리하여 충분히 활력적이고 결단력 있게, 가장 강한 번뇌로부터 먼저 마음을 자유롭게 해방시키고, 그 다음 번뇌들로 마음을 순차적으로 해방시켜 내려오게 하기 위함으로 보여진다.

그러면 이제 어떤 방법으로 이 모든 번뇌들을 제거할 수 있는지 궁금할 것이다. 그 답은 누구나 쉽게 알 수 있다. 즉, 불건전한 요소인 번뇌들의 반대가 되는 건전한 요소들, 즉 담마(dhamma, 法)들의 도움으로 이 번뇌들을 제거할 수 있다. 그리고 앞서 설명했듯이, '어떻게 마음을 자유롭게 할 것인가' 에 대한 대답은, '수행자는 다양한 방법으로 수행하여 번뇌들을 제거하여 마음을 자유롭게 할 수 있다' 이다.

수행자는 통찰 지혜(vipassanā) 수행의 수준에 따라 번뇌들이 직접적으로 제거됨을 분명하게 볼 수 있다. 마지막 다섯 가지 번뇌들인, ①의심(vicikicchā) ②나태와 무기력(thīna-middha) ③불안 또는 들뜸(uddhacca) ④양심 없음(ahirika, 無慚) ⑤두려움 없음(anottappa, 無愧) 등 거친 형태의 번뇌들일 경우에는, 집중된 고요(samatha) 수행의 수준에 따라 제거될 수 있다.

그러나 그것들이 아주 뿌리 깊고 미묘한 미세 형태의 번뇌일 경우에는, 앞의 통찰 지혜(vipassanā) 수행의 수준에서 제거될 수 있다. 예를 들면, 불안 또는 들뜸(uddhacca)은 보통 한 부류의 장애(Nīvaraṇa)를 뜻하

며, 여기서도 그러하지만, 이것은 또한 10가지 결박의 번뇌인 족쇄
(saṁyojana)들에 속해 있는 용어이기도 하다. 그러므로 지혜의 하나인 명
지(vijjā, 明知)의 힘에 의해 직접적으로 제거해야 한다.

다. 건전한 담마들과 반대되는 열 가지 불건전한 것들

수행자가 최선을 다해 번뇌들로부터 마음을 해방시키기 위해 자신
을 수련하고자 할 때, '마음이 어떻게 자유롭게 되는가' 라는 문제를 설
명할 때 언급한 것처럼, 정상적으로 그가 실행하는 아나빠나삿띠의 여
러 수행 단계들에 의해 노력한 만큼의 성과를 거둘 수 있으며, 그것으로
도 충분하다.

그러나 위에서 열거된 각각의 모든 번뇌들로부터 마음을 완전하게
해방시키기 위한 방법을 공부하여 자신을 수련하고자 하는 수행자는,
그 번뇌들과 반대되는 건전한 담마들을 올바르게 공부하여야 한다. 그
10가지를 다음과 같이 차례대로 다룰 수 있다.

1) '탐욕(rāga, 貪)' 으로부터 마음을 자유롭게 하려면, 수행자는 그
탐욕을 진정시킬 수 있는 담마, 가령 부정관(不淨觀, āsubha-saññā)을 포함
하는 몸에 대한 마음챙김(kāyagatā-sati)과 같은 담마를 지혜롭게 고찰해
야 한다.

탐욕은 형상의 세부적인 것을 즐거운 것으로 집착(anubbaya-ñjana-
ggāhi)하거나, 형상 전체를 즐거운 것으로 착각하는 것을 뜻한다.

부정관의 계발에 있어, 수행자는 몸의 부정(不淨)함, 특히 시체의 혐오성을 관찰하여 자신의 몸도 그와 같이 시체로 될 운명을 피할 수 없음을 깨닫는다. 살아 있는 상태와 죽은 상태 모두에 있어 몸이 혐오스럽다는 것을 인식하면, 가령 성욕과 같은 느낌〔受〕에 대한 탐욕을 진정시킬 수 있다.

'몸에 대한 마음챙김〔身念處〕'이란 본질적으로 몸을 구성하는 원소들, 즉 몸을 4대 요소(dhātu)[104]로 나누어 보아서, 그 각각의 요소들이 갖고 있는 역거움(paṭikūla)을 관찰함을 의미한다.

몸에 대한 알아차림은 탐욕으로부터 마음을 해방시키는 직접적인 방법이다. 탐욕으로부터 마음을 해방시키는 간접적인 또는 일반적인 방법은 아나빠나삿띠 등을 수행하여 마음을 집중시키는 것이다. 마음이 삼매(三昧)를 성취했을 때, 탐욕은 다른 번뇌들과 함께 진정된다. 이러한 점은 이미 앞에서 설명한 바 있다. 원칙적으로, 아나빠나삿띠 수행의 힘에 의해 수행자가 삼매(三昧)에 도달했을 때, 그 결실은 불건전한 것들로부터 마음이 해방되는 것이고, 다시 말하자면, 간접적으로 그것들과 싸우는 수행으로서는 이미 충분한 것이다.

수행자는 몸을 4대(四大) 요소로 분해하거나, 몸의 혐오스러운 것을 분명히 보는 방법으로 몸을 관찰할 수 있는 수행에 이미 익숙해 있어야 한다. 그리고 이제 그는 숨을 내쉬고 숨을 들이쉴 때마다 그와 같은 방법으로 지혜롭게 반조하기 때문에, 이는 결국 아나빠나삿띠 수행을 통

---

104) 지(地)·수(水)·화(火)·풍(風)의 사대(四大)를 말하며, 지(地)는 단단함 또는 부드러움, 수(水)는 응집성 또는 흐름, 화(火)는 따뜻함 또는 차가움, 풍(風)은 움직임 또는 지탱성 등을 성품으로 갖고 있다.

하여 탐욕을 제거하는 것이 된다.

만약 수행자가 아나빠나삿띠 이외의 다른 방법으로 탐욕을 제거하기를 원한다면, 그 직접적인 방법으로 '몸에 대한 알아차림의 계발'이나 '부정관의 계발'이 있다. 이 두 가지는 여기서 말하는 아나빠나삿띠와는 본래 직접적인 관련이 없는 별개의 주제들이며, 그들과 밀접한 관련이 있는 논서들, 이를테면 청정도론(Visuddhi-magga) 등을 참조하여 연구할 수 있다.

2) '증오 또는 분노(dosa)'로부터 마음을 해방시키기 위한 직접적인 방법은 자비관 수행(mettā-bhāvāna)을 수련하는 것이다. 즉 수행자는 윤회의 고통 속에 있는 모든 중생들을 모두 불쌍히 여기는 연민과 자비심을 계발함으로써 마음을 증오로부터 자유롭게 할 수 있다.

분노의 마음은 용서의 마음으로 진정되고 대체될 수 있다. 또한, 모든 중생이 번뇌 속에 있다는 것을 내관하거나, 불쌍하게도 그들이 무상·고·무아의 삼법인을 깨닫지 못해 윤회에서 벗어나지 못함을 관찰함으로써 자비심이 일어나고, 그 덕분에 분노나 악의적인 느낌은 진정된다. 이 방법들 이외에도, 모든 중생이 행복을 원하고 고통을 싫어한다는 것을 내관하는 등과 같은 방법들도 있다.

모든 중생은 각자의 업에 따른 결과로 생겨났음을 아는 수행자는, 다른 존재들에게 불행을 가져다 주게 되는 일을 더는 하고 싶어 하지 않는다. 이 모든 방법으로 숨을 내쉬고 숨을 들이쉬면서 관찰로써 계속 수행해 나간다면 수행자의 마음은 증오로부터 해방된다.

3) '어리석음〔痴, moha〕'은 전도몽상(顚倒夢想)으로 말미암아 미혹한 것들을 지혜롭게 관찰하고 성찰함으로써 생겨난 깨달음에 의해서 제거된다. 전도몽상되어 있기에, 우리는 근원적인 고(苦)의 진리를 모른 채, 끝없이 욕망의 만족을 추구하며, 삿된 업을 쌓아 기대와는 반대되는 과보를 받는다. 우리는 있는 그대로의 고(苦, dukkha)를 바르게 알아야 하며, 이러한 고통과 불만족스러움의 근본을 형성하는, 즉 조건지어진 모든 것을 알아야 한다.

수행자는 고통의 뿌리가 무엇인지 보기 위해 지혜롭게 성찰하여 고(苦)의 뿌리를 끊어냄으로써 고(苦)를 종식시킬 수 있다. 또한, 수행자는 고(苦)의 원인을 완전히 근절시키기 위한 수행 방법을 올바로 이해해야 한다. 이러한 모든 것을 이해할 때 미혹은 없어지며, 숨을 내쉬고 숨을 들이쉬는 동안 빈틈없이 알아차림 한다면, 호흡을 하는 동안 수행자는 미혹된 어리석음이라는 번뇌로부터 마음은 자유로워진다.

4) '자만(māna)'은 무아의 인식(anatta-saññā)을 계발함에 의해 제거된다. '무아의 인식'이란 진실로 '영혼', '자아', '나', '그'와 같은 것은 없다는 것을 관찰함을 뜻한다. '나' 또는 '그'라는 것은 전도된 망상인 무지(avijjā)로 인해 만들어진 관념이다. 이러한 원리를 내관하면, '나' 또는 '그'라는 것이 단순한 환영(幻影, māyā)에 불과하다는 것을 알 수 있고, 그 결과 실상을 깨닫게 되어, '나', '나의 것' 등과 같은 관념에 집착한 것에 대해 부끄러움을 느끼게 될 것이다.

따라서 우리는 '나' 또는 '그'라는 것이 있다는 느낌이나 생각을 여의게 되어, '나는 그보다 낫고, 뛰어나다', '나는 그와 동등하다', 또는

'나는 그보다 못하고, 열등하다.' 등과 같은 망상을 하지 않을 것이다. 수행자는 망상에 불과한 자만심을 더 이상 갖지 않게 될 것이다. 수행자가 숨을 내쉬고 숨을 들이쉬는 동안 언제나, '나' 또는 '나의 것' 이라는 인식이 단지 망상에 불과하다는 것을 본다면, 이를 일러 숨을 내쉬고 숨을 들이쉬는 동안 마음이 오만과 자만으로부터 자유로워진다고 할 수 있다.

5) '그릇된 견해(diṭṭhi)' 는 올바른 이해, 즉 정견(正見, sammā-diṭṭhi)에 의해 제거된다. 모든 것이 영원하다고 믿는 그릇된 견해는 모든 것이 인연(paccaya, 緣) 따라 일어나서 계속 변해간다는 올바른 이해〔正見〕에 의해 진정시킬 수 있다.

영원한 것은 조건지어지지 않는 것밖에 없다. 모든 것이 사라지지 않고 존재한다는 그릇된 견해, 심지어 모든 것이 항상 같은 형태로 존재한다는 극단적 견해, 혹은 모든 것이 무(無)라는 또 다른 극단적 견해 등은, 모든 것에는 인(因, 원인)과 연(緣, 조건)이 있어 그에 따라 일어나고 변해간다는 올바른 견해에 의해 바로잡을 수 있다. 모든 것은 인연 따라, 즉 원인과 조건에 의지하여 생멸변화(生滅變化)한다. 그러므로 수행자는 모든 것이 '절대적으로 존재한다' 또는 '절대적으로 존재하지 않는다' 라고 단언해서는 안 된다.

모든 것은 무(無)라고 믿는 그릇된 견해, 즉 선을 행하든 악을 행하든 아무런 의미가 없고 원인 또는 결과는 없다는 견해(ahetuka-diṭṭhi, 無因論)는 '자아' 와 '무아' 에 대한 사실을 올바로 이해함으로써 바로잡을 수 있다.

모든 조건지어진 것들(saṅkhāra, 行)은 무아이며, 인격도 무아이다. 그러나 수행자가 조건지어진 것들의 무더기〔行蘊〕를 통하여 어떠한 업을 의도(cetanā)적으로 행할 때면, 그 업의 결과는 '사람', 즉 개인을 구성하는 조건지어진 것들〔五蘊〕에게 어김없이 영향을 미친다는 것을 이해해야 한다.[105] 그러한 업은 무아이므로, 어떤 자아에 의해 행해지는 것이 아니며, 그 결과도 무아이므로 어떤 자아에 의해 경험되는 것이 아니다. 고통도 무아이므로 고통의 주체는 없다. 모든 것은 어떠한 실체도 없는 무아이다. 그러나 그 주체는 없을지라도 고통이라는 현상은 있을 수 있다. 그러므로 고통을 조건짓거나 고통으로 이끄는 어떤 업도 행해져서는 안 된다.

어떤 사람의 존재에 대한 언급이나, 업을 쌓는 어떤 개인에 대한 언급은 고통을 알기에 피하려고, 그리고 그것이 실제인 것처럼 집착하지 않기 위해 편의상 사용하는 단지 관습적이고 상대적인 용어이다. '나', '사람', '개인' 등과 같은 관습적인 개념들을 넘어서야 한다고 가르치는 목적은 무아의 진리를 알게 만들어, 자아에 대한 집착과 고통을 초래하는 불건전한 업의 원인이 되는 모든 번뇌들을 제거하게 하기 위함이다. 모든 것이 무아라고 해서, '자아는 없고, 선업이니 악업이니 하는 것도 없으니, 내가 무슨 짓을 하든지 상관없다.' 라는 구실을 들이대며, 어떤 짓이든 자기 마음대로 할 수 있다고 착각해서는 안 된다.

모든 것이 인과에 따르지 않는다는 그릇된 견해는 모든 것에는 그 원인과 조건이 있다는 것을 볼 때까지 지혜롭게 계속 관찰하고 성찰함

---

105) 개인(individual)은 말 그대로 여러 가지 정신적 및 육체적 현상들, 즉 색(色) · 수(受) · 상(想) · 행(行) · 식(識)의 5온(五蘊)으로 나눌 수 있다.

에 의해 진정시킬 수 있다. 만약 원인이 없다면, 어떻게 사물이 생겨나서 일시적으로 머물다가 변하여 사라질 수 있겠는가? 고(苦) 등이 영혼, 하느님, 신들과 같은 외적인 대리자의 섭리에 달려 있다고 믿는 그릇된 견해는 어떤 외적인 것도 내적인 원인에 선행(先行)될 수 없다는 사실을 성찰함에 의해 바로 잡을 수 있다. 내적인 원인이란 번뇌나 갈애에 뿌리 박힌 자기 자신의 행위, 즉 업(業, kamma)을 말하는 것이다 번뇌와 갈애는 무명(avijjā)을 조건으로 생겨난다. 설령 영혼이나 신들이 있고, 그들의 힘이 아무리 강할지라도, 무명으로부터 시작되는 내적인 원인에 비길 바 아니다.

그러므로 모든 것은 그것이 생겨나는 원인과 조건이 있고, 인과법이라는 보편적 원리에 의해 지배되며, 고통의 진정한 원인은 업(kamma)과 번뇌(kilesa)라는 불변의 진리를 각성해야 한다. 이러한 원인들이 종식될 때 고통 또한 종식되는 것이며, 하느님, 영혼, 신들은 이러한 문제에 관여할 수 없다. 그러나 수행자가 운명론적인 견해를 가지고 모든 것이 되는 대로 내버려두겠다는 생각을 해서도 안 된다. 그러한 생각은 아무 소용이 없다. 수행자는 업 또는 행위를 올바르게 이끌고 통제하여, 점진적이지만 확실하게 마침내 선악을 모두 초월해야 한다. 이 모든 것은 인과법을 진정으로 믿고 올바로 수행함에 의해, 그러한 인연에 따라 성취될 수 있다. 요약하면, 숨을 내쉬고 숨을 들이쉬는 동안 올바른 견해를 갖는 것은 결국 그와 같이 호흡을 알아차림하며 마음을 그릇된 견해로부터 자유롭게 하는 것이다.

(이하의 내용은 상대적으로 보다 약한 불건전한 번뇌들에 대한 설명이며, 이중 일부는 두 가지의 의미를 지니고 있다.)

6) 만약 '의심(vicikicca)'이라는 용어가 하나의 장애(Nīvaraṇa)를 의미한다면, 이러한 불건전한 상태는 선정(jhāna)의 힘에 의해 진정될 수 있다. 만약 의심이라는 용어가 잠재적 성향(anusaya, 隨眠識)을 의미한다면, 이는 높은 지혜 또는 모든 것을 실상 그대로 보는 관(觀)에 의해 진정될 수 있다. 그러나 이 모든 것은 특정한 분야에 관련되어야 하며, 그 분야는 고(苦)의 종식, 다시 말하면 번뇌의 종식과 직접 관련이 있다는 것을 정확하게 이해해야 한다. 고(苦)의 종식에 관해서 어떤 의심을 가지고 있다면, 우리는 올바른 견해에 근거하여 마침내 한 점의 의심이 없는 확신을 성취할 때까지, 지체 없이 그 점을 지혜롭게 관찰해야 한다.

믿음이 있는 사람은 부처님의 가르침에 따라 수행하면 진정으로 고(苦)를 종식시킬 수 있다는 것을 스스로 분명하고 깊이 있게 알 수 있기 때문에, 부처님의 가르침에 대해 한 점도 의심하지 않는다. 그의 믿음 또는 확신은 소문에 근거하거나 시류에 영합하는 것이 아니다. 그는 담마에 대해, 특히 닙바나로 이끄는 부처님께서 가르친 수행방법에 대해 의심하지 않는다.

왜냐하면 그는 그 수행방법이 바르게 행해질 때 번뇌의 종식과 마침내 고(苦)의 종식으로 이끈다는 것을 잘 고찰해서 스스로 알기 때문이다. 그는 승가에 대해 의심하지 않는다. 왜냐하면 담마를 수행하여 고(苦)의 멸(滅)이라는 진리(bukkha-nirodha-ariya-sacca)를 실현하는 사람들이 그곳에 있다는 것을 분명히 보기 때문이다.

수행자는 번뇌를 버리는 데 주저하지 않는다. 왜냐하면 그는 오직 번뇌를 버림에 의해 고(苦)의 소멸을 실현할 수 있다는 것을 분명히 알기 때문이다. 수행자는 업(業, kamma)의 법칙에 대해 의심하지 않는다.

이 세상에서 선을 행하면 좋은 결실을 거두고, 악을 행하면 나쁜 결실을 거둔다는 것을 그는 분명히 알며, 이는 세속적인 기준의 관례와 관념에서 보았을 때도 모두 사실이라는 것을 분명히 안다. 그는 또한 초 세간적인 수준에서도, 선이나 악에 집착하는 것은 모두 똑같이 우리를 윤회에 빠뜨리기 때문에 둘 다 내려놓아야 한다는 것을 알며, 고(苦)의 소멸이라고 정의되는 닙바나는 선과 악을 모두 완전히 초월할 때만이 실현될 수 있다는 것을 안다. 이러한 점들을 완전히 이해한 수행자는 의심으로부터 마음이 해방되었다고 말 할 수 있다.

7) '나태와 무기력(thīna-middha)'은 장애에 속하며, 번뇌에 직접 반응하는 일으킨 생각(尋, vittaka)과 같은 선정 요소에 의해 제거될 수 있다. 나태와 무기력(thīna-middha)이라는 용어는 가령, 잠재성향들(anusaya)과 같은 다른 미묘한 번뇌들에 대한 목록상의 한 이름으로 사용되어서는 결코 안 된다. 나태와 무기력은 어리석음, 즉 무지(moha)의 한 형태로 파악되어야 하며, 따라서 무지를 제거할 때와 같은 방법으로 제거될 수 있다. '나태와 무기력'이라는 용어가 잠재성향이나 여타의 미묘한 번뇌들의 항목에서 발견되지 않는 것은 바로 나태와 무기력의 특성이 무지(moha, 痴), 즉 어리석음이기 때문이다. '무지'라는 용어는 이미 먼저 사용되었기 때문에 그것을 다시 언급하는 것은 불필요한 중복이다.

8) '불안 또는 들뜸(uddhacca)'이 일종의 장애(nīvaraṇa)를 의미할 때는 이에 직접 대항하는 선정 요소들, 즉 지속적 고찰(vicara)과 행복감(sukha)에 의해 진정될 수 있다. 하나의 족쇄(saṁyojana)로서 '불안 또는

들뜸’은 마음의 동요를 뜻하며, 이는 무지로 인한 자극에 반응함으로써 일어난다. 이런 의미에서 불안 또는 들뜸은 여러 가지 사유 구조의 형태로 스스로에게 주목을 끌고 상상력을 자극하는 것들을 알거나 이해하고자 하는 호기심의 형태로 나타난다. 이러한 미묘한 족쇄라는 의미에서의 불안 또는 들뜸은 최고 수준의 8정도를 구성하는 지혜의 힘에 의해 진정될 수 있다. 우리가 이러저러한 것들에 대해 관심을 갖거나 알고 싶은 갈망을 끊고, 숨어있는 호기심, 사념, 사색, 걱정, 염려 등을 완전히 여의기 위해서는 최상의 지혜가 있어야만 한다. 그때야 모든 형태의 불안 또는 들뜸은 완전히 종식된다. 그러므로 정확히 말해서, 무아(無我) 또는 공(쑨, suññatā)에 관한 지혜(ñāṇa)가 마음과 가슴을 환하게 밝히면, 다양한 형태의 불안 또는 들뜸은 생겨날 수 없다.

9) ‘양심 없음(ahirika, 無慚)’은 일종의 느낌〔受〕이며, 이로 인해 악을 범해도 부끄러운지를 모른다. 이것은 악을 범함에 의해 마음이 오염되고 저속해지고 퇴보된다는 것과, 그러한 사람은 인간으로서의 품위를 잃는다는 것을 고찰하고 이해함에 의해 진정될 수 있다. 이와 같은 방식으로 지혜롭게 고찰함에 의해 부끄러워할 줄 아는 양심이 일어나고, 악에 대한 역겨움과 혐오가 일어난다. 세속의 사람도 신체적으로 더러워지는 것을 싫어하여 자신의 몸을 깨끗하게 유지하는 것처럼, 악을 행하는 것에 대해 부끄러워할 줄 모르는 비양심은 담마에 근거하여 숨을 내쉬고 숨을 들이쉬는 동안 정신적으로 깨끗하게 정화되고 유지된다.

10) ‘두려움 없음(anottappa, 無愧)’은 악을 행하는 것에 대해 두려워

할 줄 모르는 것을 의미한다. 이것은 악행의 무서운 결과 또는 악행으로 인한 엄청난 손실을 지혜롭게 고찰함으로써, 즉 윤리적 두려움의 결여는 맹수나 유령 등과 같은 것들보다 훨씬 더 무섭다는 것을 고찰함으로써 극복될 수 있다. 그러한 고찰의 힘에 의해 윤리적 두려움의 느낌이 일깨워지고, 마치 자신의 생명을 아끼는 사람이 생명을 위태롭게 하는 위험으로부터 거리를 유지하듯이 악의 함정으로부터 초연함을 유지할 수 있다. '부끄러움(hiri)을 아는 양심'과 '두려움(ottapa)을 아는 의식' - 이는 각각 9)항의 '양심 없음'과 10)항의 '두려움 없음'과 반대의 성질이다. - 을 알기 쉽게 구별하기 위한 비유를 들면 다음과 같다. 즉 전자는 가령, 분뇨더미 속에서 벌레와 같은 더러운 것을 만졌을 때의 느낌과 같고, 후자는 안전한 동물원이 아닌 밀림 속에서 무방비 상태로 맹수를 정면으로 만났을 때의 느낌과 같다. 우리는 그러한 것들이 어떠한 느낌일지 생각해보아야 한다.

위에서 언급한 것들은 열 가지 불건전한 것들에 대한 대응책들에 대한 설명이며, 이는 그러한 불건전한 번뇌들로부터 마음을 자유롭게 하기 위한 도구로 사용되어야 한다. 수행자가 이러한 열 가지 불건전한 것들을 호흡 관찰이나 선정력만으로는 직접적으로 극복할 수 없을 때, 그는 필요에 따라 불건전한 것들에 반대되는 각각의 건전한 것들에 의지해야 한다. 불건전한 것들에 반대되는 각각의 건전한 것들을 계발하는 동안, 수행자는 계속 숨을 내쉬고 숨을 들이쉬면서 어떻게 마음이 불건전한 것들로부터 해방되는지를 관찰해야 한다. 이와 같이 수행할 때, 그는 아나빠나삿띠를 항상 계발하는 사람이라고 말할 수 있다.

이런 식으로 마음을 해방시키는 동안, 온전하게 알고 온전하게 의식하는(viññāṇa-eita) 마음이 현전한다. 또한, 여러 가지 불건전한 것들로 부터 어떻게 마음이 해방되는가에 대한 지혜(ñāṇa)와 마음챙김(sati)도 확립된다. 마음챙김은 마음을 뒤덮은 불건전한 것들과, 덮어 싸이는 마음 그 자체, 그리고 심지어 수행자의 해방된 마음까지도 모두 똑같이 조건 지어진 것들(saṅkhāra)이라는 것을 면밀하게 알아차림하는 통찰 지혜가 된다.[106] 그러므로 그것들은 무상(無常)·고(苦)·무아(無我)인 것이다. 이와 같이 이해한 수행자는 그러한 것들에 대한 혐오를 갖게 된다.

수행이 이와 같이 행해질 때, 이를 마음관찰에 의한 마음챙김 확립의 계발〔四念處 중 心念處, cittānupassanā-satipaṭṭhāna-bhāvanā〕이라고 한다. 이것이 아나빠나삿띠 세 번째 네 단계(9~12단계)의 결론이다. 계발(bhā-vanā)이 최고조에 이르러, 앞에서 언급한 수행계발(bhāvanā)의 모든 4가지 정의에서 완벽할 때, 그는 제5단계에서 설명된 스물아홉 가지 종류의 모든 담마들을 함양하는 것이다.

세 번째 네 단계(9~12단계)를 결론지으면서 주목해야 할 요점이 한 가지 더 있다. 즉 각 단계들이 똑같이 마음관찰(cittanupassana)에 관련된 반면, 관찰하는 방법들은 각각 다르다는 것이다. 아나빠나삿띠 수행의 맨 처음 제1단계에서부터 제9단계에 이르기까지 나타나는 여러 가지 특성들을 면밀하게 관찰할 때 마음은 집중된다. 제10단계에서, 그 집중은 담마 안에서 즐거워진 마음에 적용되거나, 또는 마음의 기쁨이 연속적으로 더 미묘해지는 방식을 관찰함으로써 자동적으로 담마 안에서

---

106) 두카(dukkha, 苦)라는 단어는 'du' 와 'kha' 의 합성어이다. 'du' 는 '어렵다 또는 힘들다' 라는 뜻이고, 'kha' 는 '참다 또는 지속하다' 라는 뜻이다. 그러므로 심지어 여기서 의미하는 바와 같은 해방된 마음도 궁극적으로는 두카(dukkha, 苦)이다. 왜냐하면 그러한 해방된 상태를 지속하기 어렵거나 힘들기 때문이다. 즉 그것은 일시적인 해방이므로 불만족스러운 고(苦)이다.

기쁨을 갖는 마음에 적용된다. 제11단계에서, 관찰의 방향은 집중되어
지는 마음 쪽으로 향하며, 마음이 어떻게 가장 낮은 수준에서부터 가장
높은 수준에 이르기까지, 그리고 가장 거친 수준에서부터 가장 미묘한
수준에 이르기까지 점차 집중〔定〕되는지를 알아차림한다. 그리고 마지
막으로, 제12단계에서 관찰의 방향은 해탈되어지는 마음 쪽으로 향하
며, 마음이 어떻게 여러 가지 불건전한 것들로부터 해탈되는지를 면밀
히 알아차림한다.

이와 같이 다양한 종류의 관찰은 모두 마음챙김 확립의 계발이 최
고조에 이를 정도로 날숨과 들숨을 철저히 그리고 명확히 관찰함으로
써 가능하다. 그 결과 여러 가지 담마들은 각각의 모든 수행의 단계들에
있어 똑같이 한데 모아지거나 계발되고 함양(samodhāna)된다.

16

Ānapanasati

법의 관찰 네 단계
(제13단계~제16단계)

아나빠나삿띠 16단계 수행 중 네 번째 부류의 명상주제인 법의 관찰 수행법으로, 그 네 단계는 다음과 같다.

제13단계 : 숨을 내쉬고 숨을 들이쉴 때마다 무상(無常)을 관찰하기.

제14단계 : 숨을 내쉬고 숨을 들이쉴 때마다 탐욕이 사라져 감〔離貪〕을 관찰하기.

제15단계 : 숨을 내쉬고 숨을 들이쉴 때마다 소멸(滅)을 관찰하기.

제16단계 : 숨을 내쉬고 숨을 들이쉴 때마다 보내버림〔出離〕을 관찰하기.

위의 네 단계들은 법(法)의 관찰로서 마음을 계발하는 네 번째 부류의 각 단계들이다. 수행자는 이러한 네 단계를 수련하기 위해, 분명하게 현전하는 네 가지 법의 대상을 명상주제로 삼는다. 이는 앞의 첫 번째 부류의 네 단계, 두 번째 부류의 네 단계, 그리고 세 번째 부류의 네 단계에서의 명상주제가 각각 몸의 형성인 호흡, 기쁨 및 행복의 느낌, 그리고 여러 가지 마음 상태인 것과는 구별된다.

이 네 번째 부류의 네 단계에서 주목해야 할 첫 번째 요점은 다음과 같다. 즉 관찰해야 할 것 중에 무상(無常), 사라짐〔離貪〕, 소멸〔滅〕, 보내버림〔出離〕 등은 있으나, 고(dukkha, 苦)와 무아(anattā, 無我)라는 담마들은 포함되지 않았다는 점이다.

사려 깊은 사람이라면, 어째서 고와 무아의 진리가 언급되지 않는 것
인지에 대해, '고와 무아는 여기서 중요한 의미가 없는 것인가?' 라며 눈
썹을 치켜세우고 의문을 제기할 지도 모른다. 이에 대한 답은 다음과 같
다. 즉 무상을 완전히 이해한 사람은 고(苦) 또한 이해한다는 것이다. 그
리고 무상과 고를 이해한 사람은 무아의 진리를 꿰뚫어본다는 것이다.

모든 것은 유전(流轉)한다. 붙잡을 수 있는 '자아' 또는 '영혼' 이라
는 것은 존재하지 않는다. 상상으로 길러온 모든 존재 속에 실제적 존
재, 즉 이른바 개인 또는 개체라는 것은 없다. 흐르는 강물을 보라. 강물
은 그 속에 여러 가지를 담은 채 그것들과 함께 흘러간다. 일편단심으로
흐르는 물은 그 누구에게도 복종하지 않으며 개의치 않고 유유히 흘러
간다. 사람들은 말한다. 흐르는 강이 있고, 강 속에는 물이 있으며, 그
강물이 흐른다고 말이다.

그러나 진정 '흐르는 강물' 이 존재하는가를 생각해보자. '흐름' 의
본질을 이해하는 사람은 그 '흐름' 이라는 것에 무아, 즉 본래 자성이 없
다는 진리를 이해한다. 이처럼 모든 몸과 마음(nāma-rūpa)의 현상이 가만
히 있지 않고 계속 흐른다는 것 또는 무상하다는 것을 이해하고 나면 고
와 무아 또한 이해하게 된다. 무상과 고와 무아는 서로 연관되어 있기
때문에 따로 분리하여 생각할 수 없다. 만약 무상·고·무아의 삼법인(三
法印) 중 한 가지를 보게 되면 필연적으로 나머지 두 가지도 이해된다.
이는 자연스러운 결과이다.

이러한 이유 때문에, 아나빠나삿띠(ānāpānasati)의 가르침에서 부처
님께서는 무상에 대해 말씀하신 후, 고(苦)와 무아(無我)에 대한 언급 없
이, 사라짐(離貪, virāga)에 대한 말씀으로 넘어가셨다. 또한, 부처님께서

는 앙굿따라 니까야 9.3에서 다음과 같은 말씀을 하셨다. '오, 메기야, 무아의 인식은 무상을 인식한 사람에게 나타난다. 무아를 인식한 사람은 자아가 있다는 자만심에서 벗어나게 되므로, 지금 여기서 닙바나를 체험한다.' 이는 무상을 인식(anicca-saññā)한 사람은 닙바나를 성취한다는 것을 보여주고 계신다.

여기서 닙바나로 이끄는 무상을 보는 것은 결코 중립적이거나 막연한 것이 아니다. 다른 빠알리어 경전에서도, 무상의 원리를 지도한 스승들, 가령 아라까(Araka) 같은 교사(Sattha)도 있었다. 그러나 그들이 아무리 정교하게 무상을 가르쳤을 지라도 부처님께서 말씀하신 무상의 의미에 비하면 수박 겉핥기로 비유될 만큼 매우 얕고 구체적이지 않다. 그러므로 이 13단계에서의 무상을 실현하는 것은 다른 수행의 스승들이 말하는 무상과는 다른 특별한 의미가 있음을 알아야 한다. 즉, 아나빠나삿띠 수행에서 무상을 관찰할 때, 수행자는 고와 무아의 철견을 포함하는 깊고 분명하며 완전한 실상을 보게 된다.

게다가, 부처님께서 사용하신 '무상' 이라는 용어는 두 가지 의미를 내포하고 있다. 첫째, 무상·고·무아라는 삼법인의 하나로 사용될 때의 '무상' 은 단지 '무상한 상태' 에만 한정되는 의미이다. 둘째, 단독적으로 사용될 때의 무상은 고와 무아까지 포함하는 의미이다. 이와 마찬가지로, 나머지 두 용어도 그 외의 다른 두 용어를 포함한다. 아나빠나삿띠 제13단계에서의 '무상' 이라는 단어의 사용은 바로 이런 경우이다.

네 번째 네 단계(13~16단계)의 전체적인 수행은 본질적으로 통찰(vipassanā) 또는 반야 지혜(paññā)의 계발을 목표로 하며, 이런 점에서 앞의 열두 단계들과는 다르다. 앞의 단계들 중 일부는 집중된 고요

(samatha)의 계발을 목표로 하고, 또 일부는 집중된 고요 및 통찰 지혜를 목표로 한다. 마지막 네 단계(13~16단계)들을 모두 수행하려면 무상(無常)과 같은 현상(dhamma, 法)이 관찰되어야 한다. 이 마지막 네 가지 단계들은 법(dhamma, 法)의 관찰로 마음챙김을 확립하는 법념처(Dhammānu-passanā satipaṭṭhāna, 四念處 중 法念處)라고 불리며, 이제 이들을 차례대로 살펴보도록 하자.

1. 제13단계 : 무상을 관찰하기

제13단계의 수행에 대한 안내지침은 다음과 같다.

'무상(無常)을 관찰하면서, 숨을 내쉰다.' 라고 자신을 다잡아 수행하고,

'무상(無常)을 관찰하면서, 숨을 들이쉰다.' 라고 자신을 다잡아 수행한다.

무상(無常)을 관찰하거나 보는 동안, 수행자는 어떤 나쁜 의도(cetanā)도 가질 수 없으므로, 그는 윤리적 계율을 저절로 지키게 된다. 이처럼 그가 계(戒)를 지켜 스스로 수행하면서 관찰하는 동안 그의 마음은 지혜를 수반하면서 한 곳에 모이게 되고 집중된다. 그는 올바른 집중을 성취하게 되고, 그 집중은 지혜와 균형을 이루어 나가는데, 이것은 스스로 정(定)과 혜(慧)를 수행해나가는 과정이 된다. 따라서 무상을 보는 것, 이 자체가 계·정·혜라는 삼학(三學)의 세 가지 요소들을 완전하게 모두 확립하는 것이다.

제13단계의 수행에서는 '무상(無常)을 관찰하면서' 라는 표현과 관련해서 다음과 같은 점들을 살펴보아야 한다.

(1) 무상(無常)이란 무엇인가?

(2) 무상 그 자체가 현전한다는 것은 어떠한 의미인가? 혹은 무상의 조건성은 무엇인가?

(3) 무상을 어떻게 관찰하는가?

(4) 누가 무상을 관찰하는가? 등이다.

우선 모든 조건지어진 것들은 무상하다고 말할 수 있다. 무상이라는 본성은 마음챙김(sati)의 실천에 의해 현전하게 된다. 일어나서〔生〕머물고〔住〕사라지는〔滅〕것이 무상의 성질이다. 숨을 내쉬고 숨을 들이쉴 때마다 무상의 본성을 밀밀성성하게 알아차림하는 사람은 무상을 관찰하는 사람이라고 말할 수 있다.

가. 무상에 대한 관찰

1) 무상(無常)이란 무엇인가?

이 질문에 대한 답으로 '모든 조건지어진 것들은 무상하다.' 라고만 진술하는 것은 너무 짧고 막연하다. 이 같은 대답은 무상이 무엇인지 관찰하기 위한 수행을 명확하게 이해하는 데에는 큰 도움이 되지 않는다. 이 질문에 대해서는 보다 포괄적이며 상세한 답변이 있어야 한다. 수행상, 이 질문에 대한 답은 일반적으로 다음과 같다. 즉 5온(五蘊, pañca-khandhā), 12처(6根과 6境, ajjhattikāni-bāhira āyatanāni), 12연기(十二緣起) 등 모든 법들은 무상하다는 것이다. 이제 이 담마(法, dhamma)들을 하나씩 살펴보자.

첫째, '5온(五蘊)'이란 색(色)·수(受)·상(想)·행(行)·식(識), 즉 물

질·느낌·인식·형성·의식을 말하며, 이는 넓은 의미로는 세상의 모든 것들을 다 포함하지만, 간단히 말해서 물질(몸)과 마음이라고 할 수 있다. 색(色)은 물질(몸)이고, 수(受)·상(想)·행(行)·식(識)은 마음이다. 5온은 감각기관의 대상(六境), 즉 보는 것, 듣는 것 등과 같이 대상(ārammaṇa)으로서의 역할도 한다. 그러나 어떤 방식으로 분류하든, 모두 '5온' 또는 '몸과 마음'이라는 표현에 포함시킬 수 있다. 5온(五蘊)은 일반적으로 통찰(vipassanā)의 대상(ārammaṇa)이 된다.

둘째, '6근(六根)'이란 안(眼)·이(耳)·비(鼻)·설(舌)·신(身)·의(意), 즉 눈·귀·코·혀·몸·마음을 말하며, 이에 상응하는 각각의 의식(viññāṇa, 識)들은 6식(六識)이라고 한다. 6식은 6근과 6경의 인연으로 일어난다. 이러한 모든 것은 주체와 주체의 대상(객체)으로 구분된다. 즉, 6근은 보고 듣고 하는 등의 내적 주체로서의 위치를 차지하고, 외적 대상은 6경이다. 수행자는 내적 주체인 6근과 외적 대상인 6경의 모든 요소들을 포함하여 관찰해야 한다. 수행자는 주관적 세계〔六根〕와 객관적 세계〔六境〕가 모두 무상하다는 것을 보아서, 그 어느 것에도 집착하지 않아야 한다. 이렇게 수행한 결과로서, 수행자는 외적 대상인 물질 혹은 형상〔色〕과, 내적 주체인 눈〔眼〕은 모두 무상(無常)하다는 것을 깨달으며, 이와 연관된 수(受)·상(想)·행(行)·식(識)도 무상하고, 이(耳)·비(鼻)·설(舌)·신(身)·의(意)와 성(聲)·향(香)·미(味)·촉(觸)·법(法)도 역시 이와 같다〔亦復如是〕라는 것을 깨닫는다.

셋째, '12연기'라는 것은 형상〔色〕을 보거나, 소리〔聲〕를 듣거나, 냄새〔香〕를 맡거나, 맛〔味〕을 보거나, 감촉〔觸〕을 느끼거나, 마음의 대상〔法〕을 의식하는 등의 순간에 인연생기(因緣生起)하는, 즉 조건지어져 일어나는 12가지의 양상들을 의미한다.

제13단계에서 무상을 관찰할 때, 수행자는 얼마나 많은 인연법들이 연속적으로 일어나는지, 그리고 어떤 조건들이 그 과정 속에 관련되는지 등을 알아차림하며, 그러한 모든 인연들의 무상함을 봐야 한다. 모든 순간의 진행과정을 관찰하고 완전히 봐야 한다.

그는 첫 번째 연결고리인 무명(無明)을 인연으로 해서 상카라, 즉 업의 형성[行]이 일어나고, 업의 형성을 인연으로 해서 의식[識]이 일어나고, 의식을 인연으로 해서 명색(名色)*이 일어나고, 명색(名色, 몸)을 인연으로 해서 여섯 감각기관[六入, 六根]이 일어나고, 여섯 감각기관을 인연을 해서 감각접촉[觸]이 일어나고, 감각접촉을 인연으로 해서 느낌[受]이 일어나고, 느낌을 인연으로 해서 갈애[愛]가 일어나고, 갈애를 인연으로 해서 집착[取]이 일어나고, 집착을 인연으로 해서 생성과정인 존재[有]가 일어나고, 존재를 인연으로 해서 태어남[生]이 일어나고, 태어남을 인연으로 해서 늙음[老]과 죽음[死], 그리고 슬픔, 고통, 절망 등이 일어난다는 것을 분명하게 관찰한다. 이와 같은 방식으로 수행자는 여러 가지 현상(dhamma)들이 인연생기(因緣生起), 즉 조건지어져 일어나는 것을 본다.

그리고 그는 위와 같은 인연생기에 반대되는 인연소멸(因緣消滅), 즉 조건지어짐의 사라짐도 관찰한다. 그는 무명(無明)의 소멸을 인연으로 해서 업의 형성[行]이 소멸되고, 업의 형성의 소멸을 인연으로 해서 의식[識]이 소멸되고, 의식의 소멸을 인연으로 해서 명색(名色)이 소멸되

---

* 『쌍윳다 니까야』 2권에 의하면 명색(名色)은 물질, 느낌[受], 인식[想], 의도[意], 접촉[觸], 작의(作意)이다.

고, 명색의 소멸을 인연으로 해서 여섯 감각기관〔六入, 六根〕이 소멸되고, 여섯 감각기관의 소멸을 인연으로 해서 감각접촉〔觸〕이 소멸되고, 감각접촉의 소멸을 인연으로 해서 느낌〔受〕이 소멸되고, 느낌의 소멸을 인연으로 해서 갈애〔愛〕가 소멸되고, 갈애의 소멸을 인연으로 해서 집착〔取〕이 소멸되고, 집착의 소멸을 인연으로 해서 존재〔有〕가 소멸되고, 존재의 소멸을 인연으로 해서 태어남〔生〕이 소멸되고, 태어남의 소멸을 인연으로 해서 늙음〔老〕과 죽음〔死〕, 그리고 슬픔, 고통, 절망 등이 소멸된다는 것을 관찰한다.

수행자는 인연생기(因緣生起)를 관찰할 때 그 12가지의 모든 양상들이 무상함을 본 것처럼 인연소멸(因緣消滅)을 관찰할 때도 그 12가지의 모든 양상들이 무상함을 알아차림 한다. 이와 같이 수행자는 형상〔色〕·소리〔聲〕·향기〔香〕·맛〔味〕·감촉〔觸〕·마음대상〔法〕이라는 여섯 가지 외적 육입(外的 六入, bāhurāni ayatanāni), 즉 6경(六境)과, 이와 상응하는 눈〔眼〕·귀〔耳〕·코〔鼻〕·혀〔舌〕·몸〔身〕·마음〔意〕이라는 여섯 가지 내적 육입(內的 六入, ajjhattikāni ayatanāni), 즉 6근(六根)이 무상하다는 것을 볼 뿐만 아니라, 상응하는 인연관계 때문에 일어나는 현상들, 즉 인연법(因緣法) 또한 무상하다는 것을 본다.

이처럼 수행자는 '모든 것들의 무상함〔諸行無常〕'을 분명하게 관찰한다. 이렇게 관찰함으로써, 수행자는 모든 것은 무상하다는 분명하고 완전한 각성에 도달한다. 이런 각성은 다른 어떤 방법으로 관찰한 것보다 완벽하고 궁극적인 것이다.

위의 내용을 간략하게 설명해 보면 다음과 같다. 눈으로 형상을 볼 때 여러 가지 마음상태들이 일어난다. 이를 좀 더 자세히 풀어 살펴보

자. 외적인 대상인 형상[色]과 내적인 주체인 눈[眼]이 있다. 형상[色]과 눈[眼]이 있으므로 안식(眼識, cakkhu-viññaṇa)이 있다. 형상과 눈과 안식이 있으므로 시각적 감각접촉[眼觸, cakkhu-samphassa]이 있다. 시각적 감각접촉이 있으므로 느낌(受, vedanā)이 있다. 느낌이 있으므로 인식(想, saññā), 의도(cetanā), 일으킨 생각(尋, vitakka), 지속적 고찰(伺, vicāra)로부터 행위(業)와 그 행위의 결과가 일어난다. 수행자는 이 모든 것들의 무상함을 관찰하여 고(苦)를 체험한다.

결론적으로, 수행자는 내적인 주관 세계와 외적인 객관 세계, 그리고 그 두 세계의 상호관계 또는 상호작용의 결과로 발생하는 세계 등 이 모두가 무상하다는 것을 알게 된다.

이런 식으로 무상을 관찰해야만 우리는 고(苦)와 무아(無我), 그리고 공(空, suññatā)을 꿰뚫어 볼 수 있으며, 혐오감을 갖게 되어 마침내 모든 것을 버리고 집착하지 않게 된다. 이것은 불교수행 이외에는 다른 어떤 뛰어난 수행일지라도 무상을 수박 겉핥기식으로 관찰하게 되며 그 결과, 오히려 그 경계에 집착하는 그릇된 결과를 갖게 될 수 있다.

'무상이란 무엇인가? 라는 문제에 대한 답을 요약하면 다음과 같다.

첫째, 접촉(경험)되는 것들이 있다.

둘째, 접촉의 기능을 행하는 것이 있다.

셋째, 접촉에 관련된 여러 가지 다양한 양상 또는 방식들이 있다.

이 세 가지 범주들이 무상한 모든 것, 달리 말하면 '조건지어진 것(saṅkhāra)' 을 구성한다. 각각의 범주들을 몇 가지 방식으로 분류하는가는 중요하지 않다. 위에서 기술한 것처럼 '모든 조건지어진 것' 이 진실로 무상하다는 것을 보아야 한다.

2) 무상 그 자체가 현전한다는 것은 어떠한 의미인가?

무상의 특성 또는 본성은, 모든 것에는 생멸변화(生滅變化)가 현전한다는 것이다. 빠알리어 경전에도 다음과 같은 말씀이 있다. "모든 조건지어진 것들은 무상하다. 모든 조건지어진 것들은 생멸의 본성을 가지고 있으므로, 일어났다가 사라진다."[107] 이는 변하지 않고 영원한 상태로 존재하는 것은 있을 수 없음을 의미한다. 즉 끊임없는 변화만이 있다. '끊임없는 변화' 란 일어남과 사라짐의 반복을 의미한다. 사라짐이 없다면 변화도 없고, 새로운 일어남도 없을 것이다. 변화란 일어남과 사라짐, 그리고 또다시 새로운 형태로 끝없이 일어나고 사라짐을 의미한다. '무상' 은 일어남과 사라짐의 과정을 보여줄 뿐만 아니라, 각각의 새로운 일어남이 예전의 일어남과 같지 않다는 것 또한 보여준다.

3) 무상을 어떻게 관찰하는가?

가) 무상을 관찰하기 위한 네 가지 방법

무상의 관찰에는 얕은 단계에서부터 점차적으로 깊은 단계에 이르기까지 여러 단계가 있다.

첫 번째 단계, 즉 보통사람이 이해할 수 있는 제일 쉬운 첫 단계는 '조건지어진 것들(saṅkhārā, 상카라)의 집합 속에서 무상함을 관찰' 하는 것이다.

예를 들어, 5온(五蘊)을 관찰해보자. 5온은 색(色)·수(受)·상(想)·행

---

107) aniccā vata saṅkhārā uppāda-vaya-dhammino, Uppajitvā nirujjhanti (tasaṁ vūpasamo sukho).

(行)·식(識) 등의 다섯 가지의 모임, 즉 집합이며, '사람' 또한 5온의 집합체이다. 사람은 태어나서, 점점 성장하다가, 늙어서 결국엔 죽는다. 자세히 말하면, 사람의 수명은 유년기, 장년기 그리고 노년기라는 세 시기로 나눌 수 있다. 각각의 시기들은 많은 변화로 가득 차 있다. 그러나 이런 식으로 관찰 또는 고찰하는 것은 섬세하지 않은 방법이다. 모든 것은 매일, 매 시간, 매 분, 매 초마다 변할 뿐만 아니라, 실제로 매 순간, 즉 찰나(刹那, cittakkhaṇa)마다 변한다. '찰나'는 일반적 수단으로는 측정하지 못하는 시간적 개념이다. 아비담마의 표현에 따르면, 찰나라는 것은 너무나 짧아서 정확하게 측정하는 것이 불가능하다고 한다. 찰나(cittakkhaṇa)라는 것은 문자적으로 마음의 순간을 뜻하며, 이 세상의 어떤 것과, 가령 빛과도 비교할 수 없을 만큼 빠르다.

이는 물질적이든 정신적이든 모든 것이 마음의 매 순간, 즉 찰나마다 계속 빠르게 변해 감을 뜻한다. 물질 또는 몸의 모든 원자들은 엄청난 속도로 변하고 있으며, 마음은 말할 것도 없이 더욱 더 빠른 속도로 변하고 있다. 결국 이 모든 것은 시간의 관점에서 관찰하는 것이다. 무상을 이해하려고 시간이라는 방편을 사용한다. 나눌 수 없는 가장 미세한 것조차도 찰나적 변화, 즉 상상으로나마 가능한 가장 짧은 시간 속에 종속된다.

두 번째, 그 다음 단계의 관찰에서 수행자는 세상 모든 것들이, 그것이 물질적인 것이든 정신적인 것이든 몸 밖이든 몸 안이든, 모두 똑같이 마음의 한 순간에 달려 있다는 것을 더욱 섬세한 방법으로 보게 된다. 즉 눈이나 귀 등을 통해 어떤 대상을 접촉하거나 느끼는 기능을 하는 마음(citta)의 한 순간에 모든 것이 달려 있다는 것을 보게 된다. 6근(六根)에서 일어나는 이 세상의 온갖 것들을 느끼는 의식이 있기 때문에, 그러한 온갖 것들의 나타남을 알게 되는 것이다. 의식이 일어나지 않는다면, 세상의 온갖 것들은 사실상 존재하지 않는다. 이러한 이유로 인해, 마음의 일어남, 즉 느낌 또는 모든 대상들에 대한 감지는 그 모든 대상들이 일어남을 의미하게 된다. 혹은 느껴지거나 감지됨을 의미한다.[108]

마음(citta)이 사라지면 온갖 대상들도 사라진다. 왜냐하면, 온갖 대상들이 그에게 존재하지 않기 때문이다. 그러므로 우리는 일체유심조(一切唯心造), 즉 모든 것은 마음에 달렸으며, 마음의 힘에 좌우된다고 말할 수 있다. 또는, 모든 것은 의식이나 마음 때문에 의미가 있으며, 항상 의식의 생멸에 따라 일어나고 사라진다고 말할 수 있다.

이처럼 의식은 매 순간 일어났다가 사라지는 것이므로, 물질적이든 정신적이든, 몸 안에 있든 몸 밖에 있든, 모든 것들은 생각의 매 순간〔刹那〕 일어났다가 사라지는 것이다.[109] 이 같은 관찰은 앞 단계에서 언급한 관찰보다 더욱더 미묘한 것이다.

세 번째, 그 다음의 관찰 단계에서 수행자는 더욱더 깊이 관찰한다. 그는 온갖 것들(물질이든 마음이든)이 인연, 즉 원인과 조건이라는 그물망〔帝網刹海〕에 의하여 생겨나는 것을 본다. 무상과 변화는 온갖 것들의 자체 내에 있는 어떤 실체를 따르는 것이 아니라, 여러 가지 것들을 꾸며

---

108) 이 부분을 문자적으로 해석하면 다음과 같다. 마음이 일어남으로써, 즉 그러한 것들에 대한 의식이 일어나거나 마음이 그러한 것들을 의식하게 됨으로써 그 모든 것들이 일어난다. 즉 모든 것들이 의식 속에서 일어나거나, 의식에 현전한다.

109) "비구들이여, 의식 또는 마음을 포함하는 5온이 일어나서, 부서지고, 사라지는 매 순간마다, 그대들은 태어나고, 부서지고, 죽는 것이다." (Khnadhesu jājamānesu jiyamānesu mīyamānesu ca khaṇe khaṇe tvaṁ bhikkhu jāyase ca jīyase ca miyase ea Paramat thajotikā, Sāmaṇerapañha-vaṇṇanā : Prmj. 1 (PTS) p.78)

만드는 인연, 즉 원인과 조건에 따르는 것이다. 이러한 것들의 원인과 조건도 모두 무상하다. 왜냐하면, 그것들은 또 다른 본질적으로 무상한 원인과 조건에 의존하며, 이처럼 무상한 원인과 조건의 그물망은 끝없이 변화하며 이어지기 때문이다.

몸이 왜 변하는지를 예로 들어 설명해 보자. 몸을 유지하기 위한 조건은 밥, 생선 등의 음식물의 공급이며, 이런 음식물들은 항상 변하고 있다는 것을 우리는 잘 알고 있다. 그렇다면, 밥이나 생선 등의 음식물들은 왜 변하는가? 그 원인은 그것들이, 계속 변화하는 구성 원소들과 기온 등과 같은 요인들에 의해 조건지어지기 때문이다. 그리고 그 구성 원소들과 기온 등도 역시 본래 무상한 다른 요인들에 의해 조건지어진다. 이러한 인과관계는 끊임없이 무한히 계속된다. 이런 식으로 물질적인 인과의 무상함을 보게 되고, 그보다 변화 속도가 더 빠른 정신적인 인과의 무상함 역시 그처럼 알게 된다.

요약하면, 온갖 것들이 변해가는 것은 그것들 역시 변해가는 조건들에 의존하고 있기 때문이며, 이러한 인연법은 무한히 계속된다. 이같이 '무상을 본다' 라는 것은 수행자가 불만족스러운 고(苦)와 무아(無我)를 동시에 꿰뚫어 볼 수 있게 할 만큼 광대한 의미를 지니고 있다.

네 번째, 무상을 관찰하는 또 하나의 방법은, 각각의 모든 조건지어진 것들 자체가 여러 가지 성분들로 구성되어 있으며, 그 각각의 구성성분들 역시도 더 작은 구성성분들로 무한히 쪼갤 수 있고, 이런 식으로 결국은 모든 것이 공(空)이 되어버린다는 것을 감지하는 것이다.

마치 어떤 실체, 영혼, 자아 또는 만족스럽거나 욕망을 가질 만한 어떤 것이 있는 것처럼 보이는 현상이 생겨나는 것은, 오로지 온갖 것들이 인연 따라 적절한 비율로 서로 간에 접촉하여 함께 결합하여 일어나기 때문이다. 온갖 것들이 서로 접촉하는 양상이 변하는 순간, 그와 관련된 현상은 사라진다. 여러 가지 것들이 접촉하게 하여 어떤 현상을 일으키는 그와 관련된 모든 결합작용은 영원하지 않아서 쉽게 부서지고 해체된다는 것을 보아야 한다.

마찬가지로, 한 무리의 사람들이 함께 일을 할 때, 사람 수에 비례하여 쉽게 견해 차이가 발생할 것이다. 집단 속 사람들의 관계 양상은 사람 수가 많을수록 가변적이라는 것은 자연스런 결과이다. 그와 같이, 선행 단계들(제1단계~제12단계)에서는 여러 가지 사물들 그 자체의 무상함을 관찰하는 것에 반하여, 현 단계에서는 수행자가 온갖 것들의 결합 양상 또는 관계의 무상함을 관찰한다는 것을 주목해야 한다.

이상과 같이 내용을 언급해본 의도는 여러 관점에서 무상의 성품을 예시해보기 위해서이다.

나) 체험을 통한 무상 관찰법

이제 무상의 관찰 방법을 좀 더 깊이 살펴보자.

일반적으로, 무상을 관찰한다는 것은 모든 것들의 일어남〔生〕과 일시적 머묾〔住〕, 그리고 사라짐〔滅〕을 관찰하는 것을 말한다. 그러나 지금, 모든 것들 또는 그와 관련된 현상들을 사유하고, 인과법에 비추어 조사해서, 그것들이 무상하다는 결론을 내리려는 것이 아니다. 그렇게 하는 것은 단지 이성적이거나 논리적인 사유에 근거한 무미건조한 지적 분석에 불과하며, 통찰 수행의 계발과는 아무런 관련이 없다. 이성에 근거한 분석적 사유는 관습적으로 요구되는 이론의 일반화 또는 공식화를 초래한다. 그것은 명확한 통찰지혜를 성취하게 하거나, 혐오함(Nibbida)과 초연함(virāga) 등의 결실을 가져오는 깨달음을 성취하게 하지 못한다. 통찰 지혜의 계발을 목적으로 관찰을 하려면, 수행자는 여러 가지 것들을 분석하지 말고, 현전하는 또는 일어나는 그대로의 실상을 밀밀성성하게 내관해서, 그 모든 것들이 계속 변화하는 것임을 보는 동시에 자신의 마음속에 분명히 일어나는 변화 역시 알아차림해야 한다.

수행자는 이 모든 것을 현 단계에서 제일 먼저 실행해야 한다. 즉 어떤 것들이 마음의 눈앞에 현전할 때, 수행자는 그것들이 어떻게 과거로 변해 가는지 알아차려야 한다. 마찬가지로, 수행자는 자신이 지금 관찰하고 있는 것이 바로 한순간 전만 해도 미래였다는 것을 알아차림함에 의해 현재를 미래와 관련시켜서 보아야 한다. 이런 방식으로 수행하는 동안, 그는 무상(無常)을 꿰뚫어 보고 무상을 완전히 깨닫는다.

예를 들어, 5온(五蘊) 중 하나를 관찰하는 경우에, 수행자는 먼저 그것이 마음의 눈앞에 분명히 나타나도록(현전) 해야 한다.

또, 몸〔色蘊〕을 관찰하는 경우를 예로 들자면, 수행자는 몸(이를테면, 호흡 같은)의 특성들을 면밀히 알아차림해서, 몸이 무상(無常)하다는 등의 사실을 분명히 꿰뚫어 보아, 실제로 혐오가 일어날 때까지 관찰해야 한다. 이와 같이 직접적 체험 방식의 깨달음은 몸을 여러 부분으로 분석하여 이론적으로 사유하는 것과는 아주 다른 것이다. 왜냐하면, 지적인 분석은 우리로 하여금 몸의 무상함을 실제적으로 볼 수 있게 해주지는 못하기 때문이다.

여기서, 호흡을 예로 들어 구체적으로 설명해보겠다. 호흡은 몸을 구성하는 지(地)·수(水)·화(火)·풍(風)의 사대(四大) 중에서 풍대(風大),

즉 바람 또는 공기의 요소에 속한다. 풍대는 사대 중에서 가장 중요한 것이다. 왜냐하면, 공기 요소가 혼란스러워지면, 나머지 모든 것들, 즉 지대(地大), 수대(水大), 화대(火大) 등도 혼란스러워지고 심지어 와해되기 때문이다. 호흡은 몸에서 가장 중요한 작용들 중 하나이고, 가장 편리하게 관찰할 수 있는 대상 중 하나이므로, 호흡에서 몸을 관찰하는 것이 가장 적절하고 현명하다. 날숨과 들숨을 관찰하는 것은 몸에 직접적으로 밀착하여 관찰하는 것이 된다. 호흡의 관찰을 통해서 수행자는 몸의 무상(無常) 등을 점진적으로 꿰뚫어볼 수 있고, 마침내 아나빠나삿띠의 제5단계에서 설명했던 것처럼 몸에 대한 집착을 포기할 수 있게 된다. 이것이 수행자로 하여금 그가 관찰하고 있는 대상을 직시하게 하여, 마침내 그 대상을 사실대로 관찰하여 그 실상을 있는 그대로 보게 하는 방식 또는 방법에 대한 모든 것이다.

이러한 방법은 인과(因果)에 대한 이성적 추론과는 전적으로, 그리고 절대적으로 다르다는 것을 명확히 알아야 한다. 왜냐하면, 단순한 사유는 몸의 본성을 실제로 깨닫는 것과는 아주 거리가 멀기 때문이다.

그리고 색온(色蘊), 즉 형상 또는 몸과 대비되는 마음의 집합체(khanda)인 수온(受蘊), 상온(想蘊), 행온(行蘊), 식온(識蘊) 등을 관찰하는 경우에도 동일한 원리가 적용된다. 수행자는 먼저 수온(受蘊), 즉 느낌이 마음의 눈에 나타나도록, 특별히 집중삼매를 계발하여 희열(pīti) 또는 행복감(sukha)이 일어나도록 한다. 그와 같이 느낌이 일어나게 한 후, 그는 위에서 언급한 방식대로 그 느낌을 면밀하게 알아차림하여, 그 느낌의 여러 가지 원인과 조건들과 그 느낌의 성품이 무상(無常)임을 함께 관찰한다. 우리는 여기서 어떤 특정한 대상을 관찰하기 위해서, 우선 집중된 마음으로 그 대상을 관찰해야 한다는 사실을 알 수 있다. 이와 같은 방식으로 우리는 그 관찰대상에 관한 여러 가지 특성들과 실상들을 분명하게 볼 수 있다.

그러나 수행자가 관련된 사항의 용어만을 기억하고 책에서 읽은 내용을 떠올리며, 상상력을 동원하여 '이것은 그러할 것이다.' 라고 생각하면서 관찰 대상을 숙고해서는 아무런 소용이 없다. 아무리 상상력이 풍부하고 실상을 알기 위해 그 상상력을 사용하려고 애쓸지라도, 그러한 수행자는 도저히 실상을 체험적으로 깨달을 수 없다. 수행자는 오직 앞에서 언급한 바와 같이 통찰 지혜를 위한 명상수행을 통해서만 실상을 철견할 수 있다.

다) 모든 법에서 무상을 보는법

관찰되는 대상들을 5온(五蘊), 6근(六根), 연기(緣起) 등의 세 가지 부류로 나누더라도, 그리고 각각의 부류에서 앞에서 논한 바와 같은 몇 가지 항목들이 있더라도,[110] 이 모든 법들을 동시적으로 직접 볼 수 있는 수행방법이 있다.

① 5온(五蘊) 관찰

우리는 앞에서 언급한 방식대로 호흡을 관찰하여 5온을 꿰뚫어볼 수 있다. 즉 선정을 수행할 때 일어나는 희열(기쁨)과 행복감, 또는 우리가 실제로 체험하는 기타 종류의 느낌을 관찰함에 의해 느낌〔受〕의 본

---

110) 제11단계 : 숨을 들이쉬고 숨을 내쉬면서, '마음을 집중하기' 참조.

질을 꿰뚫어볼 수 있다. 우리는 우리 자신의 내부에서 일어나는 지각과 평가, 판단, 분별 같은 것들을 조사함으로써 일반적인 인식[想, saññā]들을 관찰하고, 그 변화 과정 또한 관찰함에 의해 인식이라는 본질을 꿰뚫어볼 수 있다.

상세하게 관찰을 하면, 인식[想, saññā]이 느낌[受, vedanā] 다음에 일어남을 볼 수 있고, 느낌에 대한 인식, 지각, 평가 등이 어떻게 생멸변화하는지 알아차림할 수 있다. 마음의 작용, 즉 마음의 형성[行, saṅkhāra]들을 꿰뚫어 보는 것도 인식의 경우와 동일한 방식이다. 즉 마음의 작용들을 분명히 보려면, 마음상태를 관찰해서 그 마음상태가 어떤 종류의 생각[尋, vitakka]에 의해 어떻게 영향을 받는지, 어떤 종류의 생각이 왜 그리고 어떻게 일어났는지, 또 그것이 어떻게 변하는지, 끝으로 그것이 어떻게 사라지는지 등을 알아차림해야 한다.

'꿰뚫어보기' 혹은 '상세하게 보기'에 대해서는 다음과 같다. 선정의 단계에서 희열(기쁨) 또는 행복감 등의 느낌들을 불러일으키고 난 후, 우리는 그러한 느낌들에 의해 야기된 인식[想]과 일으킨 생각[尋]을 면밀히 관찰하여, 아나빠나삿띠의 제7단계와 제8단계의 세부적 사항들과 관련해서 그러한 것들이 어떻게 무상한 것인지를 본다. 여기서 주의할 점은 여러 가지 일으킨 생각[尋]이란 마음의 작용[心行]의 집합체[行蘊]라는 것이다.

식온(識蘊, viññāṇa-khandha)을 꿰뚫어 보려면, 감각기관(六根)과 접촉한 감각대상(六境)을 분명하게 의식하는 데에 초점을 맞춰서, 왜 그리고 어떻게 의식이 일어나는지, 어떤 방식으로 의식이 현전하다가 사라지는지 등을 알아차림해야 한다.

그러나 이 모든 것은 의식이 너무나 빠르게 일어나고 사라지기 때문에 이것들을 관찰하기는 쉽지 않다. 따라서 마음 그 자체를 관찰하는 것이 더 낫고 편리하다. 즉 수행자는 갖가지 기능을 발휘하는 마음을 면밀하게 관찰하는 것이다. 마음은 때로 대상들을 의식하는 기능을 하고, 때로는 느낌을 의식하는 기능을 하고, 또한 때로는 여러 가지 것들에 대해 사유하는 기능을 한다. 마음은 조건지어져 있으므로 때로는 욕망이 일어날 수도 있고, 또 다른 조건 아래서는 욕망이 일어나지 않을 수도 있다. 마음은 때로는 조건에 따라 악의, 성냄, 미혹 등을 일으키기도 하고, 악의, 성냄, 미혹 등에서 벗어나기도 한다. 수행자는 이러한 사실을 명심하여 어떠한 상황, 어떠한 시기에도 마음의 상태와 활동을 면밀하게 알아차림해야 한다.

이러한 방식으로 관찰하면, 5온의 마지막 요소인 식(識, viññāṇa)을 알게 된다. 외적 감각 대상, 즉 6경(六境)은 모두 5온에 포함되며, 접촉 대상으로서 실제적인 역할을 할 때, 이 또한 바로 그 자리에서 알아차림해야 한다.

② 6근(六根) 관찰

내적 감각 기관인 안·이·비·설·신·의, 즉 눈·귀·코·혀·몸·마음 등의 6근은 외적 대상들을 경험하고 아는 기능을 하며, 5온과 같은 방식을 따른다. 각각의 감각 기관은 그에 상응하는 외적 대상을 알아차린다. 그러므로 6감각기관〔六根〕에 나타나는 대상을 바로 그 순간에 관찰해야 한다.

예를 들면, 눈〔眼〕이 시각적 대상〔色〕을 보고 그것을 의식할 때, 우리가 그 대상을 보기 이전에는 마치 눈이 존재하지 않는, 즉 의미를 지니지 않는다는 것을 알게 된다. 그러나 시각적 대상이 눈과 접촉할 때, 눈은 의미를 갖게 된다. 이것이 '눈이 존재하게 됨'이 의미하는 것이다. 눈이 대상을 보는 기능을 완수하고 나면 보아야 할 또 다른 대상이 다시 나타날 때까지 마치 존재하지 않는 것처럼 된다. 수행자는 이와 같은 눈이라는 관념 또는 눈의 일어남, 일시적 지속, 그리고 사라짐을 관찰한다. 귀·코·혀·몸·마음[意]도 그 원리가 동일하다. 그러므로 우리는 각각의 감각기관이 그 맡은 바 기능을 하는 동안, 이를 관찰함에 의해서만 그 감각 기관의 무상함을 볼 수 있다.

③ 12연기(十二緣起)의 관찰

물질적 및 정신적 요소들을 모두 포함하는 12연기의 여러 가지 양상들의 경우에도 위에서와 동일한 원리가 적용된다. 우리는 12연기의 각 양상들이 그 기능을 실행하는 매 순간 정확하고 면밀히 알아차림할 때, 그것의 무상함을 볼 수 있다. 간단히 말하면, 수행자는 눈[眼]이 형상[色]과 접촉할 때, 무명(無明)이 업의 형성[行], 의식[識], 정신과 몸의 과정[名色], 기능을 할 준비가 된 감각기관[六入], 각각의 총체적인 감각접촉[觸], 느낌[受], 느낌에 대한 욕망 또는 갈애[愛], 강하고 격렬한 집착[取], 생성 작용[有], 생겨나는 과정[生], 그리고 슬픔과 비탄 등의 고통과 그 모든 것들이 부서지고 사라짐[老死] 등이 어떻게 상호의존적인 방식에 의해 연속적으로 일어나는지 알아차림해야 한다. 이런 모든 것을 '상호의존적인 12연기의 완전한 작용'이라고 부른다. 무명에서 시작하는 각각의 요소들은 연속적으로 계속 그 다음 요소들을 불러일으킨다.

전체적으로 말하면, 수행자는 연기의 각 양상들이 실제로 그 기능을 이행하는 동시에 연속적인 조건화를 실행할 때, 그것의 무상함을 밀밀성성하게 관찰해야 한다. 즉 우리는 미혹으로 인해 정신적 형성〔行〕을 일으키는 무명(無明)을 꿰뚫어보아야 한다. 우리는 또한 정신적 형성이 의식〔識〕을 조건지을 때, 그것의 활성화 능력이 항상 창조적이며 실제적인 능력을 갖추고 있다는 사실을 꿰뚫어볼 수 있게 된다. 그리고 우리는 의식이 정신과 몸의 과정〔名色〕을 조건짓는 기능을 실행할 때만 그 의식을 있는 그대로 꿰뚫어볼 수 있다.

의식은 그 성질에 따라 정신과 몸의 과정을 불러일으킨다. 의식 요소(viññāna-dhātu)의 힘에 의해 정신과 몸의 과정이 일어난다. 단지 의식 요소만 있다면 그것은 아무것도 창조해 낼 수 없다. 그러나 의식이 정신〔受·想·意·觸·作意〕과 몸의 과정과 접촉할 때, 의식의 힘은 현전한다. 마찬가지로, 정신과 몸의 과정도 의식과 관련되지 않는다면 생겨나지 않는다. 왜냐하면, 의식이 없다면 정신 또는 몸의 느낌이 없기 때문이다. 게다가, 정신과 몸〔名色〕이 감각기관들, 즉 눈·귀·코·혀·몸·마음 등을 통하여 느낌으로 현전할 때만이 진정으로 정신과 몸의 과정을 알 수 있다. 정신과 몸의 과정을 연(緣)해서 이러한 감각기관들은 느낌이 일어나게 한다. 이와 마찬가지로 심지어 촉(觸), 수(受), 애(愛), 취(取), 생성작용 혹은 존재〔有〕, 노사(老死)와 같은 고(苦)에 있어서도 그 의미와 설명은 위와 동일하다.

이러한 12지(支) 각 요소가 새로운 무엇을 위해 인과(因果)의 기능을 실제로 이행하고 있다. 여기에서 우리는 한 요소가 다른 요소를 조건짓는다고 말한다. 이것이 수행자가 각 요소에서 무상(無常)의 모습을 확실하게 있는 그대로 볼 수 있는 방법이다. 이러한 모든 작용을 우리들 마음에서 알아차림으로 실제로 관찰해야 한다. 여기에 아나빠나삿띠 수행의 세 번째 부류인 마음관찰*의 수행이 대단한 도움을 준다. 두세 개 이상의 12지 요소들이 내포되어 있기 때문에 우리들이 마음의 조건성, 양립성, 혼합성 등을 더욱더 쉽게 볼 수 있도록 돕는다.

여기에서 설명한 대로 수행할 때, 무명(無明) 그 자체가 무상하고, 정신적 형성을 조건짓는 행(行)이 무상하고, 조건지어진 정신적 형성〔心行〕이 무상하고 연기(緣起)의 각 요소들 모두가 무상한 것을 분명히 볼 수 있다. 이러한 무상의 관찰법은 앞의 5온 관찰이나 6입(六入, 六根, 6감각기관) 관찰에만 집중하는 것보다 더욱더 미세하고, 오묘하고, 섬세하다는 것을 명심해야 한다.

이상과 같은 무상의 관찰 방법을 요약해 보면, 무상을 관찰할 때 상상이나 관념이 아닌 실제로 일어나는 것에 집중해서 관찰해야 한다. 우선 관찰 대상이 명확하게 나타나도록 해야 한다. 그리고는 그것이 무엇으로부터 일어나고 어떻게 일어나는지, 그 순간에 어떻게 유지되고 무슨 기능을 하는지, 마지막으로 무슨 이유로 어떻게 사라지는지를 관찰해야 한다. 12연기의 관점에서 무상을 관찰하는 것은 다른 어떤 방법들보다도 훨씬 더 섬세하고 정밀하다.

---

* 마음 관찰은 마음의 상태, 마음을 기쁘게 하기, 마음을 정(定)에 들게 하기, 마음을 해탈하기 등을 말한다.

나. 괴로움〔苦, dukkha〕에 대한 관찰

지금까지 우리는 무상에 대한 것만 관찰해왔다. 그러나 참으로 무상을 체험하면 그 안에서 고(苦)와 무아가 발견된다. 어떻게 이것들이 일어날 수 있을까? 무상을 더욱 심오하게 봄으로써 고(苦)를 볼 수 있고, 그 고(苦)에 세 가지 의미가 내포되어 있는 것도 알 수 있게 된다.

1) 고통을 참는 것으로서의 두카〔苦, dukkha〕

두카에는 여러 가지 뜻이 내포되어 있다. 두(du)에는 장애, 곤란, 어려움이라는 뜻이 있고, 카(kha)에는 참는다는 뜻이 있으며, 두카(苦)는 '고통을 참는다' 는 뜻이 있다.

생로병사의 무상을 볼 때 이 의미가 명확히 드러난다. 만약 변화가 없고 영원하다면 어떻게 태어남, 늙음, 병듦, 죽음이 있겠는가? 생로병사를 통해 일어난 두카(苦)는 바로 무상과 변화로부터 생겨난다. 더 나아가 슬픔, 비탄, 우울, 불안과 같은 두카(苦)는 모든 것이 우리가 바라는 대로 되어가지 않기 때문에 온다. 우리는 원하는 모든 것을 가질 수는 없다. 우리는 원하지 않는 것을 받아야 하고, 원하던 것은 언젠가는 잃게 된다. 심지어 모든 동물과 조건지어진 모든 것은 그 원인과 조건에 따라 끊임없이 변해가고 있다. 매 순간 매 찰나 우리는 변해 가고 있다. 항상 이것이 필요한가 하면 저것이 필요하고, 이렇게 바꿔야 하는가 하면 저렇게 바꿔야 한다. 심지어 가정의 잡다한 일상생활들, 즉 추위, 더위, 배고픔, 갈증과 먹는 것, 목욕, 배설 등은 두카(苦)이다. 이런 것들은 몸이라는 것이 수많은 조건성과 무상한 것으로 구성되어 있기 때문에 생겨난다. 이러한 것들이 몸을 보호하고 유지시키는 걱정거리들이다. 이것이 육체의 변화 때문에 우리가 참고 견뎌야 하는 두카(苦)들이다.

병도 두카(苦)이다. 어린이든 어른이든, 건강하든 약하든 몸을 구성하고 둘러싸고 있는 조건들이 변하기 때문에 병이 일어난다. 변화가 없다면 병은 일어나지 않을 것이다. 의식주(衣食住)의 두카(苦)도 있다. 살기 위해서 벌어야 한다. 벌기 위해서 고통을 감내해야 하고, 생존 경쟁에서 투쟁해야 한다. 이런 형태의 두카(苦)도 끝없는 무상, 심신의 변화, 정신적 결핍, 갈망, 배움 등의 '변화'에서 비롯된다. 그 조건성 또한 앞서 설명한 것과 동일하다. 무상을 분명히 관찰할 때 두카(苦)는 무상 안에서 일어난다는 것을 명백히 철견할 수 있다.

우선 몸에서도 변화를 볼 수 있는데, 육체가 어느 정도 성장을 하다가 어떤 특정 주기에 도달하면 성적인 문제를 포함한 여러 가지 문제가 발생한다. 이런 문제들은 피할 수 없는 현상이다. 육체적 변화는 자연스럽게 일어난다. 또한, 좀 더 높은 생활수준에서는 식생활도 개선되고, 배움과 사고도 넓어지고 확대됨에 따라 성적(性的)인 문제와 도덕성도 변화한다. 이 문제들이 얽히고 복잡해짐에 따라 이것으로 인해 두카(苦) 역시 더욱더 복잡해진다. 이것이 정신적인 변화이다. 그리고 심신(心身)이 함께 변화할 때 양쪽으로부터 심하게 타격을 받기 때문에, 자연적으로 두카(苦)가 발생한다. 다른 측면에서 보면, 두카(苦)는 변화의 결과이며 번뇌인 미혹들이다. 이것은 심신의 변화에서 비롯되는 것이다.

정밀하게 심신을 관찰해 보면 누구나 이상과 같은 사실을 알 수 있다. 이때 우리들은 문제를 현명하게 해결해야 한다. 그렇지 않으면 문제는 더 복잡해지고 어려워지며 더욱더 고통스러워질 것이다. 행동은 무상하다. 모든 환경은 변화한다. 환경의 변화에 따라 행동도 변한다. 악행의 과보를 받을 때 고통스럽다. 선행의 과보를 받을 때도 은밀한 고통이 있지만, 우리는 이것이 고통이라는 사실도 모른다. 천당이든 지옥이든 생사의 고해에서 벗어날 수 없다. 이것 역시 무상이며 무상의 결과이기 때문이다. 그 본질은 모두 동일하다. 즉, 변화의 고통이다.

관찰을 깊이 하면 할수록 더욱더 많은 변화와 더욱더 많은 두카(苦)를 볼 수 있다. 마음의 현상들을 더욱 자세하게 관찰해보면, 이것들이 탐욕, 증오, 미혹 등과 같은 불타는 번뇌로부터 생겨난다는 것을 알게 된다. 번뇌로부터 생겨난 탐욕, 증오 미혹 등으로 인해 평화와 행복을 갈구하게 된다. 이 모든 것들도 무상에 그 원인이 있다. 무상은 평화가 아니다. 행복은 변화의 하나이고, 그러므로 행복은 참된 것이 아니다. 두카(苦)는 우리를 미혹시키고 잘못 이해하도록 기만하기에 충분한 힘이 있다.

이상의 것을 더욱 자세하게 관찰하면 부처님이 설파하셨듯이 '5온(五蘊)의 집착은 모두 고통이다.' 라는 사실을 알게 된다. 이 역시 무상에서 비롯된 것이다. 5온이 무상하기 때문이다. 5온이 무상하므로 5온에 집착하면 곧바로 두카(苦)를 겪게 된다. 집착 역시 무상하다. 집착의 대상이나 그 조건들의 무상을 경험하게 될 때, 두카(苦)는 피할 수 없는 것이라는 사실을 알게 된다. 무상한 것들은 자연스럽게 두카(苦)의 조건을 생성하고, 무상한 그 자체 내에서 두카(苦)를 일으킨다. 집착은 무상과 두카(苦)를 피할 수 없다. 이것이 두카(苦)의 첫 번째 의미이다.

2) '보이는' 것이 두카(苦, dukkha)이다.

두(du)는 '추함(ugly)', '사악함(evil)'을 뜻하고 카(kha fromikkha)는 '보는(look)' 것을 뜻한다. 일단 눈으로 보이는 것들은 추하고 혐오스럽다. 일어나는 현상들을 제대로 관찰해보면 소름끼치고 참혹하다. 이는 수행자가 현상을 관찰하면 할수록 더욱더 보이는 것들이 추하게 되는 것을 말해준다. 깊이 볼수록 더욱더 불쾌하게 보인다. 어떤 상카라(saṅkhāra, 行)를 관찰하든, 그 무상과 환영을 깊이 보면 볼수록 혐오감은 더해간다. 이러한 혐오감, 불쾌감도 두카(苦)의 또 다른 면이다.

모든 조건지어진 것(saṅkhāra, 行)은 괴롭다〔一切皆苦〕라는 말을 살펴보면, 모든 조건성인 상카라의 실상을 보면 참으로 불쾌해진다는 의미를 내포하고 있다. 어째서 그런가? 상카라의 실상(조건지어진 것)은, 무상하고 매 심찰나간에 폭포수처럼 변하며 우리를 미혹시켜서 조건성을 영원한 실체가 있는 것으로 보게 하므로 탁류(濁流)와도 같다. 동시에 고통의 조건도 쉬지 않고 끊임없이 쏟아진다. 요컨대, 지혜와 주시로 무상의 조건성을 보면 불쾌함의 조건이 된다. 보면 볼수록 더욱더 혐오스럽고 불쾌하다. 일체 모든 상카라(行)들도 이와 마찬가지이다. 따라서 무상으로 말하는 것에는 혐오감 또한 내포한다. 이처럼 혐오감을 말할 때, 거기에도 무상이 포함된다. 이것이 두카(苦)의 두 번째 의미이다.

3) 두카(苦, dukkha)는 추하고 사악하게 비어 있는 것〔空〕이다.

두(du)는 '추함'이고, 카(kha)는 '비어 있음', '공(空)'을 뜻한다. 두카(苦)는 '추하게 비어있음'이라는 뜻도 있다. '추하게 비어 있음'은 모든 조건지어진 것은 무상(無常)에 지나지 않다는 것을 뜻한다, 즉 모든

것은 변화의 흐름 그 자체이다. 또한, 그 안에서 어떠한 실체도 찾아 볼
수 없다.

결론적으로 말하면 모든 상카라(行)들은 단지 추하게 비어 있음의
조건일 뿐이다. 이러한 두카(苦)의 의미는 넓게는 무아(無我)즉 공
(suññatā, 空)까지 포함한다. 더 자세하게 관찰해보면, 무상을 볼 때 무아
도 본다. 무상은 철저히 비어 있기 때문이다. 무(無)에서 멈춰지는 것은
오직 이 변화뿐이다. 이것이 두카(苦)의 세 번째 의미이다.

이상에서 살펴보았듯이, 무상에는 세 가지 특성이 내포되어 있다.
즉 '고통', '보이는 것은 추하다', '추하게 비어 있음' 등이다. 이 세 가
지 특성은 같은 순간 같은 장소에서 함께 작용한다. 참으로 무상을 깨닫
기 위하여 무상 안에서 이 세 가지의 조건적 특성을 분명히 놓치지 않고
보아야 한다. 두카(苦)는 무상과 분리 될 수 없기 때문이다. 이것이 부처
님께서 무상만을 말씀하신 이유이다.

다. 무아(無我, anattā)에 대한 관찰

앞에서 무상 안에 고가 포함되어 있음을 살펴보았고, 이번에는 무
아가 어떻게 무상 안에서 무아를 발견하는 지에 대해 알아보자.

무상의 특성은 변하지 않고 머무는 실체가 없기 때문에 무아의 특
성이 있다. 흔히 말하는 공(空) 역시 여기에 내포된다. 단지 끝없는 변화
의 흐름에 지나지 않은 것이 무상의 본질이다. 이것이 첫 번째 핵심적

내용이다.

지금부터 무아를 네 가지 측면에서 설명해보겠다.

1) '원인과 조건에서 벗어날 수 없어서' 무아이다.

독립된 자아는 없다. 조건지어진 요소들에 의지하는 일체 모든 것은 전부 무상하다. 다른 각도에서 보면 하나의 요소는 또 다른 요소를 조건화하기 위한 인자(因子)이다. 이들은 연속된 흐름을 형성한다. 모든 현상은 이런 자연적인 법칙에서 벗어날 수 없다. 이들은 끝없이 변화하며, 인과(因果)를 반복한다. 즉 변화의 법칙에 따라 인과도 끝없이 변화한다. 이 모두는 스스로 일어나고 머물고 사라질 뿐이다. 변화할 때마다 그 자아, 즉 영원한 관념적 실체는 사라진다. 그 본질이 원인과 조건으로 형성되는 무상이기 때문에 무아이다. 이런 관점에서 보면 무아는 무상의 또 다른 모습이기도 하다.

2) '조정할 수 없어서' 무아이다.

여기서도 다시 강조하지만 그 핵심은 무상이다. 무상하므로 어느 누구도 조건지어진 모든 것을 조절할 수 없다. 이 의미는 조절할 수 없는 데에서 생겨나는 두카(苦)의 특성을 포함한다. 일반적으로, 사람들은 두카(苦)에서 자유롭기를 바란다. 하지만 우리는 두카(苦)를 조절할 수 없다. 두카(苦)는 무상에서 나오기 때문이다. 따라서 무상은 무아의 완벽하고도 유일한 원인이 된다. 조절할 수 없다는 사실을 자각할 때, 두카(苦)와 무상(無常)에 대한 자각은 즉각 일어난다. 비유하자면, 그것은 마치 불덩어리를 잡을 때, 고통이라는 것을 아는 것과 같다. 불의 뜨거움을 동시에 느낀다. 이 둘은 분리될 수 없는 것이다.

3) '소유할 수 없어서' 무아이다.

모든 현상은 누구에게도 소유될 수 없는 조건이 있기 때문이며 그 누구도 소유할 수 없다. 이 특성 역시, 그 누구에게도 응할 수 없는 도도하게 흐르는 무상의 힘 때문이다. 어느 누구도 소유할 수 없다는 이 사실이 무상의 참 모습이다. 심지어 거대한 능력을 가진 자, 이를테면 신(神)이라 할지라도 무상을 소유할 수는 없다. 오히려 이러한 무상의 참 모습은 신조차도 무상의 힘에서 벗어날 수 없음을 말해준다. 신도 무상하다. 이러한 무상은 어느 누구에게 소유되는 것을 용납하지 않는 힘을 가지고 있다. 이름과 철자만 다를 뿐, 무아(無我) 역시 마찬가지이다. 실제로 무상과 무아는 어떤 소유자도 용납하지 않는다.

4) 무아(無我)의 일반적 의미

무아의 일반적 의미는 자아나 영혼에 반대 혹은 상극되는 본질이 있다는 사실을 뜻한다. 앞서 설명한 내용을 다음 두 가지로 요약해볼 수 있다. 만약 무엇인가가 자아를 가지고 있다면 그것은 영원하고 즐거워야 한다. 그 무엇인가가 무상하고 두카(苦)라면, 그것은 무아이다. 사실이 그러할진대 무아는 무상하고 괴로운 것, 그래서 결국은 죽는 게 자명(自明)한 이치이다. 무아는 무상하고 괴로운 것과 동일하다.

그러므로 모든 조건지어진 상카라(行)는 예외없이 무상하고 괴롭고 무아이다. 모든 조건지어진 것에서 무아를 관찰하고 깨닫는 것은 무상과 두카(苦)를 깨닫는 것이다. 달리 말하면 모든 조건성에서 무상을 보면 거기에서 무아와 두카(苦)를 동시에 본다. '무상을 보는 것', 이 구절은 모든 조건의 무상을 보게 되고 자연히 두카(苦)와 무아도 함께 보게되는 것을 의미한다.

지금까지 아나빠나삿띠 16단계 수행 중 제13단계, 즉 '숨을 내쉬고 숨을 들이쉴 때마다 무상(無常)을 관찰하기' 에 대하여 자세하게 알아보았다.

부처님께서는 이 단계에서 무상에 대한 관찰만을 말씀하셨지만, 그 내용의 핵심에는 보다 넓은 의미가 담겨 있다. 첫 번째로, 모든 조건지어진 것들의 무상을 보라. 왜냐하면, 조건지어지지 않은 무상을 발견할 수 없기 때문이다. 두 번째로, 두카(苦)와 무아(無我)를 따라 일어나 있는 무상을 보라. 두카(苦)와 무아(無我)는 모든 무상한 것들의 영원한 조건들이기 때문이다. 이것이 아나빠나삿띠 수행의 제13단계에서 오직 무상(無常)만을 언급하신 이유이다.

아나빠나삿띠 수행에서 무상은 첫 단계부터 맨 마지막 단계까지 전체에 걸쳐 나타난다. 호흡도 상카라(saṅkhāra, 行)이다. 호흡에 주시하는 마음과 마음챙김도 상카라이다. 각 단계마다 나타나는 여러 대상들과 심상(心象)들도 상카라이다. 호흡에 대한 집중으로부터 일어나는 희열감, 행복감 같은 느낌들도 상카라이다. 장애들도 상카라이다. 이 수행을 통해서 계발되고 양성된 담마(예를 들면, 아나빠나삿띠 수행의 제5단계 설명 중 29가지 담마) 등도 상카라이다. 수행의 각 단계마다 관찰되는 수행의 대상인 모든 담마들 역시 조건지어진 상카라이다. 이러한 이유로, 아나빠나삿띠의 매 단계에서 두카와 무아가 수반된 무상을 관찰할 기회를 갖게 된다.

각 단계마다 수행자가 무상을 관찰할 수 있는 방법은 무수히 많으며, 그 중 자신에게 효과적인 방법을 선택해서 수행에 활용할 수 있다. 그것을 관찰하는 방법을 요약해보자면 다음과 같다. 상카라의 어떤 부류는 외적 대상〔6境 ; 모양·소리·냄새·맛·촉·법〕에서 관찰하고, 어떤 부류는 내적 대상〔6根 ; 눈·귀·코·혀·몸·마음〕에서 관찰하고, 어떤 부류는 하나에서 다른 것으로 계속 새로운 것을 형성해 나가는 조건으로서〔예를 들면, 하나의 표상(nimitta)이 선정의 요소들을 일으키는 연기적 관계에서〕 관찰해야 한다. 이러한 세 가지 방법으로 상카라를 관찰하면 된다.

이와 같이 아나빠나삿띠 수행을 통하여 모든 상카라를 완벽하게 관찰하고 수행함으로써, 올바른 법도에서 벗어나 방황하지 않게 된다. 이것은 담마를 책이나 강의를 통해 추론하는 것이 아닌, 실제적 체험으로 상카라의 참모습을 관찰하는 방법이다.

수행자가 아나빠나삿띠를 계발하는 동안 나타나는 어떠한 상카라의 무상을 보게 되더라도, 저절로 무상·고·무아를 관통하여 다음 단계의 사라짐〔離貪〕과 소멸로 나아가게 된다. 이 모든 각성이 일어날 때 이전 단계에서 본 무상(無常)을 더욱더 심오하게 보게 되고, 이전 단계보다 더욱 높고 섬세한 29가지 담마를 함양할 수 있다. 이렇게 수행하는 것이 사념처 중 '법의 관찰'로 분류된다. 왜냐하면, 이 단계에서는 호흡이나 감각, 마음보다는 법이 주로 관찰되는 대상이기 때문이다. 이것이 아나빠나삿띠의 제13단계에 대한 수행법이다.

2. 제14단계 : 사라짐〔離貪〕을 관찰하기

아나빠나삿띠의 네 번째 부류인 법관찰의 두 번째 단계, 즉 제14단계의 안내지침은 다음과 같다.

'사라짐(離貪)을 관찰하면서, 숨을 내쉰다.' 라고 자신을 다잡아 수행하고,

'사라짐(離貪)을 관찰하면서, 숨을 들이쉰다.' 라고 자신을 다잡아 수행한다.

이 단계에서 고찰해야 할 점은 다음과 같다.

가. 사라짐이란 무엇인가?

나. 이 사라짐이 어떻게 일어나는가?

다. 무엇에서 사라짐이 일어나는가?

다. 사라짐을 계속 관찰하는 수행자는 어떠해야 하는가?

가. 사라짐이란 무엇인가?

빠알리어로 위라가(virāga, 離貪)*는 말 그대로 욕심이나 갈망이 없는 청정함을 말한다. 실제로는 집착이나 탐착, 애증으로 인도하는 모든 불선업으로부터 벗어나는 것을 뜻한다.

위라가(virāga)의 뜻은 어떤 면에서는 성스러운 도의 길(ariyamagga)과 같은 내용도 있지만, 여기서는 다른 의미이다. 넓은 의미에서, 번뇌를 없앤다는 점은 같다. 욕망을 사라지게 하는 도구나 수단으로서의 담마보다는 사라지게 하는 조건으로서의 담마라는 뜻이 더 강하다. 그러나 실제 수행상에서는 이 두 가지 측면을 모두 볼 수 있다. '사라짐' 을 분명하게 직접 보게 될 때 사라지게 하는 '수단으로서의 담마' 역시 자연스럽게 보게 된다.

아나빠나삿띠의 제14단계에서는 '사라짐〔離貪〕' 을 직접적으로, '사라짐을 가져오는 담마' 를 간접적으로 언급하고 있다는 점을 주목해야 한다.

사라짐〔離貪〕이라는 말은 '오염됨' 이라는 말의 반대되는 의미이다. 일반적으로 범부들은 이러저러한 자아에 대한 이끌림이나 무명(無明, 無知)에서 비롯된 잘못된 관념들, 또는 집착의 힘으로 오염된 마음을 가지고 있다. 이렇게 오염된 마음이 정화되거나 제거될 때마다 바로 거기에서 사라짐〔離貪〕이 있다. 즉 욕망이나 갈애의 사라짐, 이러저러한 것이

---

* 부처님께서는 깨닫고 나서도 안거 중에 아나빠나삿띠로 수행하셨다. 이 때, 아라한 이전에는 '이탐' 으로 아라한 이후에는 '사라짐' 으로 해석하는 것이 합당하여, 여기에서 virāga를 사라짐 혹은 이탐(離貪)으로 번역하였다.

512

존재한다라는 관념의 사라짐, 여러 형태의 자아에 대한 믿음의 사라짐
등이 그 예이다.

나. 어떻게 사라짐이 일어나는가?

이 질문에 대해서는 앞의 제13단계에서 설명한 무상을 통해서 일어
난다고 간단히 대답할 수 있다. 이와 같이 담마(法)를 보는 것은 얽매임
에서 벗어나고, 하고자 함〔業〕에서 벗어남으로써 정화되는 것이다. 이
때 탐애가 사라져 버린다.

왜냐하면, 집착하고 붙잡을 것이라곤 어디에도 없다는 사실을 분명
히 보기 때문이며, 모든 조건지어진 것은 무상〔諸行無常〕, 모든 것은 괴
로움〔一切皆苦〕, 모든 법은 무아〔諸法無我〕라는 것을 각성하기 때문이며,
집착하거나 붙들고자 하는 사람에게 고통이 일어난다는 것을 분명하게
알게 되기 때문이다.

자신에게 고통을 불러일으키는 것에 매달리고 집착하는 것은 이러
한 진리를 모르기 때문이다. 이러한 진리를 모르는 사람은 마치 병과 병
의 원인에 관해 무지한 사람과 같으며, 잘못된 착각의 관념〔無明〕에 의
해 쾌락과 즐거움에 만족하고 탐닉한 사람과도 같다. 이러한 것의 위험
과 재앙을 볼 때마다 탐애의 사라짐이 일어나고, 이러한 것에 대한 혐오
감으로 인한 탈출구가 생겨난다. 자신이 간직해 왔던 잘못된 허상의 실
상을 봄으로써 탐애의 사라짐이 일어난다.

다. 무엇에서 사라짐〔離貪〕이 일어나는가?

이 질문에 대해서는 무상인 모든 것에서 사라짐이 일어난다고 포괄적으로 답할 수 있다. 앞장에서 설명했듯이 5온, 12처〔六根, 六境〕, 여러 형태의 연기(緣起)에서 사라짐은 일어난다. 수행자가 모든 현상의 무상을 보고 관찰할 때마다 자연히 마음에서 탐애의 사라짐이 일어난다는 것을 알 수 있다.

라. 사라짐을 계속 관찰하는 수행자는 어떠해야 하는가?

여기에 대한 대답은 "호흡을 통해 무상을 봐서 집착의 사라짐이 일어나도록 해야 한다." 라고 답할 수 있다. 이렇게 수행하는 사람을 일컬어, '계속해서 탐애의 사라짐을 수행하는 자' 라고 할 수 있다. 어떤 특정 대상에서 탐애의 사라짐을 보고자 하는 수행자는 그 대상 안에서 아디나와(ādinava, 위험, 재난)를 자각할 때까지 관찰해야 한다. 그 안에서 일단 위험이나 재앙을 봤다면 거기에서 벗어나려고 노력할 것이다. 그때 탐애의 사라짐이 일어난다.

만일 그렇게 관찰하지 않는다면, 어떻게 하더라도 그 자체를 흔쾌히 놓아 버릴 방도는 없다. 옛 스승들은 이것을 "독사를 잡고서 고기로 착각하며, 그 뱀을 보고 기뻐하는 것" 에 비유하셨다. 이런 사람은 죽을 때까지도 이러한 재앙에서 벗어나지 못한다. 왜냐하면, 그것이 고기가 아니고 뱀이라는 것을 볼 수 있을 때까지 거듭거듭 반복해서 그 고통을 받기 때문이다. 이처럼 "재앙을 가져오는 위험을 본다."라는 말은 앞에서 상세히 설명했듯이 무상·고·무아를 직접 체험함으로써 명백히 보는 것을 뜻한다.

결론적으로, 그러한 재난인 고통을 기꺼이 버리게 되고 자신의 믿음에 전적으로 맡기는 확신이 일어난다. 이것은 지혜의 힘에 의해 가슴에 각인되는 것이며, 이 지혜는 마음에 삼매력(samādhi)이 갖추어졌을 때 나타난다. 이러한 삼매력으로 재앙의 뿌리를 명백하게 볼 수 있는 지혜가 나타나며, 다시는 그러한 독사와 같은 재난에 집착하거나 얽매이지 않는 확신에 자신을 완전히 맡기게 된다. 이러한 모든 것들은 수행자가 날숨과 들숨을 관찰할 때 나타나며, 탐애가 사라지는 순간에 현전하게 된다. 이것이 무상·고·무아를 보기 위한 관찰 대상, 즉 모든 조건지어진 현상들의 본질을 보는 것이다.

관찰 대상을 구별해보자면, 5온, 12처〔六根, 六境〕, 12연기 등이다. 아나빠나삿띠를 넓고 깊게 수행하고자 하는 사람은 최소한 이 세 가지 대상(수행 주제)을 관찰해야 한다. 이 수행 주제들에서 무상·고·무아를 충분히 관찰해야 하고, 모든 조건성〔行〕, 물질〔色〕, 감각〔受〕 등에서는 사악한 재앙을 알아차려려야 한다. 그때 수행자는 매번의 호흡에서 그 재앙을 알아차려, 기꺼이 모든 조건지어진 것에서 떠나게 된다. 그리고 이것은 지혜와 삼매가 수반된 확신으로부터 나타난다.

수행자는 더 이상 감각적인 대상을 사랑스럽다거나 소유할 만한 것으로서 집착하지 않게 되고, 거기에 어떤 실체가 있다고 보는 무지에서 벗어나게 된다. 수행자에게 시간이 충분할 때에는, 이러한 사실들을 여러 범주로 나누어 상세하게 관찰해야 하며, 자유자재로 관찰할 때까지 충분히 숙달하여야 한다. 그때서야 수행자는 탐애의 사라짐을 철저하게 경험할 수 있다. 그는 감각적 탐닉에서 벗어나고, 모든 현상에 대한 집착과 얽매임을 놓아버리게 된다. 이것으로 말미암아 욕망, 성냄, 미혹은 머무를 토대를 잃어버리게 된다. 아나빠나삿띠를 포괄적으로 얘기할 때 옛 선사들은 호흡을 몸〔身〕, 희열과 행복감을 감각〔受〕, 선정의 요소와 생각, 개념들을 마음〔心〕의 부류로 분류하여 탐애의 사라짐이 일어날 때까지 무상을 처음 단계부터 시작하여 각각의 단계를 거듭거듭 반복해서 보게 했다.

최고로 즐거운 행복을 대상으로 이론적인 사유나 분별 없이 관찰하라. 하나의 느낌만을 관찰함으로써 넓고 종합적인 결과를 얻을 수 있다. 왜냐하면, 모든 번뇌의 토대는 예외 없이 느낌, 즉 사랑을 일으키는 즐거운 느낌(sukhavedanā)이나 증오를 가져오는 괴로운 느낌(dukkhavedanā)에 있기 때문이다. 이 두 가지 느낌이 괴로움을 가져오는 주된 문제거리다. 그러므로 이 문제를 '지금 여기서' 해결하는 것은 이 수행으로 충분하다. 만약 아직도 미진함을 느낀다면, 몸(호흡)과 마음, 즉 생각(vitakka) 혹은 여러 상태에 있는 마음 그 자체 등을 추가로 선택하여 관찰할 수 있다.

중요한 것은 충분한 지혜를 통해 얻은 삼매(samādhi)로 무장된 마음으로 수행해야 하는 것이다. 즉 무상의 특성을 철견할 때까지 수행하여 위빠싸나 수행의 16단계 중 제4단계인 생멸에 대한 지혜(udayabbay ñāṇa)와 제5단계의 사라짐의 지혜(bhanga ñāṇa) 등이 현전할 때를 지나, 괴로움 있음의 지혜(adhinava ñāṇa)가 일어나 고통의 재앙을 볼 때까지 수행하여라. 그리하여 지혜의 힘에 완전한 확신을 얻으라. 이 모든 것은 아나빠나삿띠의 모든 단계에서 일어나고 있다. 이렇게 수행할 때 매번의 호흡에서 사라짐〔離貪〕을 계속 관찰하는 수행자라고 한다. 그리고 이와 같이 수행을 완벽하게 할 때 법(法)의 관찰에 의한 사념처의 확립이라 한다. 이것은 이전보다 더 높은 단계에서 스물아홉 가지 담마를 계발하는 수행법이다.

특별히 하나 더 이해해야 할 것은, 사라짐〔離貪〕 안에는 '사악한 위험'을 봐서 놓아 버리는 혐오감도 있다는 점이다. 이것은 마치 무상이라는 말 안에 고통과 무아가 내재되어 있는 것과 같은 원리이다. 이상이 14번째 단계에 대한 아나빠나삿띠의 수행법이다.

3. 제15단계 : 소멸〔滅〕을 관찰하기

아나빠나삿띠의 네 번째 부류인 법관찰의 세 번째 단계, 즉 제15단계의 안내지침은 다음과 같다.

'소멸(滅)을 관찰하면서 숨을 내쉰다.' 라고 자신을 다잡아 수행하고,

'소멸(滅)을 관찰하면서 숨을 들이쉰다.' 라고 자신을 다잡아 수행한다.

이 단계에서 고찰해야 할 점은 다음과 같다.

가. 소멸이 뜻하는 것은 무엇인가?

나. 남김없이 소멸한다는 뜻은 무엇인가?

다. 어떻게 소멸하는가?

라. 소멸을 계속 관찰하려면 수행자는 어떻게 해야 하는가?

가. 소멸이 뜻하는 것은 무엇인가?

여기에서 말하는 '소멸'은 존재에 대한 반대의 의미를 말한다. 어떤 '형태'가 존재하느냐 존재하지 않느냐 하는 것은 상반된 의미이다. 그러나 여기서 소멸이라는 용어의 실제적인 의미는, 물질적인 존재인가

아닌가를 말하는 것이 아니고, 마음에 영향을 미치는 특성이나 가치(무상, 고)의 존재 여부를 말하고 있는 것이다. 예를 들면, 모양이나 물질의 존재는 무상과 고(苦) 등의 특성과 연관되어 있는 것을 뜻한다. 그래서 만약 무상, 고와 같은 특성들이 존재하지 않는 모양이나 물질이라면 그것들은 소멸, 즉 존재하지 않음을 의미한다. 결국, 여기서의 '소멸'이라는 말이 뜻하는 것은 고(苦)의 소멸, 즉 물질과 관련된 무상과 고(苦)의 특성들이 존재하지 않음을 의미한다. 물질이나 모양의 이러한 비존재를 '니로다(Nirodha, remainderless quenching, 滅)'라 부른다.

나. 남김없이 소멸한다는 뜻은 무엇인가?

간단히 말해서 두카(dukkha, 苦)나 두카의 토대를 갖는 것들이 소멸되는 것을 말한다. 이를 앞에서 살펴본 바와 같이 5온, 12처, 12연기 등의 세 가지 범주로 나누어 상세하게 설명해보겠다.

첫째, 5온의 존재는 접촉의 토대인 감각 대상들의 존재를 뜻하며, 앞에서 고찰했듯이 감각에 대한 집착이든 존재 상태에 대한 집착이든 간에 집착의 토대로서의 존재를 의미한다. 즉, 두카(苦)의 토대로서 존재하는 것들을 5온의 존재라고 표현한다. 그리고 이러한 것들이 존재하지 않을 때, 즉 소멸했을 때 "두카(苦)의 토대로서 존재하지 않는다."라고 말할 수 있다.

둘째, 여섯 감각기관〔六根 ; 眼·耳·鼻·舌·身·意〕이란, 대상〔六境 ; 色·

〔聲·香·味·觸·法〕을 경험하는 기능을 말하며, 다시 말해서 두카(苦)의 토대인 대상들과 접촉하는 기능을 말한다. 이러한 것들의 소멸이란, 두카(苦)를 부르는 대상과의 접촉을 가지지 않는다는 것을 의미한다.

셋째, 12연기의 여러 형태는 12연기의 각지〔12支〕들이 여러 수준이나 단계들로 형성되거나 혹은 연생〔因緣生〕된 것이다. 이것들은 서로서로에 의지〔緣〕해서 새로운 것을 형성하고, 다시 또 다른 것에 의지해서 그 다음 것을 일으키면서 두카(苦)의 조건을 직접 일어나게 한다.

이렇게 12연기는 생로병사(生老病死)까지 바로 진행되고, 이것의 결과인 두카(苦)는 다시 그 근본원인(무명)을 더욱더 키우고 지원하면서 형성해 나간다. 즉, 무명을 계속 존재하게 해서 다른 여러 형태〔12支〕로 변형되도록 한다. 이러한 여러 형태〔12支〕들이 존재하지 않는다면, 즉 그것들이 일어나지 않고 그것들의 역할들을 하지 않는다면, 두카(苦)는 12연기의 여러 형태로 더는 존재할 수 없게 된다. 이러한 조건과 조건화하는 과정의 소멸은 두카(苦)의 소멸, 즉 새로운 업(業)을 지을 수 있는 두카(苦)의 비존재라고 정의할 수 있다.

지금까지 말해온 것은 바로, '소멸'이라는 두카(苦)의 비존재를 뜻하며, 즉 5온, 12처, 12연기들이 그 기능을 수행하지 않는 것을 의미한다는 것을 지적하기 위함이다. '소멸'이라는 것은 두카(苦)를 생성하는 것의 소멸이다. '소멸을 보는 것'이란, 두카(苦)가 더는 존재하지 않음을 보는 것을 뜻한다.

다. 어떻게 소멸하는가?

먼저, '소멸의 방법'을 살펴보도록 하자. 수행자는 다른 무엇보다도 먼저 5온, 12연기 등의 존재에서 '위험(재난)'을 분명하게 보게 될 때까지, 계속 대상을 놓치지 말고 관찰을 해야 한다. '위험(재난)'을 분명하게 보게 될 때, 저절로 마음은 존재하는 요소들의 소멸에 대한 만족감을 향해 기울게 된다. 이때에는 수행자가 매 순간 날숨과 들숨의 호흡 각각에서 대상들의 비존재에 초점을 맞추어 수행해나가야 한다. 이렇게 수행함으로써 수행자는 갖추어진 삼매력(samādhi)을 바탕으로〔定慧雙修〕소멸에 대한 절대적인 확신을 체험으로 실현하게 된다.

'5온, 12연기 등의 존재들에서 위험을 본다.'라는 것에는 다섯 가지 특성이 내포되어 있다. 즉 첫째, 무상의 특성, 둘째, 두카(苦)의 특성, 셋째, 무아의 특성, 넷째, 그 자신을 불태워 파멸로 가는 특성, 다섯째, 끊임없이 변화하고 바꾸는 특성 등을 보게 된다.

무상·고·무아의 위험이나 재난에 대해서는 이미 제13단계에서 상세하게 살펴보았다. 위의 네 번째의 특성은, 불이 연료를 태우면서 더 강한 열을 일으킴으로써 누구든지 가까이 오면 흔적 없이 태워버리는 것을 비유한 말이다. 이것들(5온, 12연기 등)은 자신을 불태워 파멸의 길로 간다. 이러한 5온과 12연기 등에 빠져들어 매달리고 집착하게 되는 것, 이것이 바로 위험이자 재난이다. 다섯째 특징인, 항상 변화하고 바꾼다는 것의 의미는, 무상조차 이러한 무상에서 저러한 무상과 또 다른 무상으로 끝없이 흘러간다는 것을 말한다.

한 사람의 '소망'에 부합되어 변형되는(무상) 것들은 그 사람에게 사랑과 즐거움 등을 가져다 준다. 그때 무상('소망에 부합되어 변형되는 것')은 그 사람이 슬픔과 고통 때문에 눈물로 얼굴이 뒤범벅될 지경에 이르기 전까지는, 그 사람에게 가치 있는 그 무언가로 집착되어 어떤 유형의 존재로 형상화된다. 행복과 불행, 웃음과 눈물, 흥망성쇠 등의 변화들은 모든 중생들을 끝없이 기만하면서 파멸로 이끈다.

이런 과정들을 자세히 살펴보면, 변화되는 것들(5온, 12연기)에는 한정된 시간이나 주기(週期, cycle)가 있다. 그것들은 그 제한된 주기(週期) 내에서 변하여 주어진 시간의 끝에 도달하게 된다. 다시 이것이 변하여 또 다른 방식으로 또 다른 주기에 들어가는 이 과정을 끝없이 되풀이한다. 이것을 일컬어 '무상의 무상', 또는 '숨겨진 무상' 내지 '무상 속에 내재된 무상'이라 한다. 무상은 어떤 특정한 형태나 그 주기 안에 존재하면서 끝없이 변해간다. 무상이든, 고이든, 무아이든 이러한 것들은 그 자체를 불태워 끝없이 변화하면서 흘러간다.

이러한 모든 변화는 상카라(行, 조건지어짐)의 위험과 재난을 가져오는 것이다. 수행자는 이러한 상카라(行)에 집중하여 위험과 재난을 분명히 봐서 '고(苦, dukkha)에 대한 지혜(ādinavānupassanā ñāna)'가 일어날 때까지 관찰해야 한다. 이렇게 수행할 때에만 조건에 따라 일어나는 모든 것들에 대한 집착과 탐애가 소멸하게 되고, 이때서야 수행자는 소멸, 즉 '변화되는 것들의 비존재'에 대하여 만족을 느낀다. 이러한 소멸에 대한 만족이 있을 때, 비로소 '소멸[滅]' 혹은 '이러한 것들(집착, 탐애)이 존재하지 않음' 같은 정견(正見)이 실현된다.

라. 소멸을 계속 관찰하려면 수행자는 어떻게 해야 하는가?

제15단계 수행에서 소멸〔滅〕을 계속 관찰하려면, 수행자는 '무엇이 어떤 힘에 의하여 소멸하는지'를 먼저 알고 있어야 한다. 어떤 현상들은 그것들을 만들어 낸 '원인과 조건'을 소멸하는 힘에 의해, 그리고 그것들과 '반대되는 힘(담마와 지혜)'에 의해 저절로 소멸한다는 것이 주된 원리이다.

여기에서 언급된 '원인과 조건'이라는 것은 여섯 범주로 나누어 나무에 비유하여 살펴볼 수 있다.

1) 기반(nidana, 基盤, ground)

어떤 결과를 가져다주는 바탕이나 기반(nidānā)을 말한다. 예를 들면, 나무는 과실을 맺게 해주는 기반이다. 나무가 없다면 어떻게 과일이 열릴 수 있겠는가. 따라서 나무의 소멸은 곧 과일의 소멸이다.

우리가 어떤 것을 소멸시키고자 한다면 그 원천을 소멸시켜야 하고, 그 원천의 기반을 발견해서 보아야 한다.

2) 의지처(samudaya, 依緣, source)

나무가 뿌리내려 설 수 있는 근거지는 땅이 되듯이, 어떤 것을 존재하게 하고 지탱하게 해주는 발생원인(發生原因)을 의지처라고 말한다. 모든 나무는 땅에 의지하여 싹을 틔우고, 땅에 의지하여 번창해나간다. 만약 땅이 붕괴되어 사라진다면 어떻게 나무들이 서 있을 수 있겠는가?

모든 종류의 사물(事物)들은 의지처의 조건변화에 따라 자연스럽게 붕괴되고 사라진다. 이것이 첫 번째 원인, 즉 어떤 결실을 가져다주는 기반(nidana)과는 다르다는 점을 수행자는 분명히 보아야 한다.

3) 태어남(jāti, 生, birth)

나무에 비유한다면, 싹이 터서 자라는 것을 말한다. 토양, 씨앗 이외에 다른 원인과 조건들이 갖추어져 있다 하더라도 싹이 나고 자라지 않는다면 어떻게 나무가 생겨날 수 있겠는가. 그러므로 태어남, 혹은 어떤 사물이 생(生)함은 또 다른 중요한 요소이다. 태어남〔生〕은 땅이나 땅의 자양분 혹은 다른 것들을 제거하지 않고서도 다른 특정한 나무를 파괴할 수 있다. 이때 나무의 태어남〔生〕이 파괴할 수 있는 것은 단지, 다른 나무의 성장 자체이다. 예를 들면, 그 씨앗에 내포되어 있는 생명을 파괴하거나, 성장을 막게 되는 것이다. 이것을 '태어남의 파괴' 라고 한다.

4) 자양분(āhāra, 滋養分, nutriment)

성장을 돕거나 어떤 결과를 가져오게 하는 영향을 말한다. 예를 들면, 나무는 흙 속에 있는 자양분, 거름 등의 여러 요소에 의지하여 성장하고 존재한다. 땅속에 수분과 거름 등과 같은 자양분의 요소가 없다면 나무는 싹을 틔울 수 없거나, 말라 비틀어져 죽게 될 것이다. 이처럼 자양분은 모든 것을 존재하게 하는 주요한 요소들이다.

5) 근본원인(hetu, 因, cause)

나무에 비유하자면, 어떤 사람이 땅에 씨를 뿌려 나무를 키우려 하는 의지와도 같은 것이다. 또는, 어떤 동물이 씨앗이 들어 있는 과일을 먹고 배설하여 그 씨앗이 나무로 자라날 수 있게 하거나, 바람이 씨앗을 흩날리게 하여 그 씨앗이 싹 틔울 수 있도록 원인을 제공하는 경우도 이에 해당한다. 이러한 모든 것들이 나무가 자랄 수 있게 하는 최초의 근본원인에 해당된다. 다른 요소들이 존재할 지라도 이 근본원인이 없다면 발아하여 나무로 자랄 수 없다.

6) 조건연(paccaya, 條件緣, condition)

나무에 비유하자면, 나무가 제대로 성장하려면 기름진 흙, 충분한 햇빛, 바람의 요소도 필요하고 부수적으로 동물이나 해충으로부터 보호도 필요하듯이, 여러 가지 필요조건과 보조해주는 조건, 즉 ‘조건지어진 요소’ 들을 조건연이라고 한다.

수행자는 이러한 원인과 조건의 차이점을 충분히 이해한 후, 실 수행으로 5온, 12처, 12연기 모두에서 소멸이 실현될 때까지 체험으로 증명해야 한다.

‘반대되는 힘’ 에 의해서는 두 가지의 소멸 방식이 있다. 그 하나는 통찰 지혜의 힘에 의해서인데, 통찰 지혜는 무명에 반대되는 힘을 가지고 있다. 지혜가 일어날 때 지혜의 힘에 의해 무명은 저절로 소멸된다. 무명을 기반으로 태어난 무수한 상카라들, 즉 나마루빠(nāma-rūpa, 五蘊)들은 저절로 소멸한다. 다시 말해서, 지혜를 통하여 무명의 소멸을 이룬 수행자에게는 ‘사람이다’ 혹은 ‘영혼이다’ 라는 관념이 다시는 일어나지 않는다. 그에게는 단지 5온, 4대, 12처, 12연기 등의 담마가 현전할 뿐이다.

이러한 수행자를 나무에 비유하여 설명해 보면, 나무를 쓰러뜨릴 수 있는 방법을 정확하게 알고, 그 방법을 행하여 나무를 쓰러뜨리는 사람이라고 표현할 수 있다. 즉 제15단계에서 소멸을 관찰하는 수행자는 앞서 설명한 나무를 생성케 하는 여섯 가지 조건들을 올바른 방법을 통해서 소멸시킬 수 있다. 여기서 나무는 단지 개념이거나 소리일 뿐이며, 허구적인 고통의 형상체를 비유한 단어이다. 바른 지혜의 눈으로 보면, 나무는 단지 여러 자연 법칙에 따라 여러 요소들이 집합되고 뭉쳐진 것에 지나지 않는 것으로 그 존재는 소멸하게 된다. 나무를 이렇게 볼 때, '그곳에 나무가 있다' 라고 느끼는 수행자의 관념은 사라진다.

다음으로 또 하나의 반대되는 힘은 철저한 소멸의 상태나 일말의 하나까지 완전히 소멸된 담마의 상태가 나타남을 말한다. 이것은 태어남의 반대이며 앞서 말한 여섯 가지의 원인과 조건들의 반대이다. 완전한 소멸의 상태가 나타날 때, 그것의 반대인 태어남의 현상, 즉 앞서 설명된 여섯 가지 원인과 조건들은 사라진다. 이것은 모든 번뇌와 족쇄들을 소멸시키는 성스러운 팔정도(八正道)의 완성에 이르는 정확하고 숭고한 수행의 결실이다. 이 결실이란 무명의 소멸이다. 그것은 제거하거나, 정화하거나, 해체해버리는 소멸작용의 힘을 가진 특별한 담마에 집중하는 바로 그곳에서 나타난다. 무명이나 번뇌, 갈애 등이 이미 소멸된 담마의 상태가 현전함을 뜻한다.

따라서 이러한 담마가 나타나는 순간 그 반대의 것들은 이미 소멸된 상태이다. 나무의 비유로 돌아가 보면, 나무가 존재했던 그 곳에는 이제 재만 남아 있다. 소모되는 과정이나 불태움으로써 남은 재는 나무를 잘라내는 인간의 행동이나 번개의 번쩍임과 같이 자연스럽게 나타나는 힘에 의한 결과임을 알 수 있다. 이것은 나무를 소멸시키는 나타남이며, 생겨났던 나무를 소멸하는 상태를 뜻한다. 이것이 바로 두 번째 반대되는 힘, 즉 '그 대상을 철저히 소멸시키는 담마의 현전으로 인한 소멸' 이다.

이상에서 설명된 지혜에 의한 소멸과 담마의 현전에 의한 소멸이 바로, 반대되는 힘에 의한 현상의 소멸에 담겨 있는 의미이다. 그리고 앞서 말한 여섯 가지의 원인과 조건(환경적 요소)을 제거하거나 그 근원을 제거하는 수행자를 '아나빠나삿띠의 제15단계를 수행하는 사람' 이라 말할 수 있다. 이 단계를 수행하는 수행자는 상카라의 삼법인을 포함한 다섯 가지 위험을 매우 정밀하게 관찰하고, 상카라들을 단도직입적으로 분명하게 알아차림하는 자이다. 이러한 수행자는 마침내 상카라들의 소멸과 그 위험과 재난의 소멸이 가져다주는 '만족감이 올 때까지' 소멸을 계속하여 관(觀)해 나가며, 그는 매번의 날숨과 들숨에서 상카라의 소멸을 주시하고 관찰해 나간다.

여기서 소멸이 관찰되는 대상은 지금까지 말해왔던 5온, 12처, 12연기이다. 이때, 제15단계를 수행하는 수행자는 이론적 공부를 충분히 한 사람이어야 한다. 아나빠나삿띠를 수행하고자 하는 수행자는 지금까지 설명해 왔던 적멸관(寂滅觀)을 행할 때, 호흡 그 자체나 삐띠와 수카 그리고 매 순간 일어나는 여러 가지의 변하는 마음을 대상으로 해야 한다. 이처럼 완벽하게 수행하는 사람을 '적멸을 관하는 수행자' 라 할 수 있다. 이때 계·정·혜의 삼학도 하나가 되어 동시에 수행된다. 이것이 바로, '법의 관찰을 통한 사념처의 계발' 이며, 더욱 높은 차원에서 스물아홉 가지 담마를 실현하는 수행방법이다. 이상으로 아나빠나삿띠 제15단계의 수행법에 대한 설명을 마친다.

4. 제16단계 : 보내버림〔出離〕을 관찰하기
- 있는 그대로 보내버림 관찰〔出離觀〕

아나빠나삿띠 수행의 마지막 단계인 네 번째 부류인 법관찰의 네 번째 단계, 즉 16단계는 다음과 같다.

'보내버림〔出離〕을 관찰하면서, 숨을 내쉰다.' 라고 자신을 다잡아 수행하고,

'보내버림〔出離〕을 관찰하면서, 숨을 들이쉰다.' 라고 자신을 다잡아 수행한다.

이 단계에서 고찰해야 할 점은 다음과 같다.

가. 무엇을 놓아버려야 하는가?

나. 보내버림을 관찰하는 수행이란 어떤 것인가?

다. 보내버림〔出離〕을 어떤 방법으로 관찰하는가?

가. 무엇을 놓아버려야 하는가?

이것에 대한 대답은 제15단계에서 살펴본 5온, 12처, 12연기의 세 가지를 놓아버려야 한다. 범주로 나누어 살펴볼 수 있다. 계·정·혜 삼

학의 수행에서도 앞의 제15단계와 똑같다.

나. 보내버림을 관찰하는 수행이란 어떤 것인가?

보내버림〔出離, paṭinissagga, giving up〕에는 두 가지 특성이 있는데, 첫 번째는 사물(事物)을 즉각 놓아버림이고, 두 번째는 마음이 열반을 향해 가면서 모든 것을 철저히 소멸시켜 나아감이다. 첫 번째 특성은 놓아버리는 것이 같은 장소에 남아있는 것을 의미하고, 두 번째 특성은 놓아버리는 것이 같은 장소에 있지만 놓아버리는 자가 어떤 곳으로 탈출하여 나가는 것을 의미한다. 표현상 이 둘은 분명히 다르지만, 담마의 의미로서 그 둘의 결과는 동일한 것이다.

이것은 어떤 사람이 그가 좋아하는 무언가를 놓아버리는 것에 비유될 수 있다. 그가 좋아했던 것을 던져버리거나 혹은 그것으로부터 도망쳐 나오는 것이다. 그 두 가지 방법의 결과는 그가 좋아했던 것과 멀어지게 되므로 당연히 동일하다. 그러나 거기에는 분명히 구별할 수 있는 다른 의미가 있다.

먼저 첫 번째 특성인 사물(事物)을 즉각 놓아버림에 대해 설명해보겠다. '나에게 속해서 집착되어진 것을 즉각 놓아버리는 것'이란, 그 집착이 일어남을 알아차려 즉각 놓아버리는 것을 말하며, 그것들에 내가 소유할 만한 가치가 없음을 관찰하는 것을 뜻한다.

내가 소유하고 있는 소유물에 의한 구속에서 벗어나려고 버리든, 아니면 소유물을 다른 것과 바꾸려고 버리든, 우리는 어떤 방식으로든 버릴 수 있는 능력을 갖추고 있다. 나에게 속한 것에 대한 집착이란, 내 소유물에 대한 집착으로 다소 단순한 집착이라 할 수 있다. 이것을 버리는 것은 내 자신을 버리는 것보다 나의 소유물을 버리는 것이므로 훨씬 수월하다. 우리는 어떻게 자신을 해방하는지, 어떻게 자신을 버려야 하는지를 모르기에, 자신을 버리는 것보다 소유물에 대한 집착을 놓는 것이 훨씬 수월하다. '내가 집착하고 있음'을 명확하게 알아차림으로써 그 집착이 버려진다.

그에 반해 자신을 버린다는 것은 나란 존재와 동일시된 것을 놓아버린다는 것을 뜻한다. 자신을 버린다는 것은 자신의 목을 자르거나 자살을 하는 것이 아니라, 자신의 에고에 대한 집착에서 벗어나는 것이다. 자신을 버린다거나 자신의 존재에서 해방된다는 것은 고차원적인 버림이다. 이것은 수행자의 모든 행위를 규정짓는 지침이자 원칙이기도 하다. 나 자신을 버린다는 것은 나에게 속한 소유물을 버리는 것보다 훨씬 더 깊은 차원의 지혜가 발현되어야 한다. 수행자가 소유물을 포기하는 경우엔 여전히 자신은 남아있다. 그러나 자신을 버린다는 것은 참으로 완전하게 포기한 것으로 다른 세계로의 도약, 세속적 차원을 벗어남을 의미한다.

그러나 이러한 이론적 설명은 단지 논리에 불과하다. 5온(五蘊)이나 12처(十二處, 六根·六境)를 버리는 수행은 어떤 물질적인 것을 쓰레기 더미에 던져버리는 것과는 다른 의미가 있다. 수행에서의 버림은 5온이나 12처에 존재했던 집착이나 탐애를 버리는 것을 의미한다.

집착을 완전하게 놓아버리는 것은(자신의 소유물에 대한 집착이든 소유물에 대한 집착을 자신으로 보았든) 무상·고·무아를 분명하게 단도직입적으로 통찰하여 자아의 비어 있음〔空〕을 완전히 볼 때 가능하다. '내게 속한 것에 대한 집착을 버리는 것'과 '나의 존재와 동일시하는 것을 놓아버리는 것', 이 두 가지 모두에서 공(空)이 현전할 때 집착은 제거되고, 모든 고통의 원인〔集諦〕인 집착에서 벗어나 해탈의 결실을 거두게 된다. '나'로 집착했던 5온이나 12처 어디에서나 탐애를 제거해나가는 관찰을 할 때에도 삼법인(三法印, 무상·고·무아)을 통찰해야 한다. 수행자는 자신을 소멸할 수 있는 방향으로 나아가야 한다. 수행자에게 모든 것을 포기하려는 마음이 있고, 그런 마음마저 포함한 일체 모든 것을 소멸시키는 마음이 있을 때, 그 마음이 수행자를 궁극의 열반으로 향하게 한다.

그대가 참으로 고통에서 벗어나기를 바란다면 아무것도 남겨두지 말고 소멸해 버리는 곳으로 마음을 기울여라! 그러면 고통은 더 이상 발붙일 곳이 없게 된다. 바꾸어 말하면, 이것이 열반으로 나아가는 마음, 즉 '열반을 향한 마음'이다. 이것은 몸이 병들어 없어질 때까지 기다리거나, 아니면 자살 등 다른 방법을 통하여 이 몸을 빨리 해체해 버려야 한다는 것을 의미하는 것이 아니다. 자신을 죽임으로써 탐애가 사라지는 것이 결코 아니다. 그런 행위는 실제로 또 다른 종류의 탐애를 채우는 행위이다. 집착 없이 자살을 시도할 수는 없기 때문이다.

몸이 썩어 문드러질 때까지 기다리는 것 또한 수행의 방법은 아니다. 몸이 해체됨은 집착이 끝나는 것과는 다른 의미이기 때문이다. 인간이나 동물은 매일 노쇠해지거나 그들의 5온을 파괴하지만, 이러한 몸의 노화와 세포의 파괴를 통해 집착이 소멸되는 것은 아니다. 자살이나 몸의 노화는 집착의 소멸도 아니며 열반을 향해 나아가는 것도 아니다.

자기에 대한 집착이 조금이라도 남아 있다면 집착의 정도에 비례하여 고통이 따르게 된다는 사실을 알아차린 수행자는 목숨이 남아있는 한 오로지 이 수행에만 전력하게 되고, 고통이 영원히 발붙일 곳이 없는, 즉 '내가 없는〔無我〕' 곳으로 마음을 기울일 수 있게 된다. 이것을 일컬어, 자아를 소멸하는 쪽으로 마음을 지향하는 것, 즉 '열반을 향한 행진'이라 부른다. 이 행진은 무상·고·무아를 최상의 높은 차원으로 보는 수행으로 자신을 이끌게 하고, 더 이상 어떠한 자아도 남아 있지 않은 경지로 가게 한다. 원인과 조건에 따른 현상 그 자체인 상카라(行)의 순환만이 있을 따름이다. 이 순환의 영역 안에서는 노사(老死)의 고통이 존재한다. 나에게 속한 것이나 '나'로서 집착할 어떠한 것도 없다. 심지어 알아차리고, 느끼고, 생각하는 것, 나아가서 이러한 상카라의 본질을 관찰하는 마음까지도 그 자체를 자아라고 집착하지 않는다. 그 자체(상카라)를 나의 것으로 아는 자나 보는 자를 자아라고 집착하지 않으며, 알거나 보는 마음 또한 단지 상카라의 하나로 간주하여 볼 뿐이다.*

　　수행자가 소멸을 성취할 때, 수행자는 일어나는 모든 상카라를 단순한 형성〔行〕이나 창조로 보게 된다. 이것들은 자연스럽고 일상적인, 단지 그러한 것〔如如〕이다. '나'라든지 '나에 속한 것', '우리들의 것', '그들의 것', '소유의 자아', '소유한 것' 등이나 이와 유사한 어떠한 것도 실재하지 않는다. 수행자가 참으로 있는 그대로〔如如〕의 공(空)을 깨달을 때, 자아가 완전히 소멸한 것과 같다. 그것이 소위 말하는 '지금 여기에서 닙바나(Nibbāna, 涅槃)를 실현하는 것'이다.

---

* 알아차림, 지혜, 반야를 남방에서는 행(行)의 그룹에 두는 반면, 북방에서는 불생불멸로 보아 열반의 삼덕〔法身·般若·解脫〕 중 하나로 본다. 공(空)에 대해서도 남방에서는 현상적인 무아를 공으로 보는 반면 북방에서는 공(空)을 진공묘유(眞空妙有)로 보아 현상과 본체인 열반을 불일불이(不一不異)로 본다. 체험으로 확인하기 바란다.

수행자의 마음을 열반으로 향하게 하는 '보내버림(paṭinissagga)'은 수행자에게 참으로 의미있는 수행의 결실을 가져오게 한다. 즉 수행자는 자아의 비어있음〔호〕을 실현한다.

이때, 만약 집착되어진 측면의 비어있음〔호〕을 관찰한다면 그것은 '보내버림〔出離, paṭinissagga〕'이다. 그러나 그때 만약 집착하고 있는 것, 즉 그 마음을 본다면, 이때의 그 마음은 공(호), 즉 닙바나(Nibbāna, 涅槃)를 실현한다. 그러므로 그 대상은 동일하다. 양쪽 다 공(호)을 실현하여 두카(苦)가 출현하지 못하게 한다. 수행의 관점에서는 양자 모두 동일하다고 할 수 있다. 이 둘은 동전의 양면과 같으며, 양자 모두 종점에 이르러서는 두카(苦)를 완전하게 소멸시켜, 예외 없이 모든 것을 비어〔호〕 있게 하는 힘을 갖고 있다. 마음에 공(호)과 상반되는 자아에 대한 집착이 남아 있는 한, 고(苦)의 소멸〔호〕은 불가능하다.

공(호)이라는 것은 전체 즉 하나이며, 참으로 공(호)을 깨쳤다면 모든 것이 비어있게 되어 집착하는 마음이나 집착하는 대상이 모두 다 버려지게 된다. 수행의 관점에서 보면, 수행이 종점에 다다를 때 수행자는 집착하는 마음과 집착하는 대상, 이 두 가지 모두를 동시에 공(호)하게 된다. 그렇게 되지 않았다면 그것은 다른 종류의 공(호)이며, 그것은 진공(眞호)이 아닌 일시적 현상의 공(호)으로서, 완성되지 않은 수행의 한 측면이나 한 과정에 해당되며, 잠시 놓아 버린 일시적 상태에 불과하다고 할 수 있다. 이를테면, 그런 공(호)의 상태는 나의 소유물이나 나에게 속한 것을 쉽게 놓아버릴 수 있는 일시적인 방하착(放下着)의 상태이다. 이것은 자아에 대한 본질적인 집착에는 전혀 영향력을 행사하지 못하는 상태이다.

수행자에게 참다운 공〔眞空〕이 현전할 때, 그때는 참으로 비어 있어서 '나'라고 할 만한 것이 전혀 남아 있지 않다. 행동하고 행동 받는 자아, 그러한 행동과 그 결과, 이 행동들이 선(善)이건 악(惡)이건 예외 없이 모두 공(空)으로 실현된다.

그러므로 보내버림〔出離〕의 형태는 버리기를 요구하는 그 무엇조차 없는 모든 것이 비어있는 공이다. 여기서 집착을 포기하는 마음이나 포기되어진 것들까지도 공이어야 한다. 그것은 완전한 자아의 소멸이다. 최상의 진리적 관점, 즉 궁극적이고 실질적인 관점에서 말할 때 그것이 바로 공이다. 그 공은 참된 보내버림〔出離 ; 욕망에서 벗어남〕이며, 일상적으로 표현되는 여러 다른 측면이나 다양한 상태들로 구별할 수 있는 여러 종류의 공이 아닌, 오직 하나인 절대적인 공이다.

5온이든 12처, 12연기든 이 모두는 수행자가 공을 깨달음으로써 완전히 놓아버리게 된다. 이렇게 5온을 비어 있음〔空〕으로 관찰함으로써, 그 자체 안에서 저절로 5온을 보내버리게 되는 것이다. 바꾸어 말하면, 이전에는 집착의 힘으로 인해 5온을 나에게 속했던 것이라거나, 나 자신의 한 모습이라고 착각하고 매달려 왔었다면, 지금은 5온을 있는 그대로 관찰하여 5온이 완전히 비어있음을 체득하게 되고, 다시는 5온이 집착의 대상으로 되지 않게 된다.

수행자에게서 집착이 소멸하였을 때, 소유할 만한 것이라고는 아무것도 없으며 5온 역시 공이 된다. 더 이상 어떠한 집착도 없을 때 마음과 집착의 대상이 모두 저절로 공이 되었기 때문에, 포기하는 자가 없을지라도 포기와 동일한 결실을 가진다.

요약하면, 5온을 공으로 관찰하게 될 때 5온을 포기, 즉 놓아버리게 된다. 이것을 포기를 통한 보내버림〔出離〕이라 한다. 마음을 자아의 비어 있는 것으로 관찰하게 되면, 즉 마음을 열반으로 향하게 함으로써 마음 그 자체를 포함한 모든 5온이 소멸하는 것을 비약적인 보내버림 혹은 돈오적인 보내버림〔出離〕이라 한다. 5온을 비어있는 것으로 관찰하는 것은 아나빠나삿띠 제13단계에서 설명했듯이 5온의 무상·고·무아를 철저히 관찰하는 것이다.

12처 중 6근(六根 ; 眼·耳·鼻·舌·身·意)을 관찰하는 것도 5온의 관찰과 똑같은 특성을 갖고 있다. 왜냐하면 6근은 5온의 한 형태이며, 감각 기관의 대상을 아는 기능은 곧 5온이기 때문이다. 6근은 눈·귀·코·혀·몸·마음 등을 통하여 대상을 받아들이는 순간에 6근 각각의 기능을 발휘하는 5온의 한 그룹이라고 정의할 수 있다.

이러한 6근을 공으로 보는 것은 6근을 상카라(行) 혹은 자아라고 할 만한 어떠한 것도 없는 순수하게 자연적인 현상으로서 관찰하는 것이다. 6근은 물질과 마음〔五蘊〕의 본성에 따라 대상을 받아들이는 그들 자신의 자연적인 메카니즘을 가지고 있는 것에 지나지 않는다. 5온이 지닌 이러한 메카니즘으로 인해 물질적 정신적 성질이 함께 어우러질 때 '5온 안에 자아를 갖고 있다' 거나 '5온이 자아' 라는 사견(邪見)까지 갖게 된다. 이러한 5온의 현상들에서 완전한 관찰로 공을 보게 될 때, 그것은 진정한 의미로서의 돈오적인 놓아버림이라 할 수 있다. 이것은 5온의 특별한 양상의 하나로서, 다섯 다발의 5온 중에서 마음이야말로 공(空)으로 관찰해야 할 중점적인 표적 대상임을 뜻한다.

연기의 여러 형태들을 비어 있음〔空〕으로 관찰한다는 것은 곧 물질 담마(rūpa dhamama)와 정신 담마(nāma dhamma)의 자동적인 작용원리

(mechanism)에 대한 관찰이다. 이것은 물질과 정신의 담마들이 끝없이 상호작용하면서 형성하는 것으로, 그러한 기능을 자동적으로 이행할 수 있는 물질 담마와 정신 담마의 자연적인 체제(體制, 작용원리, mecha-nism)에 지나지 않는다. 이러한 자연적인 흐름 안에서는 어떠한 자아나 영혼 혹은 주인공, 행위의 주체, 행동이나 기능의 실체가 있을 필요는 없다. 그것은 순전히 자연적 현상으로 물질과 정신의 담마들이 서로 만나 작용할 때, 서로가 서로를 조건지으면서 인과의 흐름을 형성하여 끝없이 변화무쌍한 형태들을 나투는 조건성을 이어나갈 뿐이다. 이것은 단지 물질 담마와 정신 담마에 있어 원인과 조건의 찰나적인 활동이든가 아니면 그 결과의 순간이며, 그 결과는 또 다른 것의 원인이 되며, 원인이 되면 또 다른 순간적인 결과가 또다시 생겨나는 식으로 끝없이 되풀이되는 순환의 고리에 불과하다.

이러한 모든 것은 물질 담마와 정신 담마의 자연적 흐름에 지나지 않는다. 이것에 관련된 어떠한 자아나 영혼도 없다. 이러한 모든 것은 자아의 비어있음〔空〕 혹은 자아에 속한 것이라 믿었던 것들이 비어있음에 지나지 않는다.

비어있음을 관찰함으로써 모든 연기의 현상(측면과 형태)들을 놓아버리게 된다. 즉 연기의 원인과 결과, 그리고 단지 형성해나가는 형태(mode)의 세 가지 측면을 모두 보내버리게 하는 조건이다. 그러므로 이러한 연기의 모임을 버리는 것은 '포기를 통한 보내버림' 과 '비약적(돈오적) 보내버림' 모두를 실현하는 것이다. 즉 결과의 측면과 일반적으로 말하는 마음의 측면 모두에서 보내버림을 실현하는 것이다. 이때의 마음이란, 무명(무지와 착각)으로부터 야기되는 모든 활동의 주체를 말한다. 5온과 연기의 이러한 현상들이 일어날 때, 그 대상인 세 가지 범주 (원인, 결과, 형성해나가는 형태)의 대상들을 놓아버리는 것이며, 세 가지 측면의 대상을 경험하는 '주체로서의 마음'을 놓아버리는 것이며, 세 가지 측면으로 이 세계를 형성, 조작, 결합하는 것(연기), 또는 마음과 세계간의 상호관계 속에 놓여 있는 모든 것들을 놓아버리는 것이다.

이렇게 원인과 결과 그리고 그 형성과정의 세 가지 범주가 모두 포기될 때, 비로소 두카(苦)의 토대나 모든 두카(苦)의 원인인 탐착과 얽매임은 자취 없이 사라진다. 오직 고통의 해방, 적정, 평화, 해탈, 무집착과 자유만이 있다. 더 이상의 차별이나 분별이 없는, 말할 길이 끊어진 〔言語道斷, 心行處滅〕 세계이다. 한마디로 말해서 고통의 흐름이 완전히 끊어져 종식되어 버린 적멸(寂滅)의 상태이다. 이것을 우리는 닙바나 (Nibbāna, 涅槃)라 한다. 이러한 모든 것은 보내버림이 닙바나와 어떻게 연관되어 있는가를 보여주는 증거들이다.

다. 보내버림〔出離〕을 어떤 방법으로 관찰하는가?

다음에는 '보내버림〔出離〕을 계속 관찰하는 방법'에 대해서 설명할 차례이다. 앞의 제15단계까지 아나빠나삿띠를 수행해 온 사람은 주시와 관찰법을 새로운 방법, 즉 보내버림〔出離〕을 분명히 체험하게 하는 보다 높은 차원의 수행법으로 바꾸어야 한다. 무상·고·무아를 본 후에 모든 형성된 것〔行〕들에 대한 집착을 놓아버려 소멸〔滅〕시켜 버림으로써 오는 만족이 있다. 이때 그 만족감마저 평정해 버린 후, 마음을 무심

상태에 두어 매번의 날숨 들숨에서 일어나는 모든 형성된 것(상카라)들을 비어있는 것〔쑤ñña〕으로 관찰해야 한다. 최상의 방법은, 아나빠나삿띠의 첫 단계로 돌아가 모든 단계들을 순차적으로 관찰하면서 그때에 나타나는 모든 표상(nimitta), 선정의 요소들, 특히 선정의 요소들 중 집착의 직접적인 토대가 되는 행복감, 이런 현상들을 주시하는 마음 등 모든 것을 '보내버림'으로 관찰해야 한다.

왜냐하면 어떠한 형태로든 여기에는 가질 만한 가치가 있는 것은 전혀 없기 때문이다. 이때에는 일체의 모든 것을 무상·고·무아로 정밀하게 관찰한다. 마침내 마음은 혐오감으로 진절머리가 나게 되어 모든 갈애와 탐착을 놓아버리고, 이러한 것들을 소멸시키는 담마로 충만하여, 모든 현상에는 자아가 전혀 없음을 깨달아 일체를 놓아버리고 집착된 모든 것에서 공(空)을 실현하게 된다.

더 나아가 갈애를 완전히 근절시켜 버림으로써 일어나는 사무체다 위뭇띠(samucheda-vimutti)를 통하여 해야 할 일은 다 해버린 경지를 실현한다. 처음 시작단계는 따당가 위뭇띠(tadaṅga-vimutti)로, 아나빠나삿띠 수행을 통해서 마음이 저절로 모든 것을 놓아버리는 해탈이다. 그리고 마음이 선정으로 충만하게 될 때 선정 상태에 있는 동안 선정의 힘으로 모든 것을 놓아버림으로써 일어나는 위캄빠나 위뭇띠(vikampana-vimutthi)의 순간들이 있다. 수행자는 매번의 날숨과 들숨에서 최대한의 주의와 정밀함과 섬세함을 가지고 이런 모든 것들을 실현해야 한다. 어떤 방법으로, 어떠한 대상을, 어떠한 수준으로 알아차리든 이러한 모든 것을 '놓아버리는 것'으로 관찰해야 한다. 이와 같이 수행하는 것이 '법(法)의 관찰로 마음챙김을 확립하는 수행'이라 한다. 이것이 아나빠

538

나삿띠의 최종 단계이며, 29가지 담마를 최상의 수준으로 함양하며 위빠싸나 수행(통찰 지혜 수행)을 가장 완벽하게 실현하는 아나빠나삿띠 수행이다.

모든 면에서 볼 때, 이 아나빠나삿띠의 네 번째 부류의 수행들은 법의 관찰로 분류된다.

네 번째 부류의 첫 번째 단계(제13단계)는 무상·고·무아를 관찰하는 것인데, 이 무상·고·무아는 공(空)으로 압축될 수 있다. 이 공(空)의 본질은 집착할 것이라고는 아무것도 없는 상태로, 만약 집착을 고집하면 고통의 결과를 가져온다.

네 번째 부류의 두 번째 단계(제14단계)는 집착을 놓아버리는 이탐(離貪)을 관찰하는 것이다. 왜냐하면 이때는 집착으로부터 오는 두카(苦)인 재난과 위험을 보기 때문이다.

네 번째 부류의 세 번째 단계(제15단계)는 모든 것에는 어떠한 실체도 없는 소멸(滅)을 보는 것이다. 집착은 단 한 순간의 차갑고 뜨거움에 지나지 않는다. 왜냐하면 집착은 어떠한 참 자아도 갖고 있지 않는 것이며 그러한 집착은 어떠한 종류의 자아도 될 수 없기 때문이다. 이러한 모든 것의 자아를 완전히 소멸시켜 버리는 방법으로 관찰해야 한다.

네 번째 부류의 마지막 단계(제16단계)는 일체 모든 것을 보내버려 참으로 비어있음(眞空)으로서, 회향하는 방식으로 주시하고 관찰한다. 모든 것은 예외 없이 비어 있다. 그때의 마음은 닙바나(Nibbāna, 涅槃)를 실현했다고 말해진다. 마음은 공(空) 안에서 융해되어 더 이상 '나' 라고 집착할 그 무엇도 남아 있지 않게 된다. 이 네 번째 부류를 수행하는 것은 담마의 네 측면(無常觀, 離貪觀, 寂滅觀, 出離觀)을 단도직입적으로 즉각 관찰하기 때문에 '법(Dhamma)의 관찰'이라 한다.

전체적으로 아나빠나삿띠 수행의 단계별 차이점을 정리해 보면, 첫 번째 부류에서는 몸이나 호흡을 관찰하고, 두 번째 부류에서는 다양한 감각들을 관찰하고, 세 번째 부류에서는 마음을 여러 방법으로 관찰하고, 네 번째 부류에서는 법을 관찰한다. 이 법(法, Dhamma)은 모든 것의 실제인 자연스러운 조건으로서, 그 조건들을 알아차릴 때 마음이 모든 고통에서 자유로워지게 되는 것이다.

첫 번째 부류(몸과 호흡 관찰)는 순전히 사마타 위주의 수행이고, 두 번째와 세 번째 부류(감각과 마음 관찰)는 사마타와 위빠싸나가 결합된 수행이고, 네 번째 부류(법 관찰)는 완전한 위빠싸나 수행이다. 사마타 수행은 마음의 안정이나 삼매(samādhi, 사마디)를 얻기 위하여 대상, 즉 표상(nimitta)을 통하여 주시하는 것이고, 위빠싸나 수행은 무상·고·무아를 분명히 보고 경험하는 것이다. 이것의 최종 결실은 지혜의 완성이다.*

이상으로 아나빠나삿띠의 16단계 수행에 대한 여정을 여기에서 멈추고자 한다.

---

* 첫 번째 몸의 관찰부류도 사마타와 위빠싸나를 각각 혹은 연결해서 수행할 수 있다. 지금까지 아나빠나삿띠 수행은 주로 좌선 위주로 설명되었다. 일상〔動〕이나 행선(行禪)시에는 졸저 『위빠싸나 II』에 있는 방법대로 동중 수행을 해도 되고, 여기에서처럼 호흡 위주로 관찰해도 되고 호흡·동작·마음을 병행해서 관찰해도 된다. 모두들 고(苦)의 끝을 보고 영원한 자유과 평화를 실현하기를 거듭 기원한다.

부록

- 빠알리어 용어 해설
- 아짠 붓다다사 스님은 어떤 분이신가

빠알리어 용어 해설

　이 책에는 빠알리어(Pali) 용어들이 많이 사용되고 있다. 이것은 붓다다사 스님의 조언에 따른 것임을 미리 밝힌다. 스님은 "빠알리어 용어에는 영어 번역으로 표현하기 힘든 정확성, 명확성, 그리고 내용상의 깊이가 있기 때문에 불교를 제대로 공부하고 수행하려는 도반들은 반드시 빠알리어 용어의 의미를 익혀야 한다."라고 말씀하셨다.

　이 책에서 사용되는 대부분의 빠알리어 용어들은 본문에서 설명되고 있다. 이 목록은 수행자가 참고 자료로 활용하고 또 필요한 정보를 제공하기 위하여 마련되었다.

　스님의 설명에 의하면, 이곳에서 찾아볼 수 있는 몇몇 설명과 정의들은 다른 책에서 사용된 것과 다소 차이가 있을 수 있다. 이 책을 잘 활용하기 위해서는 붓다다사 스님이 사용한 용어의 개념과 사용방식을 이해할 필요가 있다. 이 목록은 빠알리어를 공부했던 사람들에게도 약간의 도움이 될 것이다. 빠알리어 용어들은 영어의 알파벳순에 따라 배열하였으며, 용어를 설명한 후에 정의를 내렸다. 철자법은 태국어 표준어 사용법에 따랐다(불교사전 : Phra Rajavonamumi 출판사).

　빠알리어를 익혀서 그 의미를 정확히 이해하는 것은 매우 바람직하다. 이 책에서 한두 번만 사용되거나 의미가 별로 중요하지 않은 어휘들은 목록에 싣지 않았다. 목록에 실린 빠알리어 중에는 문맥에서 의미가 스스로 드러나는 것도 있다. (독자들의 빠알리 공부에 도움이 되도록 붓다다사 스님이 설명한 『마음으로 숨 쉬는 붓다』의 빠알리 용어들도 함께 수록했다 - 역자)

〔ā〕

ācariya : 선생, 스승, 지도자, 대가.

ādāna : 집착 ; 가짐.

ādinava : 재난, 처벌, 불이익, 위험, 손해, 낚시의 미끼(assāda). 어떤 사물의 저급하고 해로우며 부정적이고 부도덕한 측면.

āhāra : 자양(滋養) ; 음식.

āmisa-pūjā : 물질적 보시.

āmodanā : 기뻐함.

āna : 들숨(들이쉬는 숨). *in-breath, inhalation, breathing-in*. 그에 상응하는 동사는 assati이다.

ānāpāna : 날숨과 들숨 ; 호흡.

ānāpānasati : 날숨 들숨에 대한 마음챙김〔入出息念〕. 호흡을 주시(마음챙김)하면서 담마(사실, 진리)를 조사하거나 관찰하는 수행법으로서, 부처님의 아나빠나삿띠 경전에는 사념처를 관찰하고 열반을 실현하기 위하여 16단계의 수행을 하라고 되어 있다.

ānāpānasati-Sutta : 입출식념경(入出息念經).

ānatarika-samādhi : 지혜〔慧〕 계발과 함께하는 집중〔定〕.

ārammaṇa : 대상.

āsava : 번뇌〔漏〕.

āvajjana : 전향.

〔a〕

ahetuka-diṭṭhi : 원인이 없다는 견해〔無因論〕.

Abhidhamma Piṭaka : 논장(論藏).

abhippamodayaṁ : 기쁘게 하면서.

abhiññāta : 지나친 앎.

abhiññā : 신통지, 초월지.

adhiṭṭhāna : 머묾, 결의, 결정, 토대.

adhiṭṭhiti : 확고함.

ahirika : 양심 없음〔無慚〕.

ajjhattikāni āyatanāni : 안의 감각장소〔六根, 六內處〕.

akusala : 해로운〔不善〕.

anāgāmi : 아나함〔不還者〕.

anattā : 무아(無我). not-self, selflessness, non-selfhood. 열반까지 포함된 만물
은 존재가 없으며, '나' 라고 할 만한 실체가 없다. 이 진리는 사물의
존재를 부정하는 것이 아니라 상대적인 의미에서 소유하거나 통제하
는 것 자체를 부정하는 것이다. anattā는 sankhāra(行)의 세 번째 중요한
특성이다. anattā는 anicca(無常)에 수반되는 필연적인 결과이다. 모든
사물은 원래의 모습으로 존재하며, 그 실체가 없다. anattā는

suññatā(空)와 다소 비슷한 의미가 있다.

aññāṇa : 지혜 없음.

annica : 무상(無常). 비영속성, 불안정성, 흐르는 것. 조건지어진 것은 끊임없이 변형되면서 언제나 변한다. 그리고 끊임없이 생성되어 또렷이 자태를 드러내고는 사라져 소멸한다. 결합되어 이루어진 것들은 부패하거나 사라져버리고 만다. 이것은 saṅkhāra(行)의 기본적인 특성이다.

anottappa : 두려움 없음[無愧], 수치심 없음.

anubandhanā : 상수(相隨).

anupassanā : 수관(隨觀). 있는 그대로의 관찰. 계속해서 말없이 간섭하지 않고 반응하지 않고 평등심으로 담마의 실체를 고요한 상태에서 관찰하는 것. 사념처 관찰에 필요하다. 즉 ①몸을 있는 그대로 보기(kāyānupassanā), 감각을 있는 그대로 보기(vedanā-nupassanā), 마음을 있는 그대로 보기(cittānupassanā), 담마를 있는 그대로 보기(dhammānupassanā). 진정한 anupassanā는 vipassanā(통찰)로부터 온다.

annussati : 수념(隨念), 계속해서 생각함.

anusaya : 잠재성향.

apāna : 날숨(내쉬는 숨). out-breath, exhalation, breathing-out. 동사의 형태는 passasati이다.

apāya : 악처[四惡道].

appamanna : 사무량(四無量).

apaññātam : 밝지 않음, 둔함.

appanā-kosalla : 본삼매 유도기법.

546

appaṇā-samādhi : 본삼매.

arahant : 아라한. 존경받을 만한 이〔應供者〕이며, 완전히 깨친 이〔聖人〕. 모
든 집착, 번뇌(kilesa), 이기심, 위험, 그리고 고통으로부터 해방된 사람.

arati : 혐오, 싫어함, 지루함.

arahatta : 아라한과(果).

ariya : 성자(聖者), 고귀한, 성스러운.

ariya aṭṭhaṅgika magga : 성스러운 팔정도.

ariya-sacca : 성스러운 진리〔聖諦〕. 네 개가 모여서 하나가 된 진리〔四聖
諦〕를 일컫는다. 즉 고(苦), 무언가 갈망하는 고(苦)의 원인, 그 마음이
사라지는 고(苦)의 소멸, 그리고 고(苦)의 소멸의 길인 팔정도. 아라한
은 이 진리의 본질을 꿰뚫어 보는 혜안(慧眼)이 있다.

arūpa : 무색(無色), 비물질적.

arūpāyatana : 무색계(無色界).

assāda : 매력, 낚시를 숨기고 있는 미끼, 어떤 것이 사랑스럽고 만족스
러워서 판단력을 흐리게 할 정도의 유혹적인 특징.

asubha : 혐오, 부정(不淨), 더러움.

asañña-satta : 무상유정(無想有情), 인식이 없는 중생.

attā : 자아(自我), 삶에서 독립된 '나'라는 존재. 자아에 대한 이론들은
많지만, 그 모든 것은 오로지 우리의 관념 속에서만 존재하는 뭔가에
대한 사유에 지나지 않는다. 전통적인 의미에서의 자아는 쓸모 있는
개념, 신념, 인식 등이지만 궁극적으로는 그 실체가 없다. 일반인이 말
하는 자아는 담마의 시각에서 보면 무아(無我, anattā)다. 인간〔五蘊〕의
삶에서 내적으로 혹은 외적으로 독립되어 있고, 원래부터 존재하고

있으며, 자유로운 의지를 갖고 있는 개아(個我)는 어느 곳에서도 찾아
볼 수 없다.

attaṅgama : 사라짐〔滅〕.

attha : 유익한, 흠 없는, 훌륭한, 이로운.

avijjā : 무명(無明). 어리석음. 잘못 알고 있는 그릇된 지혜. 무지에는 두
가지 종류가 있는데, 인간으로 이 세상에 태어났을 때 진리에 대해 아
무것도 알지 못하는 원초적인 무지(無知)와 그 후에 어떤 조건으로 인
해 쌓아온 잘못 알고 있는 그릇된 지식이다.

avikkhepa : 흔들림 없는, 산만하지 않은.

avyāpāda : 선의(善意), 악의 없음.

āyatana : 감각의 장. 내부적인 것과 외부적인 것 두 가지가 있다. 내부적
인 것〔六根 ; 眼·耳·鼻·舌·身·意〕은 눈·귀·코·혀·몸·마음이다. 그것
은 신경 체계에서 각각 감각에 반응하는 부분들이다. 외부적인 것〔六
境 ; 色·聲·香·味·觸·法〕은 형태·소리·냄새·맛·닿았을 때 스치는 촉
감, 그리고 마음의 대상이다. 열반은 조건지어지지 않은 āyatana이다.

〔b〕

bahulīkatā : 증대시킴.

bāhurāni ayatanāni : 밖의 감각장소〔六境〕; 외내처(外內處).

bala : 오력(五力) ; 힘.

bhagavā : 세존.

bhāvanā : 수행, 닦음, 성장, 계발, 수련, 명상. 능숙하고 훌륭하게 건전

한 정신을 연마하는 것. '명상(meditation)'이라는 용어는 모호해서 가
끔 혼란을 일으키기 때문에 citta-bhāvanā(mental-development)라는 용어
가 많이 쓰인다. 부처님께서는 4개의 bhāvanā를 말씀하셨는데, 이는
kāya(몸), sīla(계), citta(마음), paññā(지혜)이다.

bhikkhu : 비구.

bojjhaṅga : 깨달음의 구성요소〔七覺支〕. 자각의 요소. 깨침의 요소. 마
음이 자유롭기 위해서는 일곱 가지의 깨침의 요소들이 완성되어야
한다.

Buddha : 부처님. 아는 이. 스스로 깨친 이. 완전한 자. 그는 'Bhagavā(세
존)'이라고 불린다. 아라한도 붓다라고 할 수 있다. 다시 말해서 무지
와 이기심으로부터 해방되어 깨달음에 이른 사람이다. 모든 인간은
붓다가 될 수 있는 잠재적 가능성이 있다. 붓다가 될 수 있는 중요한
요건은 지혜, 청정, 자비이다.

buddhānussati : 부처님에 대한 새김〔佛隨念〕.

〔c〕

cakkhu : 눈〔眼〕.

carita : 기질, 성격.

catudhātu-vavaṭṭhāna : 사대(四大) 요소의 구분, 분석.

catuttha-jhāna : 사선정(四禪定).

cetanā : 의도.

cetasika : 마음부수〔心所〕.

ceto-vimutti : 마음의 해탈〔心解脫〕.

chanda : 열의, 욕망, 의욕, 애정.

citta : 마음〔心〕, 의식, 생각. 제한된 의미에서의 citta는 생각할 때 잠재적
인 의식이다. 이 명칭은 kilesa(번뇌)에 의해 더럽혀진 마음은 물론이고
열반의 실현에도 사용된다. citta는 kamma(업)를 만들어내는 요인이며,
어떤 행동을 하는 실천자이며, 그 행동으로 인해 생긴 결과를 받아들
이는 역할도 한다. 다시 말해서 citta는 우리가 하는 모든 행위를 만들
어내는 창조자이다. citta는 홀로 존재하지 못하고 물질적인 형성물인
몸을 필요로 하며, 둘이 어우러져서 제 기능을 발휘한다.

citta-saṅkhāra : 마음의 작용〔心行〕. 마음의 조건자(條件者). 감각은 citta
의 원인이다. 또한 조건지어서 citta를 일으킨다.

cittakkhaṇa : 심찰나(心刹那).

cittekaggatā : 집중, 심일경성(心一境性).

〔d〕

dhātu : 요소〔界〕.

dhamma : 法(가르침) ; 마노의 대상, 본성. 조건지어진 현상과 조건지어
지지 않은 본체(本體).

Dhamma(산스크리트語 ; Dharma) : 진리, 본성, 법칙, 질서, 의무. 위없
는 목적과 이익을 위하여, 삶을 향상시키기 위하여 반드시 이해하여
야 할 본성의 비밀. Dhamma의 4가지 의미는 본성, 법칙, 그리고 자연
(사물)의 진리와 그 진리에 따라 행하여야 할 의무이다. 그것은 자연

550

의 법칙에 일치될 때, 그리고 이 세상에 태어난 의무를 이행함으로써 발생되는 과보와 공덕이다.

dhamma-jāti : 자연(自然), 본성. 내면에 홀로 저절로, 스스로 법칙에 따라 존재하는 것. Dhamma-jāti는 인간과 인간이 아닌 것 모두를 의미한다.

dhamma-vicaya-sambojjaṅga : 택법각지(擇法覺支), 법의 선택.

dibba-sota : 천이통(天耳通).

dibba-cakkhu : 천안통(天眼通).

Dīgha Nikāya : 디가 니까야(장부아함경).

diṭṭhi : 견해.

dosa : 성냄〔嗔〕, 증오, 악의. kilesa(번뇌)의 두 번째 범주에 속하는 것 즉 노여움, 혐오, 싫어하는 것, 부정적인 생각이나 감정. 마음속에서 대상을 밀쳐 내는 특징이 있다.

dukkha : 괴로움(苦), 고통, 불만족, 스트레스, 비참한 감정. 글자 그대로 견디기 어렵고 참기 힘든 것. 제한된 의미에서의 dukkha는 마음이 avijjā(무명)로 인해 갈애, 집착, 이기심이 일어날 때 그 결과로써 나타난 특성이다. 이 느낌은 실망, 절망, 좌절, 흥분, 번뇌, 질병 등으로 그 모습을 드러낸다. dukkha의 보편적 의미로는 무상하고 조건지어진 것 (sankhāra 行)에 원래 있던 느낌이다. 이 담마의 두 번째 본성은 anicca(無常)의 결과로 생긴다. 아무리 우리가 노력하고 소리 높여 울어도 무상한 것들은 우리의 욕망을 채워주지 못한다.

dutiya-jhāna : 이선정(二禪定).

〔e〕

ekaggatā : 집중, 심일경성(心一境性). 한 정점으로 모아진 집중력. 마음
    의 힘이 모아져서 하나의 대상에 집중된 상태. 지고한 대상으로는
    nibbāna가 있다.

ekatta : 통일성, 동일성, 하나의.

〔g〕

gaṇanā : 수식(數息), 헤아림, 계산, 숫자.

geha-sita : 세속에 연결됨.

gocara : 영역, 행동의 영역, 대상.

gotrabhū : 성숙, 종성(種姓).

〔h〕

hadayṁ : 심장, 심(心).

hāsa : 환희, 밝음.

hāso : 유쾌함, 기쁨.

hetu : 원인〔因〕.

hiri : 양심, 부끄러움.

〔i〕

idappaccayatā : 조건(인과)의 법칙. 자연의 법칙. 자연의 법칙은
idappaccayatā 상태에서 찾아볼 수 있다. 모든 창조·유지·파괴는 이
법칙에 의해 생성되므로 우리는 이를 불자들의 신이라고 할 수 있다.

iddhi-pāda : 성취수단〔四如意足〕.

indriya : 기능〔五根〕.

〔j〕

jānanaṁ : 자세한 성찰.

jāti : 태어남〔生〕 ; 종류.

jhāna : 선(禪), 집중, 관찰, 전념, 명상(대상에 집중되어 있는 마음). 마음을
평온한 상태로 유지하거나, 무상을 대상으로 통찰력을 향상시키기 위
하여 대상에 깊이 집중되어 있는 상태. jhāna는 마음이 대상에 집중하
는 작용과 그 결과이다. 그 결과는 두 가지가 있다.

1) rūpajhānas(色界禪定) : 물질적인 대상에 의존하며, 마음을 모아 아주
정밀한 물질의 요소에 접근하는 jhāna.

2) arūpajhānas(無色界禪定) : 형체가 없는 비물질적인 대상에 의존하는
jhāna는 다음과 같다. 첫 번째 네 개의 그룹은 rūpajhānas이고 두 번째 네
개의 그룹은 arūpajhānas이다.

– panṭhama-jhāna(初禪定) : 다섯 개의 요인이 있다. 대상에 주시를 일으
키는 작용(vitakkha), 그 주시를 유지하는 작용(vicāra), 희열(pīti), 행복감

(sukha), 그리고 하나로 모아진 일념(ekaggatā).

　- dutiya-jhāna(二禪定) : 세 개의 요인이 있다. 희열, 행복감, 하나로 모아진 일념.

　- tatiya-jhāna(三禪定) : 두 개의 요인이 있다. 행복감, 하나로 모아진 일념.

　- catuttha-jhāna(四禪定) : 두 개의 요인이 있다. 차분히 가라앉은 평온한 마음(upekkha)과 하나로 모아진 일념.

　- ākāsānañcāyatana(空無邊處定) : 무한한 공간을 체험하는 것.

　- viññāṇañcāyatana(識無邊處定) : 무한한 의식을 체험하는 것.

　- ākiñcaññāyatana(無所有處定) : 무한한 존재 없음을 체험하는 것.

　- nevasaññāasaññātana(非想非非想處定) : 체험도 아니고 비체험도 아닌 것을 체험하는 것. 이 8단계를 거치면서 점점 평정해진 samadhi는 매우 유용하나, 성공적으로 Anāpānasati를 수행하는 데 반드시 필요한 것은 아니다.

jhāna-kīla : 명상 놀이.

jhānanga : 선(禪)의 구성요소.

〔k〕

kalyāṇa-mitta : 선지식, 마음의 안내자 ; 선우, 조언자, 성스러운 도반.

kāma : 감각적 욕망.

kamma(산스크리트語 ; karma) : 업(業), 행위, 활동. 몸의 움직임. 건전하거나 불건전한 의지에 의해 일어나는 마음. 옳은 의도와 바른 행위는 좋은 결과를 가져오고 옳지 않은 의도와 비뚤어진 행위는 나쁜 결과를 낳는다. 비의도적인 행위는 kamma가 아니다. kamma는 운명, 행운과 전혀 관련이 없으며, 그것이 kamma의 결과를 의미하지도 않는다.

kammaṭṭhāna : 명상 주제.

kasina : 까시나, 원반.

kāya : 몸〔身〕; 집단, 덩어리. 다양한 요소, 기관, 부품 또는 부분으로 이루어진 것. 일반적으로는 몸 전체나 부분 등 주로 육체적(물질적)인 몸을 표현할 때 사용된다.

kāya-sankhāra : 몸의 조건자, 직접 몸에 영향을 미치거나 조건지우는 호흡과 같은 것.

khandha : 무더기, 집합체〔蘊〕, 부류. 인간을 구성하는 다섯 가지 요소〔五蘊〕. 이 집합들은 그 자체 실체가 없다. Nibbāna를 제외한 모든 삶의 양상이 해체될 수밖에 없는 부류에 지나지 않는다. 그 어떤 것도 자아가 아니며, 또한 자아와 전혀 관련이 없다. 오온은 rūpa-khandha(色蘊, 몸의 집합), vedanā-khandha(受蘊, 감각의 집합), saññā-khandha(想蘊, 인식의 집합), sankhāra- khandha(行蘊, 형성의 집합), viññāṇa-khandha(識蘊, 의식의 집합)이다. 오온에 집착할 때 이 다섯은 upādāna-khandha(五取蘊)가 된다.

khanti : 인욕, 관용.

khaye : 사라짐의, 소진의.

kilesa : 오염원, 번뇌, 부정(不淨)한 것, 흐리고, 어둡고, 더럽고, 더럽히고, 부추기고, 스트레스를 주고, citta를 슬프게 하는 모든 것. kilesa의 부류에는 lobha(탐욕), dosa(성냄), moha(미혹)가 있다.

kosajja : 게으름.

kukkucca : 불안, 후회.

kusala : 유익한〔善〕.

〔l〕

lakkhaṇa : 특성, 특징.

lobha : 탐욕. kilesa의 첫 번째 범주에 속하며 물질적인 욕망, 성욕, 인색
  함, 대상에 집착하는 생각과 감정들이 이에 속한다. 적극적으로 대상
  을 움켜쥐려는 속성이 있다.

loka : 세상, 반드시 깨지고 분쇄되고 붕괴되는 것.

lokiya : 세속적인 것, 세속적인 상황.

lokuttara : 초세속적인 것, 초세간적인 것, 세상에 살고 있기는 하나 세
  속적인 조건으로부터 자유로운 것.

〔m〕

magga : 도(道), 길, 팔정도, 모든 고통을 벗어난 중도.

mahā-dhūta : 근본물질〔四大〕.

Mahasatipaṭṭhāna-Sutta : 대념처경.

maggaṅga : 도(道)의 요소.

magga-phala-nibbāna : 길(道), 결실(果), nibbāna(涅槃). 이것은 담마를 실
  현할 때 전광석화처럼 일어나는 세 가지의 활동을 일컫는 단어다.
  magga는 번뇌를 단절시키는 vipassanā의 작용이며, phala는 성공적으

로 단절을 끝낸 상태 즉 magga의 결과를 의미한다. 그리고 nibbāna는 일단 번뇌가 단절되면 나타나는 적멸의 상태이다. 이 세 가지 용어들은 빠알리어 경전에는 각각 나타나고, 주석서에는 그룹으로 나타나나, 태국에서만 합성되어 나타난다.

mahaggatatā : 우월함, 초월함, 위대성, 보통의 마음 상태보다 뛰어난 상태.

Majjhima Nikāya : 맛지마 니까야(중부 아함경).

māna : 자만.

mano : 마노, 마음〔意〕, 마음이 느끼고 체험하고 알아차릴 때 의식의 주체에 붙여진 이름.

māra : 악마, 악령, 문자 그대로 선(善)을 죽이는 것, 가끔 인격화되면 유혹자나 살인자 같은 마구니가 된다.

manasikāra : 작의(作意), 마음에 잡도리함.

manāyatanaṁ : 의근(意根), 마노의 장소.

manindriyaṁ : 마음기능〔意機能〕.

maraṇānussati : 죽음에 대한 새김〔死隨念〕.

māyā : 환영(幻影).

mettā : 자애〔慈〕.

micchā-ājīva : 삿된 생계.

micchā-samādhi : 삿된 집중.

middha : 혼침.

moha : 어리석음〔痴〕, 미망(迷妄), 미혹, kilesa의 세 번째 범주에 속한다. 어리석음, 두려움, 걱정, 혼란, 의심, 시기심, 심취가 여기에 속한다.

안정되지 못해서 대상의 주위를 맴돈다.

〔n/ñ〕

ñāṇa : 지혜〔智〕.

nāma : 정신〔名〕.

nandi : 즐김.

nekkhamma : 출리(出離), 욕망의 포기.

nibbāna : 적멸, 태어남과 죽음, 선함과 악함을 넘어선 위없는 경지로, 불자들이 수행하는 궁극적인 목표. kilesa인 집착과 이기심이 완전히 소멸되었을 때 nibbāna는 분명히 드러난다. 반드시 살아 있는 동안에 nibbāna에 들어야 하며, 죽음과 혼동해서는 안 된다.

nibbidā : 혐오감, 역겨움.

nibbuti : 적멸, 적정, 올바른 담마 수행으로 번뇌들이 일시적으로 가라앉을 때 자연스럽게 발생하는 적멸 상태. sāmāyika-nibbāna(일시적 적멸)와 tadaṅga-nibbāna(동시적 적멸), 두 가지의 nibbuti가 있다

nicca : 항상함, 영원함.

nimitta : 암시, 조짐, 니밋따, 표상, 상(像). 상상의 대상 ānāpānasati 수행에서 nimitta는 정신이 집중되어 있을 때, 코끝의 한 지점에서 마음에 의해 만들어진 현상이 보이는 것을 일컫는다. 4단계 수행에서 samādhi를 향상시키기 위하여 이용할 수 있다. 삼매의 깊이에 따라 상이 다른데, 맨 처음 nimitta는 예비 삼매로 생겨나며, 마지막에 나타나는 nimitta는 중성으로 순화되어 있어서 마음을 다스리는 힘이 있다. jhāna에 들

기 위한 대상이다.

nirodha : 멸(滅), 멸진, 열반과 동의어로 고통이 소멸된 상태, 육체가 죽
　지 않은 상태에서 모든 고통이 소멸된 것을 말한다. 15단계가 여기에
　해당된다.

nīvaraṅa : 장애(5장애), 방해, 수행의 향상에 방해가 되는 부정적인 요인
　들, 거기에는 kāmacchandha(감각적 욕망), vyāpāda(악의), thīnamiddha(나태
　와 졸음), uddhacca-kukkucca(들뜸과 회한), vicikicchā(의혹) 등이 있다. 열반
　의 산스크리트어인 nirvāna와 혼동하지 마라.

〔o〕

odagyaṁ : 고양(高揚).

ottappa : 수치심.

〔p〕

pāmujja : 환희.

pāṇa(산스크리트어 ; prāṇa) : 호흡, 생명의 근원, 생명을 유지하고, 활력
　을 불어넣어주는 것.

pārisuddhi : 정화.

pātimokkha : 계목(戒目), 바라제목차.

paccaya : 조건 ; 필수품.

paccavekkhaṇa : 반조(反照).

paccupatthāna : 발현, 표명, 결과로서 나타남.

padatthāna : 근인(近因), 가까운 원인.

padmāsana : 결가부좌.

pahāsa : 유쾌, 왁자지껄한 웃음.

pahāso : 큰 기쁨.

pajānanaṁ : 꿰뚫어 앎, 관찰.

palibodha : 장애.

pamāda : 태만, 방일.

pamodanā : 희열, 기쁨.

pañca-khandhā : 5온(五蘊).

pañca-nīvaraṇa : 5장애.

paṇḍaraṁ : 정신(精神).

paṭinissagga : 보내버림, 버림, 포기하거나 원래 상태로 환원하는 것, 어
    떤 대상을 '나' 또는 '내 것'이라고 주장하지 말고 dhamma의 본성에
    게 되돌려주라(ānāpānasati 수행의 16단계임).

paññā : 통찰지〔慧〕, 반야, 지혜, dukkha의 소멸에 대한 올바른 이해. 팔
    정도의 시작이고, 계·정·혜 가운데 혜에 해당된다. 불교의 특징은 맹
    신이 아닌 지혜에 의지하는 것이다.

paññā-vimutti : 혜해탈(慧解脫).

paññindriya : 혜근(慧根).

parāmāsa : 집착.

parikamma : 준비, 준비단계.

parikamma-nimitta : 준비표상.

passaddhi : 경안(輕安), 편안함.

passaddhi-sambojjhaṅga : 경안각지(輕安覺支).

passanaṁ : 분명하게 봄〔見〕.

paṭhamana-jhāna : 초선정.

patibhāga-nimitta : 닮은 표상 / 선명한 영상.

paṭikkūla : 역겨움, 혐오스러움.

paṭipatti-pūjā : 수행공덕의 보시.

Patisambhidā-Magga : 무애해도(론).

phassa : 접촉, 감각적으로 체험하는 것, 내적인 āyatana와 외적인 āyatana
　가 만나는 것으로, viññāna는 이것에 의해 일어난다. 예를 들면 눈과
　형상이 부딪혀서 안식(眼識)이 일어난다. 감각적인 자극이 마음에 영
　향을 미쳐서 반응할 때 거기에 phassa가 있다. 여섯 감각의 장에 상응
　하는 6개의 phassa가 있어 vedanā를 일으킨다.

pīti : 만족감, 환희, 무엇인가를 성취했을 때 흥분된 상태에서 느끼는 희
　열(유쾌한 vedanā). 아나빠나사띠 수행의 5단계 관찰 대상이다.

prāṇāyāma(산스크리트어) : 호흡 조절. 쁘라나 조절.

〔r〕

rāga : 탐욕, 갈망, 집착, 애정. 뭔가를 취하려고 하거나 소유하려고 하는
　것. rāga에는 감각(예 : 성적인 것)에 대한 욕망, 물질에 대한 욕망, 비물
　질에 대한 욕망이 있다.

rasa : 맛(味).

ratana : 보석.

rūpa : 물질, 형상〔色〕.

〔s〕

sāsana : 종교, 교단, 인간을 최고의 실재에 결합시키려는 수행이나 행위.

sabbe : 모든, 일체.

sacca : 진리〔諦〕.

sacca-dhamma : 진리, 사실, 실재.

saddhā : 믿음〔信〕, 확신.

saddhā-bala : 신력(信力).

saddhindriya : 신근(信根).

sallakkhaṅā : 관찰.

samādhi : 선정(禪定), 삼매(三昧), 집중력, 안정된 상태에서 정신이 집중
　　되어 있는 상태, 마음의 흐름이 모아져서 하나로 통일된 상태를 말한
　　다. 온전한 samādhi는 순수성, 청명, 안정성, 힘, 준비성, 융통성과 부
　　드러운 특성이 있다. samādhi는 ekaggatā와 jhāna 상태에 있을 때 완성된
　　다. 최상의 samādhi는 nibbāna를 대상으로 마음이 집중되어 있는 상태
　　이다. 계·정·혜 가운데 두 번째 덕목이다.

samādhindriya : 정근(定根).

samādhi-sambojjhaṅga : 정각지(定覺支).

samāpajjana : 입정(入定).

samatha : 사마타〔止〕, 고요, 그침.

samattha : 고요함의 유익함, 사맛타.

samatho : 평온.

sammā-ājīva : 정명(正命).

samādhi-balaṁ : 정력(定力).

sammā-diṭṭhi : 정견(正見).

sammā-kammanta : 정업(正業).

sammā-saṅkappa : 정사유(正思惟).

sammā-samādhi : 정정(正定).

sammā-sati : 정념(正念).

sammā-vācā : 정어(正語).

sammā-vāyāma : 정명(正命).

samatha-vipassanā : 定慧双修, 止觀一如.

sammappadhāna : 사정근(四正勤), 사정단(四正斷).

sambojjhaṅa : 칠각지(七覺支).

saṅgha : 승가〔僧〕, 공동 사회(community), 참모임, 철저하고 정확하게 직
   접 수행을 하는 부처님의 제자들의 참모임, 남녀 재가 불자와 비구니,
   비구스님들이 이에 속한다.

saṅkhāra : 형성된〔行〕, 조건지어진 것, 결합해서 형성된 것, 존재하기
   위하여 다른 대상에 의지하고 있는 것, 거기에는 원인적인 것, 결과적
   인 것, 조건의 과정상에 있는 것이 있다.

samodhāna : 함양(涵養).

samodhāneti : 함양하다, 일으키다.

sammuti : 통속적인, 일상적인.

sampahamsanā : 기쁨.

sampajaññā : 분명한 앎〔正知〕, 깊고 폭넓게 이해할 준비가 갖추어져 있어서 분명하게 이해되는 지혜를 말한다.

samphassa : 접촉〔觸〕, 부딪침.

samsāra : 윤회.

samudaya : 일어남.

samvega : 절박감, 감동, 감명.

samyojana : 족쇄.

saññā : 인식〔想〕.

saṅkhāra-khandha : 행온(行蘊).

saṅkharoni : 조건화.

saṅkhata : 형성된〔有爲〕.

saṇthiti/santi : 안정, 평화, 정신적으로 평온한 상태.

sārāga : 탐욕.

sati : 마음챙김(念), 주시, 알아차림, 기억하고 알고 관찰할 수 있는 능력. sati는 지혜를 일으키는 매개체다. sati 없이 지혜가 찾아오거나, sati 없이 지혜가 계발되어서 지혜로워지는 일은 없다. sati는 기억력과 관련은 있지만 기억력이 아니다. 또한 단순한 조심스러움도 아니다. 우리는 sati로써 우리가 하려는 행위를 알아차릴 수 있다. sati는 기민성과 예리함으로 특징지어진다.

satindriya : 염근(念根).

satipaṭṭhāna : 마음챙김의 확립, 네 가지 마음챙김(sati)의 토대, 마음 수련에 sati가 적용될 수 있는 네 가지 기본 요소. 이 네 대상(kāya ·

vedanā · citta · Dhamma)을 관찰함으로써 인생을 관조할 수 있다.

sati-sambojjhaṅga : 염각지(念覺支).

sikkā : 훈련, 수련, 수행. 불법의 모든 수행은 삼학(three sikkā) 즉 계 · 정 · 혜에 포함된다.

sīla : 계(戒), 도덕, 미덕, 담마에 일치되는 언행. 계율을 따르기보다 진정한 sīla는 지혜로써 이루어진다. sīla의 핵심은 타인이나 자신에게 해가 되지 않는 것이다.

sīlabbata-parāmāsa : 계금취견(戒禁取見).

silabbata : 계율과 의식.

soracca : 온화함.

sukha : 즐거움, 행복감〔樂〕. 안정되게 마음을 가라앉히는 감정. 아나빠나사띠 수행의 6단계 관찰 대상이다.

suññatā : 공(空), 비어 있음, 자아, 영혼, 나 또는 내 것이라고 할 만한 것이 없는 비어 있는 상태. 번뇌가 없는 무아(無我)의 상태이다.

sutamaya : 들어서 얻은.

Sutta Piṭaka : 경장(經藏).

〔t/ṭ〕

taṇhā : 갈애(渴愛). 어리석고 맹목적인 욕망. dukkha(고통)가 생기는 원인이다(두 번째의 ariya-sacca). 올바른 의도(sammā- saṅkappa)와 혼동하지 마라. taṇhā는 어리석은 vedanā에 의해 일어나며, 이로 인해 upādāna(집착)가 일어난다.

tathatā : 여여(如如), 진여(眞如), 이와 같은 것, 이원성(二元性)이 아닌 있
  는 그대로의 모습. 좋아하는 것, 싫어하는 것, 상상, 믿음, 희망, 기억
  력과는 상관이 없는 사물의 실상(무상·고·무아).

tatiya-jhāna : 삼선정(三禪定).

thapanā : 고정.

thīna : 해태, 나태.

Tripitāka : 경·율·논 삼장.

tṇiti : 확립.

〔u〕

uddhacca : 들뜸, 도거.

uggaha-nimitta : 초기 영상, 익힌 표상.

upādāna : 집착〔取〕, 취착, 매달리거나 움켜잡고 내놓지 않으려는 것, 무
  언가를 개인적으로 소유해서 '내 것' 이라고 어리석게 착각하는 것.

upādāya-rūpa : 파생된 물질.

upāya : 묘도(妙道) ; 수단, 방편.

upacāra-samādhi : 근접 삼매.

upakkilesa : 오염, 오염원.

upekkhā : 평등심, 평온〔捨〕.

upekkhā-sambojjhaṅga : 평등각지(平等覺支).

upanijjhāna : 반영, 고려.

upaṭṭhāna : 현전, 일시적으로 머묾.

uppāda : 일어남.

〔v〕

vācā : 말〔言〕.

vasī : 자유자재.

vasītā : 자유자재한 경지.

vavatthāna : 구분, 분석, 확신.

vedanā : 느낌〔受〕), 감각, 감정. vedanā에는 세 종류가 있다. sukha-
    vedanā(유쾌해서 즐거운 느낌), dukkha-vedanā(불쾌해서 괴로운 느낌),
    adukkhamasukha-vedanā(유쾌하지도 불쾌하지도 않은 느낌). vedanā는 phassa(접
    촉)의 순간 일어난다. 무명 때문에 vedanā가 일어나면 그것으로 인해 갈
    애가 일어난다. 반면 지혜에 의해 일어나는 vedanā는 이롭다.

vedanā-khandha : 수온(受蘊).

vicāra : 지속적인 고찰〔伺〕.

vicikicchā : 회의적 의심〔疑〕.

vijjā : 밝음〔明〕, 영지(靈知), 명지(明知), 통찰력, 지혜, 있는 그대로 꿰뚫
    어보는 지혜. paññā와 같은 의미를 가지고 있으며, vijjā가 현전하면 무
    명(avijjā)이 없다.

vijjāvimutti : 명지(明智)에 의한 해탈.

vimokkha : 해탈.

vimutti : 해탈, 해방, 구원, 자유. kilesa나 dukkha와 같은 모든 집착으로
    부터 벗어나 nibbāna(열반)에 이른 상태.

viññaṇā : 알음알이〔識〕, 여섯 감각의 장(눈·코·귀·혀·몸·마음)을 통해 대상을 아는 의식. viññaṇa는 세속에 사는 데 필요한 근본적인 마음의 작용이다. 이것이 없다면 체험도 존재하지 않는다. 현재 태국에서는 viññaṇa에 '영혼' 과 '정신' 의 개념까지 포함시키고 있으나, 빠알리어에는 이런 의미에 해당되는 말이 없다.

viññanakkhaṇdho : 식온(識蘊).

Vinaya-Piṭaka : 율장.

vipāka : 과보(果報).

vipassanā : 통찰, 위빠싸나〔觀〕. 글자 그대로 사물의 본성을 분명하게 무상·고·무아로 꿰뚫어보는 것이다. vipassanā는 진정한 통찰력을 목표로 마음을 수련하는 것이라는 의미로 널리 통용되고 있다. 자세라든지 이론, 수행 방법과 같은 형식적인 것과 삼법인을 직접 관찰하는 실제 수행을 혼동하지 않는 것이 중요하다. vipassanā를 향상시키는 방법은 전수할 수 있으나, vipassanā 자체는 가르칠 수 없다.

virāga : 이욕(離慾), 이탐(離貪), 사라짐, 소멸하는 것, 오점이 지워지는 상태, 즉 rāga(욕망)와 집착이 사라지는 것.

virajjati : 초연.

viriya : 정진(精進).

viriya-bala : 정진력(精進力).

viriyindriya : 정진근(精進根).

viriya-sambojjaṅga : 정진각지(精進覺支).

visuddhi : 청정.

visuddhi-Magga : 청정도론(清淨道論).

vitakka : 일으킨 생각〔尋〕.

vivaṭṭanā : 전환.

viveka : 정신적인 고독, 명상 도중에 조용히 방해받지 않는 것. 여기에
는 세 가지가 있다.

　1) kāya-viveka : 몸이 외부로부터 어떤 방해도 받지 않는 육체적인 홀
로 서기.

　2) citta-viveka : 번뇌가 마음을 방해하지 않는 마음의 홀로 서기.

　3) upadhi-viveka : 모든 집착과 집착의 근원으로부터 벗어난, nibbāna 경
지에 이른 출리(出離)의 상태.

vossagga : 포기, 단념, 집착으로부터 벗어난 자유로운 마음 상태에서
모든 것을 자연스럽게 되돌려주는 것. 이와 비슷한 말로 nibbāna와
paṭinissaga가 있다.

vuṭṭhāna : 출정(出定).

vyāpāda : 악의.

〔y〕

yoniso-manasikāra : 지혜로운 주의〔如理作意〕.

yuganaddha : 짝지은, 쌍으로 결합된.

아짠 붓다다사 스님은 어떤 분인가?

붓다다사(Ajahn Buddhadāsa) 스님은 20세 되던 해인 1926년에 출가하여 불문에 귀의, 승려가 되었다. 방콕에서 몇 년간에 걸쳐 수행 정진한 후, 부처님께서 그러하셨듯이 대자연과 가까이 하라는 영감을 받고 불법의 본질을 깨닫기 위하여, 1932년 태국의 남부지방 그의 고향 근처에 수완목 선원(Suan Mokkhabalārāma)을 설립하였다. 당시 수완목은 그 지역에서는 유일하게 담마 수행을 위한 선원이었으며, 태국 내 몇 되지 않는 불교 정통의 위빠싸나 수행을 위한 도량 중 하나였다. 그와 수완목 선원의 명성은 몇 년 사이에 전국적으로 퍼져 널리 알려지게 되었는데, 그의 수행 가풍과 업적은 샴(태국의 옛 이름)의 불교 역사상 가장 훌륭하고 영향력 있는 것으로 평가되고 있다.

여기에서는 길이 잊혀지지 않을 그의 수많은 업적 중 몇 가지만 소개하기로 한다. 그는 신성한 불법을 굳건히 확립하여 대중에게 바르게 포교하기 위하여 뼈를 깎는 수행을 하였다. 그가 설한 법문의 내용은 빠알리어로 된 경전을 광범위하게 연구해서 터득한 지혜에 기초를 두고 있으며, 특히 부처님의 경전 내용을 몸소 수행하고 실천하였다.

그는 고(dukkha, 苦)의 고리를 완전히 끊어서 절멸시키는 담마의 비밀을 밝혀냈으며, 이에 관심 있는 사람들 누구에게라도 즐거이 전수하여 그들이 깨칠 수 있도록 온 정성을 다하였다. 그는 현재와 미래에 연구하고 수행하는 데 꼭 필요하며 도움이 될 수 있는 완전한 참고 문헌을 저술하는 것을 제일의 목표로 설정했다.

담마에 대한 그의 접근법은 언제나 과학적이었으며, 솔직하고 실용적이었다. 그가 정규 교육을 받은 기간은 7년에 불과하다. 그러나 그는 타이 대학교에서 무려 7개의 명예박사 학위를 받았다. 그리고 현재에도 여전히 그가 정립한 붓다의 수행 체계와 업적은 미국과 영국 유럽 전역에 걸쳐 많은 사람들에 의해 박사 학위 논문으로 채택되고 있다. 그가 저술한 책들(직접 저술했거나 그의 설법에서 채록 정리된)은 현재 타이 국립 도서관의 서가를 메우고 있으며, 진지하게 수행하고 있는 태국의 모든 불자에게 큰 영향을 미치고 있다.

태국의 진보적인 인사들, 특히 젊은 세대들은 그의 폭넓은 사고와 심오한 설법, 그리고 타인에 대한 헌신적인 자세에 깊은 감명을 받고 있다. 1960년대 이후로 교육, 사회복지 등의 각 분야의 저명인사들뿐만 아니라 사상가들조차도 그의 심오한 설법과 지혜로운 조언과 우정에 매료되고 있다. 그의 업적은 사회문제에 관심이 있는 새로운 세대의 승려들을 격려하고 고무시키는 데 큰 역할을 하였다. 그는 불법의 모든 부파

(종파)를 공부하였고, 또한 중요한 종교적인 전통들을 연구했다. 그것은 그가 학문적인 측면이 아닌 실용적인 측면에 불교의 가치를 두었기 때문이었다. 그는 세계 평화를 위하여 신앙심이 돈독한 사람들을 모아 서로 협력하는 분위기를 조성하려는 시도를 하고 꾸준히 노력을 기울여 왔는데, 이는 현대인들의 이기심과 더불어 그들의 종교적 이기심을 극복하기 위한 노력 가운데 하나였다. 이러한 폭넓은 아량과 혜안으로 인해 그 주위에는 항상 그를 아끼고 존경하는 사람들이 모였으며, 그 중에는 기독교인, 무슬림교도, 힌두교도, 시크교도들도 있었다.

그는 국제 담마 수련원을 설립하였는데, 그 곳에서는 지금도 외국인들이 불법을 바르게 이해하고 수행에 매진할 수 있도록 하기 위하여, 매월 초순 영어로 진행되는 강좌가 열리고 있다. 또한 매월 하순에는 집중 수행인 '결제' 를 한다. 그는 전 세계 도처에서 몰려오는 수행자들이 불법의 정수를 이해하고 체득할 수 있도록, 이를 목적으로 하는 모임이 조직되기를 희망했다.

그는 세상의 모든 중생을 돕고 부처님과 그들에게 봉사하기 위하여 몇 가지 새로운 기획을 시도했는데, 첫 번째 기획은 외국인 승려들이 거처하며 수행에 정진할 수 있도록 국제 담마 수련원 근처에 소규모의 도량인 수완 아땀마야따라마(Suan Atammayatārāma)를 건립하는 것이었다. 그 곳에는 그의 지침이 씌어져 걸려 있는데, 그 내용은 다음과 같다.

"부처님의 가르침에 정통하고 위빠싸나를 성실히 수행하여 불법(Buddha-Dhamma)을 세상사에 적용시키는, 담마를 전파하는 수행자를 양성하는 것이 이 도량의 설립 목적이다."

또 다른 기획은 담마마따(Dhamma Mātār, 담마 어머니)이다. 현대 사회는 자격을 갖춘 여성 수행 지도자를 필요로 하는데, 그 수가 절대 부족하다. 간혹 그런 여성들이 있기는 하지만, 사회로부터 능력을 인정받지 못하고 있으며, 대우 또한 제대로 받지 못하고 있다. 담마마따 기획의 목표는 그들에게 보다 폭넓은 기회를 주고, 수련원에서의 생활과 수행에도 적극적인 지원을 함으로써 사회에서 여성의 지위를 향상시키는 것이다. 즉 담마로써 불자를 양성하여 더 많은 여성 수행 지도자들을 배출하는 것이다.

붓다다사 스님은 1993년 7월 8일, 수완목 선원에서 열반하였다. 오늘날도 수완목 선원은 이러한 전통과 자연의 법칙에 따라 그의 수행가풍이 전승되고 있다. 붓다다사 스님의 외국인을 위한 아나빠나 수행서인 『마음으로 숨쉬는 붓다(한길)』도 시중에 번역되어 있다.

붓다의 호흡법,
아나빠나삿띠

2007년 8월 15일 초판 1쇄 발행
2025년 4월 23일 초판 9쇄 발행

지은이 붓다다사 선사 • 옮긴이 김열권, 이승훈
발행인 박상근(至弘) • 편집인 류지호 • 편집이사 양동민
편집 김재호, 양민호, 김소영, 최호승, 정유리 • 디자인 쿠담디자인
제작 김명환 • 마케팅 김대현, 김대우, 이선호, 류지수 • 관리 윤정안
콘텐츠국 유권준, 김희준
펴낸 곳 불광출판사 (03169) 서울시 종로구 사직로10길 17 인왕빌딩 301호
    대표전화 02) 420-3200 편집부 02) 420-3300 팩시밀리 02) 420-3400
    출판등록 제300-2009-130호(1979. 10. 10.)

ISBN 978-89-7479-544-3 (03220)

값 27,000원